Hans Kindler, Oberstudiendirektor
Helmut Kynast, Oberstudien

Fachrechnen Kfz

Schroedel Schulbuchverlag

ISBN 3-507-**91332**-1

Druck A 1990 89 88 / 10 9 8 7

Alle Drucke der Serie A sind im Unterricht parallel verwendbar.
Die letzte Zahl bezeichnet das Jahr dieses Drucks.

Druck: Druckerei Josef Grütter, Empelde/Hannover

Vorwort

Das „Fachrechnen Kfz" gliedert sich in die in der Inhaltsübersicht angegebenen Unterrichtseinheiten, die sich meist wieder in einzelne Lektionen aufteilen. (Beispiel: Die Unterrichtseinheit Fahrmechanik ist in die Lektionen Antriebskraft, Rollwiderstand, Luftwiderstand und Steigungswiderstand/Überschußkraft unterteilt.) Jede Lektion besteht aus einem Informationsteil und einem Aufgabenteil. Der Informationsteil gliedert sich stets in Erklärung, Bezeichnungen, Formel mit Beispiel und Anmerkung.

Das Rechenbuch umfaßt grundlegendes, technisches und fachbezogenes Rechnen. Besonderer Wert wurde auf die Verknüpfung von Technologie, Physik und Fachrechnen gelegt. Nach Bedarf können Unterrichtseinheiten oder Lektionen ausgelassen werden, ohne daß der Zusammenhang zwischen den Stoffgebieten verlorengeht.

Schwerpunktmäßig ist das Rechenbuch für die Berufs- und Fachschule konzipiert, darüber hinaus kann es in Meisterkursen eingesetzt werden. Die vielen Abbildungen erleichtern die Erarbeitung der Stoffgebiete. Jede Formel ist für den Schüler verständlich erklärt, abgeleitet und durch ein gerechnetes Beispiel sofort angewendet worden. Über 800 Rechenaufgaben (mit Lösungsheft für die Hand des Lehrers) lassen der Übung und Vertiefung einen weiten Spielraum.

Hans Kindler

Helmut Kynast

Inhaltsverzeichnis

Die gesetzlichen Einheiten (SI-System)

Größe	Formelzeichen	Einheiten	Erläuterungen und Umrechnungen früherer Einheiten
Länge	l	m, dm, cm, mm	1 m = 10 dm
Fläche	A	m², dm², cm², mm²	1 m² = 100 dm²
Volumen	V	m³, dm³, cm³, mm³ l (Liter)	1 m³ = 1000 dm³
Winkel	$\alpha, \beta, \gamma \ldots$	rad (Radiant) ° (Grad) ′ (Minuten) ″ (Sekunden)	$1° = \frac{\pi}{180}$ rad 1° = 60′ 1′ = 60″
Masse	m	t, kg, g	1 g = $^1/_{1000}$ kg 1 t = 1000 kg
Dichte	ρ	t/m³, kg/dm³ kg/l, g/cm³	1 kg/dm³ = $^1/_{1000}$ kg/m³
Zeit	t	s, min, h	1 min = 60 s
Geschwindigkeit	v, c	m/s, m/min, km/h	1 m/s = $^1/_{60}$ m/min
Beschleunigung **Fall**	a g	m/s²	g = 9,81 m/s²
Kraft **Gewichtskraft**	F F_G	N (Newton)	1 kp = 9,81 N ≈ 10 N
Druck	p	Pa (Pascal) N/m² bar	1 Pa = 1 N/m² 1 at = 1 kp/cm² ≈ 98 100 Pa 1 bar = 100 000 Pa ≈ 1 at 1 bar = 1 daN/cm²
Festigkeit	σ τ	daN/cm² N/mm²	1 daN/cm² ≈ 1 kp/cm² 1 daN/mm² ≈ 1 kp/mm²
Drehmoment	M	Nm	1 kpm = 9,81 Nm ≈ 10 Nm
Arbeit **Wärmemenge** **Energie**	W Q W	Nm Ws (Wattsekunde) J (Joule), kJ (Kilojoule)	1 Nm = 1 J = 1 Ws 1 cal ≈ 4,19 J 1 kWh = 1,36 PSh = 3600 kJ
Leistung	P	W (Watt), kW (Kilowatt) J/s, Nm/s	1 W = 1 J/s = 1 Nm/s 1 kW = 1,36 PS

Erklärung

Die Zahlentafeln gehen meist von 1 bis 1000 und sind wie die beiliegende Rechentabelle aufgebaut. Sie stellen Rechenhilfen dar.

Bezeichnungen

Spalte $d = n$

In der ersten Spalte ist die Zahl angegeben, auf die sich die Zahlentafel bezieht. Der Buchstabe *d* bedeutet Durchmesser, der Buchstabe *n* bezeichnet eine beliebige Zahl (lat. numerus = Zahl).

Spalte n^2

In der zweiten Spalte steht n^2 (sprich: *n* Quadrat oder *n* hoch 2). Das ist eine sogenannte Potenz. Z. B.:

$2 \cdot 2 = 2^2 = 4$	$3 \cdot 3 = 3^2 = 9$	$4 \cdot 4 = 4^2 = 16$	$n \cdot n = n^2$	(2. Potenz)
$2 \cdot 2 \cdot 2 = 2^3 = 8$	$3 \cdot 3 \cdot 3 = 3^3 = 27$	$4 \cdot 4 \cdot 4 = 4^3 = 64$	$n \cdot n \cdot n = n^3$	(3. Potenz)
$2 \cdot 2 \cdot 2 \cdot 2 = 2^4 = 16$	$3 \cdot 3 \cdot 3 \cdot 3 = 3^4 = 81$	$4 \cdot 4 \cdot 4 \cdot 4 = 4^4 = 256$	$n \cdot n \cdot n \cdot n = n^4$	(4. Potenz)

Also: Potenz = Produkt aus gleichen Faktoren
Eine Potenz besteht aus der Basis (Grundzahl) und dem Exponent (= Hochzahl).

5 Faktoren — Basis — 5 ← Exponent

$$\underbrace{n \cdot n \cdot n \cdot n \cdot n}_{\text{Produkt}} = \underbrace{n^5}_{\text{Potenz}}$$

Die Hochzahl gibt an, wie oft die Grundzahl mit sich selbst malgenommen wird. Die zweite Potenz nennt man auch Quadratzahl, die dritte Kubikzahl.

Spalte $\sqrt{n}$

In der dritten Spalte steht $\sqrt{n}$ (lies: „Quadratwurzel aus *n*"). Das Zeichen $\sqrt{}$ (= Wurzel) bedeutet soviel wie: „Ziehe aus dem, was darunter steht, die Wurzel (= Wurzelziehen)!"

Wurzelziehen ist die Rechenart, mit der man die Zahl sucht, die mit sich selbst malgenommen wieder die Zahl unter der Wurzel ergibt (Umkehrung der Potenzrechnung).

Symbol „Wurzel aus"

$\sqrt{16} = 4 \qquad 4 \cdot 4 = 16$

Radikant — Wurzelwert

Spalte $d \cdot \pi$ und $\frac{d^2 \cdot \pi}{4}$

$d \cdot \pi$ ist der Kreisumfang; $\frac{d^2 \cdot \pi}{4}$ ist die Kreisfläche.

Regel mit Beispiel

1. Zahlen ohne Komma

Vorwärtslesen

Man sucht die Zahl 211 in der 1. Spalte (senkrecht) und geht dann waagerecht in die entsprechende Spalte. Beim Kreisumfang und bei der Kreisfläche ist die Benennung (mm, mm² usw.) hinzuzusetzen.

Gesucht sind die Tabellenwerte von $d = n = 211$!

$d = n$	n^2	$\sqrt{n}$	$d \cdot \pi$	$\frac{d^2 \cdot \pi}{4}$
⋮	⋮	⋮	⋮	⋮
210	44 100	14,4914	659,73	34 636,1
211	44 521	14,5258	662,88	34 966,7
212	44 944	14,5602	666,02	35 298,9
⋮	⋮	⋮	⋮	⋮

Rückwärtslesen

Man sucht die Zahl 95,0332 in der 5. Spalte (senkrecht) und geht dann waagerecht in die 1. Spalte zurück ($d = 11$ mm).

Genauso sucht man in der 2. Spalte n^2 (senkrecht) die Zahl 3721 und geht dann waagerecht in die 1. Spalte ($d = 61$).

Gesucht ist der Ø des Kreises von 95,0332 mm² und $\sqrt{3721}$!

$d = n$	n^2	$\sqrt{n}$	$d \cdot \pi$	$\frac{d^2 \cdot \pi}{4}$
⋮	⋮	⋮	⋮	⋮
10	100	3,1623	31,416	78,5398
11	121	3,3166	34,558	95,0332
12	144	3,4641	37,699	113,097
⋮	⋮	⋮	⋮	⋮
60	3 600	7,7460	188,50	2827,43
61	3 721	7,8102	191,64	2922,47
⋮	⋮	⋮	⋮	⋮

2. Zahlen mit Komma

Bei Dezimalzahlen ist die Tabelle ebenfalls zu verwenden. Da in den Spalten $n = d$ und n^2 keine Dezimalzahlen stehen, müssen sie in eine ganze Zahl umgewandelt werden (sog. **Tabellenzahl**). Da sich dadurch der Wert der Zahl verändert, muß die Antwort entsprechend korrigiert werden.

Spalte n^2

Die entsprechende Tabellenzahl ist 671. Die Quadratzahl von 671 ist 450241.

Korrektur des Ergebnisses:

Wird das Komma in der Zahl n verschoben, dann verschiebt sich auch das Komma im Ergebnis in der gleichen Richtung, jedoch um doppelt soviele Stellen.

Gesucht ist die Quadratzahl von $n = 67{,}1$ und $n = 6{,}71$!

$d = n$	n^2	$\sqrt{n}$	$d \cdot \pi$	$\frac{d^2 \cdot \pi}{4}$
⋮	⋮	⋮	⋮	⋮
671	450 241	25,9037	2108,0	353 618
⋮	⋮	⋮	⋮	⋮

$67{,}1 \cdot 67{,}1 = 4502{,}41$

1 Stelle + 1 Stelle = 2 Stellen

$6{,}71 \cdot 6{,}71 = 45{,}0241$

2 Stellen + 2 Stellen = 4 Stellen

Spalte $\sqrt{n}$

Beim Wurzelziehen muß die Tabellenzahl um 2, 4 usw. Stellen größer gewählt werden. Die Tabellenzahlen für die Beispiele sind: 24, 240, 859 329.

Korrektur des Ergebnisses.

Wird das Komma in der Zahl n 2 Stellen verschoben, so verschiebt sich das Komma im Ergebnis um 1 Stelle, wird das Komma jedoch um 4 Stellen verschoben, so verschiebt sich das Komma im Ergebnis um 2 Stellen.

Gesucht ist die $\sqrt{0{,}24}$, $\sqrt{2{,}4}$ und $\sqrt{85{,}9329}$!

Tabellenzahl

$\sqrt{0{,}24} = 0{,}48990$ — $\sqrt{24} = 4{,}8990$

$\frac{2 \text{ Stellen}}{2} = 1$ Stelle — 2 Stellen

Tabellenzahl

$\sqrt{2{,}4} = 1{,}54919$ — $\sqrt{240} = 15{,}4919$

$\frac{2 \text{ Stellen}}{2} = 1$ Stelle — 2 Stellen

Tabellenzahl

$\sqrt{85{,}9329} = 9{,}27$ — $\sqrt{85\,93\,29} = 927$

$\frac{4 \text{ Stellen}}{2} = 2$ Stellen — 4 Stellen

$d = n$	n^2	$\sqrt{n}$	$d \cdot \pi$	$\frac{d^2 \cdot \pi}{4}$
⋮	⋮	⋮	⋮	⋮
24	576	4,8990	75,398	452,389
⋮	⋮	⋮	⋮	⋮
240	57 600	15,4919	753,98	45238,9
⋮	⋮	⋮	⋮	⋮
927	859 329	30,4467	2912,3	674 915
⋮	⋮	⋮	⋮	⋮

Spalte $d \cdot \pi$

Die Tabellenzahl ist in beiden Fällen 261.

Korrektur des Ergebnisses:

Das Komma wird im Ergebnis in der gleichen Richtung und um die gleiche Stellenzahl versetzt wie in der angegebenen Zahl.

$d = n$	n^2	$\sqrt{n}$	$d \cdot \pi$	$\frac{d^2 \cdot \pi}{4}$
261	68 121	16,1555	819,96	53502,1

Gesucht ist der Kreisumfang bei einem Ø von 2,61 mm und 26,1 mm

Ø	Tabellenzahl	abgelesener Kreisumfang	tatsächlicher Kreisumfang
2,61 mm	261 ↑ 2 Stellen	819,96 mm	8,1996 mm ↑ 2 Stellen
26,1 mm	261 ↑ 1 Stelle	819,96 mm	81,996 mm ↑ 1 Stelle

Spalte $\frac{d^2 \cdot \pi}{4}$

Die Tabellenzahl ist in beiden Fällen 924.

Korrektur des Ergebnisses:

Das Komma wird im Ergebnis in der gleichen Richtung verschoben, jedoch stets um die doppelte Stellenzahl.

$d = n$	n^2	$\sqrt{n}$	$d \cdot \pi$	$\frac{d^2 \cdot \pi}{4}$
924	853 776	30,3974	2902,8	670 554

Gesucht ist die Kreisfläche bei einem Ø von 9,24 mm und 92,4 mm!

Ø	Tabellenzahl	abgelesener Kreisinhalt	tatsächlicher Kreisinhalt
9,24 mm	924 ↑ 2 Stellen	670 554 mm²	67,0554 mm² ↑ 4 Stellen
92,4 mm	924 ↑ 1 Stelle	670 554 mm²	6705,54 mm² ↑ 2 Stellen

Anmerkung

Beim Tabellenrechnen mit Dezimalzahlen ist die Gefahr des Verrechnens sehr groß. Daher zur Kontrolle das Ergebnis stets abschätzen!

Aufgaben

1.1 Ermittle mittels Tabelle die Quadratzahlen von 21, 35, 46, 120, 175, 380, 421, 672, 985 und 991!

1.2 Ziehe die Wurzel aus folgenden Zahlen:

$\sqrt{140}$, $\sqrt{270}$, $\sqrt{850}$, $\sqrt{720}$, $\sqrt{930}$, $\sqrt{1849}$, $\sqrt{8649}$, $\sqrt{37636}$, $\sqrt{271441}$, $\sqrt{20306}$ und $\sqrt{52902}$!

1.3 Berechne den Kreisumfang für folgende Durchmesser in mm!

20, 75, 125, 225, 371, 425, 630, 710, 841 und 912

1.4 Ermittle die Kreisfläche in mm² für folgende Durchmesser:

53, 112, 117, 315, 420, 470, 530, 720, 810 und 930

1.5 Bestimme n^2, $\sqrt{n}$, $d \cdot \pi$ und $\frac{d^2 \cdot \pi}{4}$ für folgende Zahlen!

a) 2,3 b) 22,1 c) 86,4 d) 8,28 e) 4,94 f) 0,34

1.6 Welcher Durchmesser gehört zu folgenden Kreisumfängen?

204,20 mm; 380,13 mm; 556,06 mm; 1991,8 mm; 2312,2 mm

1.7 Welcher Durchmesser gehört zu folgenden Kreisflächen?

490,874 mm²; 14 741,1 mm²; 46 759,5 mm²; 572 803 mm²; 601 320 mm²; 676 372 mm²; 769769 mm²

1.2 Grundrechnungsarten

Punkt- und Strichrechnung
Klammerrechnen

Erklärung

1. Punkt- und Strichrechnung

Die Addition und die Subtraktion bezeichnet man als Strichrechnung, die Multiplikation und die Division als Punktrechnung. Alle vier Grundrechnungsarten kommen gemeinsam vor.

Werden die vier Grundrechnungsarten in einer Rechenaufgabe miteinander verbunden, so müssen die höheren Rechnungsarten (= Punktrechnung) vor den niederen (= Strichrechnung) durchgeführt werden.

2. Klammerrechnen

Die Klammern in einer Rechenaufgabe bedeuten, daß zwei oder mehrere Größen (z. B. technische Größen) zusammengehören:

Die Klammer kennzeichnet zusammenhängende Größen in einer Aufgabe.

Bezeichnungen

Strichrechnung: +/— Punktrechnung: ·/:

Man unterscheidet:
1. runde Klammern ( )
2. eckige Klammern [ ]
3. geschweifte Klammern { }

Wird nur eine Klammer verwendet, so braucht man die runden Klammern. Sind jedoch mehrere Klammern nötig, so schließen die geschweiften Klammern die eckigen, und diese wiederum die runden Klammern ein.

Regel mit Beispiel

1. Punktrechnung (·/:) geht vor Strichrechnung (+/—)!

$$\underbrace{18 \cdot 4} + \underbrace{13 \cdot 9} - 300 : 5$$
$$72 + 117 - 60 = \underline{129}$$

2. Die in einer Klammer stehenden Größen werden als eine Einheit behandelt und immer zuerst ausgerechnet!

Beachte:
Der Malpunkt vor und hinter der Klammer wird oft weggelassen!

Ein Mechanikermeister kauft für 3 Drehbänke Zusatzwerkzeuge für 45,30 DM, einen Meißelhalter für 180,20 DM und einen Drehmeißel für 26,30 DM. Berechne den Gesamtbetrag!

$$3 \cdot \underbrace{(45{,}30\ \text{DM} + 180{,}20\ \text{DM} + 26{,}30\ \text{DM})}$$
$$3 \cdot 251{,}80\ \text{DM} = \underline{755{,}40\ \text{DM}}$$

3. Innerhalb und außerhalb der Klammer gilt immer die Grundregel „Punktrechnung geht vor Strichrechnung"!

$$(\underbrace{8 \cdot 18} - \underbrace{7 \cdot 12}) \cdot 2 + 4 \cdot 8 - \underbrace{30 : 6}$$
$$\underbrace{(144 - 84)} \cdot 2 + 32 - 5$$
$$\underbrace{60 \cdot 2} + 32 - 5$$
$$120 + 27 = \underline{147}$$

4. Steht vor der Klammer ein +Zeichen, so kann die Klammer weggelassen werden! Das Endergebnis ändert sich nicht!

$$430 + (23 - 5 + 2)$$
$$430 + 23 - 5 + 2 = \underline{450}$$

5. Steht vor der Klammer ein —Zeichen, so kann die Klammer weggelassen werden, wenn jedes Glied in der Klammer das entgegengesetzte Vorzeichen erhält!

$$(-)\ (-)\ \ (+)$$
$$220 - (3 + 12 - 6)$$
$$220 - 3 - 12 + 6 = \underline{211}$$

Anmerkung

Die eckigen Klammern [ ] werden außerdem in der Technik dazu benutzt, die Einheiten [kg, N, m, dm, cm usw.] hinter den Formeln einzurahmen.

Aufgaben

1. Wiederholungsaufgaben

1.8 Kürze folgende Brüche!

a) $\frac{7}{14}$ b) $\frac{6}{12}$ c) $\frac{125}{350}$ d) $\frac{3 \cdot 7 \cdot 12}{4 \cdot 6 \cdot 9}$ e) $\frac{12 \cdot 180}{9 \cdot 5 \cdot 3 \cdot 4}$

1.9 Erweitere folgende Brüche mit 2, 3, 5, 7 und 10!

a) $\frac{4}{5}$ b) $\frac{3}{7}$ c) $\frac{7}{20}$ d) $\frac{130}{183}$ e) $\frac{9}{5}$ f) $\frac{15}{4}$

1.10 Verwandle die gemischten Brüche in unechte Brüche!

a) $3\frac{1}{2}$ b) $5\frac{2}{7}$ c) $18\frac{2}{9}$ d) $5\frac{1}{4}$ e) $7\frac{3}{10}$ f) $14\frac{18}{23}$

1.11 Verwandle folgende gewöhnliche Brüche in Dezimalbrüche!

a) $\frac{1}{8}$ b) $\frac{1}{4}$ c) $\frac{5}{8}$ d) $\frac{8}{10}$ e) $\frac{4}{6}$ f) $\frac{7}{100}$
g) $\frac{27}{30}$ h) $\frac{4}{11}$

1.12 Verwandle folgende Dezimalbrüche in echte bzw. gemischte Brüche!

a) 0,3 b) 0,07 c) 1,25 d) 3,75 e) 0,875 f) 7,12 g) 3,8

1.13 Rechne folgende Aufgaben aus!

a) $\dfrac{2\frac{1}{2} \cdot 3\frac{1}{4} \cdot 5}{\frac{3}{8} \cdot \frac{4}{9}}$ b) $\dfrac{\frac{5}{12} : \frac{3}{6}}{\frac{4}{8} : \frac{1}{2}}$ c) $\dfrac{4\frac{1}{2} - 2\frac{4}{5} + \frac{1}{3}}{4\frac{1}{9}}$

1.14 Addiere bzw. subtrahiere folgende Brüche!

a) $\frac{2}{5} + \frac{4}{5}$ b) $\frac{3}{7} - \frac{2}{7}$ c) $3\frac{1}{5} - 1\frac{2}{5}$

d) $24\frac{1}{3} + \frac{1}{3} - 12\frac{2}{3}$

1.15 Addiere und subtrahiere folgende ungleichnamige Brüche!

a) $\frac{1}{8} + \frac{2}{5} - \frac{1}{2} + \frac{3}{4}$

b) $10\frac{1}{10} - 3\frac{7}{20} + 6\frac{5}{30} - 11\frac{10}{45}$

c) $8\frac{1}{6} + 3\frac{5}{12} - 7\frac{4}{9} - \frac{1}{36}$

d) $18\frac{3}{4} - 11\frac{3}{5} + 12\frac{5}{6} - 4\frac{3}{8} + 16\frac{4}{9}$

1.16 Multipliziere folgende Zahlen!

a) $\frac{5}{7} \cdot 4$ c) $\frac{3}{8} \cdot 2$ e) $\frac{4}{7} \cdot \frac{3}{8}$ g) $3\frac{7}{9} \cdot 2 \cdot 4\frac{1}{2}$

b) $1\frac{1}{2} \cdot 3$ d) $15\frac{3}{4} \cdot 3$ f) $2\frac{1}{2} \cdot 3\frac{3}{4}$ h) $12 \cdot \frac{1}{2} \cdot 7\frac{1}{6}$

1.17 Dividiere folgende Zahlen!

a) $\frac{1}{2} : 3$ c) $2 : \frac{1}{4}$ e) $\frac{3}{4} : \frac{1}{8}$ g) $14\frac{1}{4} : 13\frac{1}{12}$

b) $1\frac{6}{7} : 5$ d) $3 : 1\frac{1}{5}$ f) $\frac{3}{7} : 1\frac{1}{2}$ h) $7\frac{2}{3} : 3\frac{1}{4}$

1.18 In einem Ölfaß befinden sich 200 l Öl. Wieviel Liter Öl sind noch im Ölfaß, wenn a) $\frac{1}{8}$, b) $\frac{1}{4}$, c) $\frac{1}{2}$ und d) $\frac{3}{4}$ der ursprünglichen Ölmenge verbraucht worden sind?

1.19 Nach $125\frac{1}{4}$ km sind $\frac{2}{3}$ des gesamten Weges zurückgelegt. Wie lang ist die gesamte Wegestrecke?

1.20 Wieviel Meter legt ein Punkt auf dem Rand einer Riemenscheibe zurück, wenn sie 300 Umdrehungen macht und einen Radius von $\frac{2}{5}$ m hat?

1.21 Die monatlichen Fahrtkosten eines Facharbeiters zur Arbeitsstelle betragen 40,20 DM. Davon trägt der Arbeitgeber $\frac{2}{3}$ und der Arbeitnehmer $\frac{1}{3}$ selbst. Wieviel DM bezahlt jeder?

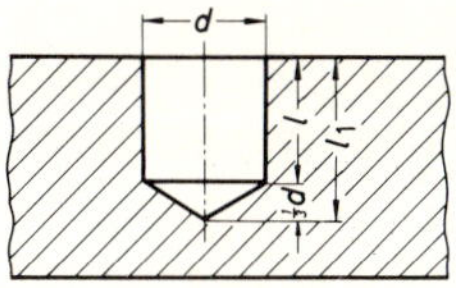

1.22 In nebenstehende Stahlplatte wird eine Grundbohrung von 18,5 mm Ø gebohrt. Die Lochtiefe l soll 20 mm betragen. Wie groß ist die Bohrtiefe l_1?

(Anleitung: Länge der Bohrerspitze ist gleich $\frac{1}{3}$ d)

2. Punkt- und Strichrechnung

1.23

a) $3 \cdot 4 - 5 \cdot 2$
b) $7 \cdot 6 - 3 \cdot 5$
c) $10 : 2 - 3 \cdot 1$
d) $7 \cdot 8 + 4 \cdot 6$
e) $127 \cdot 4 - 18 \cdot 5$
f) $360 \cdot 23 + 27 \cdot 14$
g) $210 - 3 \cdot 15$
h) $240 : 12 - 4$
i) $263 \cdot 4 - 5 \cdot 3 + 4 \cdot 2$
j) $18 : 3 - 22 \cdot 4 + 127$
k) $3694 - 2 \cdot 144 + 3 \cdot 849$
l) $4 \cdot 3 - 2 \cdot 6 + 3 \cdot 8 + 124 : 4$

1.24 $12 \cdot 4 - 2 \cdot 3 + 111 \cdot 34 - 27 \cdot 3 + 4 : 2 - 8 \cdot 12$

1.25 a) $0{,}4 \cdot 3 + 2{,}8 \cdot 3$ b) $3{,}2 \cdot 7{,}8 - 2$
c) $13{,}2 : 1{,}2 - 2{,}31 : 0{,}3$

1.26 $22 \cdot 3{,}5 - 1{,}7 \cdot 2{,}4 + 13{,}3 \cdot 2 - 6{,}0501 : 2{,}01 + 225 - 13 + 4 \cdot 5$

1.27 a) $\frac{1}{2} \cdot \frac{3}{4} - \frac{1}{8}$ b) $\frac{3}{5} : \frac{5}{7} + \frac{1}{3} \cdot \frac{3}{25}$
c) $\frac{4}{5} \cdot \frac{2}{9} + \frac{1}{8} : \frac{1}{2}$ d) $\frac{3}{7} \cdot \frac{14}{15} - \frac{1}{5} \cdot \frac{5}{21}$

1.28 $11\frac{1}{2} - 2 \cdot \frac{25}{36} - 1\frac{1}{4} : 2 + 3\frac{1}{2} \cdot 4\frac{1}{6} + 130$

1.29 Zur Ausführung eines Auftrages sind folgende Arbeitsstunden geleistet worden: $60^3/_4$ Std. à 4,20 DM; 375,25 Std. à 4,— DM; 762,5 Std. à 3,90 DM; $2^1/_4$ Std. à 2,20 DM. Berechne den Gesamtlohnbetrag!

1.30 Ein Kraftfahrzeug erhält 4 Schonbezüge zu 50,60 DM pro Sitz, je 2 Fußmatten zu 7,40 DM und 8,20 DM pro Stück sowie eine Kopfstütze zu 25,40 DM.
Berechne den Gesamtpreis der Zusatzeinrichtung!

3. Klammerrechnen

1.31 a) $(33 + 4) \cdot 2$ b) $14 \cdot (3 - 1 + 2)$
c) $200 : (30 + 55 - 25)$
d) $13 \cdot (7 + 14) - 4 \cdot (18 + 23)$
e) $12 : (6 - 3) + 4 \cdot (13 + 2 - 1)$
f) $20 : (7 - 2) - 50 : (28 - 3)$

1.32 a) $1{,}2 \cdot (3{,}5 - 2{,}7 + 3{,}1)$
b) $12{,}8 : (8{,}5 - 4{,}3 + 2{,}2)$ c) $140{,}5 : (27{,}3 + 8{,}2 - 5{,}5)$

1.33 a) $18 \cdot (2 \cdot 3 + 5 \cdot 6 - 3 \cdot 9) - 570 : (15 \cdot 2 + 3 \cdot 12 + 4 \cdot 12)$
b) $128{,}7 + (12{,}4 - 13 + 7) - (38 + 12 - 6 + 4)$
c) $5 : (3 - 2 + 20 + 33) - (6 + 3 - 15{,}4) - 5{,}4 : 4{,}5$

1.34 $[184 + (112{,}5 - 13{,}2)] \cdot [13{,}8 - (2 + 6{,}5 - 9{,}1)] + 12{,}8$

1.35 a) $\left(\frac{1}{8} + \frac{7}{5}\right) \cdot \frac{1}{2}$ b) $\left(\frac{1}{7} \cdot \frac{4}{6} + \frac{3}{2} \cdot \frac{1}{3}\right) : 1\frac{1}{4}$
c) $\left(2\frac{3}{7} - 1\frac{1}{2}\right) : \frac{2}{9}$

1.36 a) $\dfrac{\frac{3}{7} \cdot 0{,}14}{\frac{1}{4}}$ b) $\dfrac{\frac{3}{8} : \frac{1}{9}}{\frac{3}{4} : \frac{2}{3}}$ c) $12{,}65 : \left(5\frac{1}{2} - 3\frac{1}{5}\right)$

1.37 a) $3 \cdot \left(2\frac{1}{2} + 3\right) - \left(\frac{1}{2} + \frac{1}{4}\right) + \frac{3}{5} : 2 + 2 \cdot 5{,}8$
b) $2237{,}00$ DM $-$ [$250{,}00$ DM $\cdot$ ($3{,}00$ DM $+$ $5{,}20$ DM)] $+$ $187{,}35$ DM

1.38 Aus einer 2,27 m langen Eisenstange werden Stücke von 90 mm Länge geschnitten. Die Schnittbreite ist 0,8 mm. Wieviel Stücke lassen sich aus der Eisenstange schneiden? (Mit Klammer rechnen!)

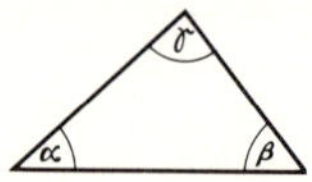

Winkel im Dreieck

1.39 Im Dreieck ist die Summe der Winkel 180°. Berechne den Winkel γ, wenn der Winkel $\alpha = 42°$ und der Winkel $\beta = 63°$ sind. (Mit Klammer rechnen!)

1.40 Ein Grundstück hat eine Länge von 32 m und eine Breite von 21 m. Durch Zukauf wird die Breite des Grundstückes um 12 m vergrößert. Wie groß ist die neue Fläche? (Mit Klammer rechnen!)

1.41 Die Länge eines Grundstückes ist 82,5 m, die Breite 47,4 m. Durch Tausch wird die Länge um 14,2 m verkürzt und die Breite um 3,4 m verlängert. Wie groß ist die neue Grundstücksfläche? (Mit Klammer rechnen!)

1.3 Grundrechnungsarten — Elektronischer Taschenrechner

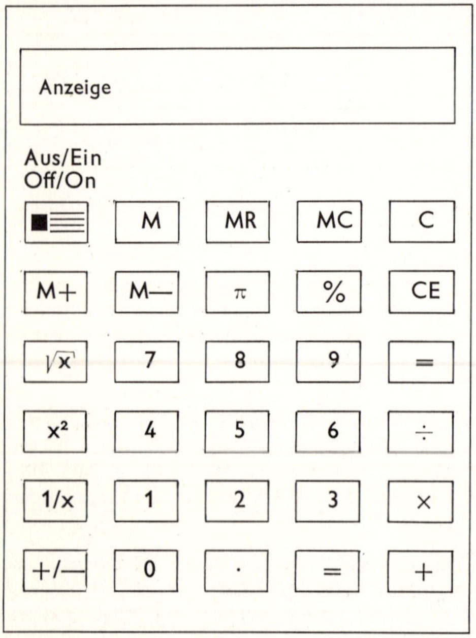

Taschenrechner mit Speicher

Erklärung

Für den Unterricht in Metallklassen genügt ein Taschenrechner mit den vier Grundrechenarten, einer Wurzeltaste, einer π-Taste und mindestens einem Speicher. Die Rechenregeln gelten für jeden Rechner, wenn man z. B. die Regel „Punkt- geht vor Strichrechnung" nicht anwendet, wird der Rechner falsch angewiesen und macht „Fehler".

Bezeichnungen

1. Zifferntasten

Die Zifferntasten gehen von 0–9.
Hinzu kommt die Kommataste.

2. Löschtasten

Die Löschtasten enthalten den Buchstaben C:
C **CLR** Löschtaste (clear = Löschen)
CE Eingabelöschtaste (entry = Eingang)
CM **MC** Speicherlöschtaste (memory = Erinnerung)

3. Rechentasten

+ Additionstaste
— Subtraktionstaste
÷ Divisionstaste
= Ergebnistaste führt die Rechenoperationen +, —, × und ÷ aus.

4. Funktionstasten

π π-Zahltaste

$\sqrt{x}$ Wurzeltaste

% Prozenttaste

+/– Vorzeichentauschtaste

x^2 Quadrattaste

1/x Kehrwerttaste

5. Speichertasten

M **STO** Speichertaste (store = Speicher)

M+ **SUM** Summentaste: Anzeige wird zum Speicherinhalt addiert!

M— Anzeige wird vom Speicherinhalt abgezogen!

MR **RCL** Rückruftaste: Speicherinhalt kommt in die Anzeige! (recall = Rückruf)

Weitere mögliche Funktionstasten sind z. B,: [sin] [cos] [tan] [(] [)]

Regel mit Beispiel

1. Addition Beispiel: 18,2 + 5,7	Eingabe	Anzeige
Eingabe des 1. Summanden	[1] [8] [·] [2]	18.2
Betätigung der Rechentaste	[+]	18.2
Eingabe des 2. Summanden, 1. Summand geht in das Rechenregister	[5] [·] [7]	5.7
Betätigung der Ergebnistaste	[=]	23.9

2. Subtraktion Beispiel: 128,8 — 92,9	Eingabe	Anzeige
Eingabe des Subtrahenden	[1] [2] [8] [·] [8]	128.8
Betätigung der Rechentaste	[—]	128.8
Eingabe des Minuenden, Subtrahend geht in das Rechenregister	[9] [2] [·] [9]	92.9
Betätigung der Ergebnistaste	[=]	35.9

3. Multiplikation Beispiel: 0,47 × 2,47	Eingabe	Anzeige
Eingabe des Multiplikanden	[·] [4] [7]	0.47
Betätigung der Rechentaste	[×]	0.47
Eingabe des Multiplikators, Multiplikand geht in das Rechenregister	[2] [·] [4] [7]	2.47
Betätigung der Ergebnistaste	[=]	1.1609

4. Division Beispiel: 18,5 : 2,5	Eingabe	Anzeige
Eingabe des Dividenden	[1] [8] [·] [5]	18.5
Betätigung der Rechentaste	[÷]	18.5
Eingabe des Divisors, Dividend geht in das Rechenregister	[2] [·] [5]	2.5
Betätigung der Ergebnistaste	[=]	7.4

5. Multiplikation und Division Beispiel: $\frac{2{,}5 \cdot 7{,}2}{4{,}8 \cdot 1{,}25}$	Eingabe	Anzeige
Eingabe von 2,5 Betätigung der Rechentaste Eingabe von 7,2	[2] [·] [5] [×] [7] [·] [2]	2.5 2.5 7.2
Betätigung der Rechentaste	[÷]	18
Eingabe von 4,8	[4] [·] [8]	4.8
Betätigung der Rechentaste **Beachte:** Vor der Eingabe eines Wertes, der unter dem Bruchstrich steht, ist stets vorher die Divisionstaste zu betätigen!	[÷]	3.75
Eingabe von 1,25	[1] [·] [2] [5]	1.25
Betätigung der Ergebnistaste	[=]	3

6. Speichern Beispiel: (2 + 6) · (4 + 3)	Eingabe	Anzeige
Berechnung der ersten Klammer	[2] [+] [6] [=]	2 2 6 8
Ergebnis der ersten Klammer in den Speicher bringen	[STO], [M] oder [M+]	8
Berechnung der zweiten Klammer	[4] [+] [3] [=]	4 4 3 7
Betätigung der Rechentaste	[×]	7
Rückruf des Speicherinhaltes	[RCL] oder [MR]	8
Betätigung der Ergebnistaste	[=]	56

Anmerkung: Bei gleichzeitiger Multiplikation und Division von größeren Zahlen sollten Multiplikation und Division im Wechsel ausgeführt werden, um ein Überlaufen der bisweilen stark begrenzten Anzeige zu vermeiden.

Aufgaben

1.42

a) Addiere folgende Zahlen mit dem Rechner:

625 + 3467 + 20 + 341 + 6278
367,4 + 805 + 0,7 + 7,86 + 13,49
0,043 + 1,065 + 13,0 + 34,76 + 42,1
47160 + 1368,4 + 0,1 + 1,6901 + 134,267

b) Subtrahiere folgende Zahlen mit dem Taschenrechner:

24367 — 4385	86943 — 16839
9,643 — 0,7983	14389 — 8369,4
693,42 — 0,0254	4382,01 — 389,3401

c) 28960 — 0,12 — 33,49 — 16 — 234,2
7583 — 1,567 — 18 — 1943,101 — 0,03
1385 — 24,03 — 33,061 — 7,43 — 4,2098

1.43 Addiere und subtrahiere folgende Zahlen mit dem Rechner:

2326 + 14 — 206 + 3798 — 4543 + 73
138,26 — 0,025 — 31,56 + 17,4 — 2,306 + 98
3846,02 — 63,1 — 24,802 + 14,02 — 0,07 + 0,041
8436,42 — 9,87 + 46,2 — 876 + 23,9 — 64,708

1.44

a) Multipliziere folgende Zahlen mit dem Rechner:

23 · 87	678 · 243	0,75 · 0,24
1376 · 0,81	3,82 · 5,64	1823 · 1954
8349 · 384,2	2385 · 1,74	8865 · 3,91

b) Dividiere folgende Zahlen mit dem Rechner:

22434 : 3	17,24 : 4	0,102 : 0,6
4131 : 243	130,4 : 40	3,026 : 0,89
469890 : 230	297183,04 : 112	687,621 : 342,1

1.45 Multipliziere und dividiere folgende Zahlen mit dem Rechner:

$\frac{1170 \cdot 537{,}5}{13 \cdot 215}$ $\frac{87{,}4 \cdot 3994{,}866}{10 \cdot 51{,}02}$ $\frac{7245{,}5 \cdot 15 \cdot 0{,}2}{4{,}3 \cdot 0\,5 \cdot 12}$

$\frac{57{,}12 \cdot 3000 \cdot 6}{0{,}96 \cdot 5 \cdot 102}$ $\frac{28{,}2 \cdot 18 \cdot 3500}{1000 \cdot 3 \cdot 0{,}8}$ $\frac{2648 \cdot 5400 \cdot 8{,}4}{1\,200\,000}$

1.46 Rechne folgende Klammerausdrücke mit dem Rechner:

(243 + 268) · (371 — 208)
(33,87 — 16,2) · (5,043 — 1,03)
(834 — 115,2) · (34 — 2,8 — 3,51)
(0,46 + 23,51) · (673 + 46,4 — 100,3)
(237 — 16 — 5,4) · (893,5 — 438,02)
(474 — 0,002) · (65,3 — 18,9 — 0,09)

1.47 $\frac{(634 + 128) \cdot (384 - 0{,}52)}{8 \cdot 0{,}3}$

$\frac{(389 - 12{,}2) \cdot (842 - 0{,}05 - 2{,}6)}{(3{,}89 - 0{,}021) \cdot (28{,}1 + 17{,}04)}$

2 Dreisatzrechnung

Einfacher Dreisatz
Zusammengesetzter Dreisatz

Erklärung

Die Dreisatzrechnung bezeichnet man auch als Schlußrechnung. Der Schluß auf die gesuchte Größe erfolgt in drei Sätzen.

Bezeichnungen

Man unterscheidet den einfachen und den zusammengesetzten Dreisatz.

1. Einfacher Dreisatz

Beim einfachen Dreisatz gibt es zwei Arten:

a) Einfacher Dreisatz mit geradem Verhältnis

Bei diesem Dreisatz ändert sich die eine Größe im gleichen Verhältnis wie die andere Größe. Man sagt, beide Größen sind einander proportional (= verhältnisgleich).

b) Einfacher Dreisatz mit umgekehrtem Verhältnis

Bei diesem Dreisatz nimmt die eine Größe in einem bestimmten Verhältnis zu, während die andere Größe im gleichen Verhältnis abnimmt.

Man sagt, beide Größen sind einander umgekehrt proportional (= umgekehrt verhältnisgleich).

2. Zusammengesetzter Dreisatz

Der zusammengesetzte Dreisatz enthält zwei oder mehrere einfache Dreisätze, die sowohl gerade als auch einfache umgekehrte Verhältnisse haben können.

Regel mit Beispiel

1. a) Einfacher gerader Dreisatz

Bei geradem Verhältnis dividiert man, wenn man auf die Einheit schließt. Es gilt:

Je mehr, desto mehr! Oder: Je weniger, desto weniger!

Ein Auto braucht für eine Strecke von 150 km 120 Minuten. Wie lange braucht es für eine Strecke von 450 km?

gegebene Größen	Behauptungssatz	150 km ≙ 120 Minuten
↓	↓	↓
Einheit	Schluß auf Einheit	1 km ≙ $\frac{120}{150}$ Minuten
↓	↓	↓
gesuchte Größe	Schluß auf gesuchte Größe	450 km ≙ $\frac{120 \cdot 450}{150}$ = <u>360 Minuten</u>

1. b) Einfacher umgekehrter Dreisatz

Bei umgekehrtem Verhältnis multipliziert man, wenn man auf die Einheit schließt. Es gilt:

Je mehr, desto weniger! Oder: Je weniger, desto mehr!

Eine Straßenreparatur wird von 20 Arbeitern in 15 Tagen durchgeführt. Wieviel Tage hätten 30 Arbeiter gebraucht?

gegebene Größen	Behauptungssatz	20 Arbeiter ≙ 15 Tage
↓	↓	↑
Einheit	Schluß auf Einheit	1 Arbeiter ≙ 15 · 20 Tage
↓	↓	↓
gesuchte Größe	Schluß auf gesuchte Größe	30 Arbeiter ≙ $\frac{15 \cdot 20}{30}$ = <u>10 Tage</u>

2. Zusammengesetzter Dreisatz

Man löst der Reihe nach die einzelnen einfachen Dreisätze!

4 Mechaniker verdienen in 5 Tagen 420,— DM. Wieviel verdienen 6 Mechaniker in 8 Tagen?

gegebene Größen	erster einfacher Dreisatz	4 Mechaniker in 5 Tagen ≙ 420,— DM
↓		↓
1. Einheit		1 Mechaniker in 5 Tagen ≙ $\frac{420}{4}$ DM
↓		↓
1. gesuchte Größe		6 Mechaniker in 5 Tagen ≙ $\frac{420 \cdot 6}{4}$ DM
↓	zweiter einfacher Dreisatz	
2. Einheit		6 Mechaniker in 1 Tag ≙ $\frac{420 \cdot 6}{4 \cdot 5}$ DM
↓		
2. gesuchte Größe		6 Mechaniker in 8 Tagen ≙ $\frac{420 \cdot 6 \cdot 8}{4 \cdot 5}$ = <u>1008 DM</u>

Anmerkung

Bei der Dreisatzrechnung ist darauf zu achten, daß die gesuchte Größe (z. B. Tage) immer am Ende des Behauptungssatzes steht.

Aufgaben

1. Einfacher Dreisatz

2.1 Ein Facharbeiter erhält für 20 Arbeitsstunden 85,— DM. Wieviel Lohn erhält er für 44 Stunden?

2.2 Ein Eisenbahnzug legt in 3,5 Stunden 126 km zurück. Wieviel Zeit braucht er für 324 km?

2.3 4 m elektrisches Kabel kosten 2,40 DM. Wieviel kosten $5\frac{1}{2}$ m?

2.4 $12\frac{1}{2}$ l Kraftstoff kosten 6,50 DM. Wieviel kosten $26\frac{3}{4}$ l Kraftstoff?

2.5 50 m Winkelstahl wiegen 120,5 kg. Wieviel wiegen 130 m Winkelstahl?

2.6 Wieviel km ist der Weg zur Arbeitsstätte lang, wenn der Auszubildende mit dem Fahrrad 35 Min. braucht bei einer Durchschnittsgeschwindigkeit von 15 km in der Stunde?

2.7 Ein Tank von 200 l Inhalt wird mit einer Pumpe, die in 5 Sekunden 8 l liefert, gefüllt. In welcher Zeit wird der Tank gefüllt?

2.8 12 Monteure brauchen zum Errichten einer Anlage 25 Tage. Durch Krankheit fallen jedoch 2 Monteure aus. Wieviel Tage brauchen die restlichen Monteure?

2.9 Eine Reparatur wird von 16 Facharbeitern in $7\frac{1}{2}$ Tagen durchgeführt. Wieviel Tage brauchen a) 15, b) 18, c) 20 Facharbeiter für die gleiche Reparatur?

2.10 Ein Lebensmittelvorrat reicht für 25 Mann 75 Tage. Wie lange reicht der Vorrat für 60 Mann?

2.11 Ein Betrieb hat bei 8stündiger Arbeitszeit 21 Facharbeiter. Wie groß ist die Zahl der Arbeiter, wenn die Arbeitszeit bei gleicher Leistung auf 7 Stunden verkürzt werden soll?

2.12 Zwei Zahnräder greifen ineinander und haben 60 und 45 Zähne. Das Zahnrad mit 45 Zähnen macht 152 Umdrehungen. Wieviel Umdrehungen macht das andere Zahnrad?

2.13 Ein Baugrundstück ist 15 m breit und 42,45 m tief. Es wird gegen ein 22,5 m breites gleich großes Grundstück umgetauscht. Wie tief ist das neue Grundstück?

2.14 Aus einem Rohr fließen in der Sekunde 12 l und füllen einen Behälter in 2 Stunden. In welcher Zeit wird der Behälter gefüllt, wenn in der Sekunde 30 l ausfließen?

2. Zusammengesetzter Dreisatz

2.15 6 Arbeiter verdienen in 5 Tagen 720,— DM. Wieviel verdienen 3 Arbeiter in 4 Tagen?

2.16 Zur Heizung von 3 Öfen reichen 600 l Heizöl 30 Tage. Wie lange werden 1800 l Heizöl für 5 Öfen reichen?

2.17 Ein Radfahrer braucht für eine Wegstrecke 8 Tage, wenn er täglich 7 Stunden und pro Stunde 15 km fährt. Wieviel km pro Stunde muß er leisten, wenn er die Wegstrecke in 6 Tagen zu je 8 Stunden zurücklegen will?

2.18 80 Wasserpumpen werden von 3 Arbeitern in 4 Tagen repariert. In welcher Zeit werden 120 Wasserpumpen von 6 Arbeitern repariert?

2.19 In einer Werkstatt verbrauchen 20 Lampen in 8 Stunden für 4,— DM Strom. Wie hoch sind die Stromkosten für 50 Lampen, wenn sie 12 Stunden brennen?

2.20 Eine Blechtafel von 2 mm Dicke und 2 m² Fläche wiegt 31,40 kg. Wie schwer ist eine Blechtafel von 3 mm Dicke und 0,5 m² Fläche?

2.21 Bei Erdarbeiten schachteten 10 Arbeiter in 6 Tagen 280 m³ Erde aus. Wieviel Kubikmeter schafften 15 Arbeiter in 8 Tagen?

3 Prozentrechnung

Prozentwert, Prozentsatz, Grundwert

Erklärung

Das Wort „Prozent“ kommt aus der lateinischen Sprache; „pro centum“ heißt übersetzt „vom Hundert“. % ist die Kurzschreibweise.

Bei der Prozentrechnung bezeichnet man die ganze Menge mit 100%. Man versteht also unter 1% den hundertsten Teil einer bestimmten Anzahl.

$1\% \triangleq \frac{1}{100} = 0{,}01$. Das Zeichen $\triangleq$ bedeutet „entspricht“.

Bezeichnungen

Prozentsatz p		Grundwert K		Prozentwert z
↓		↓		↓
5%	von	80,— DM	=	4,— DM

Formel mit Beispiel

Prozentwert $= \dfrac{\text{Grundwert} \cdot \text{Prozentsatz}}{100\%}$	$z = \dfrac{K \cdot p}{100}$	30% von 12 l? $\dfrac{12 \cdot 30\%}{100} = \underline{3{,}6\ \text{l}}$
Prozentsatz $= \dfrac{\text{Prozentwert} \cdot 100\%}{\text{Grundwert}}$	$p = \dfrac{z \cdot 100}{K}$	Wieviel % sind 40,— DM von 500,— DM? $\dfrac{40 \cdot 100}{500} = \underline{8\%}$
Grundwert $= \dfrac{\text{Prozentwert} \cdot 100\%}{\text{Prozentsatz}}$	$K = \dfrac{z \cdot 100}{p}$	6% sind 840,— DM. Wieviel DM sind 100%? $\dfrac{840 \cdot 100}{6} = \underline{14\,000{,}\text{— DM}}$

Vermehrter Grundwert
= Grundwert + Prozentwert

Eine Maschine wird mit 20 % Gewinn zu 7200,—DM verkauft. Wie hoch ist der Einkaufspreis?

$100\% + 20\% = 120\%$

$\dfrac{7200 \cdot 100}{120} = \underline{6000{,}\text{— DM}}$

Verminderter Grundwert
= Grundwert — Prozentwert

Eine Maschine wird mit 8 % Verlust zu 9200,— DM verkauft. Berechne den ursprünglichen Preis!

$100\% - 8\% = 92\%$

$\dfrac{9200 \cdot 100}{92} = \underline{10\,000{,}\text{— DM}}$

Anmerkung

Bei der Promillerechnung geht man wie bei der Prozentrechnung vor. Man rechnet mit Tausendsteln statt mit Hundertsteln (1 Promille = 1 vom Tausend $\triangleq \frac{1}{1000} = 1‰$).

Aufgaben

3.1 Berechne a) 4 %, b) 10 %, c) 30,5 % von:

120,— DM	114 kg	182,5 m	1,8 m²
180,— DM	20 kg	27,3 m	230 m²
60,— DM	300 kg	135,0 m	1,75 m²
1300,— DM	44 kg	0,5 m	21 m²

3.2 Wieviel % sind:

a) 60,— DM von 500,— DM	b) $1\frac{1}{5}$ m von 3 m
75,— DM von 300,— DM	$\frac{3}{4}$ m von 10 m
6,50 DM von 325,— DM	$\frac{1}{5}$ m von 0,5 m
18,— DM von 360,— DM	$2\frac{1}{8}$ m von 34 m

3.3 Berechne den Grundwert!

Prozentsatz:	5 %	12,7 %	$4\frac{1}{2}$%	3,5 %
Prozentwert:	30	25,4	54	29,75 DM
Prozentsatz:	$6\frac{2}{3}$%	2,8 %	3 %	9 %
Prozentwert:	40 l	21 kg	99,30 DM	12 kg

3.4 Der Verkaufspreis eines Werkzeuges ist 90,— DM. Wie hoch ist der Einkaufspreis, wenn 25 % Aufschlag gerechnet wurden?

3.5 Ein Händler kauft ein Ersatzteil von der Fabrik für 13,— DM. Das sind 65 % des Verkaufspreises. Wie hoch ist der Verkaufspreis?

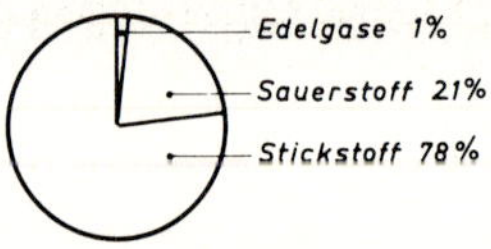

3.6 Die Zusammensetzung der Luft ergibt sich aus nebenstehender Zeichnung. Berechne, wieviel m³ Stickstoff, Sauerstoff und Edelgase in 120 m³ Luft sind!

3.7 Die monatliche Miete einer Werkstätte wird um 120,— DM gesteigert. Das entspricht einer Mieterhöhung von 6 %. Wieviel DM betrug die Miete vor der Steigerung?

3.8 Ein Ersatzteil wird mit 15 % Gewinn für 690,— DM verkauft. Wie hoch sind a) der Einkaufspreis und b) der Gewinn?

3.9 Der Stundenlohn eines Schlossers wurde um 8% auf 6,20 DM erhöht.
a) Wie hoch war der Stundenlohn vorher?
b) Wieviel DM macht die Lohnerhöhung aus?

3.10 Aus einem Ölfaß mit 200 l Inhalt wurden 75 l abgefüllt. Wieviel % sind das?

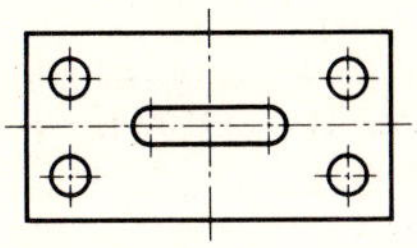

3.11 Die gezeichnete Grundplatte aus Stahl wiegt ohne die Bohrungen und das Langloch 200 kg. Durch die Bearbeitung verliert sie 8 % Gewicht. Berechne den Gewichtsverlust in kg!

3.12 Eine 22 m lange Stahlschiene dehnt sich bei Erwärmung um 0,04% aus. Wie groß ist die Längenausdehnung?

3.13 Ein Ersatzteil verteuert sich um 22 % und kostet jetzt 46,36 DM. Wieviel kostete es vorher?

3.14 Der Preis eines Mopeds ist auf 92 % des früheren Preises zurückgegangen und beträgt heute 653,20 DM. Wieviel hat das Moped früher gekostet?

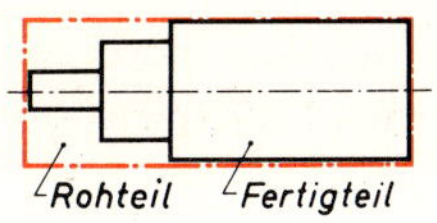

3.15 Die nebenstehend gezeichnete Welle wiegt fertig bearbeitet 50 kg. Beim Bearbeiten auf der Drehbank gab es 8 kg Späne. Wieviel % beträgt der Späneanfall?

3.16 Eine Prüfaktion der Bundesverkehrswacht ergab, daß von 74 714 überprüften Fahrzeugen nur 11 614 eine in allen Punkten korrekte Beleuchtung hatten. Wieviel % sind das?

3.17 In einem bestimmten Verbandsbereich wurden 2857 Mechaniker geprüft. Das Ergebnis der Gesellenprüfung ergab, daß 35% der Prüflinge nicht bestanden. Wie viele Mechaniker bestanden die Facharbeiterprüfung nicht?

3.18 Ein Mechaniker soll 6 Getriebe im Akkord montieren. Für ein Getriebe erhält er 24,50 DM. Sein Stundenlohn beträgt 6,50 DM, wenn er nicht im Akkord arbeitet. 20 Stunden braucht er für die Arbeit.

a) Wieviel erhält der Mechaniker, wenn mit dem Stundenlohn gerechnet wird?

b) Wieviel erhält er, wenn nach dem Akkordlohn gerechnet wird?

c) Wieviel % beträgt der Mehrverdienst?

3.19 Eine Maschinenfabrik hatte in den Jahren 1972 und 1973 an einem Normteil folgenden Umsatz:

Jahr	Stück	Stückpreis
1972	46000	4,20 DM
1973	60000	3,80 DM

Wie groß ist die Mehreinnahme im Jahre 1973 in %?

3.20 Aus 3 Metallen, deren Gewichtsanteile sich wie 2,5 : 3,5 : 4 verhalten, sollen 80 kg Legierungsmetall hergestellt werden. Dabei sind 20% Abbrand zu berücksichtigen. Wieviel kg muß von jedem Metall eingeschmolzen werden?

3.21 Rotguß (Rg 10) besteht aus 86% Kupfer (Cu), 10% Zinn (Sn) und 4% Zink (Zn). Wieviel kg dieser Legierungsmetalle sind in 40 kg Rotguß enthalten?

4.1 Einheiten in der Technik

SI-Einheiten
Länge, Fläche, Volumen
Zollsystem

Erklärung

1. SI-Einheiten

Das **Gesetz über Einheiten im Meßwesen** vom 2. Juli 1969 und die **Ausführungsverordnung** vom 26. Juli 1970 hat 6 Basiseinheiten verbindlich festgelegt (SI-Einheiten: benannt nach der französischen Bezeichnung **S**ystème **I**nternational d'Unités)

Die sechs Basiseinheiten in der Technik sind:

Meter, Kilogramm, Sekunde, Ampere, Kelvin, Candela

Diese sechs Einheiten nennt man Basiseinheiten, weil sie die Grundlage für weitere abgeleitete Einheiten sind.

2. Länge, Fläche Volumen

Die Länge ist eine Basisgröße, die in der Basiseinheit Meter [m] angegeben wird.

Zur Festlegung der Längeneinheit Meter wird eine bestimmte Wellenlänge des strahlenden Kryptongases benutzt (1 m = 1650 763,73fache der Wellenlänge des Kryptongases).

Diejenigen Größen, die mittels der Basisgrößen gebildet werden, bezeichnet man als abgeleitete Größen, die entsprechend gebildeten Einheiten als abgeleitete Einheiten:

Aus der Basisgröße Länge (dazugehörige Basiseinheit Meter) werden die Größen „Fläche" (abgeleitete Einheit Quadratmeter) und „Volumen" (abgeleitete Einheit Kubikmeter) gebildet.

Die Maßeinheiten dienen in der Technik zum Messen:

Messen bedeutet das Vergleichen einer unbekannten Größe mit einer bekannten Größe.

3. Zollsystem

Während das metrische System in fast allen Ländern eingeführt ist, haben einige Länder noch das Zollsystem.

Ein Zoll mißt 25,4 mm.

Bei uns findet das Zollsystem Verwendung zum Bezeichnen von Rohrdurchmessern, Reifen und Whitworth-Gewinden.

Bezeichnungen

Basisgröße	Basiseinheit	Kurzzeichen
Länge	Meter	m
Masse	Kilogramm	kg
Zeit	Sekunde	s
Elektrische Stromstärke	Ampere	A
Temperatur	Kelvin	K
Lichtstärke	Candela	cd

Aus den Basiseinheiten und den davon abgeleiteten Einheiten können durch Vorsätze **Vielfache** und **Teile** gebildet werden:

Vielfaches:			**Teile:**		
Zeichen	Vorsatz	Umwandlungszahl	Zeichen	Vorsatz	Umwandlungszahl
G	Giga	$10^9 = 1\,000\,000\,000$	d	Dezi	$10^{-1} = 1/_{10}$
M	Mega	$10^6 = 1\,000\,000$	c	Zenti	$10^{-2} = 1/_{100}$
k	Kilo	$10^3 = 1\,000$	m	Milli	$10^{-3} = 1/_{1000}$
h	Hekto	$10^2 = 100$	µ	Mikro	$10^{-6} = 1/_{1\,000\,000}$
da	Deka	$10^1 = 10$	n	Nano	$10^{-9} = 1/_{1\,000\,000\,000}$

Abgeleitete Einheiten:

Längeneinheit	Kurzzeichen	Flächeneinheit	Kurzzeichen	Volumeneinheit	Kurzzeichen
Meter	m	Quadratmeter	m^2	Kubikmeter	m^3
Dezimeter	dm	Quadratdezimeter	dm^2	Kubikdezimeter	dm^3
Zentimeter	cm	Quadratzentimeter	cm^2	Kubikzentimeter	cm^3
Millimeter	mm	Quadratmillimeter	mm^2	Kubikmillimeter	mm^3
Mikrometer	µm				
Kilometer	km	Quadratkilometer	km^2	Liter	l
		Ar	a	Hektoliter	hl
		Hektar	ha		

Regel mit Beispiel

1. Maßumwandlung der Längen-, Flächen- und Körpermaße

a) Längeneinheit

1 m = 10 dm = 100 cm = 1000 mm

Umwandlungszahl 10 pro Einheit

größere Einheit ← → kleinere Einheit

Division mit 10	← Beispiel →			Multiplikation mit 10
Also: Komma 1 Stelle nach links 1 Stelle oder Null abstreichen	1,35 dm 12,3 m	13,5 cm 123 dm	135 mm 1230 cm	**Also:** Komma 1 Stelle nach rechts 1 Null anhängen

b) Flächeneinheit

$1\ m^2 = 100\ dm^2 = 10\,000\ cm^2 = 1000\,000\ mm^2$

Umwandlungszahl 100 pro Einheit

größere Einheit ← → kleinere Einheit

Division mit 100	← Beispiel →			Multiplikation mit 100
Also: Komma 2 Stellen nach links 2 Stellen oder Nullen abstreichen	$0{,}0425\ dm^2$ $0{,}20\ m^2$	$4{,}25\ cm^2$ $20\ dm^2$	$425\ mm^2$ $2000\ cm^2$	**Also:** Komma 2 Stellen nach rechts 2 Nullen anhängen

c) Volumeneinheit

$1\ m^3 = 1000\ dm^3 = 1\,000\,000\ cm^3 = 1\,000\,000\,000\ mm^3$

Umwandlungszahl 1000 pro Einheit

größere Einheit ← → kleinere Einheit

Division mit 1000	← Beispiel →			Multiplikation mit 1000
Also: Komma 3 Stellen nach links 3 Stellen oder Nullen abstreichen	$0{,}0012\ dm^3$ $3\ m^3$	$1{,}2\ cm^3$ $3000\ dm^3$	$1200\ mm^3$ $3\,000\,000\ cm^3$	**Also:** Komma 3 Stellen nach rechts 3 Nullen anhängen

2. Umwandlung von Zollmaßen in Millimeter

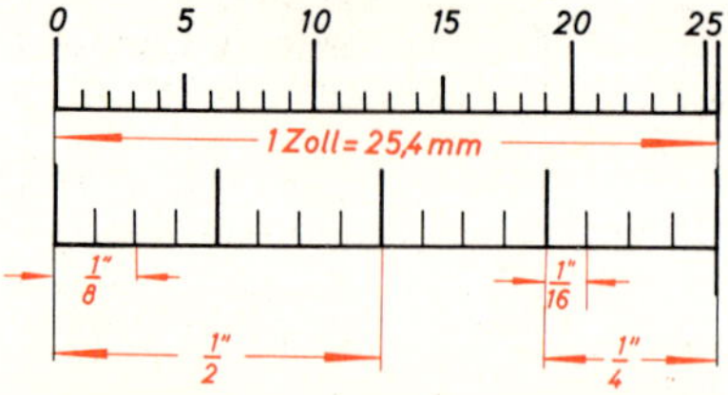

$$\text{Zoll} = \frac{\text{Anzahl der Millimeter}}{25{,}4}\ ['']$$

$$\text{Millimeter} = \text{Anzahl der Zoll} \cdot 25{,}4\ [\text{mm}]$$

a) Wieviel Zoll sind 12,7 mm?

$$12{,}7\ \text{mm} \mathrel{\hat{=}} \frac{12{,}7}{25{,}4} = 0{,}5$$

$$\underline{12{,}7\ \text{mm} \mathrel{\hat{=}} \tfrac{1}{2}''}$$

b) Wieviel mm sind $2\frac{1}{2}''$?

$$2\tfrac{1}{2}'' \mathrel{\hat{=}} 2\tfrac{1}{2}'' \cdot 25{,}4$$

$$2\tfrac{1}{2}'' \mathrel{\hat{=}} \underline{63{,}5\ \text{mm}}$$

Anmerkung

Weitere Einheiten sind:

1 km = 1000 m	1 km² = 1 000 000 m²	1 l = 1 dm³
1 Landmeile = 1609 m	1 a = 100 m²	1 l = 1000 cm³
1 Seemeile = 1852 m	1 ha = 100 a	1 hl = 100 l

Aufgaben

4.1 Verwandle folgende Längenmaße in:

a) m:	30 cm	120 mm	15 dm	77,8 cm
	580 dm	8 cm	0,3 dm	
b) dm:	120 m	70 cm	140 mm	80 cm
	13,05 m	0,1 m	0,4 cm	
c) cm:	180 dm	17,4 m	18,2 dm	0,8 m
	4,5 dm	0,1 mm	3,5 dm	
d) µm:	0,8 mm	1,4 mm	0,02 mm	0,002 mm
	0,1 mm	1,6 mm	0,375 mm	

4.2 Ein Installateur verlegt 13,6 m Rohr zu 10,50 DM, 20,5 dm zu 12,80 DM, 15,8 m zu 30,60 DM und 26 cm zu 9,50 DM.

a) Wieviel m Rohr wurden insgesamt verlegt?

b) Wie teuer sind die verlegten Rohre insgesamt (Preise sind Meterpreise.)?

4.3 Verwandle folgende Flächenmaße in:

a) m²:	40 cm²	1,5 dm²	28 mm²	37,8 cm²
	0,5 dm²	10 dm²	34,7 cm²	
b) dm²:	14 cm²	3,8 m²	17,4 mm²	28,35 m²
	0,78 mm²	5 m²	0,4 m²	
c) cm²:	25,83 dm²	1,752 m²	0,08 dm²	20 dm²
	0,87 mm²	0,1 dm²	0,5 mm²	
d) mm²:	1,5 m²	0,3 dm²	75 cm²	0,835 dm²
	43 m²	0,5 cm²	17 dm²	

4.4 a) 14,2 m — 3 dm + 1,5 mm + 4,8 cm = ?

b) 11,8 cm — 0,3 m + 4,2 mm + 2 dm = ?

c) 145 dm² — 1 m² — 0,5 mm² = ?

d) 104 dm² — 0,5 m² + 1,3 mm² = ?

4.5 Verwandle folgende Körpermaße in:

a) m³:	180 dm³	784 326 cm³	0,51301 dm³	
	1 056 324 mm³	3,2 dm³	180,4 cm³	2 mm³
b) dm³:	0,783 m³	282 cm³	462 mm³	
	0,54 302 m³	2,5 m³	12,8 cm³	0,2 mm³
c) cm³:	1,730546 m³	27 m³	8643 mm³	
	74,2 dm³	12 dm³	0,5 mm³	4,6 m³
d) mm³:	2,4302 cm³	27 dm³	0,5 cm³	
	1,24362 m³	36 cm³	0,02 dm³	4,32 m³

4.6 Löse folgende Aufgaben:

a) 16,5 ha = ? m²

b) 0,374 km² = ? m²

c) 283 102,4 cm² = ? a

d) 583 402 cm = ? km

e) 16,6 l = ? ml

f) 3842,65 l = ? hl

g) 623 cm³ = ? l

h) $5\frac{1}{5}$ l = ? ml

i) 9,03 l = ? dm³

4.7 Rechne folgende Zollmaße in Millimeter um!

$\frac{1}{2}''$; $\frac{3}{4}''$; 1″; $1\frac{1}{2}''$; 3″; 8″; 5,6″; $\frac{5}{8}''$

4.8 Rechne folgende Millimetermaße in Zoll um! 76,2 mm; 152,4 mm; 254 mm; 22,225 mm

4.9 Ein Sägeblatt hat 18 Zähne auf 1″ Länge. Wie groß ist der Abstand von Zahn zu Zahn (= Zahnteilung)?

4.10 Wieviel mm, cm, dm und m Rundstahl benötigt man zur Herstellung des Gitters, wenn 20 % Verschnitt zu berücksichtigen sind? (Zeichnung nebenstehend!)

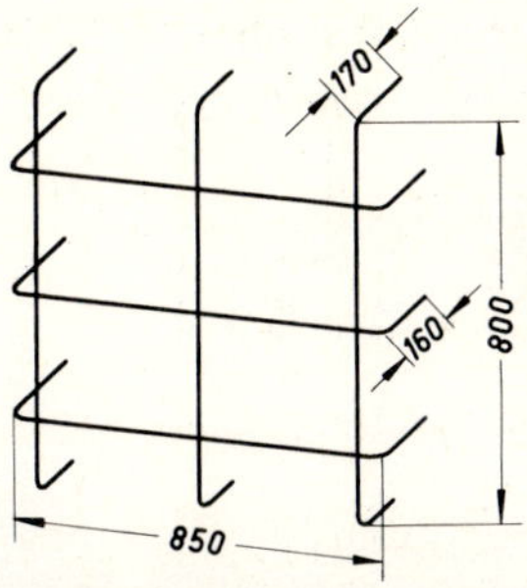

(Zeichnung Aufgabe 4.10)

4.11 Eine Welle hat einen Ø von $1^3/_8$″. Es wird ein Span von 1,6 mm Dicke und ein Span von 0,25 mm Dicke durch Drehen abgenommen. Welchen Durchmesser hat die fertige Welle?

4.2 Einheiten in der Technik

Zeiteinheit
Winkeleinheit

Erklärung

1. Zeiteinheit

Die Basiseinheit Sekunde wird aus einem regelmäßig sich wiederholendem Vorgang der Atomphysik abgeleitet, der sich innerhalb einer Sekunde 9 191 631 770 mal wiederholt.

Die Maßeinheit der Zeit (t) ist die Sekunde (s)

2. Winkeleinheit

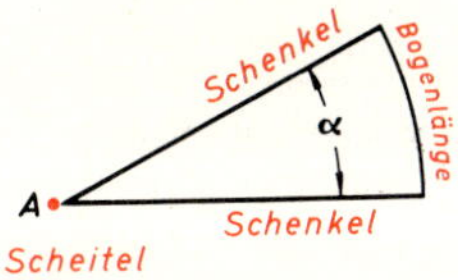

Beim Winkel (α) unterscheidet man den Scheitel (A), die zwei Schenkel und die Bogenlänge.

Unter einem Winkel (∢) versteht man die Größe des Richtungsunterschiedes zweier Strahlen, die von einem Punkte (Scheitel) ausgehen. Die beiden Schenkel eines Winkels sind die zwei Strahlen.

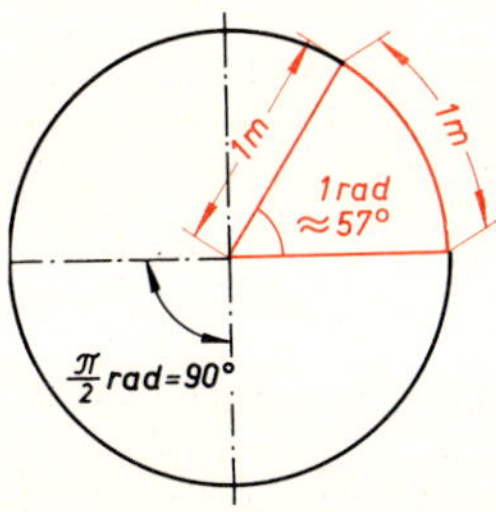

Die abgeleiteten SI-Einheiten des Winkels sind der **Grad** und der **Radiant.** Der Kreis (1 Volldrehung) hat 360 Grad. 1 Grad ist also der 360ste Teil des Kreises.

Der Winkel kann auch durch die entsprechende Kreisbogenlänge angegeben werden. Dies geschieht mittels der Maßeinheit Radiant. Trägt man auf einem Kreis mit dem Radius 1 m eine Bogenlänge von 1 m ab, so erhält man die Maßeinheit 1 Radiant.

1 rad ≙ 57° 17″ 44,8″

Bezeichnungen

t = Zeit [s, min, h]
α, β, δ, ... = Winkel [°, ′, ″, rad]
l_B = Bogenlänge (Bogenmaß) [meist in mm]

1. Zeiteinheiten

1 Minute [min] = 60 Sekunden [s]
1 Stunde [h] = 60 Minuten [min]

2. Winkeleinheiten

1 Grad [°] = 60 Winkelminuten [′]
1 Minute [′] = 60 Winkelsekunden [″]

Regel mit Beispiel

1. Die Verwandlungszahl ist bei Zeit- und Winkelmaßen 60

1 h = 60 min = 3600 s
1° = 60′ = 3600″

a) 2,3 h = ? Minuten
$2{,}3 \cdot 60 = \underline{138 \text{ min}}$

b) 5,7° = ? Winkelminuten
$5{,}7 \cdot 60 = \underline{342'}$

2. Kreisbogen für 360° : $2\,r\pi = 2 \cdot 1 \cdot \pi$

Kreisbogen für 1° $= \dfrac{2 \cdot 1 \cdot \pi}{360}$

$$1° = \frac{\pi}{180} \text{ rad}$$

Wieviel rad sind 90°?

$\dfrac{\pi \cdot 90}{180} = \underline{\dfrac{\pi}{2} \text{ rad}}$

3. Die Zeit- und Winkelmaße kann man addieren, subtrahieren, multiplizieren und dividieren.

a)

	60 h	40 min	40 s
+	12 h	30 min	5 s
	73 h	10 min	45 s

b) (20° 15′ 10″) · 5
= 100° 75′ 50″ = $\underline{101° 15' 50''}$

3. 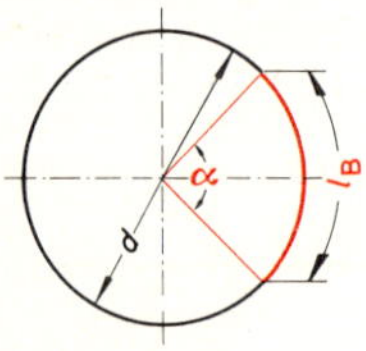

Bogenlänge als Teil des Kreisbogens

$$l_B = \frac{d \cdot \pi \cdot \alpha}{360°} \text{ [mm]}$$

d in mm einsetzen!

In der nebenstehenden Zeichnung ist $d = 120$ mm und $\alpha = 30°$. Wie groß ist die dazugehörige Bogenlänge l_B?

$l_B = \dfrac{d \cdot \pi \cdot \alpha}{360} = \dfrac{120 \cdot 3{,}14 \cdot 30}{360} = \underline{31{,}4 \text{ mm}}$

Anmerkung

Der rechte Winkel hat das Kurzzeichen ∟ (1∟ = 90°)

Aufgaben

1. Zeiteinheiten

4.12 Rechne um in Minuten!

15 h; 36 s; 26 h; 12 s; 38 h; 15 h 35 min; 26 h 12 min; 38 h 25 min.

4.13 a) Wieviel Stunden sind: 150 min; 1440 s; 72 s; 45 min; 15 min?

b) Rechne um in h, min und s: 280,5 min; 740,25 min; 8675 s; 3800 s; 181,2 min!

4.14 Addiere bzw. subtrahiere folgende Zeiten!

a) 11 h 30 min 20 s
+ 14 h 35 min 58 s

b) 10 h 6 min 3 s
+ 30 h 55 min 10 s

c) 17 h 50 min 10 s
— 6 h 40 min 5 s

d) 18 h 5 min 5 s
— 4 h 15 min 20 s

4.15 Multipliziere bzw. dividiere folgende Zeiten!

a) (15 h 40 min 10 s) · 4
b) (4 h 5 min 8 s) · 12
c) (12 h 39 min 18 s) : 3
d) (60 h 45 min 15 s) : 15

2. Winkeleinheiten

4.16 a) Rechne in ∢-Minuten um: 1° 5′ ; 4° 20 15″r; 0,5°; 20° 10 42″; 582″!

b) Wieviel °, ′ und ″ sind: 113′; 6880″; 7360′; 1,3°; 16,25°; 54 739″?

4.17 Addiere und rechne in ∢-Minuten um!

a) 13″ + 17″ + 40″ + 50″ b) 10° + 15″ + 30′

4.18 Addiere bzw. subtrahiere folgende Winkelmaße:

a) 20° 15′ 10″
+ 25° 20′ 5″

b) 3° 5′ 4″
+ 10° 56′ 58″

c) 25° 10′ 2″
— 11° 20′ 18″

d) 140° 30″
— 13° 8′ 40″

4.19 181° — 13° 25′ 15″ + 12° 30′ — 40′ + 20″

4.20 a) (14° 20′ 10″) · 5 b) (71° 15′ 25′) · 12
c) 3,7° · 4,5 d) 14,38° · 8,5 e) 1,5° · 4

4.21 Wieviel rad sind 360°, 270°, 180°, 120°, 90°, 60°, 40°, 30°, 15°, 1′ und 1″?

4.22 Wieviel Grad sind 1 rad, 2 rad, 3 rad, 4 rad und 5 rad?

4.23 Teile folgende Winkelmaße:

a) 18° : 4 b) 24° : 5 c) (37° 17′ 28″) : 4

4.24 Berechne die Winkel an der Werkzeugschneide!

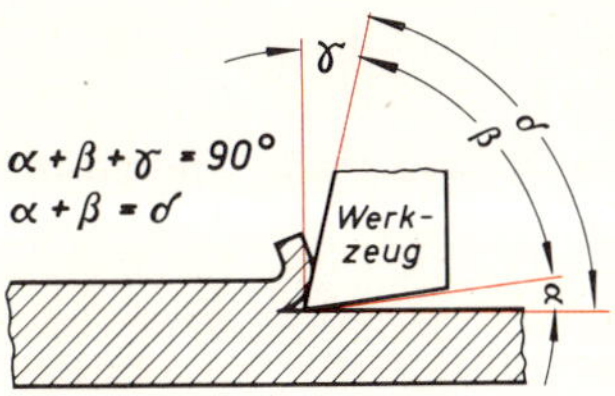

Winkel an der Werkzeugschneide

a)
$\alpha = 8°30'; \beta = 71°$
$\delta = ?$
$\alpha = 4°45'; \beta = 69°$
$\delta = ?$

b)
$\alpha = 8°20'$
$\beta = 51°30' \quad \gamma = ?$
$\beta = 75°; \gamma = 9°50'$
$\alpha = ?$

c) $\delta = 73°;\ \beta = 64°30';\ \alpha = ?$
$\delta = 72°;\ \alpha = 7°45';\ \beta = ?$

4.27 Der Schwungscheibendurchmesser eines Kfz-Motors beträgt 360 mm. Das Einlaßventil öffnet 14° vor dem oberen Totpunkt und schließt 32° nach dem unteren Totpunkt.

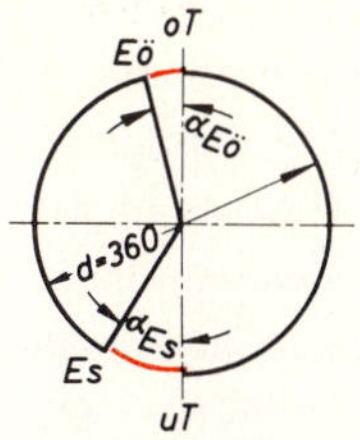

Öffnungszeiten des Einlaßventils

a) Wieviel mm liegen die Markierungen Eö und Es vom oberen bzw. unteren Totpunkt entfernt?
(Es = Einlaßventil schließt, Eö = Einlaßventil öffnet)

b) Wieviel Kurbelwellengrade beträgt die Öffnung des Einlaßventils?

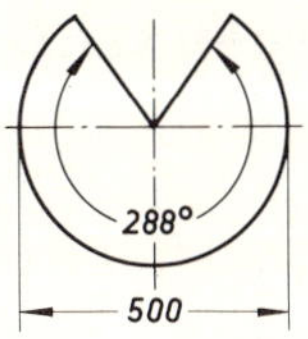

4.28 Das nebenstehende Segmentstück ist aus einer vollen Scheibe hergestellt. Berechne

a) die Bogenlänge l_B des fehlenden Stückes und

b) die Bogenlänge l_B des Segmentstückes!

3. Bogenmaße (Bogenlänge)

4.25 Eine Scheibe hat einen Durchmesser von 210 mm. Berechne die Bogenlänge bei 20°, 36°, 40°, 120°!

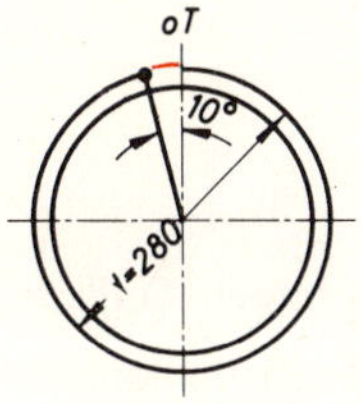

Schwungscheibe

4.26 Eine Schwungscheibe hat einen Durchmesser von 280 mm. Der Zündzeitpunkt liegt 10° vor oT. Wieviel mm liegt die Markierung für den Zündzeitpunkt auf dem Umfang der Schwungscheibe vor oT (oT = oberer Totpunkt)?

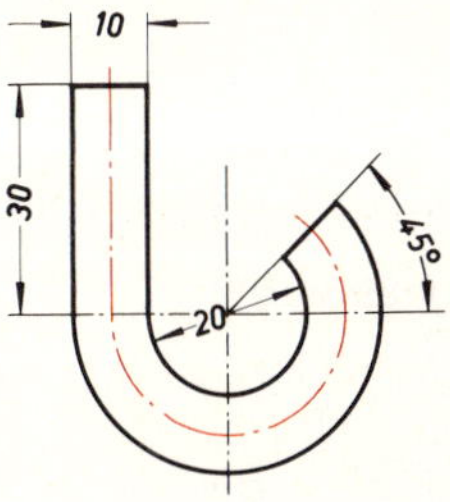

4.29 Berechne

a) die Länge der inneren Kante,

b) die Länge der roten Mittellinie und

c) die Länge der äußeren Kante des Werkstückes in mm!

4.3 Einheiten in der Technik

Masse, Kraft, Gewichtskraft Druck, Arbeit

Erklärung

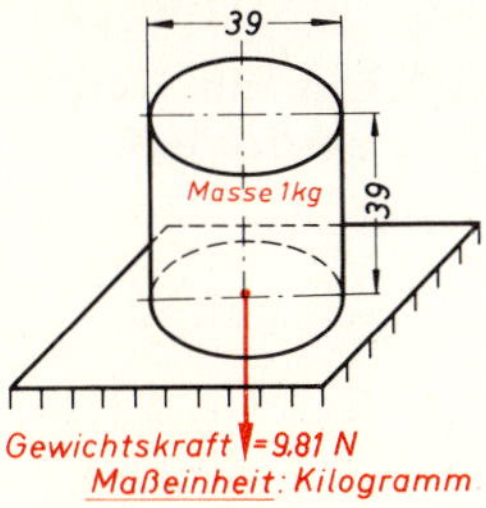

1. Masse

Die Masse ist eine Basisgröße und ist das Maß für die Stoffmenge eines Körpers.

1 kg ist die Masse des Urkilogramms in Paris (= 1 dm³ destilliertes Wasser bei 4 °C und einem Druck von 1 bar).

Urkilogramm
aus Platin-Iridium

2. Kraft

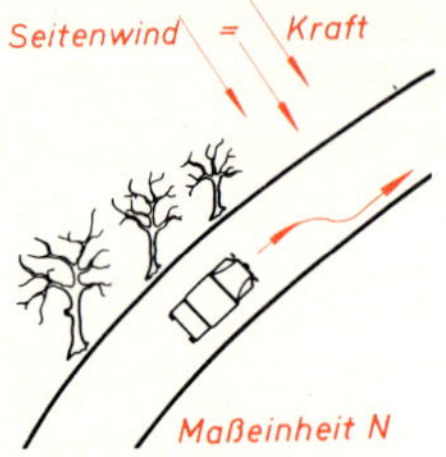

Richtungsänderung durch Seitenwind

Kraft ist die Ursache für:

1. Formänderung (Zusammendrücken einer Feder)
2. Bewegungsänderung
   a) Geschwindigkeitsänderung (Abbremsen)
   b) Richtungsänderung (Stoß bei Seitenwind)

Der englische Physiker Newton (1643—1727) hat folgenden Zusammenhang zwischen Kraft und Masse herausgefunden:

Kraft = Masse × Beschleunigung

Mit Hilfe dieser Gesetzmäßigkeit (Naturgesetz) wird die Einheit der Kraft abgeleitet:

Setzt man die Masse in kg und die Beschleunigung in m/s² in die Newton'sche Gleichung ein, so erhält man die Krafteinheit kg $\cdot \frac{m}{s^2}$

Man bezeichnet 1 kg · m/s² als 1 Newton.

3. Gewichtskraft

Im Schwerefeld der Erde werden sämtliche Massen durch die Erdanziehung mit ca. 9,81 m/s² (abhängig von der geographischen Lage) beschleunigt (9,81 m/s² = Erdbeschleunigung).

Die Gewichtskraft ist eine Kraft, die dadurch zustande kommt, daß die Erdanziehung auf die Masse eines Körpers einwirkt.

Ein Körper mit der Masse von 1 kg drückt daher mit einer Gewichtskraft von 1 kg · 9,81 m/s² = 9,81 Newton auf seine Unterlage.

4. Druck (= Flächenpressung)

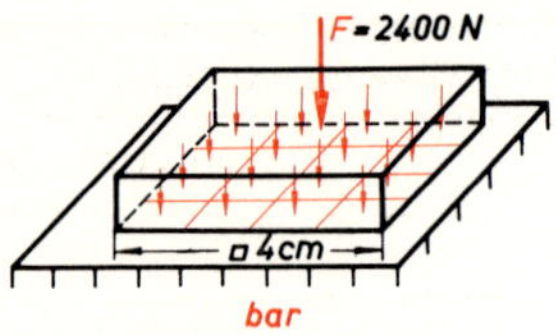

Maßeinheit: z. B. bar

Druck ist die Einwirkung einer Kraft auf eine Fläche.

Der Druck kann in festen, flüssigen und gasförmigen Stoffen wirksam werden (siehe auch 17.1).

5. Mechanische Arbeit

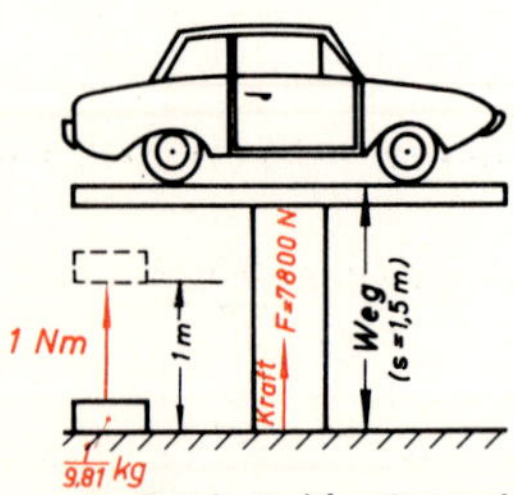

Maßeinheit: Newtonmeter

Mechanische Arbeit wird verrichtet, wenn ein Körper unter Einwirkung einer Kraft einen Weg zurücklegt.

Wenn auf einen Körper über einen Weg von 1 m eine Kraft von 1 Newton (1 N) einwirkt, so ergibt sich eine mechanische Arbeit von 1 Newtonmeter.

Bezeichnungen

Masse *m* (Gewicht *G*)		Kraft *F*		Druck *p*		Arbeit *W*	
Tonne	t	Kilonewton	kN	Dekanewton pro cm² = 1 bar	$\frac{daN}{cm^2}$ bar	Newtonmeter	Nm
Kilogramm	kg	Hektonewton	hN	Pascal = Newton pro m²	Pa $\frac{N}{m^2}$	Joule	J
Gramm	g	Dekanewton	daN			Wattsekunde	Ws
		Newton	N				

F_G = Gewichtskraft [N] $g = 9{,}81 \left[\frac{m}{s^2}\right]$ Erdbeschleunigung

Regel mit Beispiel

1. Maßumwandlung

a) Masseeinheit

1 t = 1000 kg = 1 000 000 g

Umwandlungszahl 1000 pro Einheit

größere Einheit ← → kleinere Einheit

Division mit 1000	← Beispiel →			Multiplikation mit 1000
Also: Komma 3 Stellen nach links 3 Stellen oder Nullen abstreichen	0,0045 t 0,015 t	4,5 kg 15 kg	4 500 g 15 000 g	**Also:** Komma 3 Stellen nach rechts 3 Nullen anhängen

b) Krafteinheit

1 kN = 10 hN = 100 daN = 1000 N

Umwandlungszahl 10

größere Einheit ← → kleinere Einheit

Division mit 10	← Beispiel →				Multiplikation mit 10
Also: Komma 1 Stelle nach links 1 Stelle oder Null abstreichen	3,25 kN 2 kN	32,5 hN 20 hN	325 daN 200 daN	3250 N 2000 N	**Also:** Komma 1 Stelle nach rechts 1 Null anhängen

2. Berechnung der Gewichtskraft

Gewichtskraft =
Masse × Erdbeschleunigung

$F_G = m \cdot g$ [kg · m/s² oder N]

Setzt man für *m* das Formelzeichen *G*:

$F_G = G \cdot g$ [kg · m/s² oder N]

Ein Pkw hat ein Gewicht von 795 kg. Berechne seine Gewichtskraft!

$F_G = m \cdot g = G \cdot g = 795 \cdot 9{,}81 = \underline{7800\ N}$

3. Berechnung des Druckes

$$\text{Flächenpressung oder Druck} = \frac{\text{Kraft}}{\text{Fläche}}$$

$$p = \frac{F}{A} \left[\text{bar oder } \frac{\text{daN}}{\text{cm}^2}\right]$$

Beachte:

Die Kraft muß in Dekanewton eingesetzt werden. Daher müssen die Werte in Newton durch 10 geteilt werden.

Auf den unter 4. abgebildeten prismatischen Körper mit quadratischer Grundfläche wirkt eine Kraft von 2400 N.

Berechne die Flächenpressung in bar!

2400 N = 240 daN

$$p = \frac{F}{A} = \frac{240}{16} = 15 \frac{\text{daN}}{\text{cm}^2}$$

$p = \underline{15 \text{ bar}}$

4. Berechnung der Arbeit

Mechanische Arbeit = Kraft × Weg

$$W = F \cdot s \text{ [Nm]}$$

Beachte: Die Kraft wirkt in Wegrichtung.

Das unter 5. abgebildete Kfz drückt mit 7800 N auf die Hebebühne und wird 1,5 m hochgehoben. Welche Arbeit verrichtet die Hebebühne?

$W = F \cdot s = 7800 \cdot 1{,}5 = \underline{11\,700 \text{ Nm}}$

Anmerkung

In Industrie, Handel und Verkehr wird die Masse in t, kg und g als **Gewicht G** bezeichnet.

Aufgaben

4.30 Verwandle folgende Massen in:

a) kg:	16 t	18,7 g	0,024 t	180 g	0,523 g
	2,543 t	1,4 t	20 g	1,5 g	
b) t:	150000 g	720 kg	0,5 kg	2000 kg	280 g
	1,5 kg	0,5 kg	3482 g	15,3 kg	

4.31 Rechne folgende Aufgaben!

a) 73 t — 1500 kg + 100 g
b) 152 kg — 0,00003 t + 150 g
c) 12 g + 1,5 kg — 0,5 g
d) 125 t — 130 kg — 5126 g

4.32 Verwandle folgende Kräfte in:

a) N:	0,032 kN	12 kN	150 daN
	0,52 daN	30 kN	1,8 kN
	3,7 daN	25 kN	23,5 daN
	0,5 daN	0,82 kN	0,7 daN
b) daN:	1,4 kN	0,8 N	$2^1/_2$ N
	3,4 kN	0,51 kN	41 N
	30 N	0,25 kN	3,01 kN
c) kN:	4000 N	37,8 daN	43,4 N
	33,7 daN	55,02 daN	42 N
	29 daN	0,2 daN	150 N
	3 N	0,56 daN	20 hN

4.33 Rechne folgende Aufgaben!

a) 0,003 kN + 300,2 daN — 526 N
b) 271 daN — 5 N + 0,004 kN
c) 5 daN — 0,394 N + 2 kN
d) 10 kN + 100,2 daN + 600 N

4.34 Welche Gewichtskraft hat ein Körper mit der Masse m = 48 kg?

4.35 Ein Mann hat ein Gewicht von 80 kg und trägt ein Ersatzteil von 20 kg 2 m hoch.

a) Berechne die Gewichtskraft des Mannes mit dem Ersatzteil!

b) Wie groß ist die verrichtete Arbeit?

4.36 Das Gewicht verschiedener Maschinen beträgt:

a) 900 kg
b) 160 kg
c) 12 t

a) Welche Gewichtskräfte üben sie aus?

b) Welche Arbeit wird verrichtet, wenn die Maschinen 2,8 m angehoben werden?

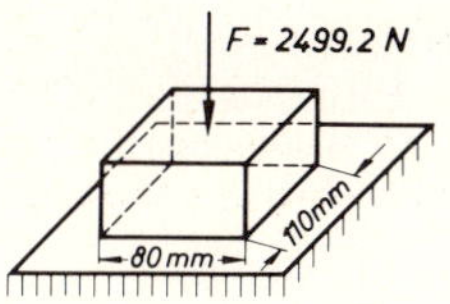

4.37 Auf nebenstehendes Prisma wirkt eine Kraft von $F = 2499{,}2$ N.
a) Rechne die Kraft in daN um!
b) Berechne den Druck in daN/cm² und bar!

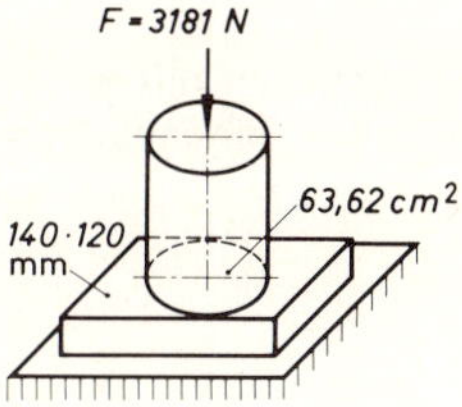

4.38 Ein Rundkörper mit einer Grundfläche von 63,62 cm² ist mit 3181 N belastet. Er drückt auf eine rechteckige Grundplatte von 140 · 120 mm.

a) Berechne die Flächenpressung des Rundkörpers auf die rechteckige Grundplatte!
b) Berechne die Flächenpressung des Prismas auf seine Unterlage! (Eigengewicht bleibt unberücksichtigt!)

4.39 Ein Kfz drückt mit einer Kraft von 20 000 N auf die Straße. Wie groß ist die Flächenpressung am Reifen, wenn die Aufstandsfläche 250 cm² pro Reifen beträgt?

4.40 Ein Hebekran übt eine Hubkraft von 26 000 N auf eine Last aus, die 15 m hochgehoben wird. Wie groß ist die mechanische Arbeit?

4.41 Ein Motor, auf den eine Gewichtskraft von 1300 N wirkt, soll 1,5 m hochgehoben werden.
a) Berechne das Gewicht des Motors in t, kg und g!
b) Wie groß ist die erforderliche Arbeit?

4.42 Eine Drehbank wird 1,6 m angehoben. Dazu wurden 156 800 Nm benötigt.
a) Welche Kraft war wirksam?
b) Wie groß ist die Masse (das Gewicht) der Drehbank?

4.43 Ein Ersatzteil hat ein Gewicht von 255 kg. Wie groß ist die Gewichtskraft?

4.44 Ein Werkzeug hat eine Gewichtskraft von 29,43 N. Wie groß ist die Masse des Werkzeuges?

4.45 Eine Stahlsäule hat ein Gewicht von 580 kg. Berechne die Gewichtskraft!

4.46 Ein Werkzeugschrank hat eine Grundfläche von 0,50 m × 0,30 m. Das Gewicht des Schrankes beträgt 500 kg. Berechne die Flächenpressung in daN/cm² und bar!

4.47 Ein Verladekran hebt einen Lkw mit 24,5 t 8,5 m hoch. Wie groß ist die mechanische Arbeit in Nm?

4.48 Eine Walzenbramme hat ein Gewicht von 4 t. Beim Heben wird eine Arbeit von 117 720 Nm aufgewandt.
a) Wie groß ist die Gewichtskraft der Bramme?
b) Wie hoch wurde sie gehoben?

4.49 Ein Hammerbär mit einem Gewicht von 250 kg schmiedet eine Welle mit 30 Schlägen. Die Hubhöhe beträgt 1,05 m. Berechne die mechanische Arbeit in Newtonmeter!

4.50 Eine Maschine wird durch eine Kraft 2,5 m hochgehoben. Dabei wird eine mechanische Arbeit von 245 250 Nm verrichtet.
a) Berechne die Gewichtskraft der Maschine in N, daN und kN!
b) Wie schwer ist die Maschine in kg und t?

4.51 Rechne folgende Aufgaben!
a) 2510 N — 0,3 kN + 50 daN
b) 15 g + 16 kg + 0,003 t
c) 12 kN + ¼ da N — 30 N
d) 1,7 kN — 0,8 N + 37,8 da N
e) 130 t — 120 kg — 0,5 g

4.52 Eine Reißnadel hat an der Spitze eine Druckfläche von 0,03 mm². Beim Anreißen wirkt eine senkrechte Kraft von 3 Newton. Berechne den Druck beim Anreißen in N/mm² und da N/cm²!

5.1 Längenberechnung

Maßstäbe
Teilen von Längen

Erklärung

Die Längenberechnung bedient sich der Längenmaße.

Die Längenmaße sind benannte Zahlen, die aus einer Zahl und einer Benennung (= Buchstabe) bestehen.

Für das Rechnen mit benannten Zahlen gelten dieselben Regeln wie für das Rechnen mit unbenannten Zahlen. Beim Rechnen mit Längen ist besonders auf die Gleichheit aller Benennungen (= Maßeinheiten) zu achten.

1. Maßstäbe

Verkleinerungen			Vergrößerungen
1 : 2,5	1 : 20	1 : 200	2 : 1
1 : 5	1 : 50	1 : 500	5 : 1
1 : 10	1 : 100	1 : 1000	10 : 1

Sehr oft kann man die Längen eines Werkstückes nicht in natürlicher (= wirklicher) Größe zeichnen (= M 1:1). Größere Werkstücke werden verkleinert dargestellt, kleine Werkstücke werden vergrößert gezeichnet.

Der Maßstab ist das Maßverhältnis zwischen dem Zeichnungsmaß und dem natürlichen Maß.

2. Teilen von Längen

In der Praxis sind öfters vorhandene Längen einzuteilen. Hier ergeben sich drei Möglichkeiten:

a) Abtrennen bestimmter Teilstücke von einer Länge
b) Gleichmäßige Einteilung einer Länge in Teillängen
c) Lochabstände bei Kreisteilungen

Bezeichnungen

1. Maßstäbe

M = Maßstab Z_M = Zeichnungsmaß N_M = Natürliches Maß

2. Teilen von Längen

a) Abtrennen bestimmter Teilstücke von einer Länge

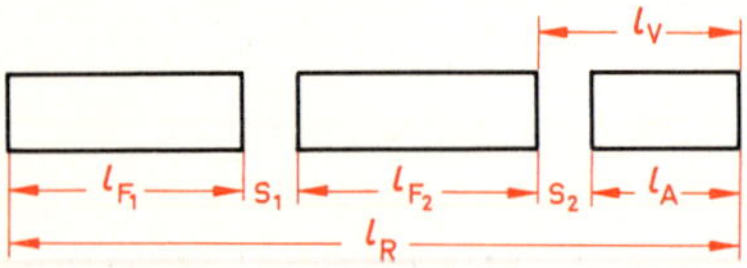

Abtrennen

l_R = Rohlänge
$l_{F\,(1,2\ldots)}$ = Fertiglänge
l_A = Abfallänge
l_V = Materialverlust
s = Schnittbreite
(Maße meist in mm!)

Beachte: Materialverlust sind nicht mehr verwertbare Abfallängen und die Schnittbreiten!

b) Gleichmäßige Einteilung einer Länge in Teillängen

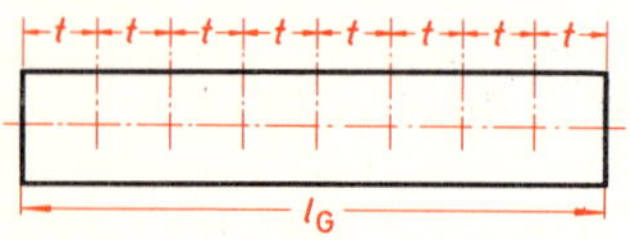

Teilung ohne Endlängen

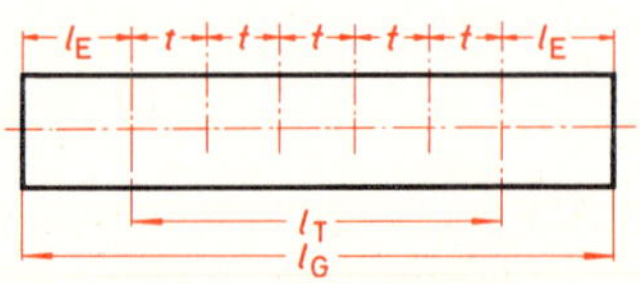

Teilung mit Endlängen

t = Teilung (= Zwischenraum)
n = Anzahl der Mittelpunkte
l_G = Gesamtlänge
l_T = Teilungslänge
l_E = Endlänge
(Maße meist in mm!)
Beachte: $l_T = l_G - 2\,l_E$

c) Lochabstände bei Kreisteilungen

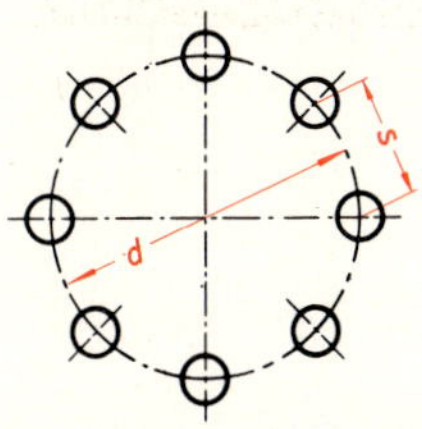

d = ø des Lochkreises
s = Sehne (= Lochabstand)
M = Multiplikator

Die Sehne und der Lochkreis stehen in einem bestimmten Verhältnis zueinander. Daraus ergibt sich der Multiplikator:

Kreislöcher	Multiplikator	Kreislöcher	Multiplikator
3	0,866	8	0,383
4	0,707	9	0,342
5	0,588	10	0,309
6	0,5	11	0,282
7	0,434	12	0,259

Formel mit Beispiel

1. Maßstäbe

Zeichnungsmaß = Maßstab · natürliches Maß

$$Z_M = M \cdot N_M$$

Verkleinerung:

300 mm; M 1 : 5 → $\frac{1 \cdot 300}{5} = \underline{60 \text{ mm}}$

Vergrößerung:

3 mm; M 5 : 1 → $5 \cdot 3 = \underline{15 \text{ mm}}$

2. Teilen von Längen

a) Abtrennen bestimmter Teilstücke von einer Länge

Rohlänge = Fertiglängen + Schnittbreiten + Abfallänge

$$l_R = l_{F_1} + l_{F_2} \ldots + s_1 + s_2 \ldots + l_A \text{ [mm]}$$

Materialverlust = Rohlänge − Fertiglängen

$$l_V = l_R - (l_{F_1} + l_{F_2} \ldots) \text{ [mm]}$$

Abfallänge = Materialverlust — Schnittbreiten

$$l_A = l_V - (s_1 + s_2 \ldots) \text{ [mm]}$$

Es sind 13 Stück Flachstahl 60 × 10 × 430 mm herzustellen.

1. Berechne die Rohlänge bei einer Abfalllänge von 30 mm und einer Schnittbreite von 2 mm!

$l_R = 13 \cdot 430 + 13 \cdot 2 + 30$ [mm]
$l_R = 5646$ mm
$l_R = 5{,}646$ m

2. Wie groß ist der Materialverlust?

$l_V = l_R - (l_{F_1} + l_{F_2} \ldots)$ [mm]
$l_V = 5646 - (13 \cdot 430)$
$l_V = 5646 - 5590$ mm
$l_V = \underline{56 \text{ mm}}$

b) Gleichmäßige Einteilung einer Länge in Teillängen

Teilung ohne Endlängen

$$\text{Teilung} = \frac{\text{Gesamtlänge}}{\text{Anzahl der Mittelpunkte} + 1}$$

$$t = \frac{l_G}{n+1} \text{ [mm]}$$

$$\text{Anzahl der Mittelpunkte} = \frac{\text{Gesamtlänge}}{\text{Teilung}} - 1$$

$$n = \frac{l_G}{t} - 1$$

In ein Stück Flachstahl mit einer Länge von 600 mm sollen 11 Löcher in gleichmäßigem Abstand gebohrt werden. Berechne die Teilung in mm! (siehe Zeichnung Seite 30)

$t = \frac{l_G}{n+1} = \frac{600}{12}$ [mm]

$t = \underline{50 \text{ mm}}$

Teilung mit Endlängen

$$\text{Teilung} = \frac{\text{Gesamtlänge} - 2\ \text{Endlängen}}{\text{Anzahl der Mittelpunkte} - 1}$$

$$t = \frac{l_T}{n - 1}\ [\text{mm}]$$

$$\text{Anzahl der Mittelpunkte} = \frac{\text{Teilungslänge}}{\text{Teilung}} + 1$$

$$n = \frac{l_T}{t} + 1$$

In eine 350 mm lange Schiene sollen 6 Löcher mit 6 mm Ø in gleichmäßigem Abstand gebohrt werden. Die Entfernung der Bohrungen von den Enden sind jeweils 20 mm. Berechne die Teilung! (siehe Zeichnung Seite 30!)

Teilungslänge $l_T = 350 - 2 \cdot 20 = 310$ mm

$$t = \frac{l_T}{n - 1} = \frac{310}{5} = \underline{62\ \text{mm}}$$

c) Lochabstände bei Kreisteilungen

Sehnenlänge = Lochkreis-Ø · Multiplikator

$$s = d \cdot M\ [\text{mm}]$$

Berechne die Sehnenlänge (Lochabstand) von 4 Bohrungen bei einem Kreis-Ø von 120 mm!

$s = d \cdot M = 120 \cdot 0{,}707 = \underline{84{,}84\ \text{mm}}$

Anmerkung

In einer Zeichnung mit größerem oder kleinerem Maßstab sind die wirklichen Maße des Werkstückes eingetragen!

Aufgaben

1. Maßstäbe

5.1 Wie groß sind bei einem Maßstab von 1 : 2,5, 1 : 5 und 1 : 10 folgende Längen in der Zeichnung:

a) 1 m; 1 dm; 1 cm; 1 mm
b) 2,5 m; 0,2 dm; 20 cm; 15 mm
c) 35 m; 120 dm; 180 cm; 300 mm?

5.2 Wie groß werden bei einem Maßstab von 5 : 1 folgende Längen in der Zeichnung:

a) 4 mm; b) 0,62 mm; c) 0,8 mm; d) 3 cm?

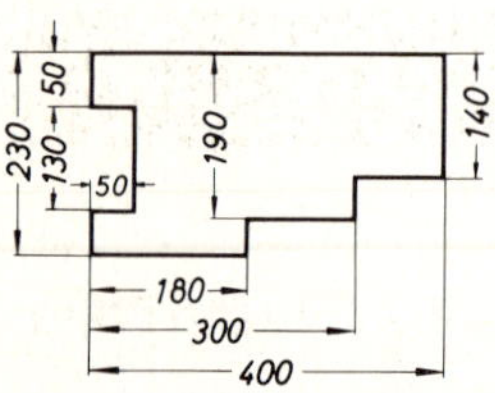

5.3 Die nebenstehende Zeichnung soll im Maßstab 1 : 5 gezeichnet werden. Berechne die Zeichnungsmaße!

2. Teilen von Längen

5.4 Von einem Stück Flachstahl von 5,2 m Länge sind 320 mm lange Stücke abzusägen. Der Sägeschnitt beträgt 2,5 mm.

a) Wie viele Stücke erhält man?
b) Wie groß ist der Materialverlust?
c) Wie lang ist die Abfallänge?

5.5 In Flachstahl, 420 mm lang, sollen 14 Löcher gleichmäßig verteilt gebohrt werden. Wie groß ist der Lochabstand?

5.6 Auf einer Werkbank von 16,60 m Länge sollen 13 Schraubstöcke montiert werden. Berechne den Abstand von Mitte Schraubstock bis Mitte Schraubstock bei einer Endlänge von 50 cm!

5.7 Der Lochkreisdurchmesser beträgt 180 mm (120 mm). Es sollen 6 (8) Bohrlöcher gleichmäßig verteilt werden. Berechne die Sehnenlänge (bzw. Lochabstand)!

5.8 Eine Flachstahlleiste von 6,48 m Länge wird in 40 gleichlange Teilstücke aufgeteilt, wobei die Schnittbreite 2 mm beträgt. Berechne die Länge jedes Teilstückes in mm!

5.9 Von einem 7,4 m langen Rohr werden folgende Rohrstücke abgesägt: 3 × 1,2 m; 2 × 80 cm; 4 × 235 mm. Wie lang ist das Reststück in mm, wenn für einen Sägeschnitt 2 mm Verschnitt hinzukommen?

5.10 Eine Welle von 7900 mm Länge soll gelagert werden. Wie groß ist die Anzahl der Lager, wenn der Mittenabstand der Lager 1500 mm beträgt und sich die Mitten der beiden äußeren Lager 200 mm vom Wellenende befinden?

Erklärung

1. Gestreckte Längen

Vor der Biegung

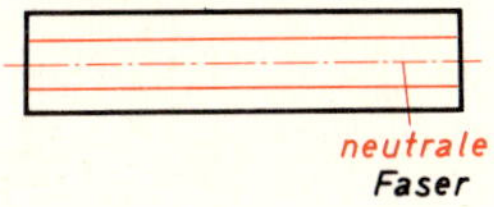

Nach der Biegung

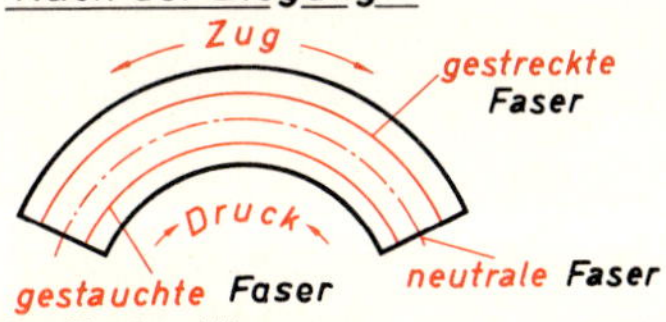

Zugkräfte verlängern, Druckkräfte verkürzen die Fasern eines Werkstoffes.
Nur in der Mitte, wo der Zug in Druck übergeht, tritt keine Veränderung der Faser auf.

Die Faser, die sich nicht verändert, nennt man neutrale Faser.

Die gestreckte Länge ist das Ausgangsmaß für gebogene Werkstücke. Man bezeichnet sie auch als Rohlänge. Sie ist bei der Herstellung eines gebogenen Werkstückes zu ermitteln.

Die gestreckte Länge (Rohlänge) ist gleich der neutralen Faser.

2. Federlängen

Bei der Wicklung einer Feder mittels eines Wickeldornes muß man zuerst die Drahtlänge und den Durchmesser des Wickeldornes berechnen.

Die gestreckte Länge bei der Feder bezeichnet man als Federlänge (= Drahtlänge).

Die Drahtlänge berechnet man mittels des mittleren Windungsdurchmessers und der Windungszahl (siehe Zeichnung!).

Bei den Druckfedern sind an beiden Enden je ³/₄ Windungen als Auflagefläche angeschliffen. Man zählt sie als zwei volle Windungen hinzu.

Desgleichen zählt man bei den Zugfedern für die zwei Ösen zwei Windungen zur Drahtlänge hinzu.

Den Durchmesser des Wickeldornes berechnet man mittels einer Faustformel (Erfahrungswert).

Bezeichnungen

1. Gestreckte Längen

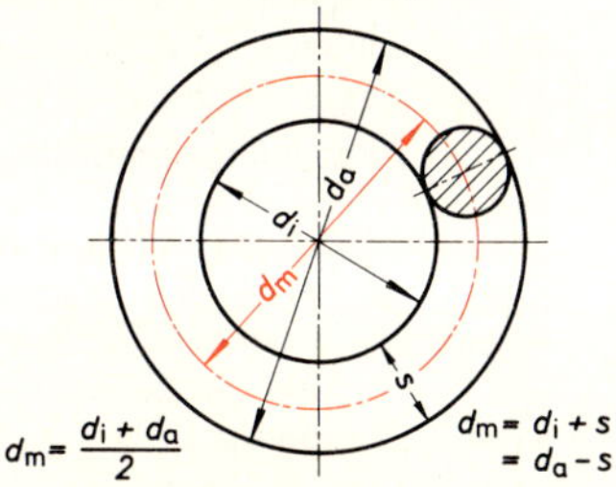

Kreisring mit neutraler Faser

d_a = äußerer Durchmesser
d_m = mittlerer Durchmesser
d_i = innerer Durchmesser
s = Werkstückstärke
l_R = Rohlänge = gestreckte Länge des Werkstückes

Gestreckte Länge Vollkreis:

$$l_B = d_m \cdot \pi$$

Gestreckte Länge Halbkreis:

$$l_B = \frac{d_m}{2} \cdot \pi$$

Gestreckte Länge Viertelkreis:

$$l_B = \frac{d_m \cdot \pi}{4}$$

Beachte: Maße meist in mm!

2. Federlängen

l_R = Rohlänge = gestreckte Länge = Drahtlänge
d = Drahtdurchmesser
d_m = mittlerer Windungsdurchmesser
d_i = innerer Windungsdurchmesser
d_a = äußerer Windungsdurchmesser
h = Wickelsteigung
i = Anzahl der Windungen
d_W = Durchmesser des Wickeldornes
n = Anzahl der Längen

Beachte: Maße meist in mm!

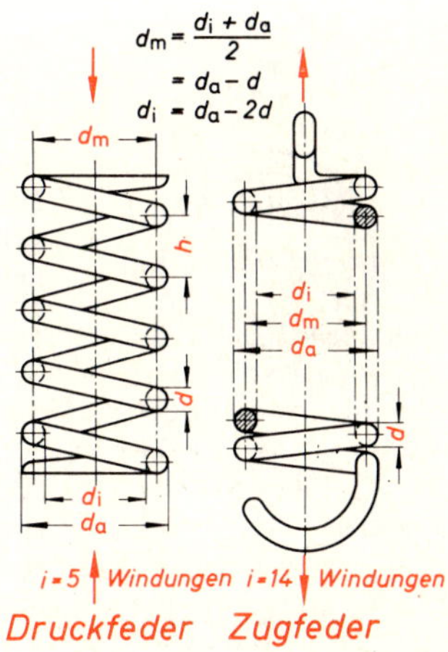

Dreieck

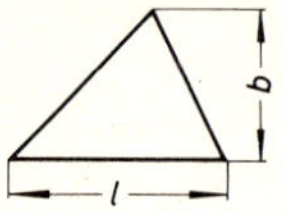

Ein Dreieck hat eine Grundlinie von $l = 30$ mm u. eine Höhe von $b = 20$ mm. Berechne A in mm²!

$$A = \frac{l \cdot b}{2}$$

U = Summe der 3 Seiten

$$A = \frac{30 \cdot 20}{2}$$

$$A = \underline{300\ \text{mm}^2}$$

Trapez

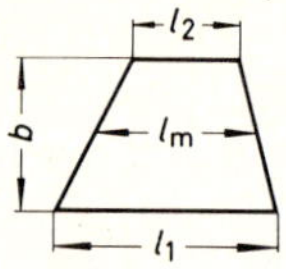

Die große Grundlinie eines Trapezes ist 50 cm, die kleine 30 cm und die Höhe 20 cm. Berechne die Fläche in m²!

$$A = \frac{l_1 + l_2}{2} \cdot b = l_m \cdot b$$

U = Summe der 4 Seiten

$$A = \frac{0{,}5 + 0{,}3}{2} \cdot 0{,}2$$

$$A = \underline{0{,}08\ \text{m}^2}$$

Regelmäßiges Vieleck

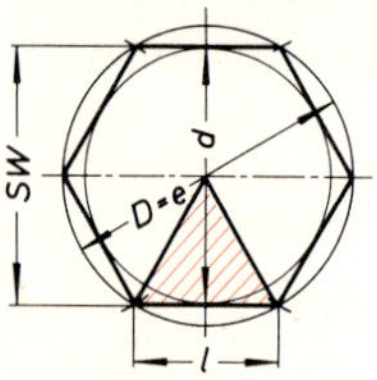

Von einem Sechseck sind gegeben: $SW = 22$ mm, $l = 12{,}7$ mm. Berechne Fläche und Umfang in mm² bzw. mm!

$$A = \frac{l \cdot d}{4} \cdot n$$

$$U = l \cdot n$$

$$A = \frac{12{,}7 \cdot 22}{4} \cdot 6 = \underline{419{,}1\ \text{mm}^2}$$

$$U = 12{,}7 \cdot 6 = \underline{76{,}2\ \text{mm}}$$

Kreis

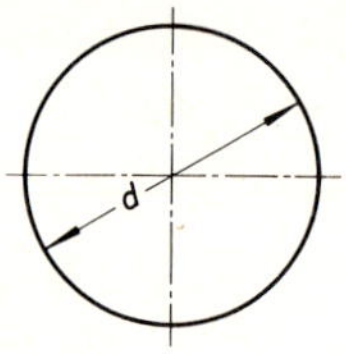

Berechne Fläche und Umfang eines Kreises mit dem Durchmesser $d = 80$ mm in cm² bzw. cm!

$$A = \frac{d^2 \cdot \pi}{4}$$

$$U = d \cdot \pi$$

$$A = \frac{8 \cdot 8 \cdot \pi}{4} = \underline{50{,}27\ \text{cm}^2}$$

$$U = 8 \cdot \pi = \underline{25{,}13\ \text{cm}}$$

Kreisausschnitt

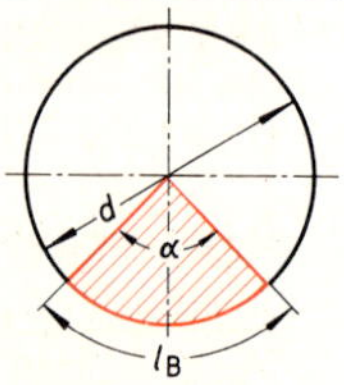

Für einen Kreisausschnitt mit $d = 100$ mm und $\alpha = 50°$ ist die Fläche A in mm² zu bestimmen!

$$A = \frac{d^2 \cdot \pi \cdot \alpha}{4 \cdot 360°}$$

$$A = \frac{100^2 \cdot 3{,}14 \cdot 50°}{4 \cdot 360°}$$

$$A = \underline{1090\ \text{mm}^2}$$

Kreisabschnitt

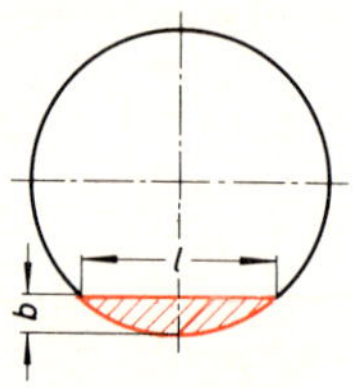

Bestimme die Fläche des Kreisabschnittes, wenn $b = 12$ mm und $l = 40$ mm sind (Maßeinheit mm²)!

$$A \approx \frac{2}{3} \cdot l \cdot b$$

$$A \approx \frac{2 \cdot 40 \cdot 12}{3}$$

$$A \approx \underline{320\ \text{mm}^2}$$

Kreisring

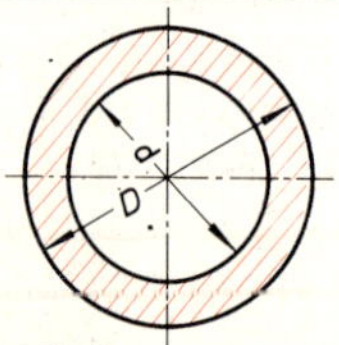

Wie groß ist die Fläche eines Kreisringes in cm² mit $D = 90$ mm und $d = 80$ mm?

A = großer Kreis — kleiner Kreis

$$A = \frac{\pi}{4} \cdot (D^2 - d^2)$$

$$A = \frac{3{,}14}{4} \cdot (9^2 - 8^2)$$

$$A = \underline{13{,}35\ \text{cm}^2}$$

Ellipse

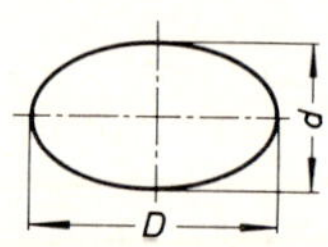

Berechne Fläche und Umfang einer Ellipse in cm² bzw. cm! $D = 400$ mm, $d = 220$ mm.

$$A = \frac{D \cdot d \cdot \pi}{4}$$

$$U \approx \pi \cdot \frac{D + d}{2}$$

$$A = \frac{40 \cdot 22 \cdot 3{,}14}{4} = \underline{690{,}8\ \text{cm}^2}$$

$$U \approx 3{,}14 \cdot \frac{40 + 22}{2} \approx \underline{97{,}34\ \text{cm}}$$

Anmerkung

Rechne stets in der günstigsten Maßeinheit, falls keine bestimmte vorgeschrieben ist! Beachte, daß in einer Aufgabe alle Maßeinheiten gleich sein müssen!

Aufgaben

6.1 Berechne die Fläche eines Quadrates mit der Seitenlänge $l = 4{,}5$ cm!

6.2 Der Deckel eines quadratischen Gefäßes hat die Seitenlänge $l = 250$ mm.
Bestimme
a) die Fläche des Deckels in cm² und
b) den Umfang des Deckels in dm!

6.3 Berechne Flächeninhalt (in cm²) und Umfang (in dm) folgender Rechtecke:

Aufgabe	a)	b)	c)	d)	e)	f)	g)	h)
l in mm	15	20	52	112	75	16	84	15
b in mm	35	48	112	35	27	83	235	28

6.4 Ein Grundstück hat eine Länge von 125 m und eine Breite von 30 m.
a) Wie groß ist die Grundfläche des Grundstückes?
b) Wieviel Schritte benötigt man, um das Grundstück zu umschreiten? (Schrittlänge = 0,775 m)

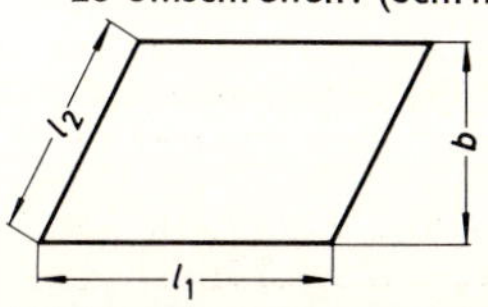

6.5 Berechne Fläche und Umfang folgender Parallelogramme in dm² bzw. dm!

Aufgabe	a)	b)	c)	d)	e)	f)	g)
l_1 in mm	300	350	535	156	83	471	37
l_2 in mm	230	310	318	465	145	345	180
b in mm	200	300	300	422	133	280	95

6.6 Ein Knotenblech von dreieckiger Form hat die Maße $l = 142$ mm und $b = 71$ mm. Wie groß ist der Flächeninhalt des Bleches in dm²?

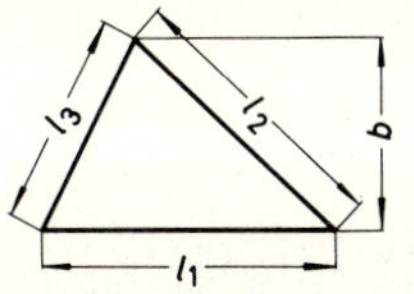

6.7 Ein Dreieck hat folgende Maße: $l_1 = 33$ mm, $l_2 = 85$ mm, $l_3 = 60$ mm und $b = 47$ mm.
Bestimme:
a) Flächeninhalt des Dreiecks!
b) Umfang des Dreiecks! (Maßeinheit mm² und mm)

6.8 Aus einer Blechplatte 1 m × 2 m werden rechtwinklige Dreiecke von $l = 400$ mm und $b = 400$ mm geschnitten. Bestimme:
a) Flächeninhalt des einzelnen Dreiecks in mm², cm², dm² und m²!
b) Anzahl der zu schneidenden Dreiecke (Ermittlung durch Skizze!)!
c) Verschnitt in m² und %!

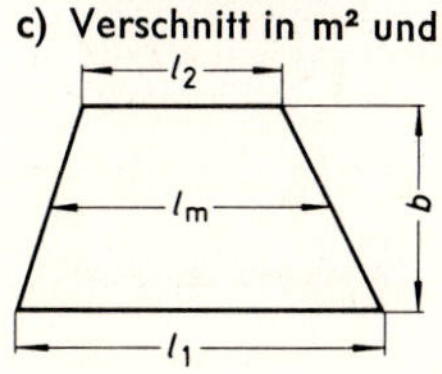

6.9 Berechne den Flächeninhalt folgender Trapeze in cm²!

Aufgabe	a)	b)	c)	d)	e)	f)	g)	h)
l_1 in mm	40	120	235	282	72	—	—	—
l_2 in mm	90	85	165	96	64	—	—	—
l_m in mm	—	—	—	—	—	124	77	93
b in mm	40	35	115	180	45	15	36	45

6.10 Der Querschnitt eines Behälters ist der eines Trapezes mit den Maßen $l_1 = 750$ mm, $l_2 = 630$ mm und $b = 27$ mm. Bestimme die Querschnittsfläche des Behälters in dm²!

6.11 Berechne die Querschnittsfläche folgender Wellen in cm²!
a) $d = 22$ mm; b) $d = 27$ mm; c) $d = 44$ mm;
d) $d = 56$ mm

6.12 Ein Rohr hat einen Außendurchmesser von 650 mm. Berechne den äußeren Umfang in m!

6.13 Ein Motorkolben hat einen Durchmesser von 70,6 mm. Berechne die Kolbenbodenfläche in cm²!

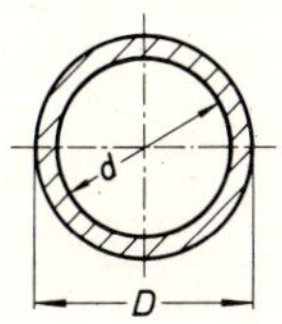

6.14 Ein Stahlrohr hat folgende Abmessungen: $D = 110$ mm, $d = 95$ mm (= lichte Weite)
Berechne:
a) Äußeren Umfang des Rohres in mm!
b) Inneren Querschnitt des Rohres in cm²!
c) Flächeninhalt des Wandungsquerschnittes in cm²!

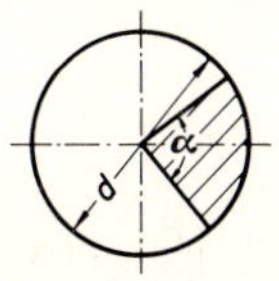

6.15 Berechne die Kreisausschnittfläche für die Winkel $\alpha = 60°$ und $\alpha = 75°$! Bestimme außerdem die nichtschraffierte Restkreisfläche! Der Kreisdurchmesser ist $d = 720$ mm (Maßeinheit cm²).

6.16 Bestimme den Flächeninhalt eines Kreisabschnittes mit $l = 60$ mm und $b = 18$ mm in mm²!

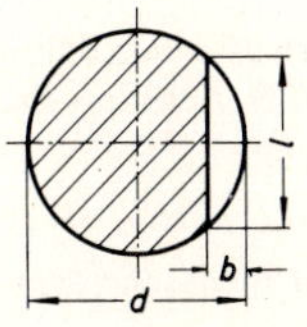

6.17 Eine Welle hat eine Abplattung in Form eines Kreisabschnittes. Die Maße der Abplattung betragen $l = 50$ mm und $b = 12$ mm. Wie groß ist die schraffierte Querschnittsfläche der Welle, wenn der Durchmesser $d = 84$ mm ist (Maßeinheit cm²)?

6.18 Der Kopf einer Sechskantschraube hat eine Schlüsselweite $SW = 32$ mm und ein Eckmaß $e = 37$ mm. Bestimme die Oberfläche des Schraubenkopfes in mm² $\left(\text{Beachte } l = \frac{e}{2}\right)$!

6.19 Berechne den elliptischen Querschnitt eines Kraftstofftankes in dm²! Maße: $D = 2{,}9$ m, $d = 1{,}5$ m

Erklärung

Neben den einfachen, regelmäßigen Flächen gibt es die zusammengesetzten Flächen.

Zusammengesetzte Flächen sind Flächen, die aus regelmäßigen eckigen und runden Flächen bestehen.

Weiterhin gibt es Flächen mit Durchbrüchen (z. B. Bohrungen), die rechnerisch genauso behandelt werden wie die zusammengesetzten Flächen.

Bezeichnungen

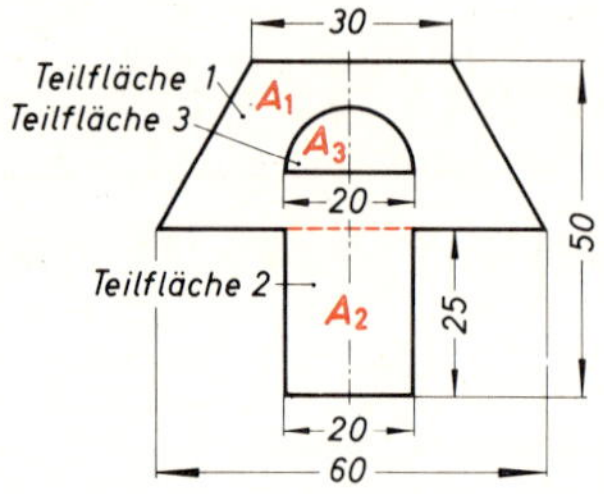

Zusammengesetzte Fläche A

Gesamtfläche = A
Teilfläche 1 = A_1
Teilfläche 2 = A_2
Teilfläche 3 = A_3
Teilfläche 4 = A_4
usw.

Regel mit Beispiel

Bei der Berechnung zusammengesetzter Flächen ist folgender Lösungsgang zu wählen:

Berechne die Gesamtfläche des oben gezeichneten Bleches in cm^2!

1. Zerlegung der Gesamtfläche mit Hilfe der Zeichnung in regelmäßige Teilflächen!

   1. Teilfläche A_1 = Trapez
   Teilfläche A_2 = Rechteck
   Teilfläche A_3 = Halbkreis

2. Festlegung der Formeln zur Berechnung der Teilflächen!

   2. Trapez $A_1 = \frac{l_1 + l_2}{2} \cdot b$
   Rechteck $A_2 = l \cdot b$
   Halbkreis $A_3 = \frac{d^2 \cdot \pi}{4 \cdot 2}$

3. Aufstellung der Hauptformel aus den einzelnen Flächenformeln!

   Beachte: Aus der Hauptformel ist auch der Rechengang der Aufgabe ersichtlich (z. B. Addition bzw. Subtraktion!)

   3. $A = A_1 + A_2 - A_3$
   $$A = \frac{l_1 + l_2}{2} \cdot b + l \cdot b - \frac{d^2 \cdot \pi}{4 \cdot 2}$$

4. Einsetzen der Zahlen!

   Beachte: Falls keine Maßeinheit vorgeschrieben ist, die günstigste Maßeinheit auswählen!

   4. $A = \frac{6 + 3}{2} \cdot 2{,}5 + 2 \cdot 2{,}5 - \frac{2^2 \cdot 3{,}14}{4 \cdot 2}$ [cm^2]

5. Ausrechnung der Teilergebnisse in der Nebenrechnung!

   5. $A = 11{,}25 + 5{,}0 - 1{,}57$ [cm^2]

6. Zusammenfassung der Teilantworten in der unterstrichenen Endantwort!

   6. $A = \underline{14{,}68 \text{ cm}^2}$

Anmerkung

Oft gibt es verschiedene Möglichkeiten, zusammengesetzte Flächen zu berechnen. Es ist immer die vorteilhafteste Durchführung der Berechnung zu wählen.

Aufgaben

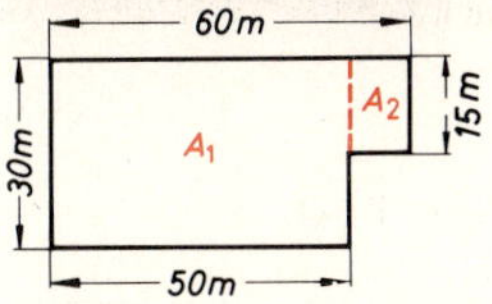

6.20 Berechne die Gesamtfläche der Werkstatt in m²!

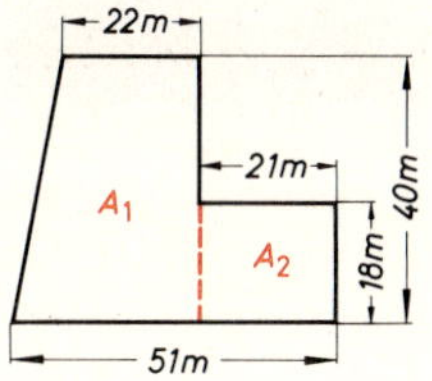

6.21 Berechne die Gesamtfläche des nebenstehend gezeichneten Grundstückes in m²!

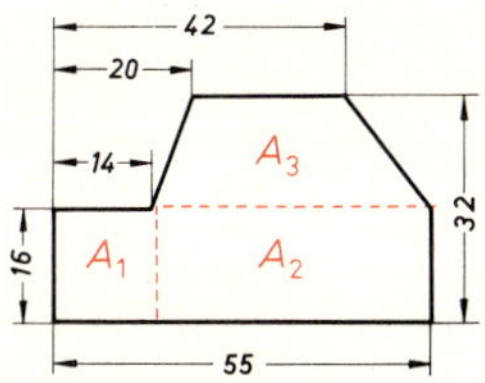

6.22 Berechne die gezeichnete Fläche in mm² und cm²!

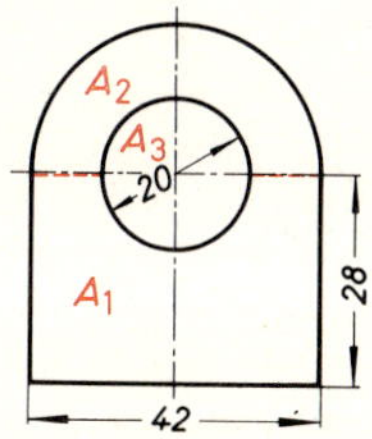

6.23 Berechne die Fläche des dargestellten Teiles in mm²!

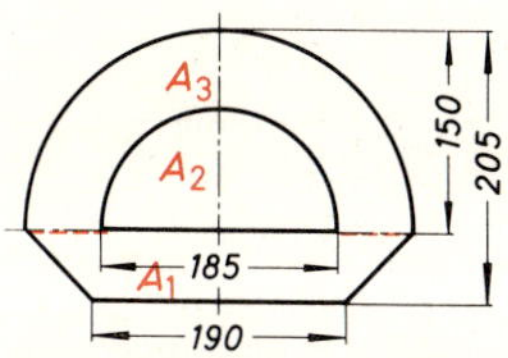

6.24 Berechne die zusammengesetzte Fläche in mm², cm² und dm²!

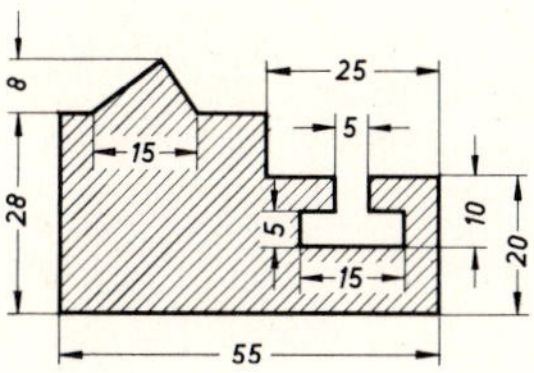

6.25 Die nebenstehende Abbildung zeigt eine Gleitschiene einer Werkzeugmaschine im Querschnitt. Berechne die schraffierte Querschnittsfläche in mm²!

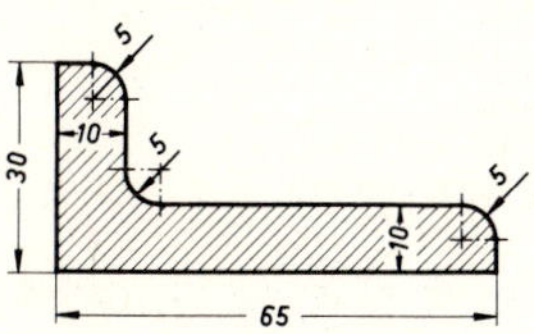

6.26 Berechne den Querschnitt des gezeichneten Winkelstahles in mm²!

6.27 Die gezeichnete Fläche stellt ein ausgeschnittenes Blech dar. Berechne:

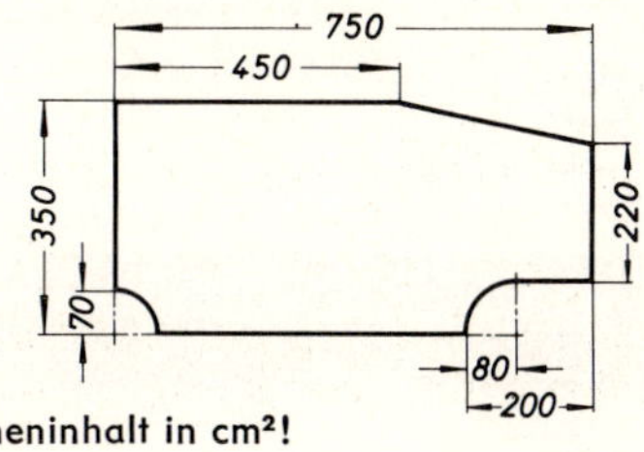

a) Flächeninhalt in cm²!

b) Gummiabfall in %, wenn die Matte aus einem 400 × 800 mm großem Stück geschnitten wird!

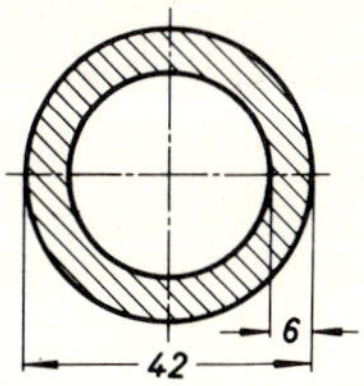

6.28 Ein Rohr hat eine Wandstärke von 6 mm. Der Außen-Ø ist 42 mm. Berechne den Rohrquerschnitt (schraffiert) in mm²!

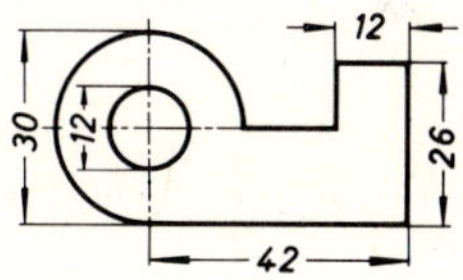

6.29 Das dargestellte Stanzteil wurde aus einem Stück Blech 60 × 32 mm hergestellt. Berechne:

a) Fläche des Stanzteiles in mm²!

b) Materialabfall in %, bezogen auf die Rohteilfläche!

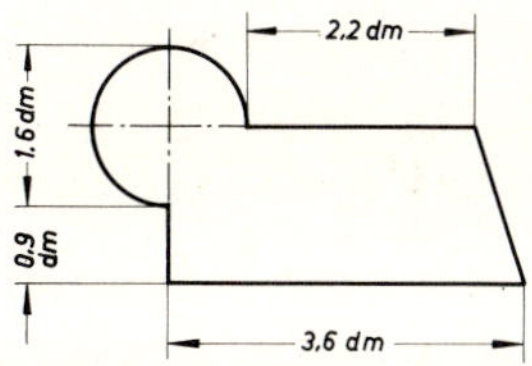

6.30 Berechne die Fläche des Blechteiles in dm² und m²!

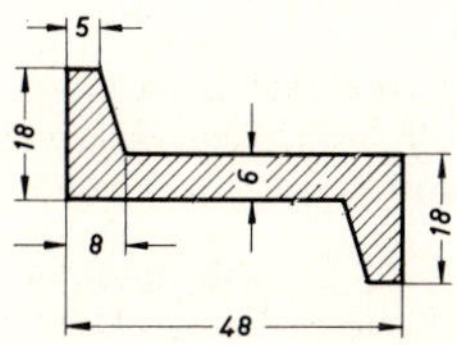

6.31 Der Flächeninhalt des abgebildeten Querschnittes ist in mm² zu berechnen!

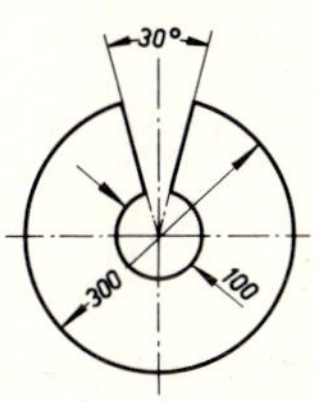

6.32 a) Berechne die Fläche der gezeichneten Scheibe in dm²!

b) Die Scheibe ist rundherum aus einer Blechtafel durch Brennschnitt ausgeschnitten. Berechne die Länge des Brennschnittes in m, dm, cm und mm!

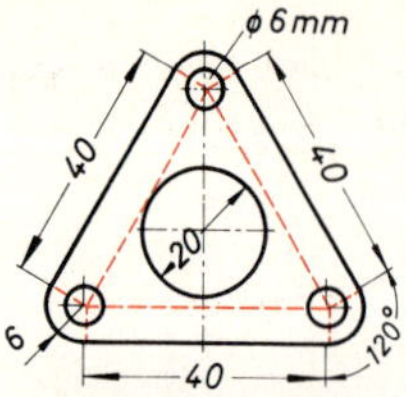

6.33 Berechne den Flächeninhalt der gezeichneten Dichtung mit den 4 Bohrungen in mm² (Höhe des gestrichelten Dreiecks ≈ 35 mm)!

6.34 In einer Scheibe mit 90 mm ∅ befinden sich 4 Bohrungen mit 15 mm ∅. Berechne die Fläche der Scheibe in mm², cm², dm² und m²!

7.1 Körperberechnung

Gleichdicke Körper
Spitze Körper

Erklärung

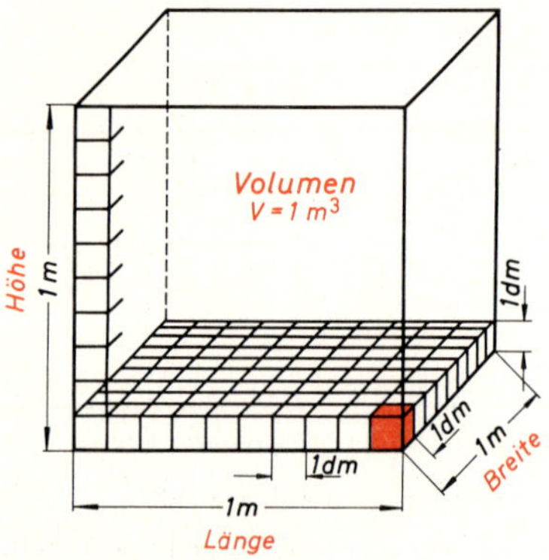

Ein Körper hat drei Ausdehnungen:

Länge Breite Höhe

Daraus ergibt sich das Körpermaß (Raummaß):

Länge Breite Höhe = Volumen

↓ ↓ ↓ ↓

$m \cdot m \cdot m = m^3$

Durch die Hochzahl 3 (Kubikmeter) sind die drei Ausdehnungen (= Dimensionen) erkennbar.

Ein Körper ist ein bestimmter Teil eines Raumes, der drei Ausdehnungen hat und allseitig von Flächen begrenzt ist.

Man unterscheidet verschiedene Arten von Körper:

1. Gleichdicke Körper
2. Spitze Körper
3. Abgestumpfte Körper
4. Ringförmige Körper (Drehkörper)
5. Kugelförmige Körper
6. Zusammengesetzte Körper.

Bezeichnungen

V = Volumen (= Rauminhalt)	A_G = Grundfläche	A_O = Oberfläche
l = Länge	A_K = Kopffläche	A_S = Seitenfläche
b = Breite	A_m = mittlere Grundfläche	h_S = Seitenflächenhöhe
h = Höhe	A_M = Mantelfläche	U_G = Grundflächenumfang

Formel mit Beispiel

1. Gleichdicke Körper

Grundformel:

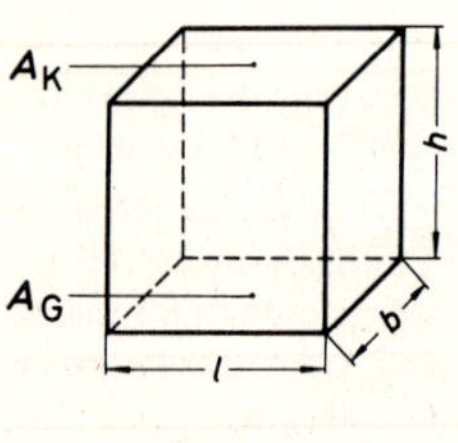

Mögliche Grundflächen:

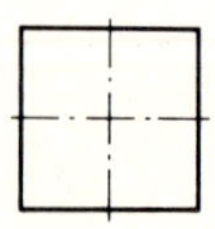

Quadrat
≙ Würfel

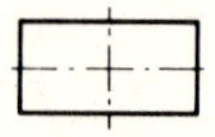

Rechteck
≙ Prisma

Beispiele:

1. Prisma:

$l = 10$ cm, $b = 4$ cm, $h = 6$ cm.

Gesucht: V in cm³, A_M in cm², A_O in cm²!

$V = l \cdot b \cdot h$ [cm³]

$V = 10 \cdot 4 \cdot 6 = \underline{240 \text{ cm}^3}$

$A_M = 2 \cdot (l + b) \cdot h$ [cm²]

$A_M = 2 \cdot (10 + 4) \cdot 6 = \underline{168 \text{ cm}^2}$

Volumen = Grundfläche · Höhe

$$V = A_G \cdot h$$

Mantel = Grundflächenumfang · Höhe

$$A_M = U_G \cdot h$$

Oberfläche = Grundfläche + Kopffläche + Mantelfläche

$$A_O = A_G + A_K + A_M$$

Flächenformeln siehe Kapitel 6.1!

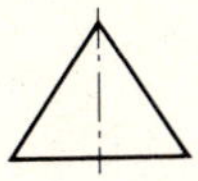

Dreieck
≙ Prisma

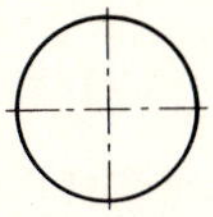

Kreis
≙ Zylinder

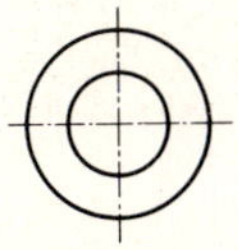

Kreisring
≙ Hohlzylinder

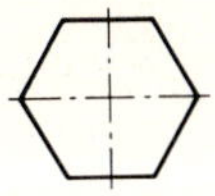

Sechseck
≙ Prisma

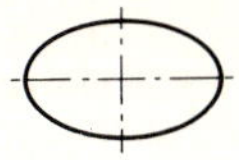

Ellipse
≙ Zylinder mit ellipsenförmiger Grundfläche

Fortsetzung Prisma:

$A_O = l \cdot b + l \cdot b + 2 \cdot (l + b) \cdot h$ [cm²]

$= 10 \cdot 4 + 10 \cdot 4 + 2 \cdot (10 + 4) \cdot 6$

$A_O = \underline{248 \text{ cm}^2}$

2. Zylinder:

$d = 20$ mm, $h = 60$ mm

Gesucht: V in mm³, A_M in mm², A_O in mm²!

$V = \frac{d^2 \cdot \pi}{4} \cdot h$ [mm³]

$V = \frac{20^2 \cdot 3{,}14 \cdot 60}{4} = \underline{18\,840 \text{ mm}^3}$

$A_M = d \cdot \pi \cdot h$ [mm²]

$A_M = 20 \cdot 3{,}14 \cdot 60 = \underline{3768 \text{ mm}^2}$

$A_O = \frac{2 \cdot d^2 \cdot \pi}{4} + d \cdot \pi \cdot h$ [mm²]

$A_O = \frac{2 \cdot 20^2 \cdot 3{,}14}{4} + 20 \cdot 3{,}14 \cdot 60$

$A_O = 628 + 3768 = \underline{4396 \text{ mm}^2}$

2. Spitze Körper

Grundformel:

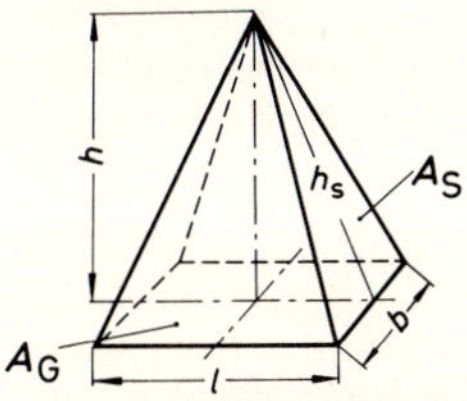

Volumen = $\frac{\text{Grundfl.} \cdot \text{Höhe}}{3}$

$$V = \frac{A_G \cdot h}{3}$$

Mantel der Pyramide = Summe der Seitenflächen

$$A_M = A_{S_1} + A_{S_2} + A_{S_3} \ldots$$

Mantel des Kegels =

$$A_M = \frac{U_G \cdot h_S}{2}$$

Mögliche Grundflächen:

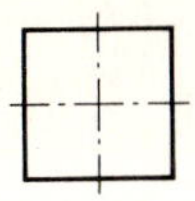

Quadrat
≙ quadrat. Pyramide

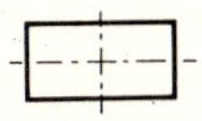

Rechteck
≙ rechteckige Pyramide

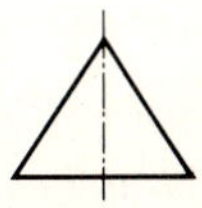

Dreieck
≙ dreieckige Pyramide

Kreis
≙ Kegel

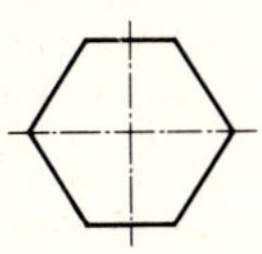

Sechseck
≙ sechseckige Pyramide

Beispiele:

1. Quadratische Pyramide:

$l = 30$ mm, $b = l = 30$ mm, $h = 40$ mm, $h_S \approx 42$ mm.

Gesucht: V in cm³, A_M in cm², A_O in cm²!

$V = \frac{l \cdot l \cdot h}{3}$ [cm³]

$V = \frac{3 \cdot 3 \cdot 4}{3} = \underline{12 \text{ cm}^3}$

$A_M = \frac{l \cdot h_S}{2} \cdot 4$ [cm³]

$A_M = \frac{3 \cdot 4{,}2}{2} \cdot 4 = \underline{25{,}2 \text{ cm}^2}$

$A_O = l \cdot l + \frac{l \cdot h_S}{2} \cdot 4$ [cm²]

$A_O = 3 \cdot 3 + \frac{3 \cdot 4{,}2}{2} \cdot 4 = \underline{34{,}2 \text{ cm}^2}$

2. Kegel:

$d = 30$ mm, $h = 80$ mm, $h_S \approx 81$ mm

$V = \frac{d^2 \cdot \pi \cdot h}{4 \cdot 3}$ [cm³]

$V = \frac{3^2 \cdot 3{,}14 \cdot 8}{4 \cdot 3} = \underline{18{,}84 \text{ cm}^3}$

$A_M = \frac{d \cdot \pi \cdot h_S}{2}$ [cm²]

$A_M = \frac{3 \cdot 3{,}14 \cdot 8{,}1}{2} = \underline{38{,}151 \text{ cm}^2}$

Oberfläche = Grundfläche + Mantelfläche

$$A_O = A_G + A_M$$

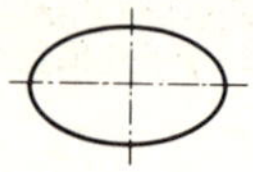

Ellipse ≙ Kegel mit ellipsenförmiger Grundfläche

$$A_O = \frac{d^2 \cdot \pi}{4} + \frac{d \cdot \pi \cdot h_S}{2} \text{ [cm}^2\text{]}$$

$$A_O = \frac{3^2 \cdot 3{,}14}{4} + \frac{3 \cdot 3{,}14 \cdot 8{,}1}{2}$$

$$A^O = 7{,}065 + 38{,}151 = \underline{45{,}216 \text{ cm}^2}$$

Anmerkung

Genau wie bei der Flächenberechnung ist auch bei der Körperberechnung auf die Einheitlichkeit der Maßeinheiten zu achten!

Aufgaben

7.1 Wie groß sind das Volumen, der Mantel und die Oberfläche eines Würfels mit der Kantenlänge 8 cm? (Maßeinheit cm³ und cm²)?

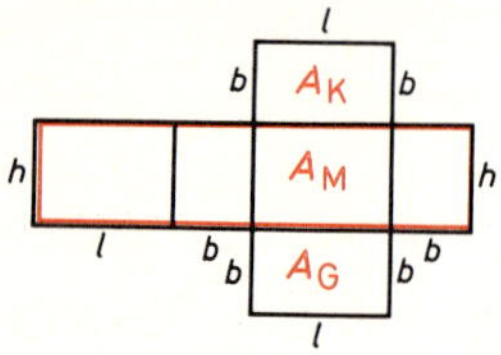

7.2 Ein Prisma hat folgende Abmessungen: $l = 20$ cm, $b = 12$ cm, $h = 15$ cm. Berechne:

a) Volumen in cm³ und dm³!

b) Mantel in cm² und dm²!

c) Oberfläche in cm² und dm²!

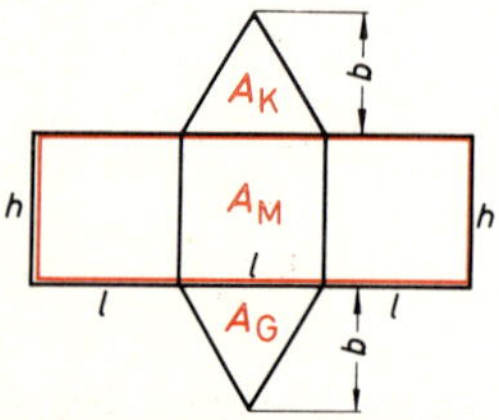

7.3 Berechne Volumen, Mantel und Oberfläche einer dreiseitigen Säule, deren Grundfläche ein gleichseitiges Dreieck bildet! $l = 8{,}6$ dm, $b = 6{,}4$ dm, $h = 9{,}8$ dm

(Maßeinheit dm³ und dm²)

7.4 Ein Zylinder hat einen Durchmesser von 12 cm und eine Höhe von 30 cm.

a) Berechne Volumen, Mantel und Oberfläche in cm³ und dm³ bzw. cm² und dm²!

b) Zeichne die Abwicklung des Zylinders!

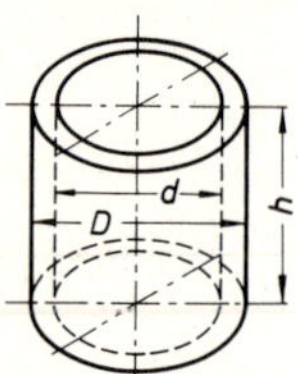

7.5 Berechne das Volumen eines Stahlrohres mit $D = 80$ mm und $d = 70$ mm und einer Länge von 2,4 m (Maßeinheit cm³)!

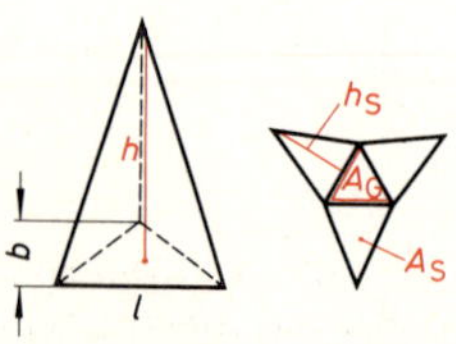

7.6 Eine dreieckige Pyramide, deren Grundfläche ein gleichseitiges Dreieck ist, hat folgende Abmessungen: $l = 8$ dm, $b = 6{,}9$ dm, $h = 12$ dm, $h_S = 12{,}2$ dm! Berechne:

a) Volumen in dm³ und m³!

b) Mantel in dm² und m²!

c) Oberfläche in dm² und m²!

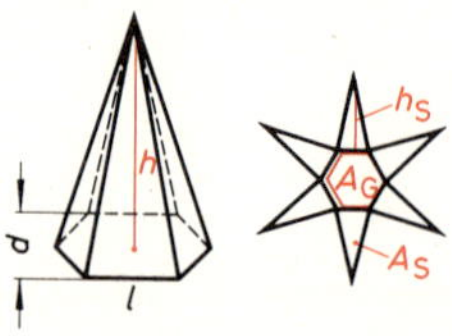

7.7 Ein Kirchturmdach bildet eine sechseckige Pyramide. Die Grundlinie der Seitendreiecke beträgt $l = 2{,}5$ m und die Höhe der Seitendreiecke $h_S = 15$ m. Wieviel m² Kupferblech sind zur Bedachung erforderlich, wenn man 20% Verschnitt hinzurechnet?

7.8 Ein Kegel hat folgende Abmessungen: $d = 75$ mm, $h = 120$ mm, $h_S \approx 126$ mm. Berechne:

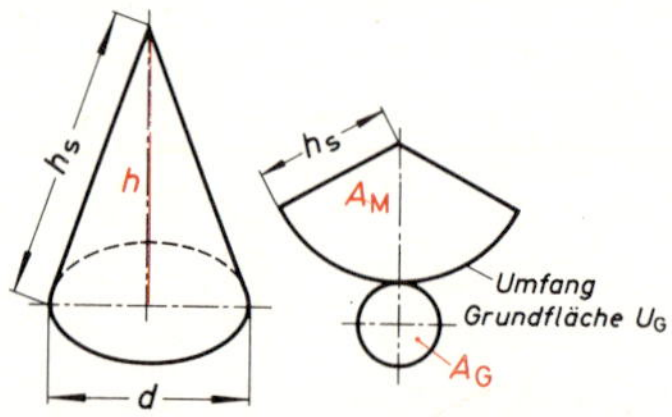

a) Volumen in mm³ und cm³!

b) Mantel in mm² und cm²!

c) Oberfläche in mm² und cm²!

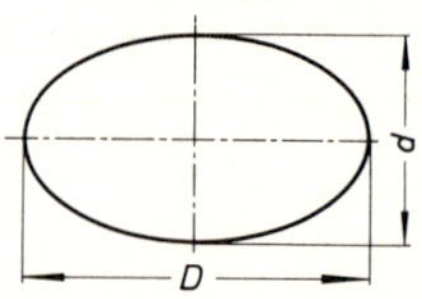

7.9 Ein Großtank in Form eines Zylinders mit ellipsenförmiger Grundfläche hat folgende Abmessungen: $D = 4{,}5$ m, $d = 2{,}7$ m, $h = 8$ m. Berechne:

a) Inhalt in Liter und Hektoliter!

b) Oberfläche in m²!

7.10 Wieviel m² Stahlblech sind für einen oben offenen zylindrischen Behälter von 1400 mm Durchmesser und 2,5 m Höhe erforderlich?

7.11 Ein Facharbeiter hat 50 m Quadratstahl 40 × 40 mit Mennige zu streichen. Wieviel kg Farbe braucht er, wenn für 1 m² 200 g nötig sind?

7.12 Ein Bremszylinder hat einen Durchmesser von 60 mm. Der zugehörige Kolben wird 22 mm in den Zylinder hineingeschoben. Wieviel cm³ Bremsflüssigkeit werden in die angeschlossene Bremsleitung gedrückt?

7.13 Wieviel m³ Grauguß sind zur Herstellung einer Säule von 1,2 m Höhe erforderlich? Der Außendurchmesser ist 300 mm, der Innendurchmesser 150 mm.

Erklärung

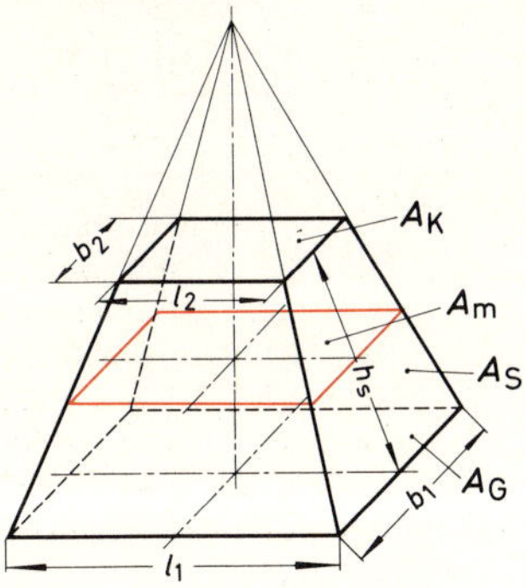

1. Abgestumpfte Körper

Ein Pyramiden- bzw. ein Kegelstumpf entsteht, wenn man von einer Pyramide oder von einem Kegel durch einen zur Grundfläche parallelen Schnitt die Spitze abschneidet.

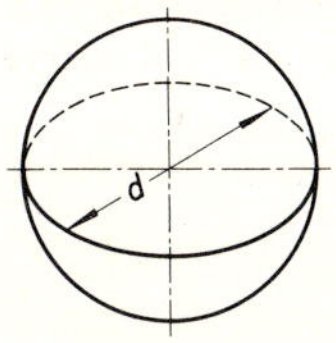

2. Kugelförmige Körper

Die Kugel entsteht durch Drehung eines Kreises um seine Achse, die durch den Mittelpunkt des Kreises geht.

Die Kugel ist ein Körper, bei dem alle Punkte der Oberfläche vom Mittelpunkt der Kugel gleich weit entfernt sind.

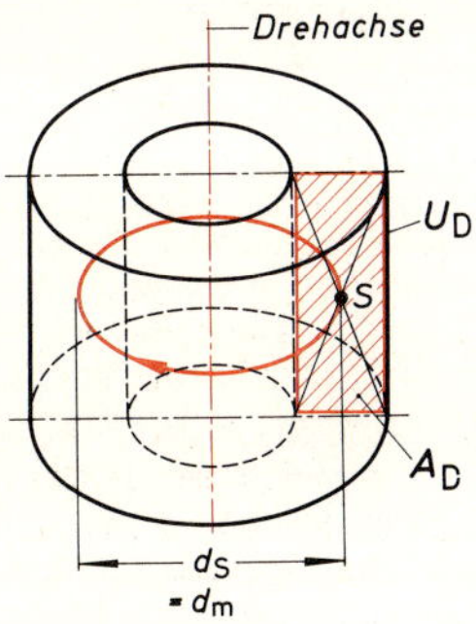

3. Ringförmige Körper

Die ringförmigen Körper kann man als Umdrehungskörper (Drehkörper) verstehen.

Drehkörper sind Körper, die durch Drehung einer beliebigen Fläche um eine Drehachse entstehen.

Bezeichnungen

d = ø der Kugel
$d_s = d_m$ = ø des Schwerpunktweges
= ø der neutralen Faser
S = Schwerpunkt

A_D = Querschnittsfläche des Drehkörpers
U_D = Umfang der Querschnittsfläche
d_D = ø der Querschnittsfläche
A_m = mittlere Fläche abgestumpfter Körper

Im übrigen gelten die Bezeichnungen aus Kapitel 7.1.

Formel mit Beispiel

1. Abgestumpfte Körper

Grundformel:

Mögliche Grundflächen:

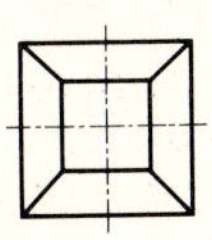

Quadrat
≙ quadrat. Pyramidenstumpf

Beispiele:

Ein Kegelstumpf hat $D = 40$ mm, $d = 20$ mm, $h = 40$ mm, $h_S = 41$ mm.

Berechne:

V in cm³, A_M in cm², A_O in cm²!

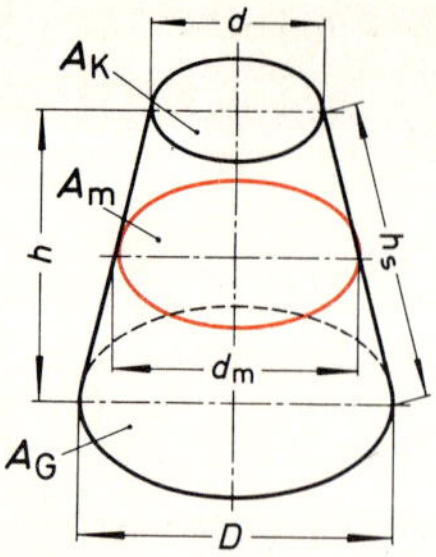

Volumen ≈ mittlere Fläche · Höhe

$$V \approx A_m \cdot h$$

Genau:

$$V = \frac{h}{6} \cdot (A_G + 4 \cdot A_m + A_K)$$

Mantel Pyramidenstumpf:

$$A_M = A_{S_1} + A_{S_2} + A_{S_3} + \ldots$$

Mantel Kegelstumpf:

$$A_m = d_m \cdot \pi \cdot h_S$$

Oberfläche = Grundfläche + Kopffläche + Mantelfläche

$$A_O = A_G + A_K + A_M$$

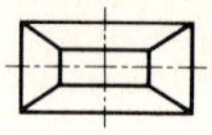

Rechteck
≙ rechteck. Pyramidenstumpf

Dreieck
≙ dreieck. Pyramidenstumpf

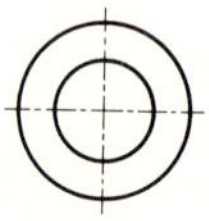

Kreis
≙ Kegel

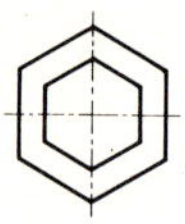

Sechseck
≙ sechseck. Pyramidenstumpf

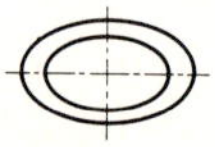

Ellipse
≙ ellipsenförmiger Stumpf

Fortsetzung Kegelstumpf:

$$V \approx \frac{d_m^2 \cdot \pi \cdot h}{4} \text{ [cm}^3\text{]}$$

$$d_m = \frac{D + d}{2} = \frac{4 + 2}{2} = 3 \text{ cm}$$

$$V \approx \frac{3^2 \cdot 3{,}14 \cdot 4}{4} = \underline{28{,}26 \text{ cm}^3}$$

$$V = \frac{h}{6} \cdot \left(\frac{D^2 \cdot \pi}{4} + \frac{4\, d_m^2 \cdot \pi}{4} + \frac{d^2 \cdot \pi}{4}\right) \text{[cm}^3\text{]}$$

$$V = \frac{4}{6} \cdot \left(\frac{4^2 \cdot 3{,}14}{4} + \frac{4 \cdot 3^2 \cdot 3{,}14}{4} + \frac{2^2 \cdot 3{,}14}{4}\right)$$

$$V = \frac{4}{6} \cdot (12{,}56 + 28{,}26 + 3{,}14)$$

$$V = \frac{4}{6} \cdot 43{,}96 = \underline{29{,}31 \text{ cm}^3}$$

$$A_M = d_m \cdot \pi \cdot h_s \text{ [cm}^2\text{]}$$

$$A_M = 3 \cdot 3{,}14 \cdot 4{,}1 = \underline{38{,}622 \text{ cm}^2}$$

$$A_O = \frac{D^2 \cdot \pi}{4} + \frac{d^2 \cdot \pi}{4} + d_m \cdot \pi \cdot h_s \text{ [cm}^2\text{]}$$

$$A_O = \frac{4^2 \cdot \pi}{4} + \frac{2^2 \cdot \pi}{4} + 3 \cdot \pi \cdot 4{,}1$$

$$A_O = 12{,}56 + 3{,}14 + 38{,}622$$

$$A_O = \underline{54{,}322 \text{ cm}^2}$$

2. Kugelförmige Körper

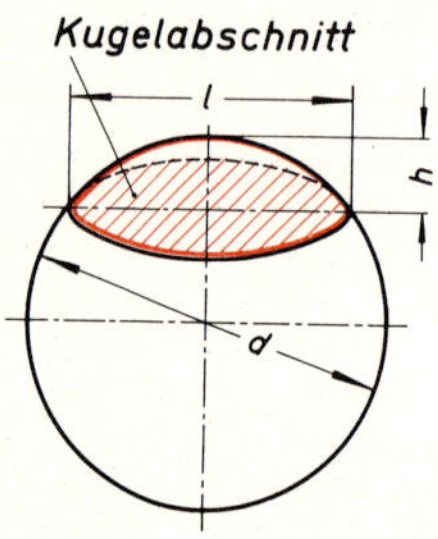

Kugel:

$$V = \frac{d^3 \cdot \pi}{6}$$

$$A_O = d^2 \cdot \pi$$

Kugelabschnitt

$$V = \pi \cdot h^2 \cdot \left(\frac{d}{2} - \frac{h}{3}\right)$$

$$A_M = d \cdot \pi \cdot h$$

Beispiele:

Eine Kugel hat $d = 40$ mm. Berechne V in mm³ und A_O in mm²!

$$V = \frac{40^3 \cdot \pi}{6} = \underline{33\,500 \text{ mm}^3}$$

$$A_O = 40^2 \cdot \pi = \underline{5027 \text{ mm}^2}$$

Berechne V in mm³ und A_O in mm² für einen Kugelabschnitt mit $d = 40$ mm und $h = 8$ mm!

$$V = 3{,}14 \cdot 8^2 \cdot \left(\frac{40}{2} - \frac{8}{3}\right) \text{ [mm}^3\text{]}$$

$$V = \underline{3482{,}64 \text{ mm}^3}$$

$$A_M = 40 \cdot 3{,}14 \cdot 8 = \underline{1004{,}8 \text{ mm}^2}$$

3. Ringförmige Körper (= Drehkörper)

Grundformel:

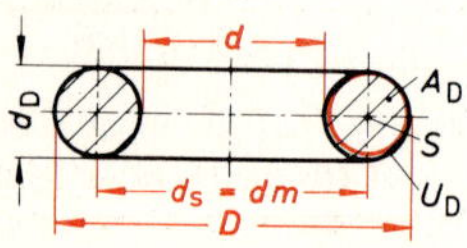

Mögliche Grundflächen:

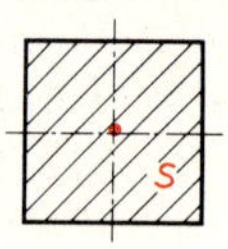

Quadrat

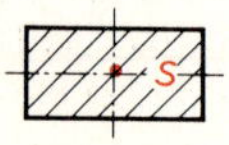

Rechteck

Beispiele:

Berechne das Volumen und die Oberfläche des dargestellten Kreisringes in mm³ bzw. mm²!

$D = 40$ mm, $d = 20$ mm, $d_D = 10$ mm

$$d_m = d_S = \frac{D + d}{2} = \frac{40 + 20}{2} = 30 \text{ mm}$$

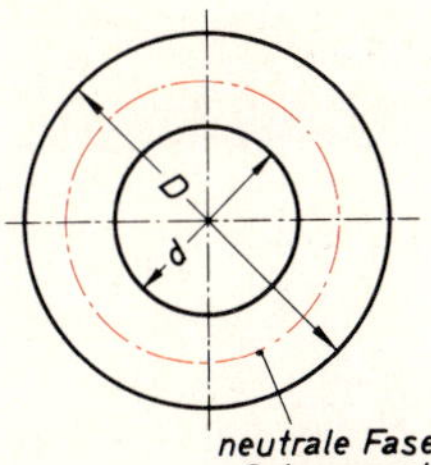

Volumen = Querschnittsfläche · neutrale Faser

$$V = A_D \cdot d_m \cdot \pi$$

Oberfläche = Umfang der Querschnittsfläche · neutrale Faser

$$A_O = U_D \cdot d_m \cdot \pi$$

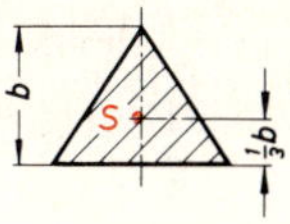

Dreieck

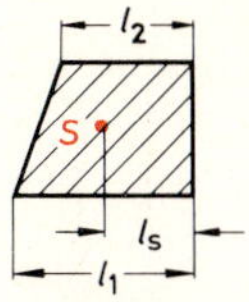

Trapez

$$l_S = \frac{l_1^2 + l_1 \cdot l_2 + l_2^2}{3 \cdot (l_1 + l_2)}$$

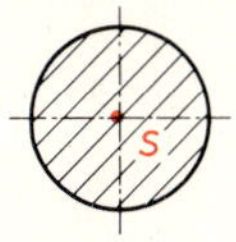

Kreis

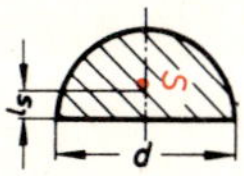

Halbkreis

$$l_S = 0{,}42 \cdot \frac{d}{2}$$

$$V = \frac{d_D^2 \cdot \pi}{4} \cdot d_m \cdot \pi \; [mm^3]$$

$$V = \frac{10^2 \cdot 3{,}14}{4} \cdot 30 \cdot 3{,}14$$

$$V = 78{,}5 \cdot 94{,}2 = \underline{7394{,}7 \; mm^3}$$

$$A_O = d_D \cdot \pi \cdot d_m \cdot \pi \; [mm^2]$$

$$A_O = 10 \cdot 3{,}14 \cdot 30 \cdot 3{,}14$$

$$A_O = 31{,}4 \cdot 94{,}2 = \underline{2957{,}88 \; mm^2}$$

Anmerkung

1. Bei gleichem Durchmesser und bei gleicher Höhe verhalten sich die Volumen von Zylinder, Kugel und Kegel wie 3 : 2 : 1.
2. Die Formel $V = A_D \cdot d_m \cdot \pi$ nennt man Guldinsche Regel!

Aufgaben

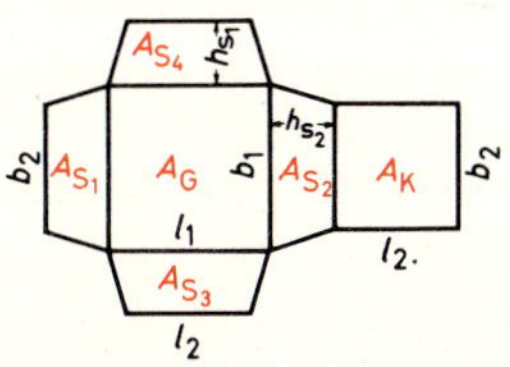

7.14 Ein rechteckiger Pyramidenstumpf hat folgende Abmessungen: $l_1 = 120$ mm, $l_2 = 80$ mm, $b_1 = 90$ mm, $b_2 = 40$ mm, $h = 45$ mm, $h_{S_1} = 49{,}2$ mm, $h_{S_2} = 51{,}5$ mm

Berechne:

a) Volumen in mm^3 und cm^3!
b) Mantel in mm^2 und cm^2!
c) Oberfläche in mm^2 und cm^2!

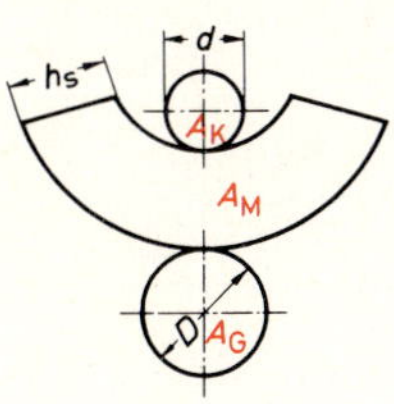

7.15 Ein abgestumpfter Kegel hat folgende Abmessungen: $D = 400$ mm, $d = 300$ mm, $h = 320$ mm, $h_S = 324$ mm.

Berechne:

a) Volumen in Liter!
b) Mantel in dm^2!
c) Oberfläche in dm^2!

7.16 Eine Kugel hat einen Durchmesser von 30 cm.

Berechne:

a) Volumen der Kugel in cm^3!
b) Oberfläche der Kugel in cm^2!

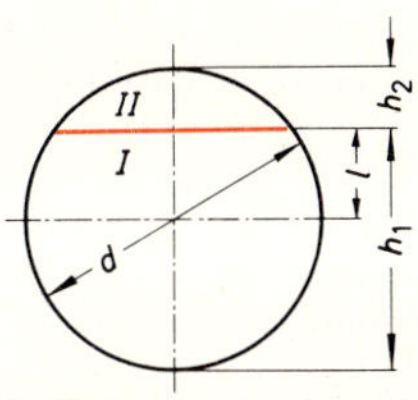

7.17 Eine Kugel mit einem Durchmesser von 80 mm wird im Abstand l = 25 mm geschnitten (siehe Abbildung!). Berechne:

a) Volumen des Kugelabschnittes I in mm^3!
b) Volumen des Kugelabschnittes II in mm^3!
c) Volumen der Kugel in mm^3!

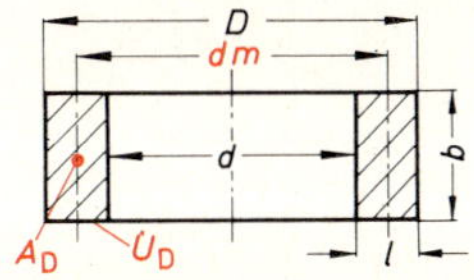

7.18 Berechne den Inhalt und die Oberfläche des dargestellten Dichtringes in cm^3 bzw. cm^2!
$D = 60$ mm, $d = 40$ mm, $l = 10$ mm, $b = 20$ mm

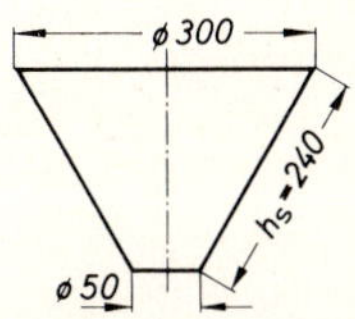

7.19 Es sollen 15 Trichter nach der nebenstehenden Abbildung hergestellt werden. Berechne den Blechbedarf in m^2, wenn ein Zuschlag für Verschnitt von 15% berücksichtigt wird!

7.20 Ein halbkugelförmiges Dach wird mit Kupferplatten bedeckt. Der Durchmesser des Daches ist 14 m. Wieviel Kupferplatten sind erforderlich, wenn eine Platte 0,5 m^2 groß ist und 12% Verschnitt berücksichtigt werden?

7.21 Eine Öldose in Form eines abgestumpften Kegels hat einen großen Durchmesser von $D = 12$ cm, einen kleinen Durchmesser von $d = 4$ cm und eine Höhe von 32 cm. Berechne den Inhalt in Liter!

Erklärung

Zusammengesetzte Körper sind Körper, die aus regelmäßigen, gleichdicken, spitzen, abgestumpften, ringförmigen oder kugelförmigen Grundkörpern bestehen.

Die zusammengesetzten Körper haben oft noch Bohrungen, Durchbrüche, Nuten und sonstige Ausfräsungen (siehe Abbildung!).

Bezeichnungen

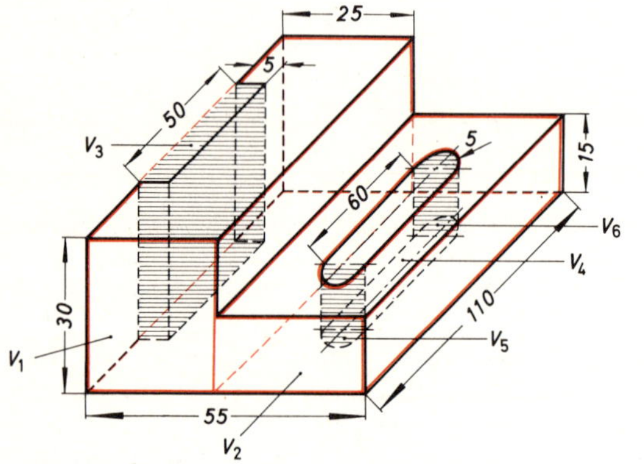

Zusammengesetzter Körper

Gesamtvolumen = V
Teilvolumen 1 = V_1
Teilvolumen 2 = V_2
Teilvolumen 3 = V_3
Teilvolumen 4 = V_4
Teilvolumen 5 = V_5
Teilvolumen 6 = V_6
Teilvolumen 7 = V_7
usw.

Regel mit Beispiel

Bei der Berechnung zusammengesetzter Körper ist folgender Lösungsgang zu wählen:

Berechne das Gesamtvolumen des gezeichneten Werkstückes in cm³!

1. Zerlegung des Gesamtkörpers in regelmäßige Teilkörper!

1. Teilvolumen V_1 = Prisma
   Teilvolumen V_2 = Prisma
   Teilvolumen V_3 = Prisma
   Teilvolumen V_4 = Prisma
   Teilvolumen V_5 = Halbzylinder
   Teilvolumen V_6 = Halbzylinder

2. Festlegung der Formeln zur Berechnung der Teilkörper!

2. Prisma $= l \cdot b \cdot h$

   Halbzylinder $= \dfrac{d^2 \cdot \pi \cdot h}{4 \cdot 2}$

   Zylinder $= \dfrac{d^2 \cdot \pi \cdot h \cdot \not{2}}{4 \cdot \not{2}}$

   (= 2 Halbzylinder!)

3. Aufstellung der Hauptformel aus den einzelnen Formeln der Teilkörper!

3. $$V = V_1 + V_2 - (V_3 + V_4 + V_5 + V_6)$$
   $$= l_1 \cdot b_1 \cdot h_1 + l_2 \cdot b_2 \cdot h_2 - \left(l_3 \cdot b_3 \cdot h_3 + l_4 \cdot b_4 \cdot h_4 + \frac{d^2 \cdot \pi \cdot h}{4}\right)$$

Beachte: Aus der Hauptformel ist der Rechengang der Aufgabe ersichtlich (Addition bzw. Subtraktion).

4. Einsetzen der Zahlen!
   Beachte: Falls keine Maßeinheit vorgeschrieben ist, günstigste Maßeinheit auswählen!

4. $$V = 2{,}5 \cdot 11 \cdot 3 + 3 \cdot 11 \cdot 1{,}5 - \left(5 \cdot 0{,}5 \cdot 3 + 1 \cdot 6 \cdot 1{,}5 + \frac{1 \cdot 3{,}14 \cdot 1{,}5}{4}\right) \text{[cm}^3\text{]}$$

5. Ausrechnung der Teilergebnisse in der Nebenrechnung unter Berücksichtigung der Klammer!

5. $V = 82{,}5 + 49{,}5 - (7{,}5 + 9 + 1{,}18)$ [cm³]

6. Zusammenfassung der Teilantworten in der unterstrichenen Endantwort!

6. $V = 132 - 17{,}68$ [cm³]
$V = \underline{114{,}32 \text{ cm}^3}$

Anmerkung

1. Oft gibt es verschiedene Möglichkeiten, zusammengesetzte Körper zu berechnen. Die günstigste ist jeweils zu wählen!
2. Ist statt der Perspektive die technische Zeichnung eines Körpers gegeben, so muß das Werkstück durch Zeichnunglesen in seinen Teilkörpern erkannt werden!

Aufgaben

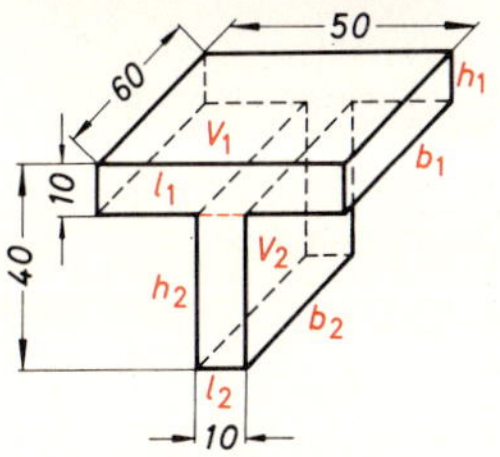

7.22 Vom dargestellten T-Stahl ist zu berechnen:

a) Volumen in cm³!
b) Oberfläche in cm² und dm²!

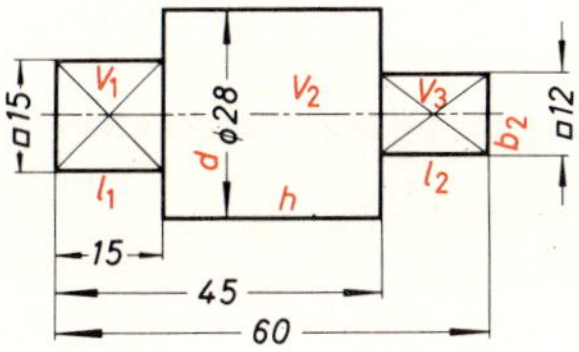

7.23 An einem Rundstahl mit 28 mm Ø und 60 mm Länge soll an den beiden Enden ein Vierkant angefeilt werden.

a) Berechne das Volumen des fertigen Körpers in mm³!
b) Wie groß ist der Materialverlust in mm³ und %?

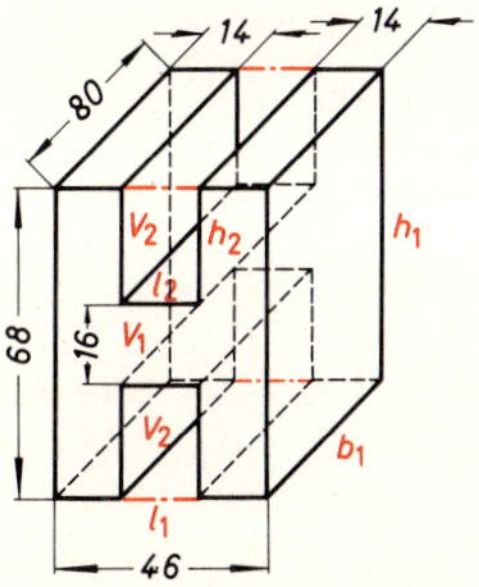

7.24 Die Abbildung zeigt ein H-Profil.

a) Berechne den Körperinhalt in mm³, cm³, dm³ und m³!
b) Wie groß ist die Oberfläche in mm², cm², dm² und m²?

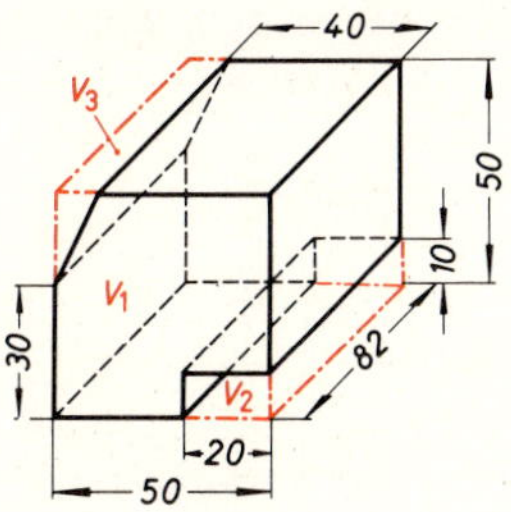

7.25 a) Berechne das Volumen des gezeichneten Körpers in dm³!
b) Der Körper wird aus einem Stahlstück 52×52×85 mm hergestellt. Wie groß ist der Materialverlust in dm³ und %?

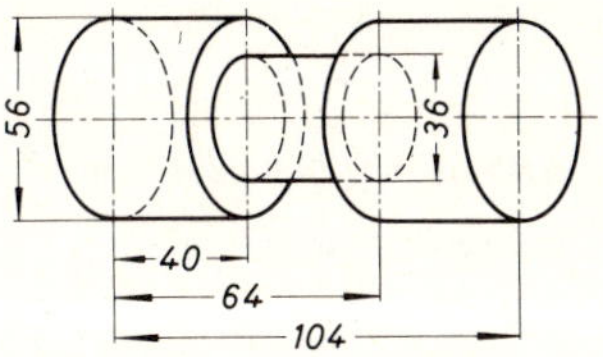

7.26 Berechne den Rauminhalt des Rundkörpers in mm³!

7.27 Wie groß ist das Volumen des gezeichneten Körpers in cm³?

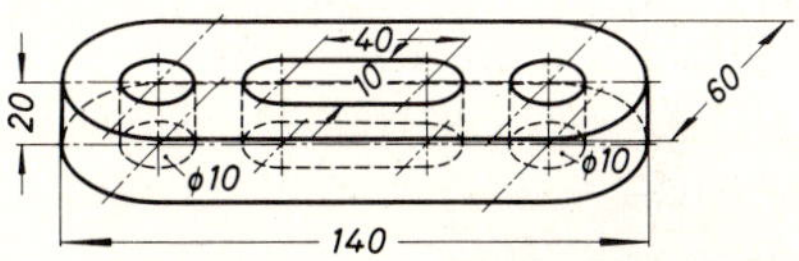

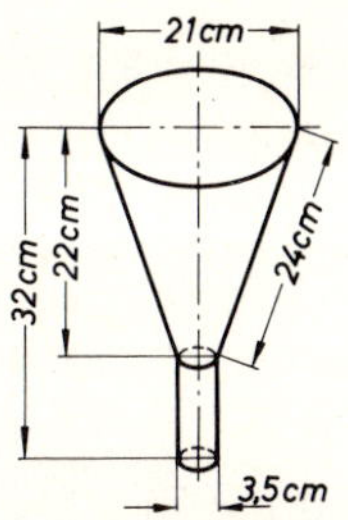

7.28 a) Wieviel cm³ und Liter faßt der Trichter?
b) Wieviel cm² und m² Stahlblech braucht man zur Herstellung des Trichters, wenn man 14% Verschnitt hinzurechnet?

7.29 Der Kraftstofftank ist zu 80% gefüllt. Wieviel Liter Kraftstoff sind im Tank?

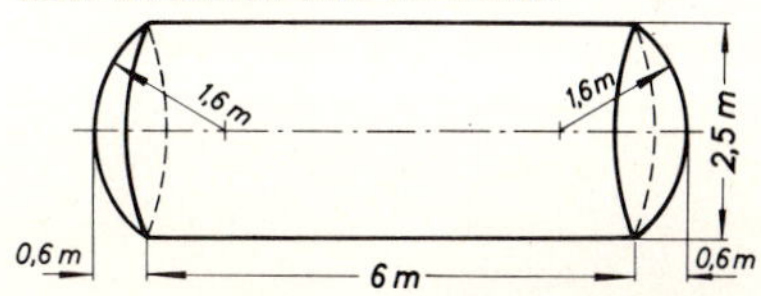

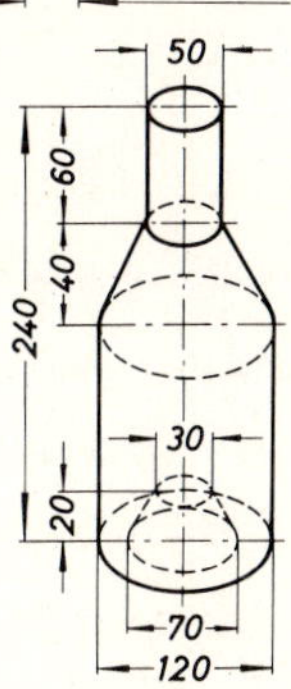

7.30 Die abgebildete Flasche enthält destilliertes Wasser.

a) Wieviel Liter faßt die Flasche, wenn sie gefüllt ist?
b) Die Flasche ist ²/₃ geleert. Wieviel Liter sind noch in der Flasche?
c) Wieviel % sind das?

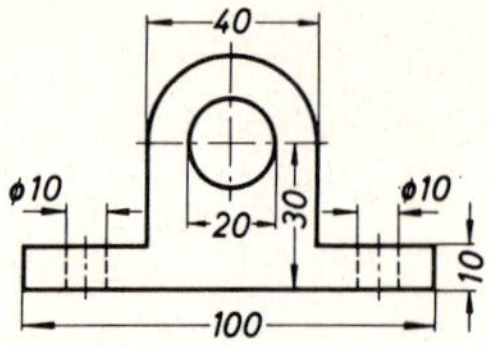

7.31 Berechne das Volumen des rechteckigen Lagerblockes in mm³, cm³, dm³ und m³! Die Breite des Lagerblockes beträgt 40 mm.

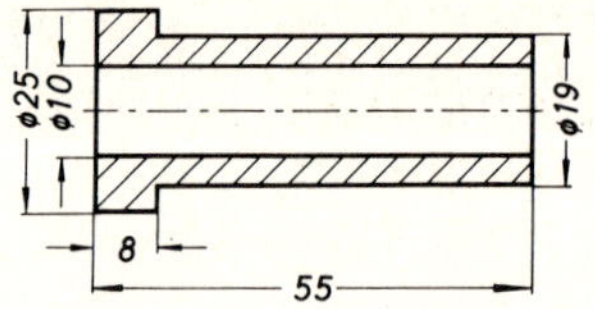

7.32 Berechne das Volumen der abgebildeten Buchse in mm³!

8.1 Algebraisches Rechnen

Grundregeln des algebraischen Rechnens

Erklärung

Innerhalb des Zahlensystems unterscheidet man:

1. Bestimmte Zahlen

- **ganze Zahlen** 1; 2; 4; 7
  - benannt: 2 DM; 3 N
  - unbenannt: 6; 8; 9
- **gebrochene Zahlen** $\frac{1}{2}$; $\frac{3}{7}$; 0,5; 2,7
  - benannt: $\frac{1}{2}$ kg; $\frac{3}{4}$ m
  - unbenannt: $\frac{1}{8}$; $\frac{2}{7}$; 0,8

Bestimmte Zahlen haben bestimmte Werte.

2. Unbestimmte (allgemeine) Zahlen

- **Buchstaben des Alphabetes**
  - a; b; c... A; B; C... α; β; γ...

Unbestimmte Zahlen haben beliebig große Werte.

Das algebraische Rechnen ist das Rechnen mit allgemeinen Zahlen (Buchstaben).

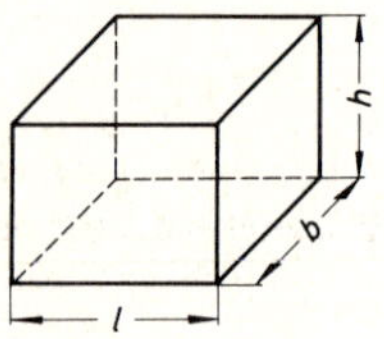

Bemaßung der Kanten mit allgemeinen Zahlen.

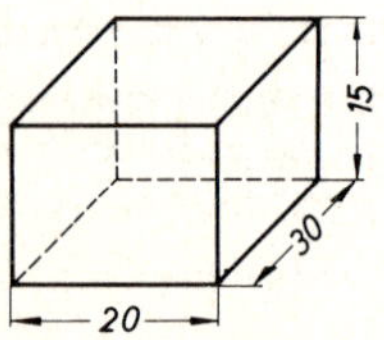

Bemaßung der Kanten mit bestimmten Zahlen.

Die Formel zur Berechnung des Rauminhaltes eines Prismas ist $V = l \cdot b \cdot h$. Mittels dieser Formel mit allgemeinen Zahlen kann man durch Einsetzen bestimmter Zahlen ein ganz bestimmtes Prisma berechnen: $V = 20 \cdot 30 \cdot 15$ [mm³]

Dabei wird zunächst in allgemeinen Zahlen gerechnet. Später werden während des Rechenganges die bestimmten Zahlen eingesetzt.

Die allgemeinen Zahlen (Buchstaben) stehen an der Stelle bestimmter Zahlen. Sie können jederzeit wieder durch bestimmte Zahlen ersetzt werden.

Bezeichnungen

Im technischen Rechnen wählt man die Buchstaben des Alphabetes nicht willkürlich, sondern nach den DIN-Vorschriften (DIN-Blätter 1304, 1305 und 1940). Danach stehen zum Beispiel folgende Buchstaben für bestimmte rechnerische Größen:

A = Fläche	P = Leistung	l = Länge	d = Durchmesser
F = Kraft	V = Volumen	b = Breite	ε = Verdichtungsverhältnis
W = Arbeit	G = Gewicht	h = Höhe	$\alpha, \beta\ldots$ = Winkel

z. B.: $3\,l = 3 \cdot l =$ 3 mal die Länge

Beizahl (= Koeffizient) — Buchstabe (unbestimmte Zahl).

Das Malzeichen zwischen der Beizahl 3 und der allgemeinen Zahl l wird meist weggelassen!

Regel mit Beispiel

1. Addition und Subtraktion

a) Bei der Addition und Subtraktion werden nur die Koeffizienten (Beizahlen) zusammengezählt oder abgezählt!

$4a + 7a = \underline{11a}$

$7x - 3x = \underline{4x}$

b) Nur gleichnamige Größen (= gleiche Buchstaben) dürfen addiert und subtrahiert werden!

$3b + 6b = \underline{9b}$

$8c - 4d =$ lassen sich nicht subtrahieren!

c) Sind mehrere Buchstaben vorhanden (= mehrgliedrige Ausdrücke), so werden sie nach dem Alphabet geordnet! Dabei dürfen die Summanden vertauscht werden!

$3a + 7c + 4d + 4a - 6c - 2d$
$= 3a + 4a + 7c - 6c + 4d - 2d$
$= 7a + 1c + 2d$
$= \underline{7a + c + 2d}$

2. Multiplikation

a) Beim Malnehmen werden die Beizahlen miteinander multipliziert und die Buchstaben in alphabetischer Reihenfolge dahinter geschrieben!

$15a \cdot 3b \cdot 2c = \underline{90abc}$

$3x \cdot 4y = \underline{12xy}$

$3a \cdot 7 = \underline{21a}$

b) Man multipliziert eine bestimmte oder allgemeine Zahl mit einer Klammer, indem man jedes Glied in der Klammer mit dieser Zahl malnimmt!

$2 \cdot (a + b) = \underline{2a + 2b}$

$3a \cdot (7a + 2b) = \underline{21a^2 + 6ab}$

3. Division

Beim Teilen werden die Beizahlen und die Buchstaben am Bruchstrich gekürzt!

$24a : 3$

$\frac{\overset{8}{\cancel{24}}\,a}{\cancel{3}_1} = \underline{8a}$

$\frac{\overset{3}{\cancel{9}}\,a^2\cancel{b}\cancel{c}}{\cancel{3}_1\,a\cancel{b}\cancel{c}} = \underline{3a}$

Anmerkung

1. Steht ein Buchstabe ohne Beizahl, so muß man sich eine 1 davor denken!
2. Auch beim algebraischen Rechnen gelten die Regeln über Punkt-, Strich- und Klammerrechnen (1.2).

Aufgaben

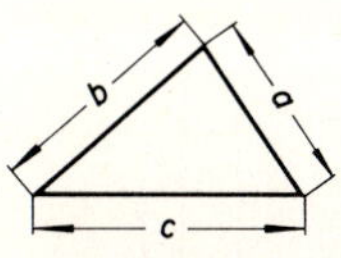

8.1 a) Stelle die Formel zur Errechnung des Umfanges eines Dreiecks in allgemeinen Zahlen auf!

b) Berechne den Umfang eines bestimmten Dreiecks mit $a = 3$ cm, $b = 2{,}5$ cm und $c = 4$ cm durch Einsetzen in die allgemeine Formel!

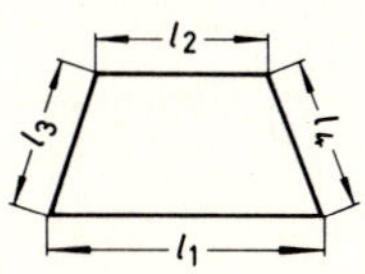

8.2 a) Stelle die Formel zur Errechnung des Umfanges eines Trapezes in allgemeinen Zahlen auf!

b) Berechne den Umfang des Trapezes, wenn $l_1 = 78$ mm, $l_2 = 48$ mm, $l_3 = 42$ mm und $l_4 = 40$ mm ist!

8.3 Bei unbestimmten Zahlen ist:

$a + b \rightarrow$ **eine Summe**
$a - b \rightarrow$ **eine Differenz**
$a \cdot b \rightarrow$ **ein Produkt**
$\frac{a}{b} \rightarrow$ **ein Quotient**

Setze für a und b folgende Zahlen ein und berechne die Summe, die Differenz, das Produkt und den Quotienten!

a) $a = 6;\ b = 4$ b) $a = 2{,}5;\ b = 1{,}2$

c) $a = \frac{3}{4};\ b = \frac{1}{2}$ d) $a = 1\frac{2}{3};\ b = \frac{1}{6}$

8.4 a) $3x + 2y - 5z = ?$

b) $9x - 4y + 2z = ?$

c) $\frac{x}{4} + \frac{y}{3} - \frac{z}{2} = ?$

Setze für die allgemeinen Zahlen folgende bestimmte Zahlen ein und berechne die nebenstehenden drei Aufgaben!

$x = 8{,}5;\quad y = \frac{1}{4};\quad z = 2{,}5$

8.5 Addiere und subtrahiere folgende Zahlen!

a) $6a + 3a + 2a - a$

b) $8{,}2\,b - 3{,}5\,b + b - 2{,}4\,b$

c) $1\frac{1}{2}y + \frac{1}{8}y - 1\frac{1}{4}y + y$

d) $14\,\text{Nm} - 2\,\text{N} + 16\,\text{N} - 3{,}5\,\text{Nm}$

e) $2\frac{1}{3}\,mx - \frac{1}{9}\,ay + 1\frac{3}{5}\,mx + 8\frac{2}{15}\,ay$

8.6 Multipliziere folgende Zahlen!

a) $4a \cdot 3b \cdot c$
b) $3 \cdot 6a \cdot 4b$
c) $0{,}3x \cdot 2{,}7y \cdot 9{,}4z$
d) $x \cdot 4x \cdot 3x \cdot 2$
e) $\frac{1}{2}a \cdot \frac{4}{9}b \cdot c$
f) $4{,}2\,\text{m} \cdot 2{,}9\,\text{m} \cdot 26\,\text{m}$

8.7 Dividiere folgende Zahlen!

a) $\dfrac{6ab}{3a}$
b) $\dfrac{2{,}8\,xy}{1{,}4\,y}$
c) $\dfrac{18a^2 \cdot 4b \cdot 3}{9 \cdot 12b \cdot a}$
d) $\dfrac{a^2 \cdot 12b \cdot c}{a \cdot b}$
e) $\dfrac{16\,\text{m} \cdot 4\,\text{m}^2}{2\,\text{m} \cdot 0{,}5}$
f) $\dfrac{2{,}5\,\text{Nm} \cdot 6{,}3\,\text{N} \cdot 12}{4{,}5\,\text{m} \cdot \text{N}}$
g) $\dfrac{7a \cdot 12x}{4y \cdot 3ab}$

8.8 Löse folgende Aufgaben!

a) $3x \cdot 2 + 7x \cdot 4y$

b) $1\frac{1}{5}\,\text{N} \cdot \text{m} - \frac{1}{2}\,\text{N} \cdot 0{,}4\,\text{m}$

c) $2\,\text{kg} \cdot 2{,}5 - 4\,\text{kg} \cdot \frac{1}{4}$

d) $3x \cdot (4x + 2)$

e) $xy\,(8 + x)$

f) $a^2\,(3 + a)$

g) $8 \cdot (4z + x + y)$

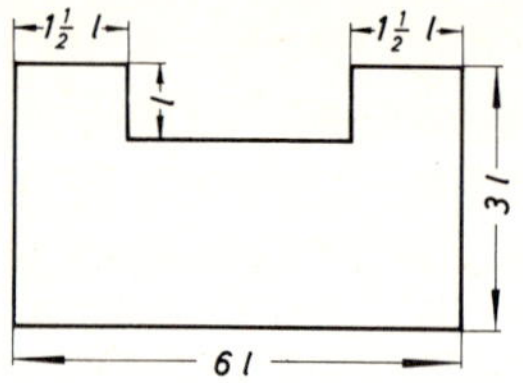

8.9 a) Berechne den Umfang des Stahlbleches in allgemeinen Zahlen!
b) Bestimme den Umfang des Stahlbleches in bestimmter Zahlen, wenn $l = 20$ mm ist!

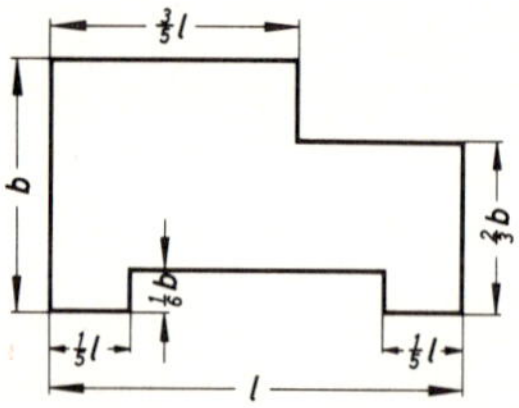

8.10 a) Wie groß ist der Flächeninhalt des Bleches in allgemeinen Zahlen?
b) Berechne den Flächeninhalt des Bleches in bestimmten Zahlen, wenn $l = 15$ cm und $b = 9$ cm ist!

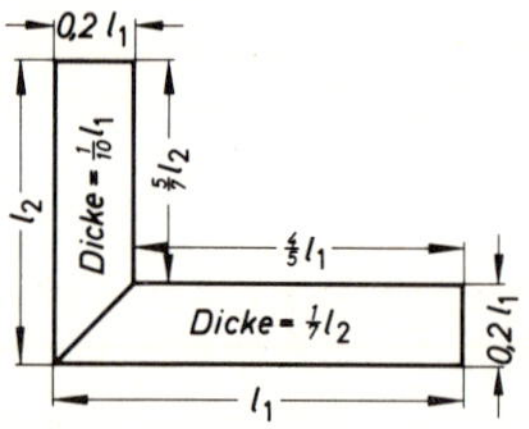

8.11 a) Ermittle das Volumen des Stahlwinkels in allgemeinen Zahlen!
b) Wie groß ist das Volumen in mm³, wenn $l_1 = 100$ mm und $l_2 = 70$ mm ist?

8.12 a) Berechne die Rohlänge l_R in allgemeinen Zahlen! (siehe 5.2)
b) Wie groß ist das Volumen des abgebildeten gebogenen Flachstahles in cm³?
$d_a = 32$ mm, $d_i = 24$ mm, $l_1 = 45$ mm, $l_2 = 15$ mm, $b = 15$ mm, $h = 4$ mm.

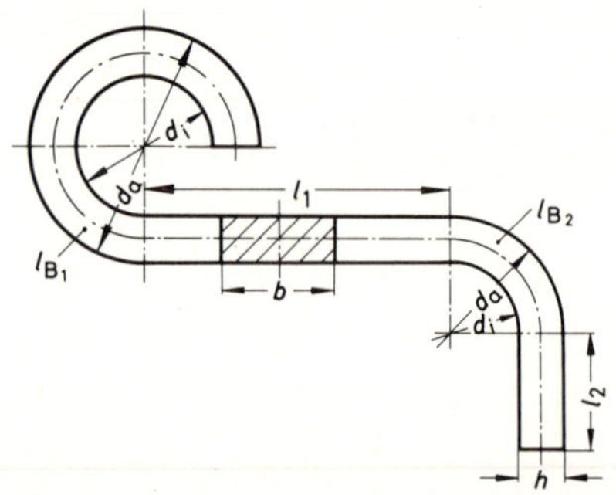

8.2 Algebraisches Rechnen — Formelumstellen

Erklärung

Jede Formel ist grundsätzlich eine Gleichung. Man erkennt eine Gleichung sofort am Gleichheitszeichen (z. B. $A = l \cdot b$).

Eine Formel oder Gleichung drückt zweierlei aus:

1. Was berechnet werden soll (A)
2. Wie gerechnet werden soll ($l \cdot b$)

Eine Formel (Gleichung) hat immer:

1. Zwei oder mehrere bekannte Größen (l und b)
2. Eine unbekannte Größe, die zu berechnen ist (A)

Die Formel (Gleichung) ist oft so aufgestellt, daß die unbekannte Größe (A) links und allein vom Gleichheitszeichen steht. Nur so kann man sie berechnen. Ist dies nicht der Fall (z. B. wenn in der Formel $A = l \cdot b$ der Buchstabe l die unbekannte Größe wäre), so muß die Formel umgestellt werden, damit die Unbekannte links allein steht.

Man nennt das Umformen einer Formel (Gleichung) „das Formelumstellen“.

Die Unbekannte in einer Gleichung wird oft mit dem Buchstaben x gekennzeichnet.

Bezeichnungen

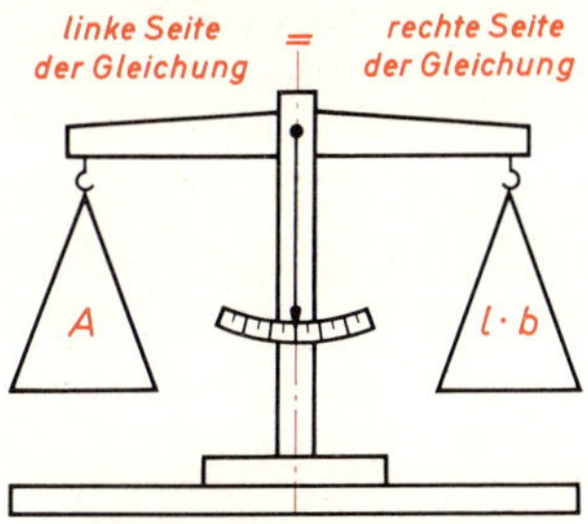

Bildliche Darstellung einer Gleichung (Formel)

Formeln oder Gleichungen bestehen aus drei Teilen:

1. Linke Seite der Gleichung (A)
2. Rechte Seite der Gleichung ($l \cdot b$)
3. Gleichheitszeichen (=)

Man kann die Formel mit einer Waage vergleichen, da ihre linke Seite immer gleich ihrer rechten Seite ist.

Regel mit Beispiel

a) Regeln zum Formelumstellen:

1. Regel: Beim Umstellen der Gleichungen (Formeln) muß wie bei der Waage das Gleichgewicht erhalten bleiben. Auf der linken Seite der Gleichung müssen daher die gleichen Veränderungen vorgenommen werden wie auf der rechten Seite.

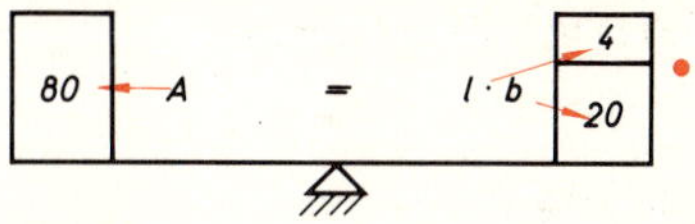

Bestimmte Zahlen	Allgemeine Zahlen
$80 = 4 \cdot 20$	$A = l \cdot b$
$80 + 4 = 4 \cdot 20 + 4$ $84 = 84$	$A + 4 = l \cdot b + 4$
$80 - 4 = 4 \cdot 20 - 4$ $76 = 76$	$A - 4 = l \cdot b - 4$
$80 \cdot 4 = 4 \cdot 20 \cdot 4$ $320 = 320$	$A \cdot 4 = l \cdot b \cdot 4$
$\frac{80}{4} = \frac{4 \cdot 20}{4}$ $20 = 20$	$\frac{A}{4} = \frac{l \cdot b}{4}$

2. Regel: Man kann die beiden Seiten der Formel vertauschen. Dabei wird wie bei der Waage nicht das Gleichgewicht gestört. Man nennt dies den Seitentausch.

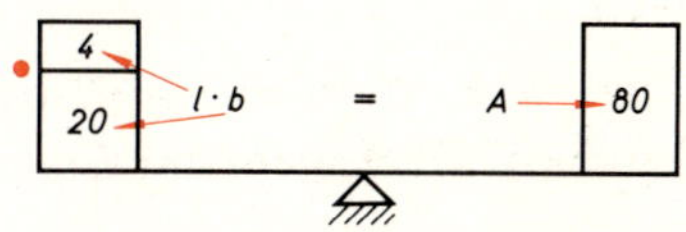

$80 = 4 \cdot 20$	$A = l \cdot b$
$4 \cdot 20 = 80$	$l \cdot b = A$

3. Regel: Bringt man eine Zahl von der einen Seite der Gleichung auf die andere Seite, so verändern sich die Vorzeichen.

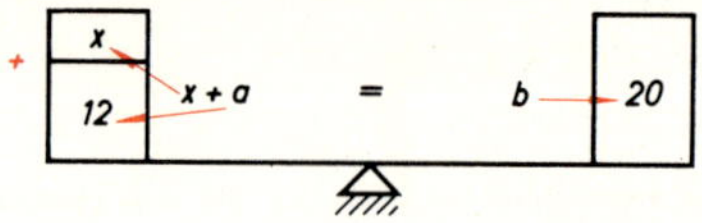

(x = Unbekannte)

aus + wird —

$$x + 12 = 20$$
$$x + 12 - 12 = 20 - 12$$
$$x = \underline{8}$$

$$x + a = b$$
$$x + a - a = b - a$$
$$x = \underline{b - a}$$

(x = Unbekannte)

aus — wird +

$$x - 8 = 10$$
$$x - 8 + 8 = 10 + 8$$
$$x = \underline{18}$$

$$x - y = z$$
$$x - y + y = z + y$$
$$x = \underline{z + y}$$

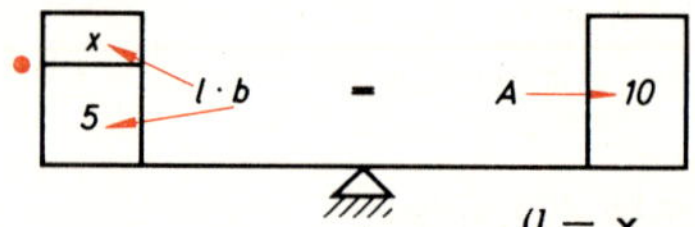

(l = x = Unbekannte)

aus · wird :

$$x \cdot 5 = 10$$
$$\frac{x \cdot 5}{5} = \frac{10}{5}$$
$$x = \underline{2}$$

$$l \cdot b = A$$
$$\frac{l \cdot b}{b} = \frac{A}{b}$$
$$l = \underline{\frac{A}{b}}$$

(U = x = Unbekannte)

aus : wird ·

$$\frac{x}{4} = 8$$
$$\frac{x \cdot 4}{4} = 8 \cdot 4$$
$$x = \underline{32}$$

$$\frac{U}{\pi} = d$$
$$\frac{U \cdot \pi}{\pi} = d \cdot \pi$$
$$U = \underline{d \cdot \pi}$$

b) Anwendung der Regeln des Formelumstellens:

Beim Formelumstellen ist folgender Lösungsgang zu wählen:

Ein Zylinder hat ein Volumen von 628 cm³. Sein Durchmesser beträgt 10 cm. Berechne seine Höhe in cm!

1. Schritt:
Aufsuchen der Grundformel!

$$V = \frac{d^2 \cdot \pi \cdot h}{4} \; [\text{cm}^3]$$

2. Schritt:
Heraussuchen und Markieren der Unbekannten!

$$V = \frac{d^2 \cdot \pi \cdot \textcircled{h}}{4} \; [\text{cm}^3]$$

3. Schritt:
Falls vorhanden, Bruchstrich beseitigen!

$$4 \cdot V = d^2 \cdot \pi \cdot \textcircled{h}$$

4. Schritt:
Unbekannte auf die linke Seite der Gleichung bringen (Seitentausch)!

$$d^2 \cdot \pi \cdot \textcircled{h} = 4\,V$$

5. Schritt:
Unbekannte allein stellen!

$$\frac{\cancel{d^2} \cdot \cancel{\pi} \cdot \textcircled{h}}{\cancel{d^2} \cdot \cancel{\pi}} = \frac{4\,V}{d^2 \cdot \pi}$$

$$h = \frac{4\,V}{d^2 \cdot \pi}$$

6. Schritt:
Zahlen einsetzen!

$$h = \frac{4 \cdot 628}{10^2 \cdot 3{,}14} \left[\frac{\text{cm}^{\cancel{3}}}{\cancel{\text{cm}^2}}\right]$$

7. Schritt:
Ausrechnen in der Nebenrechnung, Endantwort mit Benennung (Maß) unterstreichen!

$$h = \underline{8 \text{ cm}}$$

Anmerkung

Das Formelumstellen ist oft die Voraussetzung für die richtige Berechnung einer Aufgabe.

Aufgaben

8.13 Berechne die Unbekannte x bzw. y!

a) $x + 4 = 10$ b) $15 = 3x + 6$ c) $4 + 3x = 7$

d) $4x - 2 = 12$ e) $\frac{1}{2}x = 4$ f) $0{,}5 = 1{,}5x + 0{,}5$

g) $\frac{5}{x} + 2 = 10$ h) $\frac{x}{6} - 2{,}5 = 8{,}5$ i) $y \cdot 4 = a$

j) $a + b = y + c$ k) $y \cdot \frac{3}{5}a = \frac{1}{6}a^2$ l) $\frac{4}{7} - a = 4y$

8.14 Stelle folgende Formeln nach allen Größen um! (Angabe des Kapitels, in dem die Formel behandelt wird, in Klammer!)

a) $z_M = M \cdot N_M$ (5.1) b) $t = \frac{l_G}{n + 1}$ (5.1)

c) $s = d \cdot M$ (5.1) d) $l_B = \frac{d \cdot \pi \cdot \alpha}{360°}$ (4.2)

e) $l_R = d_m \cdot \pi \cdot (i + 2)$ (5.2) f) $d_w = 0{,}8 \cdot d_i$ (5.2)

8.15 Suche für folgende Flächen die Formel für A aus dem Kapitel 6.1 heraus und stelle sie nach allen Größen um!

a) Quadrat b) Rechteck c) Trapez
d) Dreieck e) Kreis f) Kreisring
g) Vieleck h) Ellipse i) Kreisausschnitt

8.16 Suche für folgende Körper die Formel für V aus dem Abschnitt 7.1 heraus und stelle sie nach allen Größen um!

a) Würfel b) Prisma
c) Zylinder d) quadrat. Pyramide
e) Kegel f) sechseckige Pyramide

8.17 Stelle folgende Formeln (siehe Abschnitt 7.2) nach allen Größen um!

a) $V = A_m \cdot h$ b) $A_M = d_m \cdot \pi \cdot h_s$

c) $A_m = \frac{A_G + A_K}{2}$ d) $A_O = d^2 \cdot \pi$

e) $V = A_D \cdot d_m \cdot \pi$ f) $A_O = U_D \cdot d_m \cdot \pi$

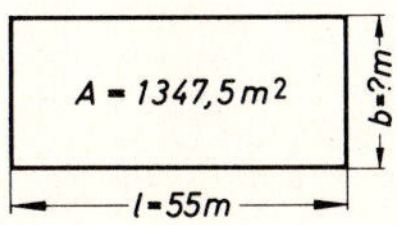

8.18 Ein Meister braucht für den Bau einer Werkstatt ein Grundstück von 1347,5 m² Fläche, das eine Länge von 55 m hat.

Wie breit muß das Grundstück sein?

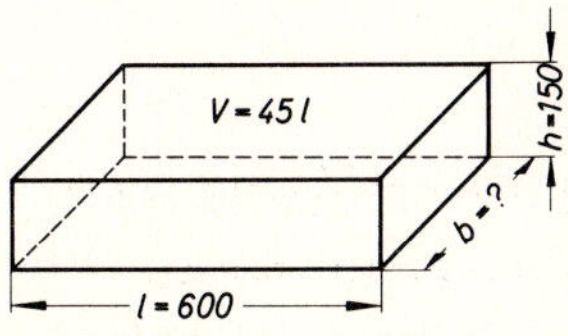

8.19 Ein Behälter hat eine Länge von 600 mm. Seine Höhe darf aus konstruktiven Gründen nicht größer als 150 mm sein.

Wie breit muß der Behälter sein, damit er 45 l faßt?

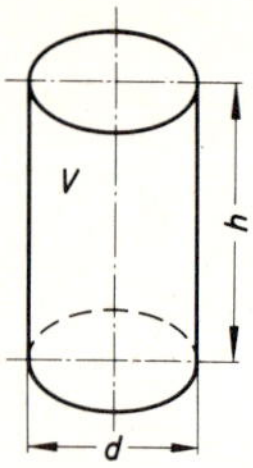

8.20 Eine Ölbüchse hat einen Inhalt von 2,5 l. Der Durchmesser der Büchse ist 120 mm. Wieviel mm ist sie hoch?

8.21 Ein Tankwagen hat einen zylindrischen Tank mit einem Inhalt von 25,12 m³ und einer Länge von 8 m. Wieviel m Durchmesser hat der Tank?

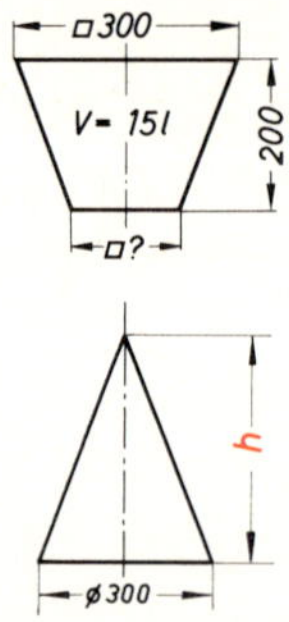

8.22 Ein Behälter hat eine pyramidenstumpfförmige Gestalt und die nebenstehend angegebenen Abmessungen. Wie groß ist die untere kleinere Kante, wenn der Inhalt 15 l ist?

8.23 Wie groß ist die Höhe *h* des dargestellten Kegels in mm, wenn $V = 18{,}84$ l beträgt?

9. Masseberechnung

Masse (Gewicht) **Dichte**
Gewichtskraft

Erklärung

Die Masse (= Stoffmenge) eines Körpers ist von seinem Rauminhalt (Volumen) und von seiner Dichte abhängig.

1. Masse (siehe auch 4.3)

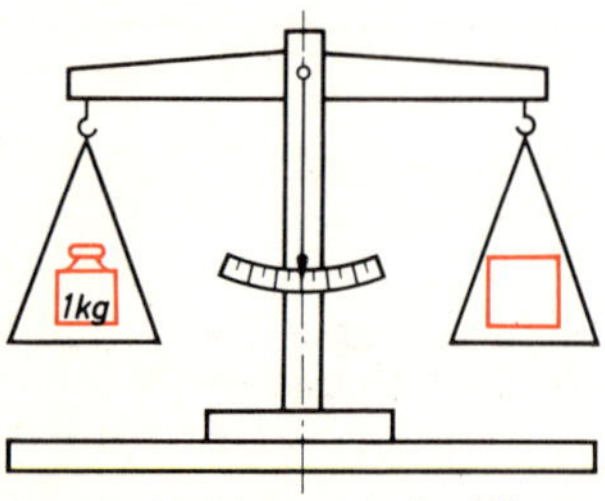

Messen der Masse mit der Waage

Jeder Körper besteht aus einer bestimmten Stoffmenge. Man nennt sie Masse.
1 kg ist die Masse des Urkilogramms in Paris (1 kg = 1 dm³ Wasser bei +4 °C).

Die Messung der Masse erfolgt auf der Waage. Ist die Waage im Gleichgewicht (= Wägebalken waagerecht), so haben Körper und Wägesteine gleiche Masse.

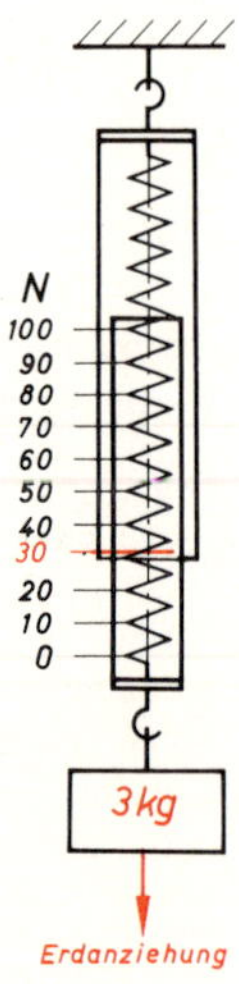

Messen der Gewichtskraft mit der Feder

Die Masse eines Körpers wird im täglichen Leben und besonders im Wirtschaftsleben als sein Gewicht bezeichnet. Masse und Gewicht sind also dasselbe.

Unter der Gewichtskraft versteht man dagegen die Kraft, mit der eine Masse infolge der Erdanziehung auf seine Unterlage drückt.

2. Dichte

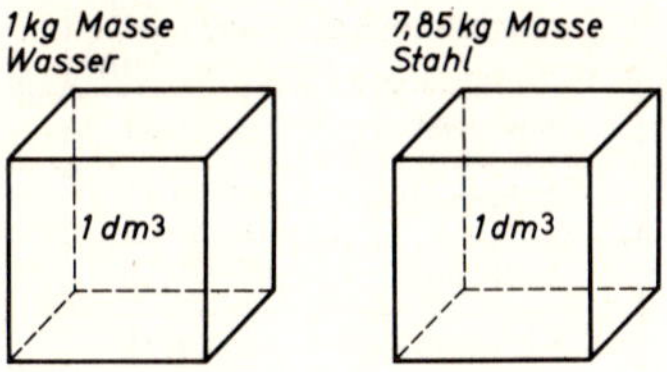

Bei der Dichte werden Masse und Volumen einander zugeordnet.

Die Dichte gibt an, welche Masse eine Raumeinheit hat.

Z. B.: 1 dm^3 Wasser hat 1 kg Masse, also Dichte $1\ \frac{kg}{dm^3}$

1 dm^3 Stahl hat 7,85 kg Masse, also Dichte $7{,}85\ \frac{kg}{dm^3}$

Bezeichnungen:

$m\ (G)$ = Masse (Gewicht) [t, kg, g]

V = Volumen [m^3, dm^3, cm^3]

F_G = Gewichtskraft [N]

$g = 9{,}81\ m/s^2$ Erdbeschleunigung

ρ (sprich Rho) = Dichte $\left[\frac{kg}{m^3}\right]$

Einheiten der Dichte						
$\frac{t}{m^3}$	$\frac{kg}{m^3}$	$\frac{kg}{dm^3}$	$\frac{kg}{l}$	$\frac{g}{l}$	$\frac{g}{cm^3}$	$\frac{g}{ml}$

$1\ t/m^3 = 1\ kg/l = 1\ g/ml$

$1\ kg/m^3 = 1\ g/l$

Formel mit Beispiel

1. Berechnung der Masse (Gewicht)

Masse = Volumen · Dichte

$$m = V \cdot \rho\ [kg]$$

oder mit G:

$$G = V \cdot \rho\ [kg]$$

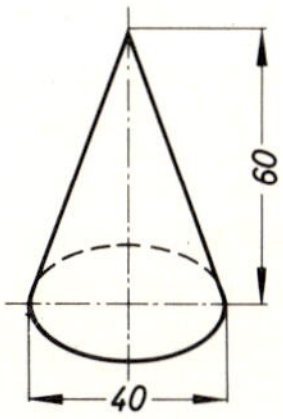

Berechne die Stoffmenge des Kegels in kg ($\rho = 7{,}25\ kg/dm^3$)!

$m = V \cdot \rho\ [kg]$

$m = \frac{d^2 \cdot \pi \cdot h}{4 \cdot 3} \cdot \rho$

$m = \frac{0{,}4^2 \cdot 3{,}14 \cdot 0{,}6}{4 \cdot 3} \cdot 7{,}25$

$m = \underline{0{,}182\ kg}$

2. Berechnung der Gewichtskraft (siehe auch 4.3)

Nach Abschnitt 4.3 ist:

Gewichtskraft
= Masse × Beschleunigung

$$F_G = m \cdot g\ [kg \cdot m/s^2 \text{ oder } N]$$

Berechne die Gewichtskraft des vorstehend berechneten Kegels ($m = 0{,}182$ kg)!

$F_G = m \cdot g\ [N]$

$F_G = 0{,}182 \cdot 9{,}81$

$F_G = \underline{1{,}785\ N}$

Anmerkung

Gasförmige Stoffe haben ebenfalls Masse und Dichte. Bei ihnen bezieht man die Dichte auf ein Volumen von 1 m^3 bei einer Temperatur von 0 °C und einem Druck von 1 bar.

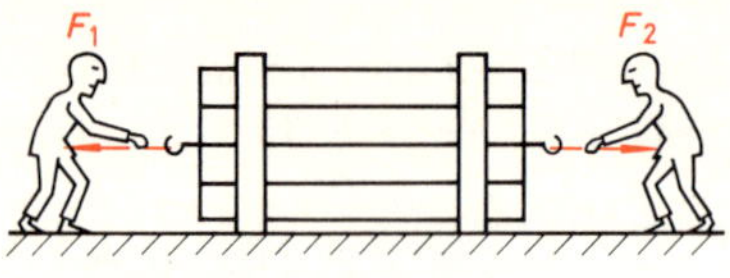

Subtraktion von Kräften

b) zwei oder mehr Kräfte greifen an:
1. auf der gleichen Geraden (Wirkungslinie)
2. in entgegengesetzter Richtung

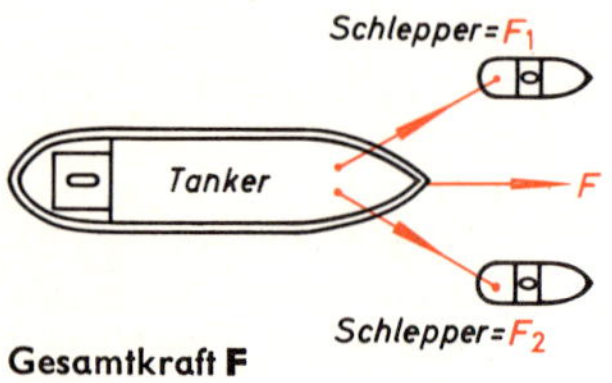

Gesamtkraft **F**

c) Zwei oder mehr Kräfte greifen an:
1. auf verschiedenen Geraden (Wirkungslinien)
2. in verschiedenen Richtungen

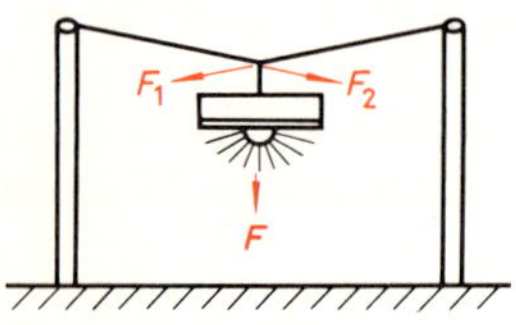

Teilkräfte

4. Kräftezerlegung:
Jede Kraft *F* läßt sich in Teilkräfte (F_1, F_2) zerlegen.

Bezeichnungen

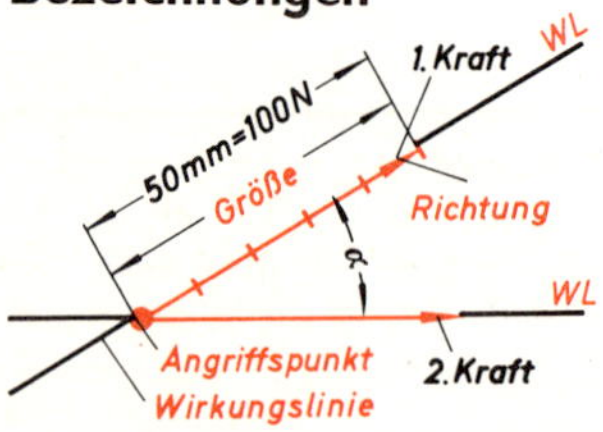

Greifen zwei Kräfte an einem Angriffspunkt an, so gibt man den Winkel α an, unter dem die Kräfte angreifen.
WL = Wirkungslinie

KM = Kräftemaßstab   1 cm ≙ 20 N

Eine Kraft wird eindeutig bestimmt durch:

a) Größe
Sie ergibt sich aus der Streckenlänge, gemessen im Kräftemaßstab (KM).

KM 1 cm ≙ 100 N
Z. B.: 4 cm ≙ 400 N

b) Richtung
Sie wird angegeben durch die gezeichnete Pfeilspitze

F

c) Angriffspunkt
Es ist der Punkt, wo die Kraft an einem Körper angreift.

d) Wirkungslinie
Sie ist eine Gerade durch den Kraftpfeil. Auf der Wirkungslinie liegt der Angriffspunkt und ist auf ihr beliebig verschiebbar.

F = Gesamtkraft (Resultierende)
F_2 = Teilkraft 2
F_4 = Teilkraft 4
F_1 = Teilkraft 1
F_3 = Teilkraft 3
KM = Kräftemaßstab

Der Anfangspunkt einer Kraftstrecke bleibt unbezeichnet. Der Endpunkt erhält den Richtungspfeil und die Bezeichnung der Kraft.

Regel mit Beispiel

1. Kräftezusammensetzung:

a) Kräfte, die in der gleichen Wirkungslinie und in derselben Richtung wirken, werden zusammengesetzt, indem man sie addiert.

$$F = F_1 + F_2 + F_3 \ldots$$

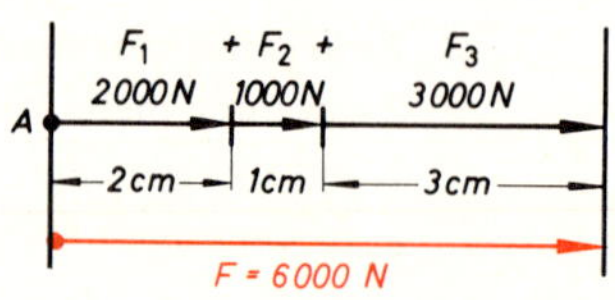

KM 1 cm ≙ 1000 N

$F = F_1 + F_2 + F_3$
$F = 2000\ \text{N} + 1000\ \text{N} + 3000\ \text{N}$
$F = \underline{6000\ \text{N}}$

b) Kräfte, die in der gleichen Wirkungslinie, aber in der entgegengesetzten Richtung wirken, werden zusammengefaßt, indem man sie subtrahiert.

$$F = F_1 + F_2 + F_3 - F_4$$

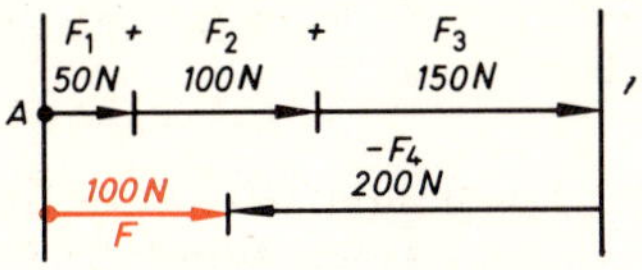

KM 1 cm ≙ 50 N

$F = F_1 + F_2 + F_3 - F_4$
$F = 50\ N + 100\ N + 150\ N - 200\ N$
$F = \underline{100\ N}$

c) Kräfte, die in verschiedenen Wirkungslinien (Richtungen) wirken, kann man durch Zeichnung eines Kräfteparallelogramms zusammensetzen. Die Diagonale des Kräfteparallelogramms ergibt die Gesamtkraft (= Resultierende).

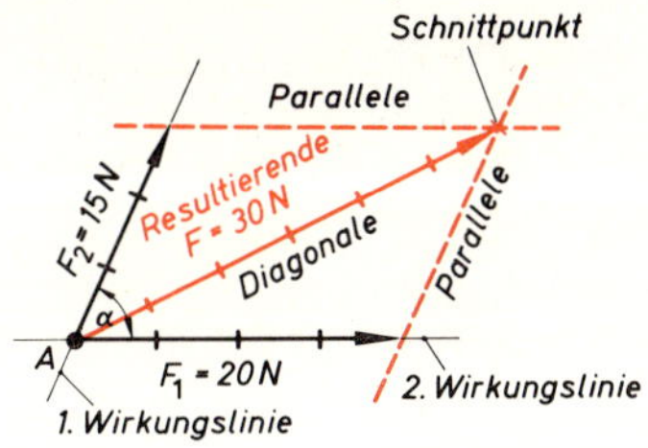

Die Kräfte $F_1 = 20$ N und $F_2 = 15$ N greifen im Punkt A unter dem Winkel $\alpha = 65°$ an. Wie groß ist die Gesamtkraft? *KM* 1 cm ≙ 5 N

Abgemessen 6 cm ≙ 6 · 5 N
$F = 6 \cdot 5\ N = \underline{30\ N}$

2. Kräftezerlegung:

Mittels des Kräfteparallelogramms läßt sich umgekehrt eine Gesamtkraft in Teilkräfte zerlegen, wenn die Richtungen der Teilkräfte bekannt sind. Die Diagonale des Kräfteparallelogramms ist die Gesamtkraft, die beiden Seiten stellen die Teilkräfte dar.

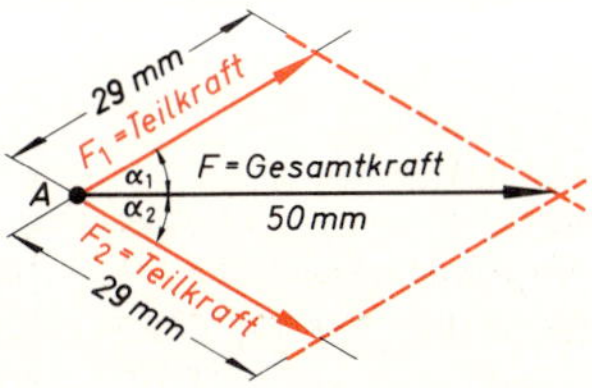

Eine Kraft von $F = 500$ N soll in die Teilkräfte F_1 und F_2 zerlegt werden. Die Winkel α_1 und α_2 sind 30°.
KM 1 mm ≙ 10 N

$F_1 ≙ F_2 ≙ 29$ mm ≙ 29 · 10 N
$F_1 = F_2 = \underline{290\ N}$

Anmerkung

Die Aufgaben zur Kräftezusammensetzung und Kräftezerlegung werden meist zeichnerisch gelöst. Der Kräftemaßstab wird entsprechend der Zeichnungsgröße und der Kraftgröße gewählt.

Aufgaben

10.1 Stelle folgende Kräfte zeichnerisch dar:

Aufgabe	a)	b)
F	50 N	120 N
KM	1 cm ≙ 10 N	1 cm ≙ 20 N

Aufgabe	c)	d)
F	860 N	5200 N
KM	1 cm ≙ 100 N	1 cm ≙ 1000 N

Aufgabe	e)	f)
F	38 N	420 N
KM	1 mm ≙ 1 N	1 mm ≙ 10 N

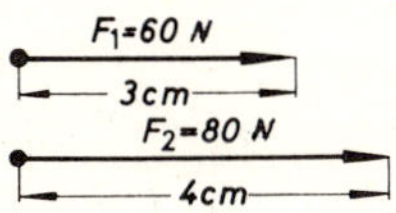

10.2 a) Wie groß ist der Kräftemaßstab *KM*?
b) Addiere zeichnerisch die beiden Einzelkräfte F_1 und F_2!

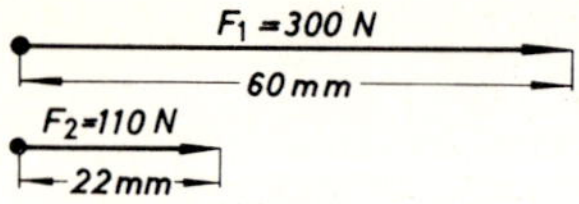

10.3 a) Wie groß ist der Kräftemaßstab *KM*?

b) Subtrahiere zeichnerisch die beiden Einzelkräfte F_1 und F_2!

10.4 Zwei Kräfte $F_1 = 340$ N und $F_2 = 470$ N ziehen in derselben Richtung über ein Seil an einem Kraftmesser.

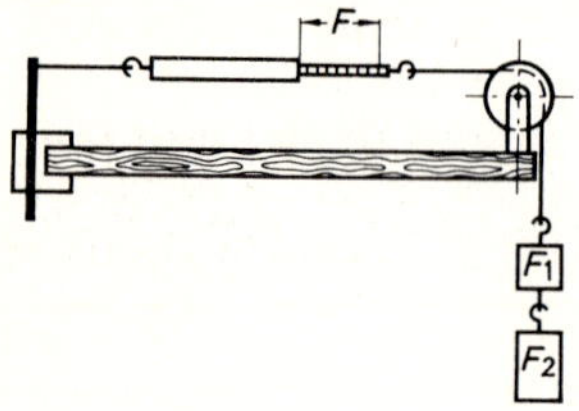

a) Welche Gesamtkraft *F* in N zeigt der Kraftmesser an?

b) Stelle die Einzelkräfte und die Gesamtkraft zeichnerisch dar (*KM* 1 mm ≙ 10 N)!

(Reibung unberücksichtigt)

10.5 Zwei Kräfte $F_1 = 120$ N und $F_2 = 80$ N ziehen in entgegengesetzter Richtung an einem Kraftmesser.

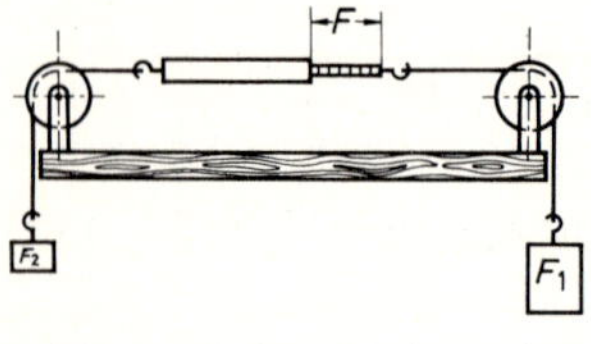

a) Welche Gesamtkraft *F* in N zeigt der Kraftmesser an?

b) Stelle die Einzelkräfte und die Gesamtkraft zeichnerisch dar (*KM* 1 cm ≙ 20 N)!

10.6 Zwei Schlepper versuchen mittels eines Seiles, einen Baum herauszureißen. Der eine Schlepper hat eine Zugkraft von $F_1 = 18000$ N, der andere eine Zugkraft von $F_2 = 24\,000$ N. Beide Zugseile bilden einen Winkel von 30°. Wie groß ist die Gesamtzugkraft (*KM* 1 cm ≙ 3000 N)?

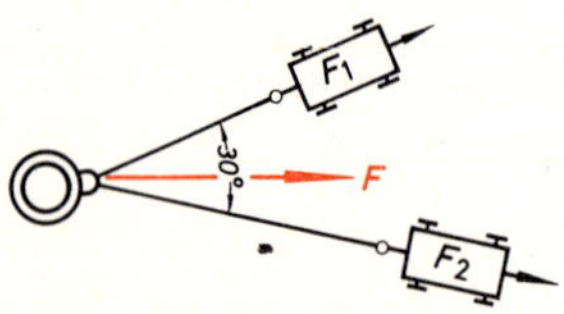

10.7 Bestimme mittels des Kräfteparallelogramms bei folgenden Aufgaben die Gesamtkraft *F*!

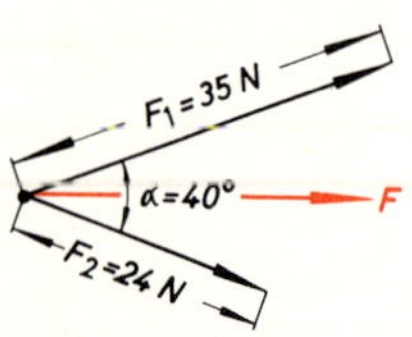

z. B. Aufgabe a)
KM 1 mm ≙ 1 N

Aufgabe	a)	b)
F_1	35 N	45 N
F_2	24 N	60 N
KM	1 mm ≙ 1 N	1 cm ≙ 15 N
Winkel α	40°	50°

Aufgabe	c)	d)
F_1	600 N	64 N
F_2	400 N	88 N
KM	1 cm ≙ 100 N	1 mm ≙ 2 N
Winkel α	60°	30°

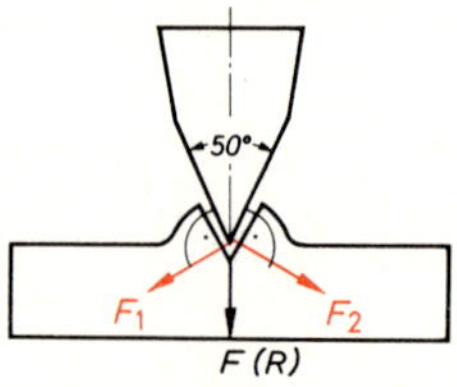

KM 1 mm ≙ 10 N

10.8 Auf einen Meißel wird mit einer Kraft $F = 300$ N geschlagen, um eine Stahlplatte zu trennen. Ermittle mit Hilfe des Kräfteparallelogramms, wie groß die Teilkräfte F_1 und F_2 sind, die das Werkstück trennen!

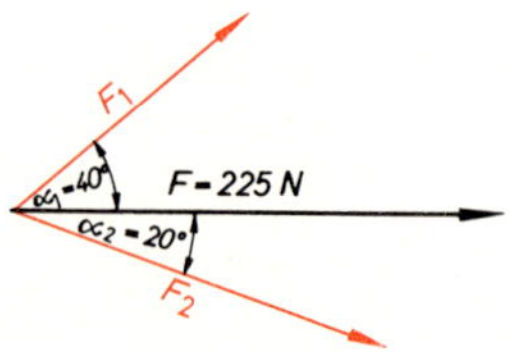

z. B. Aufgabe a)
KM 1 mm ≙ 5 N

10.9 Die Gesamtkraft *F* soll in den folgenden Aufgaben mittels des Kräfteparallelogramms in die Teilkräfte F_1 und F_2 zerlegt werden. Wie groß sind die Teilkräfte in N?

Aufgabe	a)	b)
F	225 N	200 N
KM	1 mm ≙ 5 N	1 cm ≙ 50 N
Winkel α_1	40°	60°
Winkel α_2	20°	60°

Aufgabe	c)	d)
F	108 N	66 N
KM	1 mm ≙ 2 N	1 mm ≙ 1 N
Winkel α_1	60°	15°
Winkel α_2	30°	25°

Aufgabe	e)	f)
F	57 N	38 N
KM	1 mm ≙ 1 N	1 cm ≙ 5 N
Winkel α_1	45°	67°
Winkel α_2	45°	23°

10.10 Ein Verbrennungsmotor hat eine Pleuelstangenlänge $l = 240$ mm und einen Kurbelradius $r = 60$ mm. Auf den Kolbenboden wirkt eine Kolbenkraft $F_K = 18$ kN.
Bestimme zeichnerisch bei einem Pleuelstangenwinkel von 40°:

a) Pleuelstangenkraft F_P in N und kN!
b) Kolbenseitenkraft F_S in N und kN!
c) Kurbelwagenkraft (Lagerkraft) F_W in N und kN!
d) Umfangskraft F_U in N und kN!
(siehe auch 19.4)
KM 1 mm ≙ 400 N

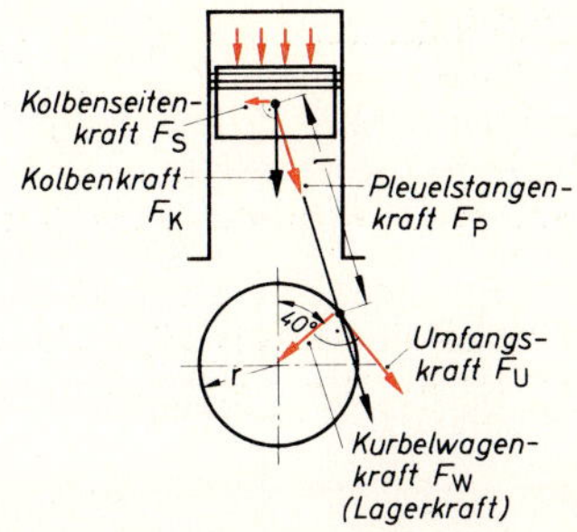

11 Festigkeitsberechnung

Grundbegriffe, Zugfestigkeit, Druckfestigkeit, Scherfestigkeit

Erklärung

Die Festigkeitslehre befaßt sich mit dem Verhalten der Werkstoffe und der Maschinenbauteile unter dem Einfluß äußerer Kräfte.

Mit Hilfe der Festigkeitsberechnungen ermittelt man die Abmessungen von Maschinenteilen, damit sie den zugemuteten Belastungen standhalten.

Zum Verständnis der Festigkeitslehre sind mehrere Begriffe zu klären (siehe auch Abbildung):

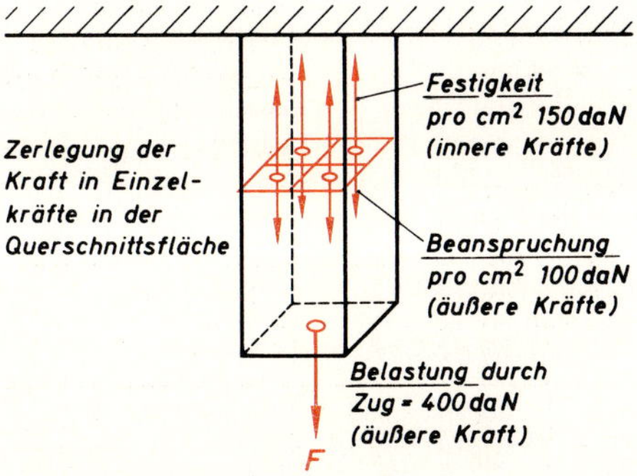

Grundbegriffe der Festigkeitsberechnung

1. Belastung:

Belastung ist die Einwirkung einer Kraft auf einen Körper

(sog. äußere Kräfte: z. B. Zug eines Gewichtes von 400 daN).

2. Beanspruchung:

Beanspruchung ist die Einwirkung einer äußeren Kraft (= Belastung) auf einen Körper unter Berücksichtigung seiner Größe (Querschnittsfläche).

In der Zeichnung z. B. 100 daN/cm².

3. Festigkeit:

Festigkeit ist der innere Widerstand gegen Zerstörung oder Formveränderung eines Körpers (innere Kräfte).

Die inneren Kräfte beruhen auf der Zusammenhangskraft (= Kohäsion) der kleinsten Körperteilchen (= Moleküle) des Körpers. In der Abbildung ist die Festigkeit 150 daN/cm².

4. Spannung:

Die Spannung ist das Verhältnis von Kraft zur beanspruchten Fläche. Sie ist das Maß der Festigkeit (z. B. 150 daN/cm²) und das Maß der Beanspruchung (z. B. 100 daN/cm²).

5. Bruchfestigkeit:

Die Bruchfestigkeit ist die Spannung, bei der ein Körper durch eine äußere Kraft zerstört wird.
In der Praxis wird sie meist kurz Festigkeit genannt (z. B. Zugfestigkeit, Druckfestigkeit usw.).

6. Zulässige Spannung (= zulässige Beanspruchung):

Die zulässige Spannung oder Beanspruchung ist die Spannung, bei der noch keine bleibende Formveränderung oder Zerstörung des Körpers durch äußere Kräfte erfolgt.

Man nennt sie auch zulässige Beanspruchung und meint damit die Beanspruchung, bei der keine Formveränderung oder Zerstörung eintritt. Die zulässige Spannung ist also die Spannung, mit der Bauteile höchstens belastet werden dürfen.

Bezeichnungen

Beanspruchungsarten	Bruchfestigkeit	Spannung	Beispiel
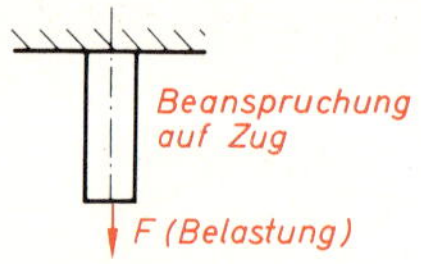	Zugfestigkeit $= \sigma_{zB} =$ sigma Zug *B* $\left[\frac{N}{mm^2}\right]$	Zugspannung $= \sigma_z =$ sigma Zug $\left[\frac{N}{mm^2} \text{ oder } \frac{daN}{cm^2}\right]$	Schrauben Abschleppseil Ketten Aufhängeösen
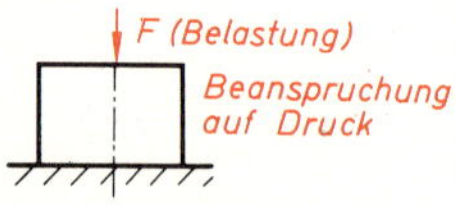	Druckfestigkeit $= \sigma_{dB} =$ sigma Druck *B* $\left[\frac{N}{mm^2}\right]$	Druckspannung $= \sigma_d =$ sigma Druck $\left[\frac{N}{mm^2} \text{ oder } \frac{daN}{cm^2}\right]$	Fundamente Lager Kolben kurze Säulen
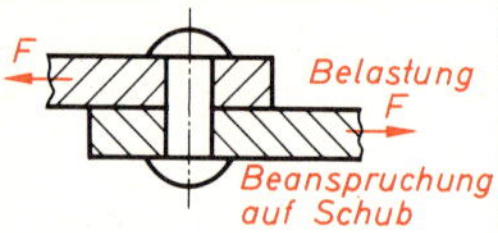	Schub- oder Scherfestigkeit $= \tau_{sB} =$ tau Schub oder Scher *B* $\left[\frac{N}{mm^2}\right]$	Schub- oder Abscherspannung $= \tau_s =$ tau Scher oder Schub $\left[\frac{N}{mm^2} \text{ oder } \frac{daN}{cm^2}\right]$	Schrauben, Nieten, Schneiden von Blechen Bolzen
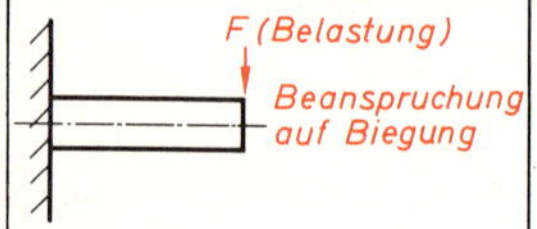	Biegefestigkeit $= \sigma_{bB} =$ sigma Biegung *B* $\left[\frac{N}{mm^2}\right]$	Biegespannung $= \sigma_b =$ sigma Biegung $\left[\frac{N}{mm^2} \text{ oder } \frac{daN}{cm^2}\right]$	Motorwellen Schraubenschlüssel Achsen Blattfedern
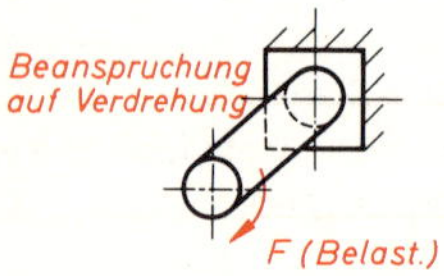	Verdrehungsfestigkeit $\tau_{tB} =$ tau Verdrehung *B* $\left[\frac{N}{mm^2}\right]$	Verdrehungsspannung $= \tau_t =$ tau Verdrehung $\left[\frac{N}{mm^2} \text{ oder } \frac{daN}{cm^2}\right]$	Schrauben Wellen Drehstäbe Bohrer

σ (sprich sigma) = Zeichen für Festigkeit, Spannung bzw. Beanspruchung bei Zug-, Druck- und Biegebelastung.

τ (sprich tau) = Zeichen für Festigkeit, Spannung bzw. Beanspruchung bei Schub- oder Scherbelastung und Verdrehungsbelastung.

A_S = Querschnittsfläche des Körpers
B = Bruchgrenze (= Bruch)
σ_{zul} = zulässige Spannung (Beanspruchung)
σ_{vorh} = tatsächliche Beanspruchung

Indices für Beanspruchungsarten:

z = Zug
d = Druck
s = Schub
t = Verdrehung, Torsion
a = Abscheren

Formel mit Beispiel

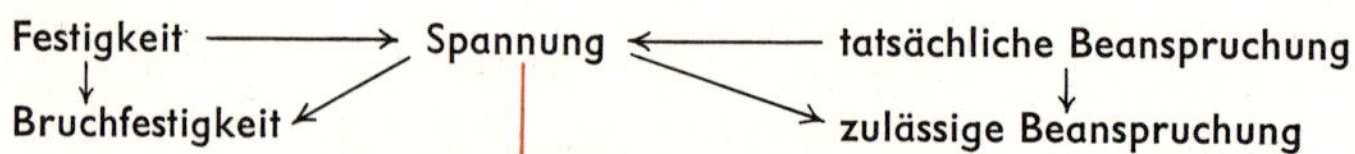

$$\frac{\textbf{Belastung durch eine Kraft}}{\textbf{Querschnittsfläche des Körpers}}$$

Beachte: σ_{zul} muß = oder > (größer als) σ_{vorh} sein!

1. Zugfestigkeit

$$\text{Zugspannung} = \frac{\text{Zugkraft}}{\text{Querschnittsfläche}}$$

$$\sigma_z = \frac{F}{A_S} \left[\frac{N}{mm^2} \text{ oder } \frac{daN}{cm^2}\right]$$

Eine Stange mit 30 mm ø wird durch eine Zugkraft von 6000 daN belastet. Berechne die Zugspannung!

$$\sigma_z = \frac{F}{A_S} \qquad A_S = \frac{d^2 \cdot \pi}{4} = \frac{3^2 \cdot 3{,}14}{4} = 7{,}065 \text{ cm}^2$$

$$\sigma_z = \frac{6000}{7{,}065} = \underline{849 \text{ daN/cm}^2}$$

2. Druckfestigkeit

$$\text{Druckspannung} = \frac{\text{Druckkraft}}{\text{Querschnittsfläche}}$$

$$\sigma_d = \frac{F}{A_S} \left[\frac{N}{mm^2} \text{ oder } \frac{daN}{cm^2}\right]$$

Eine Säule mit quadratischer Grundfläche von $l = 80$ mm wird mit 800 000 N Druckkraft belastet. Wie groß ist die Druckspannung?

$$\sigma_d = \frac{F}{A_S} \qquad A_S = l \cdot l = 80 \cdot 80 = 6400 \text{ mm}^2$$

$$\sigma_d = \frac{800\,000}{6400} = \underline{125 \frac{N}{mm^2}}$$

3. Schubfestigkeit (Scherfestigkeit)

$$\left.\begin{array}{l}\text{Scherspannung}\\ \text{Schubspannung}\end{array}\right\} = \frac{\text{Scherkraft (Schubkraft)}}{\text{Querschnittsfläche}}$$

$$\tau_a\ (\tau_s) = \frac{F}{A_S} \left[\frac{N}{mm^2} \text{ oder } \frac{daN}{cm^2}\right]$$

Wie groß ist die Schubspannung bei einem Bolzen von 10 mm ø, der mit 200 daN belastet wird?

$$\tau_s = \frac{F}{A_S} \qquad A_S = \frac{d^2 \cdot \pi}{4} = \frac{1^2 \cdot 3{,}14}{4} = 0{,}785 \text{ cm}^2$$

$$\tau_s = \frac{200}{0{,}785} = 255 \frac{daN}{cm^2} = \underline{25{,}5 \frac{N}{mm^2}}$$

Beachte:

1. Die Schubfestigkeit (Scherfestigkeit) ist annähernd $\frac{4}{5}$ der Zugfestigkeit (für Stahl)!
2. Die Scherfläche A_S erhält man, indem man die Länge der Schnittkanten mit der Werkstoffstärke malnimmt! (Ausnahme: Bolzen und Niet)

Anmerkung

1. Die Festigkeitswerte für die verschiedenen Werkstoffe sind in Tabellen zusammengefaßt.
2. Bisweilen rechnet man mit einer sog. Sicherheitszahl. Sie gibt an, mit welcher Sicherheit ein Maschinenteil gebaut ist. Die Sicherheitszahl ist das Verhältnis von Bruchfestigkeit zur zulässigen Spannung:

$$\text{Sicherheitszahl} = \nu \text{ (sprich nü)} = \frac{\sigma_B}{\sigma_{zul}}$$

Aufgaben

1. Zugfestigkeit

11.1 Stelle die Formeln für die Zugfestigkeit nach F und A_S um!

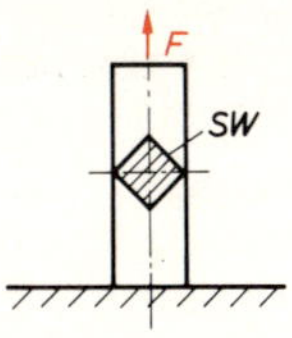

11.2 Ein Vierkantstahl mit einer Schlüsselweite von 20 mm wird durch eine Zugkraft von 1500 daN belastet. Wie groß ist die Zugbeanspruchung in daN/cm² und N/mm²?

11.3 Eine Zugstange mit 30 mm ø (40 mm ø) wird durch eine Zugkraft von 50 kN beansprucht. Berechne die Zugspannung in daN/cm²!

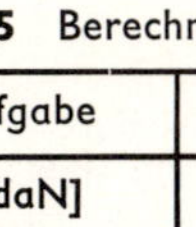

11.4 Ein Rundstahl mit einer Festigkeit von 500 N/mm² mit $d = 50$ mm wird auf Zug beansprucht.

a) Berechne die auftretende Zugspannung, wenn die Zugbelastung 8000 daN beträgt!

b) Ist die errechnete Zugspannung noch zulässig?

11.5 Berechne die fehlenden Werte!

Aufgabe	a)	b)	c)	d)	e)
F [daN]	?	1750	2700	1177,5	?
d [mm]	15	?	17	?	30
σ_z [daN/cm²]	3000	3500	?	6000	2600

(siehe Zeichnung 11.4)

11.6 Ein Drahtseil besteht aus 30 Drähten mit je 2 mm ø. Die Zugfestigkeit ist $\sigma_{zB} = 1500$ N/mm². Die Zugbelastung des Seiles beträgt 3297 daN.

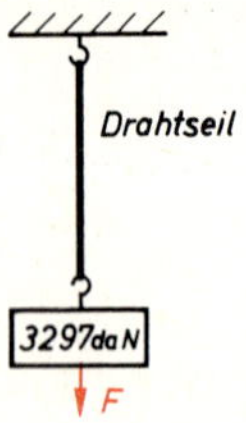

a) Wie groß ist der Drahtseilquerschnitt in cm² und mm²?
b) Wie groß ist die Zugbeanspruchung in daN/cm² und N/mm²?
c) Bei welcher Belastung könnte das Seil reißen?
d) Wie groß ist die zulässige Spannung und Belastung, wenn mit 3facher Sicherheit gerechnet wird?

11.7 Bei einer Stahlkonstruktion darf die zulässige Spannung von 500 daN/cm² bei siebenfacher Sicherheit nicht überschritten werden. Welche Festigkeit in N/mm² und daN/cm² muß der Stahl haben?

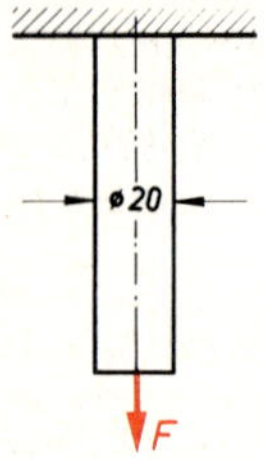

11.8 Ein Rundstahl aus St 42 hat eine zulässige Zugspannung von 1500 daN/cm² und einen Durchmesser von 20 mm (24 mm).
a) Berechne A_S in cm² und mm²!
b) Welche Zugkraft in daN und kN kann der Rundstahl aufnehmen?

11.9 Bei einem Werkstoff beträgt die zulässige Spannung $\sigma_{zul} = 1250$ daN/cm² (2250 daN/cm²), die Bruchfestigkeit 6875 daN/cm² (6750 daN/cm²). Berechne die Sicherheitszahl ν!

11.10 Ein Drahtseil hat 6 Litzen mit je 15 Drähten. Der einzelne Draht hat einen Durchmesser von 1 mm. Berechne die Zugkraft, mit der das Seil belastet werden darf, wenn die zulässige Belastung $\sigma_{zul} = 800$ daN/cm² beträgt!

11.11 Die Bruchbelastung eines Rundstahles mit der Querschnittsfläche $A_S = 452{,}2$ mm² beträgt 189,924 kN.
a) Berechne die Zugfestigkeit in N/mm²!
b) Bestimme die zulässige Belastung in N und die zulässige Spannung in daN/cm², wenn die Sicherheitszahl 3 beträgt!
c) Wie groß ist der Durchmesser *d* des Rundstahles in mm?

2. Druckfestigkeit

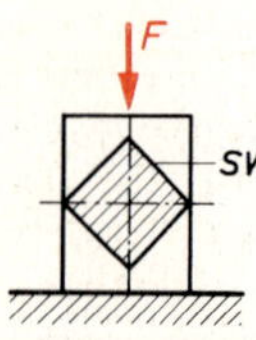

11.12 Ein Vierkantstahl mit SW = 30 mm wird durch eine Druckkraft von 2520 daN belastet. Wie groß ist die Druckbeanspruchung in daN/cm² und N/mm²?

11.13 Stelle die Formel für die Druckfestigkeit nach *F* und A_S um!

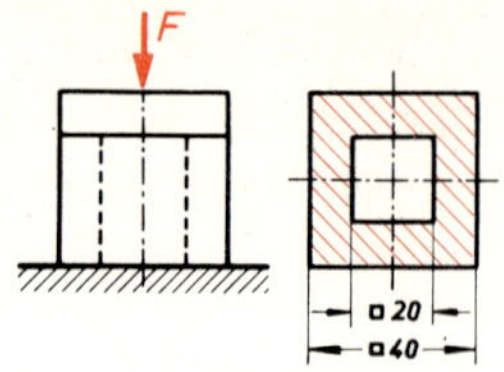

11.14 Ein Werkstück hat einen quadratischen Hohlquerschnitt und wird mit $F = 123{,}6$ kN belastet. Wie groß ist die Druckspannung in daN/cm² und N/mm²?

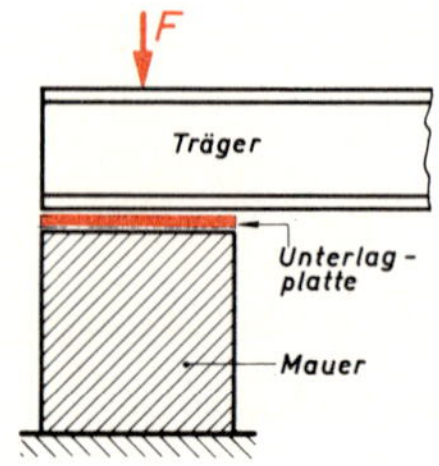

11.15 Ein I-Träger wird mit 40 000 N belastet und drückt auf eine quadratische Unterlagplatte.
a) Welche Seitenlänge *l* hat die Unterlagplatte, wenn die zulässige Druckspannung zwischen Unterlagplatte und Mauer $\sigma_d = 10$ daN/cm² ist?
b) Wie groß ist die Druckspannung zwischen Träger und Unterlagplatte, wenn die Flanschbreite 106 mm beträgt?

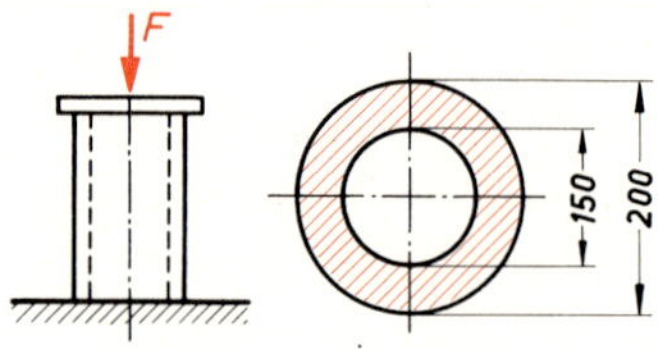

11.16 Die nebenstehende Graugußhohlsäule wird mit $F = 1373{,}75$ kN belastet. Berechne die herrschende Druckspannung in daN/cm²!

11.17 Eine Hohlsäule wird mit 314 000 daN belastet. Ihr Innendurchmesser *d* soll jetzt 100 mm sein. Wie groß muß der Außendurchmesser *D* sein, wenn $\sigma_d = 800$ daN/cm² beträgt?

3. Schubfestigkeit (Scherfestigkeit)

11.18 Stelle die Formel für die Schubfestigkeit nach *F* und A_S um!

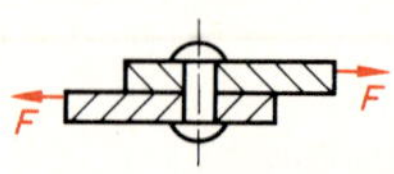

11.19 Ein Niet mit einem Durchmesser von 6 mm hat eine Schubkraft von 628 daN aufzunehmen. Wie groß ist die Schubspannung in daN/cm² und N/mm²?

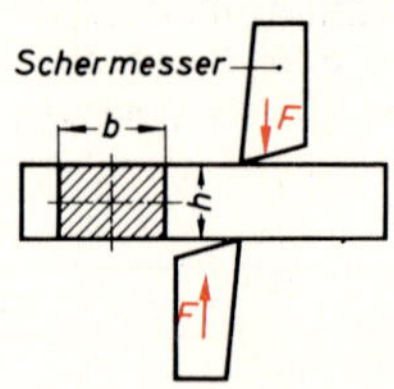

11.20 Ein Flachstahl mit einem Querschnitt von 15×10 mm wird mittels einer Schere getrennt. Berechne die auftretende Scherspannung, wenn die Schnittkraft $F = 45\,750$ N beträgt!

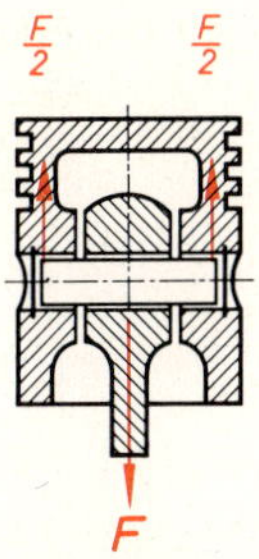

11.21 Auf einen Kolben wirkt eine Kolbenkraft von 1800 daN. Bestimme:

a) Die Schubspannung bei einem vollen Kolbenbolzen mit $d = 30$ mm in daN/cm²!

b) Die Schubspannung bei einem durchbohrten Kolbenbolzen mit $D = 30$ mm und $d = 16$ mm in daN/cm²!

11.22 Ein Lochstempel soll ein Stahlblech mit einer Zugfestigkeit von 42 daN/mm² und von 5 mm Stärke lochen.

a) Berechne die Scherfläche in mm² und cm²!

b) Wie groß ist die Scherkraft zum Lochen in N und daN? (Beachte: $\tau_{S_B} = \frac{4}{5}\,\sigma_{Z_B}$!)

c) Bestimme die Druckbeanspruchung im Lochstempel in daN/cm² und N/mm²!

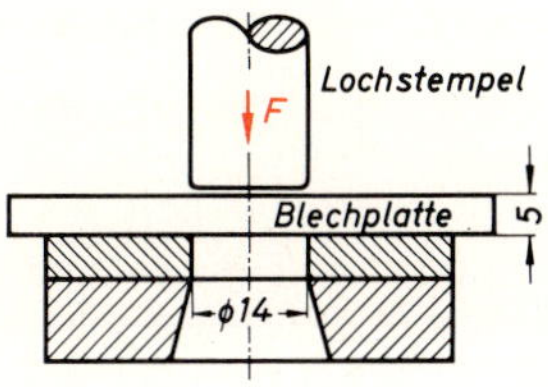

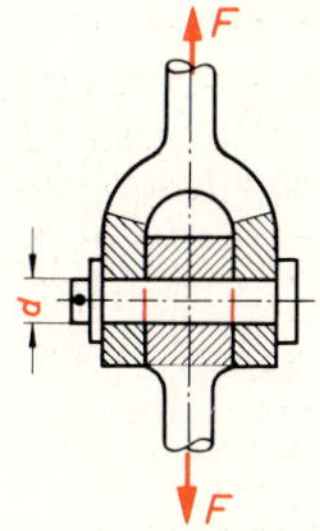

11.23 Die abgebildete Gabelverbindung mit einem Bolzen (50 daN/mm² Zugfestigkeit) wird mit 62,8 kN beansprucht.

a) Berechne τ_{zul} in N/mm² bei 4facher Sicherheit!

b) Wie groß muß der Bolzendurchmesser d in mm sein?

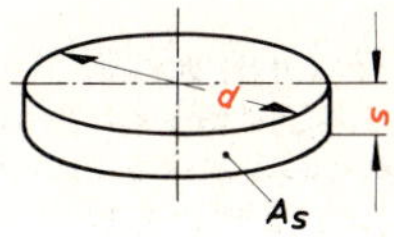

11.24 Aus einem Stahlblech mit 370 N/mm² Mindestzugfestigkeit ist eine Scheibe mit $d = 30$ mm und $s = 2$ mm auszuschneiden.

a) Berechne die Scherfläche A_S in mm²!

b) Wie groß ist die Scherkraft F in N?

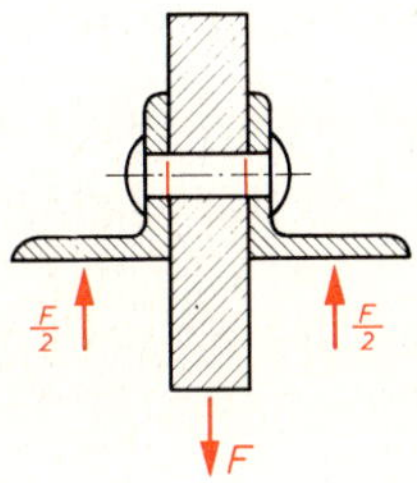

11.25 Zwei Winkelstähle sind mit einem Blech durch 10-mm-Niete verbunden. Berechne die Anzahl der Niete n, wenn eine Kraft $F = 5652$ daN wirkt und die zulässige Abscherspannung 900 daN/cm² beträgt!

12 Veranschaulichung von Zahlen

Flächenstreifen-, Flächen-, Kurven- und Sankeydiagramm

Erklärung

Das Wort „Diagramm" kommt aus der griechischen Sprache und bedeutet „Schaubild".

Der Zweck der Diagramme ist die zeichnerische (= graphische) Darstellung von Zahlenwerten, physikalischen Größen, Zahlenzusammenhängen und Zahlenveränderungen, die normalerweise schwer zu übersehen sind.

Bezeichnungen

Man unterscheidet verschiedene Arten von Diagrammen:

1. Flächenstreifendiagramm
2. Flächendiagramm
3. Kurvendiagramm
4. Sankeydiagramm (sprich: „Sänkeh")

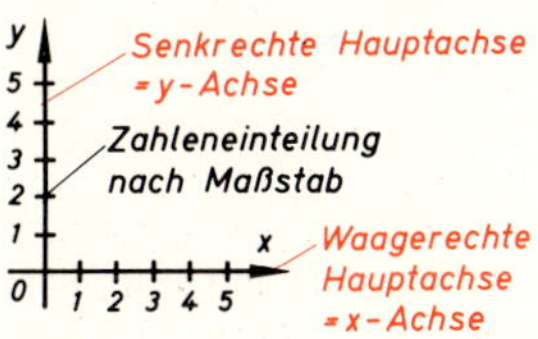

Achsenkreuz

Die Diagramme werden oft mit Hilfe des nebenstehenden Achsenkreuzes dargestellt. Am zweckmäßigsten geschieht dies auf Millimeterpapier.

Regel mit Beispiel

1. Flächenstreifendiagramm

a) Aufteilung eines Flächenstreifens:

Die Aufteilung des Flächenstreifens gibt die Zusammensetzung wieder.

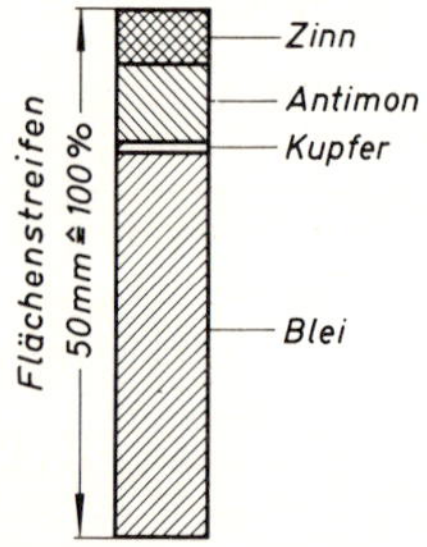

Maßstab:
1 % ≙ 0,5 mm

$P_b = 74\,\% \cdot 0{,}5 = 37{,}0$ mm
$C_u = 1\,\% \cdot 0{,}5 = 0{,}5$ mm
$S_b = 15\,\% \cdot 0{,}5 = 7{,}5$ mm
$S_n = 10\,\% \cdot 0{,}5 = 5{,}0$ mm

Weißmetall 10

Weißmetall 10 (Lg PbSn 10) besteht aus: 74% Pb, 1 % Cu, 15 % Sb und 10 % Sn. Stelle die Lagermetallzusammensetzung zeichnerisch auf Millimeterpapier dar!

Lösung:

1. Lagerwerkstoff = 100%
2. Festlegung des Maßstabes:
   50 mm ≙ 100% / 0,5 mm ≙ 1%
3. Errechnung der Zeichenmaße
4. Kennzeichnung durch Schraffur oder Farbe

b) Verschiedene Längen mehrerer Flächenstreifen

Die Länge der Flächenstreifen gibt die Zahl der Fahrzeuge wieder, die Aufteilung des einzelnen Streifens die Zahl der Pkw und Lkw.

In einer Gemeinde wurden an einem Stichtag folgende Fahrzeuge gezählt:

Jahr	Kfz	Pkw	Lkw
1968	82	62	20
1969	124	96	28
1970	185	150	35
1971	140	118	22
1972	150	125	25

Stelle die Fahrzeugstatistik graphisch auf Millimeterpapier dar!

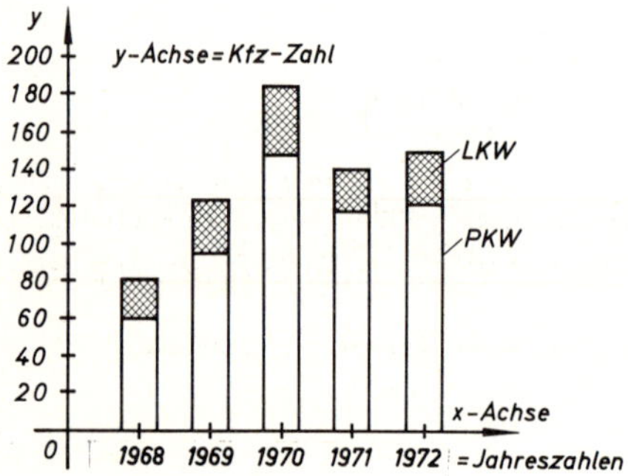

Kfz-Statistik einer Gemeinde

Lösung:

1. Festlegung des Maßstabes:
   5 mm ≙ 20 Kfz/0,25 mm ≙ 1 Kfz
2. Errechnung der Zeichenmaße:
   $82 \cdot 0{,}25 = 20{,}5$ mm
   $\left.\begin{array}{l} 62 \cdot 0{,}25 = 15{,}5 \text{ mm} \\ 20 \cdot 0{,}25 = 5{,}0 \text{ mm} \end{array}\right\} = 20{,}5 \text{ mm}$
   usw.
3. Eintragung der Werte in das Achsenkreuz!
4. Kennzeichnung durch Schraffur!

2. Flächendiagramm

a) Rechteck als Flächendiagramm

Die Größe des Rechteckes gibt die Größe der mechanischen Arbeit zeichnerisch wieder (siehe Abschnitt 4.3).

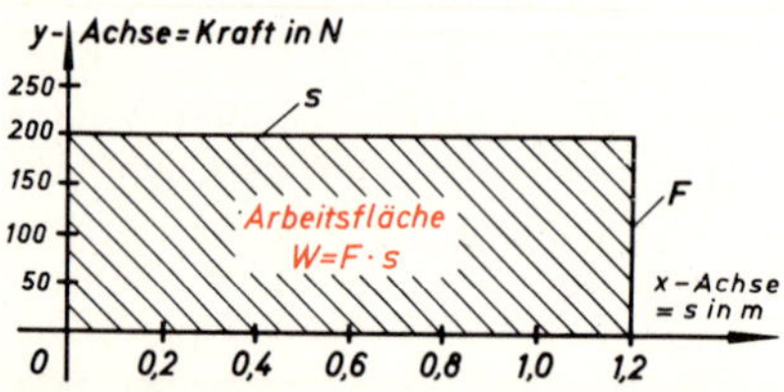

Arbeitsdiagramm

Eine Kiste, die eine Gewichtskraft von 200 N ausübt, wird 1,2 m hochgehoben.

a) Berechne die Arbeit!

b) Stelle sie zeichnerisch dar!

Lösung:

a) $W = F \cdot s = 200 \cdot 1{,}2 = 240$ Nm

b) 1. Festlegung des Maßstabes:
   s: 10 mm ≙ 0,2 m
   F: 1 mm ≙ 10 N
2. Abtragen der 200 N auf der y-Achse und Abtragung der 1,2 m auf der x-Achse!
3. Kennzeichnung der Arbeitsfläche durch Schraffur!

b) Kreis als Flächendiagramm

Der Kreis gibt das Größenverhältnis einzelner Teilgrößen zum Ganzen wieder.

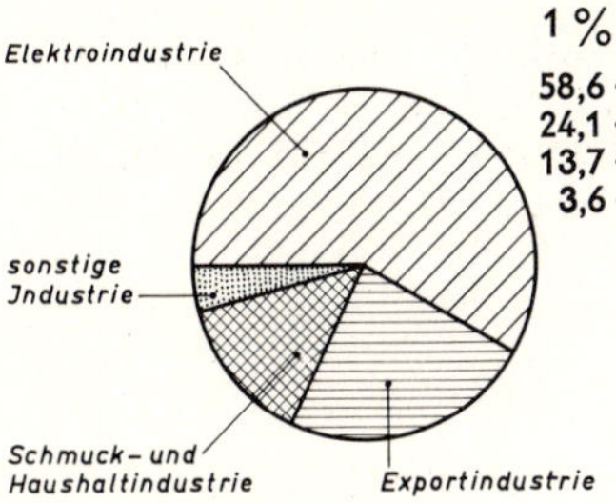

1 % ≙ 3,6°

58,6 · 3,6 = 210,96°
24,1 · 3,6 = 86,76°
13,7 · 3,6 = 49,32°
3,6 · 3,6 = 12,96°

Der Kupferverbrauch eines Jahres betrug 700000 t. Davon verbrauchten:

58,6 % die Elektroindustrie
24,1 % die Exportindustrie
13,7 % die Schmuck- und Haushaltindustrie
3,6 % die sonstige Industrie

Stelle den Kupferverbrauch graphisch dar!

Lösung:

1. Festlegung der Winkelgrade
   100% ≙ 360° / 1% ≙ 3,6°
2. Zeichnung des Kreises und Winkelgrade abtragen!
3. Kennzeichnung durch Schraffur!

3. Kurvendiagramm

Die Kurve gibt die Motorleistung in Abhängigkeit von der Motordrehzahl wieder.

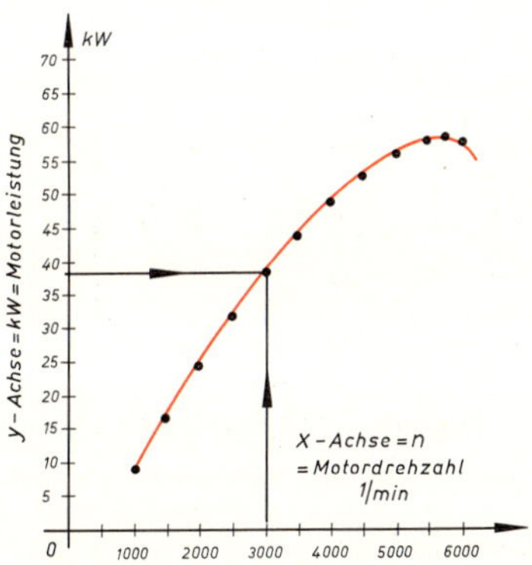

Leistungsdiagramm eines Motors

Leistungsmessungen auf einem Motorprüfstand ergaben für einen Motor folgende Werte:

1000 1/min = 9 kW	4000 1/min = 48 kW
1500 1/min = 16 kW	4500 1/min = 52 kW
2000 1/min = 24 kW	5000 1/min = 56 kW
2500 1/min = 31 kW	5500 1/min = 58 kW
3000 1/min = 38 kW	5700 1/min = 59 kW
3500 1/min = 43 kW	6000 1/min = 58 kW

Lösung:

1. Festlegung des Maßstabes:
   x-Achse: 1 mm ≙ 100 1/min
   y-Achse: 1 mm ≙ 1 kW
2. Einzelne Werte eintragen und durch Punkte kennzeichnen (siehe Beispiel x = 3000 1/min und y = 38 kW).
3. Punkte mit einem Kurvenlineal zu einer Kurve verbinden!

3. Punkte mit einem Kurvenlineal verbinden!

4. Sankeydiagramm

Der Stromfluß stellt die zugeführte Energie (Wärme) dar, die Abzweigungen die Aufspaltung in Verluste und Nutzarbeit.

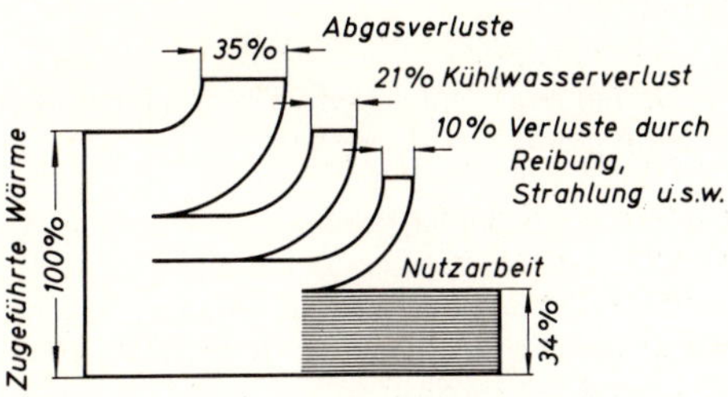

Wärmeenergie: Ausnutzung und Verluste

Die Kolbenkraftmaschinen setzen von der im Kraftstoff zugeführten und bei der Verbrennung in Wärme umgesetzten Energie nur etwa 30 % in Nutzarbeit um. Der Dieselmotor setzt z. B. nur 34 % in Nutzarbeit um. Der Rest geht verloren: 35 % Abgaswärmeverlust, 21 % Kühlwasserwärmeverlust, 10 % Verlust durch Reibung, Strahlung etc. Stelle die Wärmebilanz des Dieselmotors zeichnerisch dar!

Lösung:

1. Festlegung des Maßstabes:
   1 mm ≙ 2 % / 50 mm ≙ 100 %.
2. Eintragen der Werte in das Stromband!
3. Zeichnung der Abbiegungen!

Aufgaben

12.1 In einem bestimmten Erhebungszeitraum wurden 76,3% des gesamten importierten Rohöls durch Pipelines, 15% durch Binnentanker und 8,7% durch Kesselwagen transportiert. Stelle die Zahlenangaben durch Aufteilen eines Flächenstreifens zeichnerisch auf Millimeterpapier dar! (Maßstab: 40 mm ≙ 100%; Flächenstreifenbreite 10 mm)

12.2 Eine Untersuchung stellte fest, daß viele Facharbeiter ihren erlernten Beruf nicht mehr ausüben: Landwirte 65%, Kfz-Mechaniker 51%, Schneider 58%, Bäcker 62%, Friseure 36% und Stukkateure 20%. Stelle diese Zahlenangaben durch mehrere Flächenstreifen auf Millimeterpapier dar!
(1 mm ≙ 2%; Flächenstreifenbreite 5 mm)

12.3 Ein Lastenstapler hebt einen Motor 2,5 m hoch und vollbringt dabei eine Arbeit von 1900 Nm.

a) Wie groß ist die Kraft, die auf den Motor wirkt?
b) Wie groß ist die Masse (Gewicht) des Motors?
c) Stelle die Arbeit zeichnerisch dar!
(1 mm ≙ 10 N; 0,5 m ≙ 10 mm).

12.4 Die Überprüfung von 50 000 Kraftfahrzeugen hat ergeben, daß bei 44% die Beleuchtung in Ordnung war. 27% der Fahrzeuge hatten zu tief, 18% zu hoch eingestellte Scheinwerfer. Bei 11% war die Beleuchtung ganz oder teilweise ausgefallen.

a) Berechne die Zahl der Fahrzeuge, die den Prozentzahlen entsprechen!
b) Stelle die Zahlenwerte durch ein kreisförmiges Flächendiagramm dar!

12.5 Der Kraftstoffverbrauch eines Kraftfahrzeuges ist abhängig von seiner Geschwindigkeit *v* und wird in Liter pro 100 km angegeben. Der Kraftstoffverbrauch eines Motors wird in g/kWh gemessen. Stelle die Kraftstoffverbrauchskurve für folgende Werte zeichnerisch dar!

a)

50 km/h:	Verbrauch	5,5 l/100 km	
60	,,	5,6	,,
70	,,	5,8	,,
80	,,	6,1	,,
90	,,	6,4	,,
100	,,	7,0	,,
110	,,	7,9	,,
120	,,	9,0	,,
130	,,	10,4	,,
140	,,	11,8	,,
150	,,	13,2	,,

(1 cm ≙ 10 km/h; 1 cm ≙ 1 l/100 km)

b)

1000 1/min:	Verbrauch	345 g/kWh	
1500	,,	337	,,
2000	,,	329	,,
2500	,,	321	,,
3000	,,	315	,,
3500	,,	313	,,
4000	,,	314	,,
4500	,,	318	,,
5000	,,	324	,,
5500	,,	333	,,
6000	,,	343	,,

(500 1/min ≙ 10 mm; 10 mm ≙ 10 g/kWh)

12.6 Ein Otto-Motor setzt bei der Verbrennung des Kraftstoffes nur 29% der zugeführten Energie in Nutzarbeit um. Es entstehen 36% Abgasverluste, 26% Kühlwasserverluste und 9% Reibungs- und Strahlungsverluste. Zeichne das Sankey-Diagramm! (100% = 50 mm)

13.1 Einfache Maschinen — Hebel

Erklärung

Als einfache Maschinen bezeichnet man Hebel, Rolle (Flaschenzug) und schiefe Ebene (Schraube, Keil). Mit ihrer Hilfe kann man mit einer kleinen Kraft eine große Last bewegen.

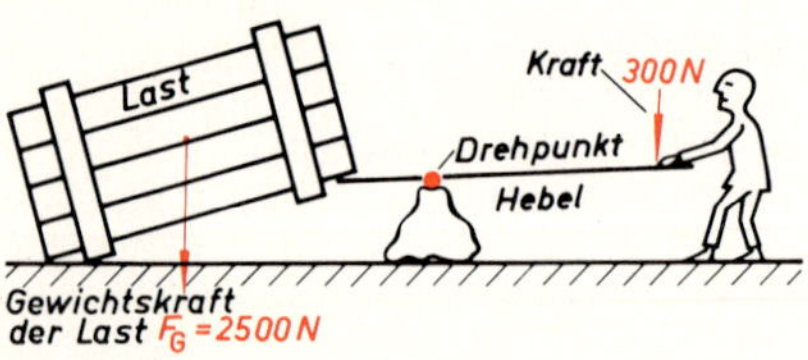

Der Hebel ist ein starrer, um seine Achse drehbarer Körper, an dem Kräfte wirksam werden.

Auf der Hebelwirkung beruhen Brechstange, Schere, Zange, Schraubenschlüssel usw.

m

Bezeichnungen

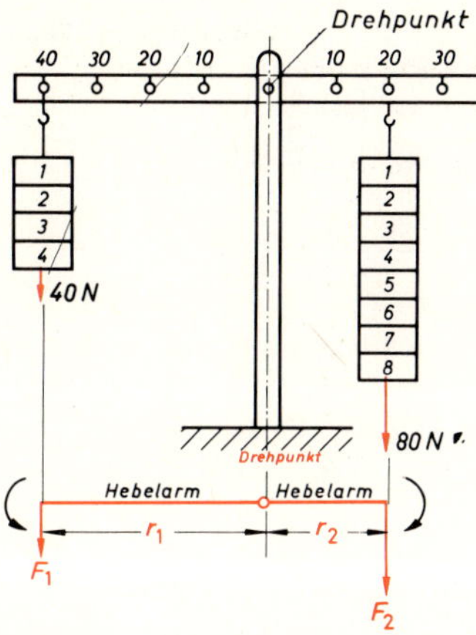

Es herrscht Gleichgewicht, wenn:

Produkt aus Kraft F_1 × Hebelarm r_1 = Produkt aus Kraft F_2 × Hebelarm r_2

linksdrehendes Moment M_1 (40 · 40) negativ = rechtsdrehendes Moment M_2 (80 · 20) positiv

a) Am Hebel unterscheidet man:

1. Drehpunkt
2. Angriffspunkt der Kraft F_1 [N]
3. Angriffspunkt der Kraft F_2 [N]
4. Drehrichtung der Kraft F_1 und F_2
5. Hebelarm r_1 vom Angriffspunkt der Kraft F_1 bis zum Drehpunkt [m, dm, cm, mm]
6. Hebelarm r_2 vom Angriffspunkt der Kraft F_2 bis zum Drehpunkt [m, dm, cm, mm]
7. Moment M ist das Produkt aus Kraft mal Hebelarm [N · m = Nm = Newtonmeter].

Bisweilen wird r_1 und r_2 auch mit l_1 und l_2 bezeichnet.

Am Hebel gibt es linksdrehende und rechtsdrehende Momente. Sie werden mit Indices (= Tiefzahlen) bezeichnet. Der gebogene Pfeil gibt die Drehrichtung an.

(Siehe auch Abschnitt 19.4 Drehmoment!)

b) Die verschiedenen Hebelarten:

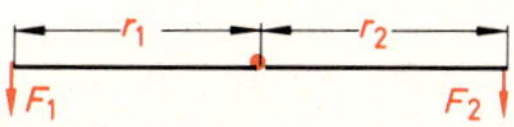

zweiseitiger Hebel (gleicharmig)

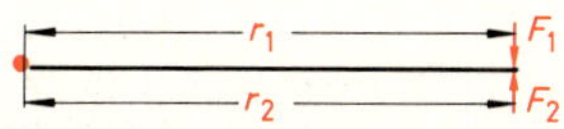

einseitiger Hebel (gleicharmig)

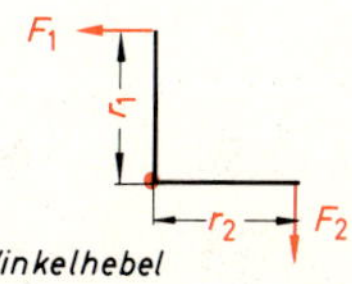

Winkelhebel

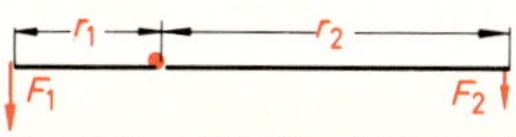

zweiseitiger Hebel (ungleicharmig)

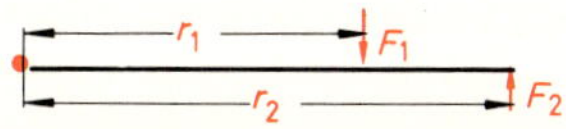

einseitiger Hebel (ungleicharmig)

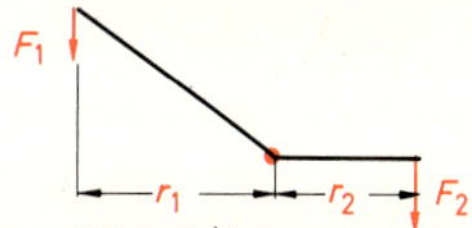

Winkelhebel

c) Die Hebelübersetzung:

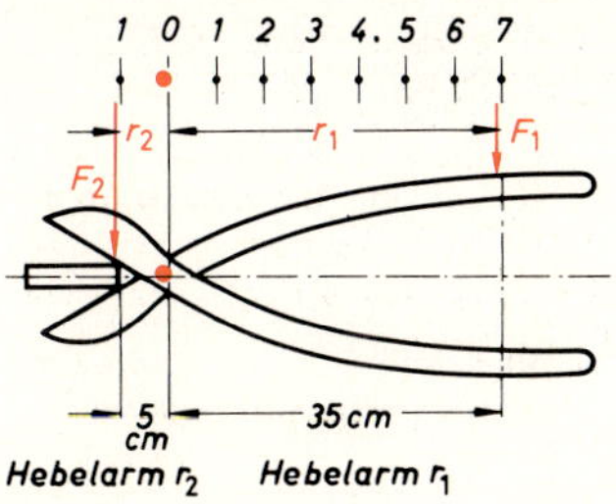

Die Hebelübersetzung gibt an, wievielmal die Kraft F_1 durch die Hebelwirkung verstärkt (übersetzt) wird.

Zum Beispiel: $i = \frac{1}{7} = 1:7$

Formel mit Beispiel

1. Gleichgewicht am Hebel:

Kraft F_1 × Hebelarm = Kraft F_2 × Hebelarm
linksdrehendes Moment = rechtsdrehendes Moment
Drehmoment der Kraft F_1 = Drehmoment der Kraft F_2

$$F_1 \cdot r_1 = F_2 \cdot r_2$$
$$\overset{\frown}{M_1} = \overset{\frown}{M_2}$$

Oft wird diese Formel statt mit r_1 und r_2 auch mit a und b geschrieben:

$$F_1 \cdot a = F_2 \cdot b$$

1. An einem Hebel sind gegeben:
$F_1 = 100$ N, $F_2 = 150$ N, $r_1 = 1{,}8$ m
Berechne: a) r_2 b) M_1 und M_2!

a) $r_2 = \dfrac{F_1 \cdot r_1}{F_2} = \dfrac{100 \cdot 1{,}8}{150} = \underline{1{,}2 \text{ m}}$

b) $\overset{\frown}{M_1} = F_1 \cdot r_1 = 100 \cdot 1{,}8 = \underline{180 \text{ Nm}}$

$\overset{\frown}{M_2} = F_2 \cdot r_2 = 150 \cdot 1{,}2 = \underline{180 \text{ Nm}}$

2. Hebelübersetzung:

$$\text{Hebelübersetzung} = \frac{\text{Hebelarm } r_2}{\text{Hebelarm } r_1} = \frac{\text{Kraft } F_2}{\text{Kraft } F_1}$$

$$i = \frac{r_2}{r_1} = \frac{F_1}{F_2}$$

2. Berechne das Übersetzungsverhältnis des berechneten Hebels!

$i = \dfrac{r_2}{r_1} = \dfrac{1{,}2}{1{,}8} = \dfrac{1}{1{,}8 : 1{,}2} = \dfrac{1}{1{,}5} = \underline{1 : 1{,}5}$

$i = \dfrac{F_1}{F_2} = \dfrac{10}{15} = \dfrac{1}{15 : 10} = \dfrac{1}{1{,}5} = \underline{1 : 1{,}5}$

Anmerkung

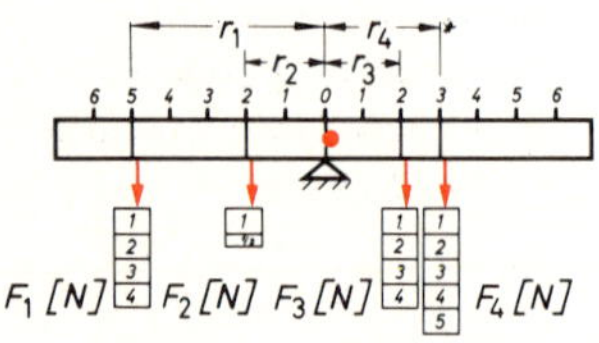

$$4 \cdot 5 + 1\tfrac{1}{2} \cdot 2 = 4 \cdot 2 + 5 \cdot 3$$
$$23 \text{ Nm} = 23 \text{ Nm}$$

An einem Hebel können auch mehr als zwei Kräfte angreifen. Dabei gilt:

Es herrscht Gleichgewicht, wenn die Summe aller linksdrehenden Momente gleich der Summe aller rechtsdrehenden Momente ist:

$$F_1 \cdot r_1 + F_2 \cdot r_2 = F_3 \cdot r_3 + F_4 \cdot r_4$$
$$\overset{\frown}{M_1} + \overset{\frown}{M_2} = \overset{\frown}{M_3} + \overset{\frown}{M_4}$$

Aufgaben

13.1 Stelle das Hebelgesetz $F_1 \cdot r_1 = F_2 \cdot r_2$ nach F_1, r_1, F_2 und r_2 um!

13.2 Stelle folgende Formeln um:

a) $i = \dfrac{r_2}{r_1}$ nach r_1 und r_2!

b) $i = \dfrac{F_1}{F_2}$ nach F_1 und F_2!

13.3

Aufgabe	a)	b)	c)	d)	e)
F_1 in daN	?	15	6,6	32	?
r_1	6,5 m	?	3 cm	125 mm	37,26 dm
F_2 in daN	26	24	?	80	230
r_2	0,5 m	30 mm	9 cm	?	16,2 dm
i	?	?	?	?	?

Aufgabe	f)	g)	h)	i)
F_1 in daN	38,1	?	20	?
r_1	200 mm	?	28,35 cm	$3\frac{1}{8}$ m
F_2 in daN	?	108,2	?	$30\frac{1}{5}$
r_2	?	224 mm	?	?
i	3 : 1	2,8 : 1	1 : 3,5	1 : 5

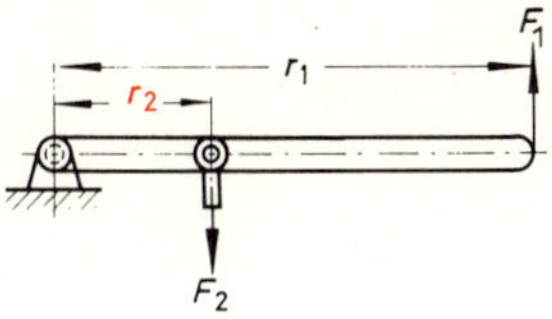

13.4 $F_1 = 200$ N, $r_1 = 210$ mm, $F_2 = 1400$ N
Berechne r_2 und i des einseitigen Hebels!

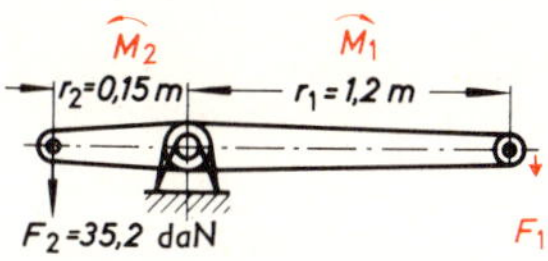

13.5

a) Wie groß muß F_1 sein, damit am Hebel Gleichgewicht herrscht?
b) Berechne das rechtsdrehende und das linksdrehende Moment!
c) Wie groß ist die Hebelübersetzung i?

13.6 Berechne die fehlenden Werte der abgebildeten Winkelhebel!

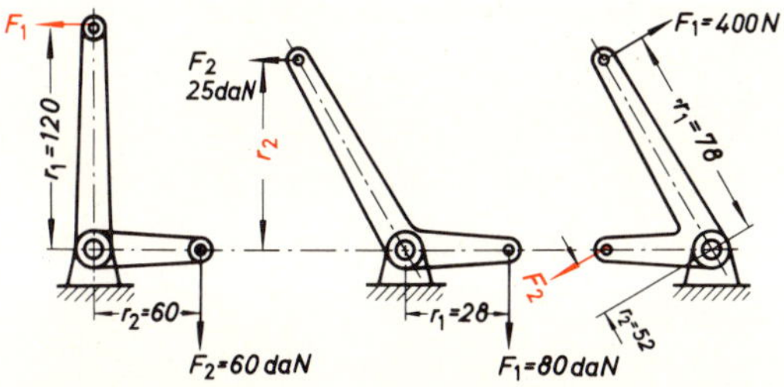

Beachte: Die rechnerische Hebelarmlänge ist die senkrechte Entfernung von der Angriffsrichtung der Kraft bis zum Drehpunkt!

13.7 Berechne:
a) das rechtsdrehende Moment in Nm!
b) das linksdrehende Moment in Nm!

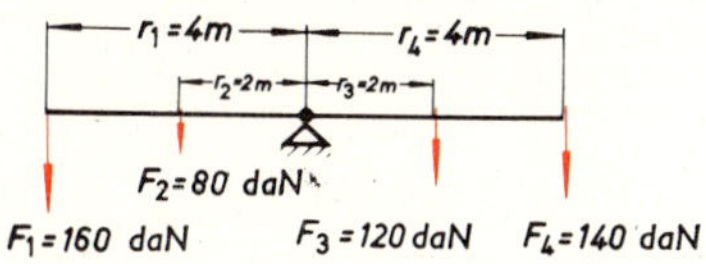

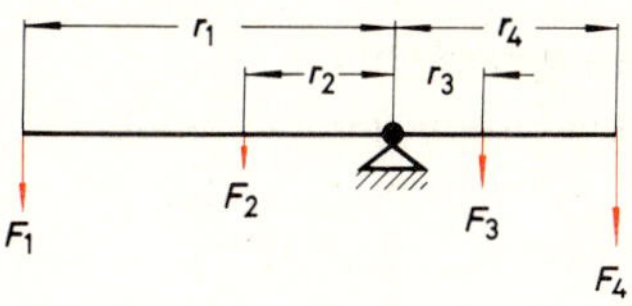

13.8 $F_1 = 99$ daN
$F_2 = 36$ daN
$F_3 = 90$ daN
$r_1 = 50$ cm
$r_2 = 20$ cm
$r_3 = 12$ cm
$r_4 = 30$ cm
Berechne F_4 in N und daN!

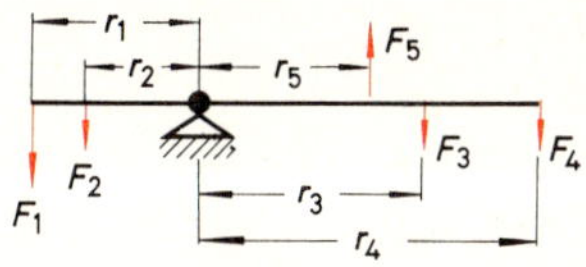

13.9 $F_1 = 120$ daN
$F_2 = 40$ daN
$F_4 = 68$ daN
$F_5 = 90$ daN
$r_1 = 2{,}5$ m
$r_2 = 1{,}5$ m
$r_3 = 3{,}5$ m
$r_4 = 5$ m
$r_5 = 2{,}5$ m
Berechne F_3 in N und daN!

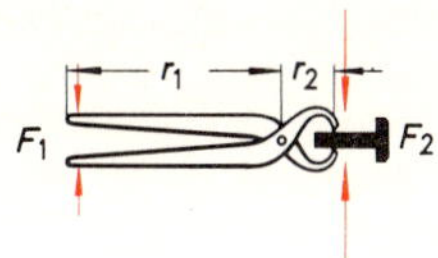

13.10 Wie groß ist die Schneidkraft einer Zange, wenn die Handkraft 90 N an einem Hebelarm von 380 mm einwirkt und der zweite Hebelarm 36 mm lang ist?

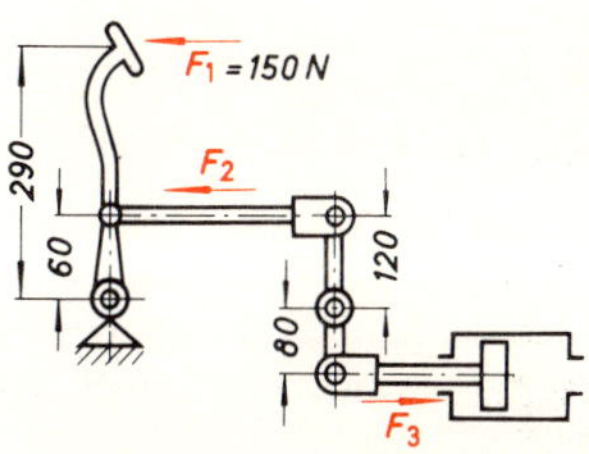

13.11 a) Berechne die Kraft, die am Hauptbremszylinder einer Bremsanlage wirksam wird, wenn die Fußkraft $F_1 = 150$ N beträgt!

b) Wie groß ist das Übersetzungsverhältnis zwischen der Fußkraft F_1 und der Kolbenkraft F_3 des Hauptbremszylinders?

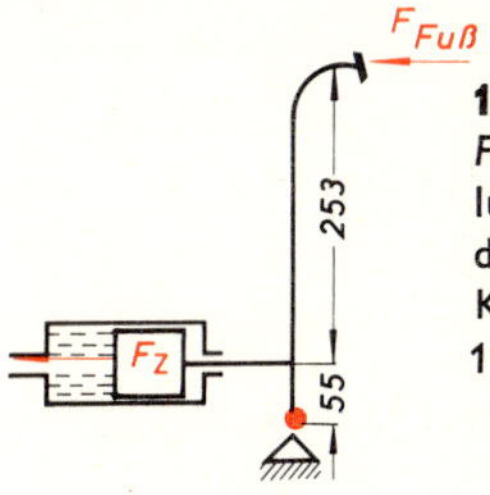

13.12 Die Fußkraft $F_{Fuß}$ auf den Kupplungshebel einer hydraulisch betätigten Kupplung beträgt 150 N.

a) Wie groß ist die Kraft F_2 am Kupplungsnehmerzylinder, wenn das Fußhebelwerk die Abmessungen lt. Zeichnung hat?

b) Wie groß ist das Hebelverhältnis?

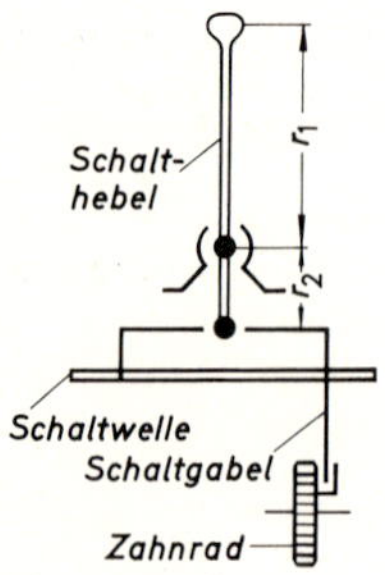

13.13 Berechne bei einem Pkw mit Knüppelschaltung die Schaltkraft F_S, mit der der Schalthebel die Schaltgabel und das Gangzahnrad eines Getriebes bewegt!

Die Handkraft F_H ist 50 N, $r_1 = 36$ cm und $r_2 = 8$ cm.

13.14 Eine Knüppelschaltung hat einen Hebelarm $r_1 = 287$ mm (300 mm), $r_2 = 35$ mm (40 mm). Welche Handkraft muß aufgebracht werden, damit an der Schaltgabel 82 daN (90 daN) wirksam werden? (siehe Zeichnung Aufg. 13.13!)

13.15 An einem Handbremshebel wirkt eine Handkraft $F_1 = 120$ (130) N. Die Hebelarme sind $r_1 = 490$ (480) mm und $r_2 = 70$ (80)mm.

a) Fertige eine Skizze für die Aufgabe!

b) Bestimme F_2 im Bremsseil!

c) Berechne die Hebelübersetzung i!

13.2 Einfache Maschinen

Auflagerkräfte
Achslasten und Achskräfte

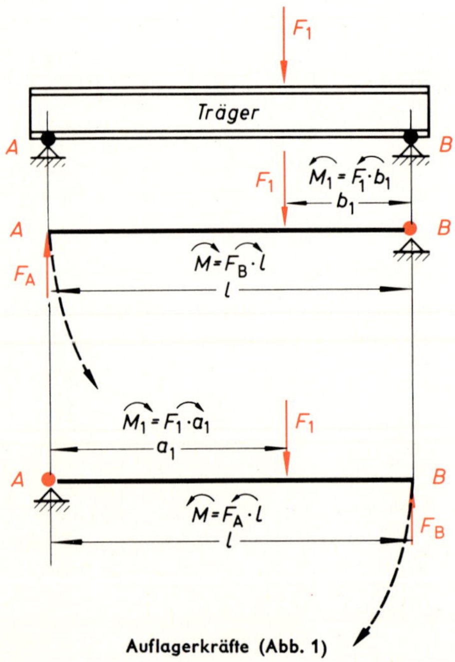

Auflagerkräfte (Abb. 1)

Erklärung

1. Auflagerkräfte

Ein Träger liegt an den Stellen A und B auf. Eine Kraft $F_1 = 9000$ N wirkt auf ihn. Das Eigengewicht des Trägers bleibt unberücksichtigt!

Nimmt man das Auflager A weg und lagert den Träger gleichzeitig in B drehbar, so fällt er herunter.

Das gleiche würde geschehen, wenn man das Auflager B wegnehmen und den Träger gleichzeitig in A drehbar lagern würde.

Damit der Träger in den Auflagestellen A und B nicht herunterfällt, müssen Kräfte ihn stützen. Diese Kräfte nennt man Auflagerkräfte. Die Auflagerkräfte müssen zusammen so groß sein wie die auf den Träger wirkenden Kräfte.

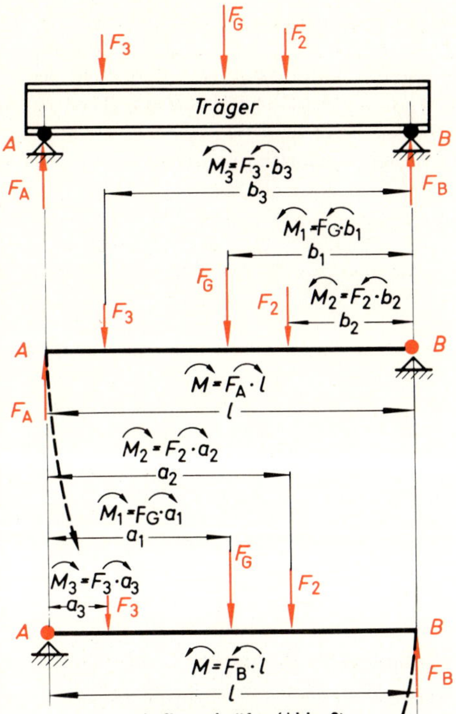

Auflagerkräfte (Abb. 2)

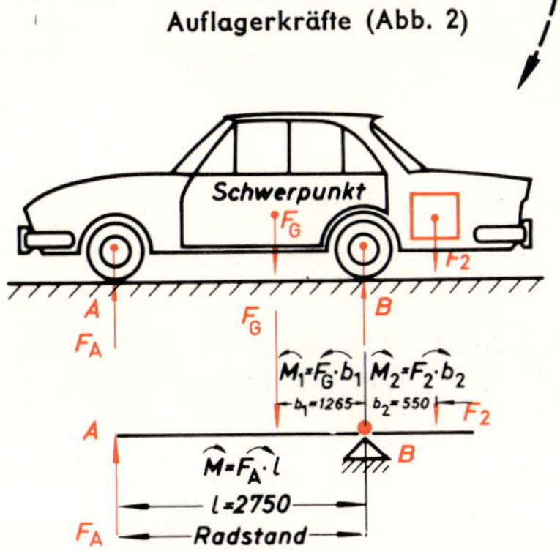

Achskräfte (Abb. 3)

Die Berechnung der Auflagerkräfte erfolgt mit Hilfe des Hebelgesetzes:

Der Träger stellt in beiden Fällen einen einseitigen Hebel dar. Es entstehen linksdrehende und rechtsdrehende Momente (= Drehmomente).

Greifen mehrere Kräfte (F_G, F_2, $F_3 \ldots$) an einem Träger an, so werden die Auflagerkräfte ebenfalls mit dem Hebelgesetz berechnet (siehe Abb.):

Am Hebel herrscht Gleichgewicht, wenn die Summe aller linksdrehenden Momente gleich der Summe aller rechtsdrehenden Momente ist:

$$M_1 + M_2 = M_3 + M_4$$

Aus dem Eigengewicht G ($\triangleq$ m) des Trägers muß nach der Formel $F_G = m \cdot g$ seine Gewichtskraft F_G berechnet werden. (Siehe auch Abschnitt 4.3 und 9!)

2. Achslasten und Achskräfte

Ein Personenwagen hat ein Leergewicht (Eigengewicht oder Fahrzeuggewicht) von $G = 1509$ kg. Außerdem befindet sich im Kofferraum eine Zuladung von $G = 126$ kg, so daß sein Gesamtgewicht 1635 kg beträgt.

Das Gesamtgewicht belastet die Vorder- und Hinterachse und drückt mit seiner Gewichtskraft die Räder auf die Fahrbahn.

Die Achslast ist der Teil des Gesamtgewichtes eines Fahrzeuges, der von der Fahrzeugachse getragen wird.

Die Achskraft ist der Teil der Gewichtskraft (hervorgerufen durch die Achslast), der von der Fahrzeugachse auf die Straße ausgeübt wird.

Die Berechnung der Achskräfte erfolgt wie bei den Auflagerkräften:

Das Fahrzeug stellt man sich als Träger auf zwei Stützen vor, an dem, genau wie bei einem Träger, die Kräfte wirken. Die nach dem Hebelgesetz berechneten Auflagerkräfte sind die Achskräfte. Aus dem Eigengewicht und der Zuladung werden nach der Formel $F_G = m \cdot g$ die Gewichtskraft ausgerechnet.

Bezeichnungen

A, B = Auflagerstelle, Lagerstelle, Achsstelle
F_A, F_B = Auflagerkraft, Lagerkraft, Achskraft
F_{ges} = Gesamtkraft [N]
$G = m$ = Leergewicht (Eigengewicht oder Fahrzeuggewicht) [kg]
G_{ges} = Gesamtgewicht des Fahrzeuges (Leergewicht + Zuladung) [kg]
F_G = Gewichtskraft [N]
l = Abstand der Auflagerstellen [m, dm, cm, mm]

$F_1, F_2, F_3 \ldots$ = Kräfte [N]
$a_1, a_2, a_3 \ldots$ = Hebelarme [m, dm ...]
$b_1, b_2, b_3 \ldots$ = Hebelarme [m, dm ...]
$g = 9{,}81\ \mathrm{m/s^2}$ Erdbeschleunigung

Formel mit Beispiel

1. Auflagerkräfte

Die Auflagerkräfte F_A oder F_B werden berechnet, indem man die Lagerstelle A oder B als Drehpunkt eines Hebels annimmt, an dem die Hebelkräfte ($F_G, F_1, F_2, F_3 \ldots$) und F_A oder F_B wirken und mit den Hebelarmen Momente (= Drehmomente) ergeben.

Hebelgesetz: $F_A \cdot l = F_1 \cdot b_1$ und $F_B \cdot l = F_1 \cdot a_1$

$$F_A = \frac{F_1 \cdot b_1}{l} \text{ [N]}$$

und:

$$F_B = \frac{F_1 \cdot a_1}{l} \text{ [N]}$$

Man braucht F_B nicht mehr über diese Formel auszurechnen, sondern zieht F_A von der Gesamtbelastung des Trägers ab, da die Gesamtbelastung gleich der Summe der Auflagerkräfte ist:

$$F_{ges} = F_A + F_B \text{ [N]}$$

Hebelgesetz: $F_A \cdot l = F_G \cdot b_1 + F_2 \cdot b_2 + F_3 \cdot b_3$
$F_B \cdot l = F_G \cdot a_1 + F_2 \cdot a_2 + F_3 \cdot a_3$

$$F_A = \frac{F_G \cdot b_1 + F_2 \cdot b_2 + F_3 \cdot b_3}{l} \text{ [N]}$$

und

$$F_B = \frac{F_G \cdot a_1 + F_2 \cdot a_2 + F_3 \cdot a_3}{l} \text{ [N]}$$

Gesamtbelastung = Summe beider Auflagerkräfte

$$F_{ges} = F_G + F_2 + F_3 \ldots = F_A + F_B \text{ [N]}$$

Beachte: Um das Trägergewicht zu berücksichtigen, denkt man sich das Eigengewicht in der Mitte mit seiner Gewichtskraft angreifend.

Berechnung von F_A (1. Abb.):

$F_1 = 9000$ N, $l = 1800$ mm, $b_1 = 600$ mm

$$F_A = \frac{F_1 \cdot b_1}{l} = \frac{9000 \cdot 600}{1800} = \underline{3000 \text{ N}}$$

Berechnung von F_B (1. Abb.):

$F_1 = 9000$ N, $l = 1800$ mm, $a_1 = 1200$ mm

$$F_B = \frac{F_1 \cdot a_1}{l} = \frac{9000 \cdot 1200}{1800} = \underline{6000 \text{ N}}$$

oder einfacher:

$F_{ges} = F_A + F_B$

$F_B = F_{ges} - F_A = 9000 - 3000 = \underline{6000 \text{ N}}$

Berechnung von F_A (2. Abb.):

$F_G = 2000$ N, $F_2 = 1000$ N, $F_3 = 800$ N, $l = 1800$ mm
$b_1 = 900$ mm, $b_2 = 600$ mm, $b_3 = 1500$ mm

$$F_A = \frac{F_G \cdot b_1 + F_2 \cdot b_2 + F_3 \cdot b_3}{l}$$

$$F_A = \frac{2000 \cdot 900 + 1000 \cdot 600 + 800 \cdot 1500}{1800} = \underline{2000 \text{ N}}$$

Berechnung von F_B (2. Abb.):

$F_G = 2000$ N, $F_2 = 1000$ N, $F_3 = 800$ N, $l = 1800$ mm
$a_1 = 900$ mm, $a_2 = 1200$ mm, $a_3 = 300$ mm

$$F_B = \frac{F_G \cdot a_1 + F_2 \cdot a_2 + F_3 \cdot a_3}{l}$$

$$F_B = \frac{2000 \cdot 900 + 1000 \cdot 1200 + 800 \cdot 300}{1800} = \underline{1800 \text{ N}}$$

oder einfacher:

$F_{ges} = F_A + F_B$

$F_B = F_{ges} - F_A = 3800 - 2000 = \underline{1800 \text{ N}}$

2. Achslasten und Achskräfte

Die Achskräfte F_A oder F_B werden berechnet, indem man die Fahrzeugachse A oder B als Drehpunkt eines Hebels annimmt, an dem die Hebelkräfte (F_G, F_2, F_3...) und F_A oder F_B wirken und mit den Hebelarmen Momente (Drehmomente) ergeben.

Hebelgesetz: $F_A \cdot l + F_2 \cdot b_2 = F_G \cdot b_1$

$$F_A = \frac{F_G \cdot b_1 - F_2 \cdot b_2}{l} \; [\text{N}]$$

Gesamtbelastung = Summe beider Achslasten

$$F_{ges} = F_G + F_2 + F_3 \ldots = F_A + F_B \; [\text{N}]$$

Beachte: Das Leergewicht des Fahrzeuges wird mit seiner Gewichtskraft im Schwerpunkt berücksichtigt.

Berechne die Achskraft F_A der Vorderachse und die Achskraft F_B der Hinterachse des abgebildeten Pkws (Abb. 3)!

F_G des Fahrzeuggewichtes $= 1509 \cdot 9{,}81 \approx \underline{14\,800 \text{ N}}$

F_2 der Zuladung $= 126 \cdot 9{,}81 \approx 1240$ N

$$F_A = \frac{F_G \cdot b_1 - F_2 \cdot b_2}{l} = \frac{14\,800 \cdot 1265 - 1240 \cdot 550}{2750}$$

$F_A = \underline{6560 \text{ N}}$

$F_B = F_{ges} - F_A = 16\,040 - 6560 = \underline{9480 \text{ N}}$

Anmerkung

Die Auflägerkräfte treten nicht nur bei Trägern und Fahrzeugen auf, sondern auch bei Wellen und Achsen. Man nennt sie **Lagerkräfte.** Sie müssen für die Festlegung der Lagerabmessungen berechnet werden.

Aufgaben

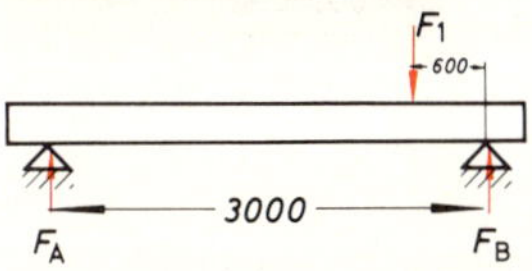

13.16 Der abgebildete Träger hat eine Länge von 3000 mm. Eine Kraft $F_1 = 1600$ N belastet ihn.

a) Bilde die Momentengleichung in allgemeinen und bestimmten Zahlen!

b) Berechne F_A und F_B in N!

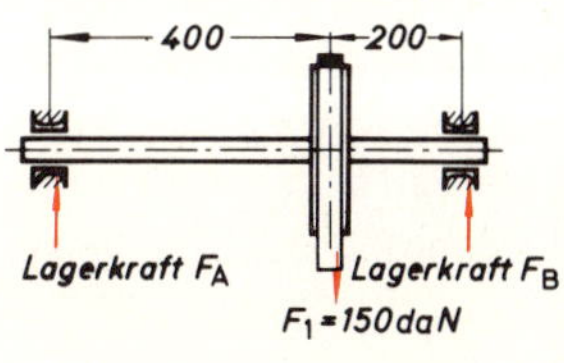

13.17 Auf einer gelagerten Welle sitzt eine Riemenscheibe eines Riementriebes. Der senkrechte Zug des Treibriemens belastet die Welle mit 150 daN. Berechne die Lagerkräfte F_A und F_B in daN und kN!

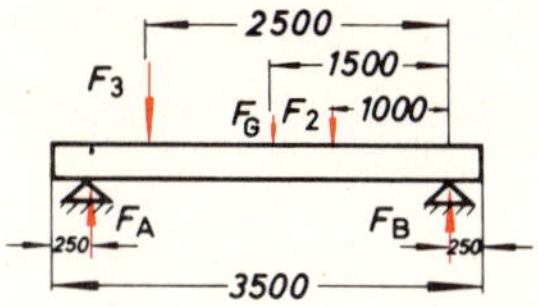

13.18 Der nebenstehende U-Stahlträger hat ein Eigengewicht von 50 kg. Die wirkenden Kräfte betragen $F_2 = 81$ daN und $F_3 = 1200$ N.

a) Stelle die Momentengleichung in allgemeinen und bestimmten Zahlen auf!

b) Berechne F_A und F_B in N!

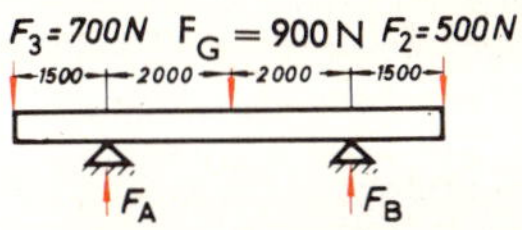

13.19 Der Stahlträger wird entsprechend der Abbildung belastet.

a) Stelle die Momentengleichung in allgemeinen und bestimmten Zahlen auf!

b) Ermittle F_A und F_B in N und kN!

c) Prüfe nach, ob Gleichgewicht herrscht!

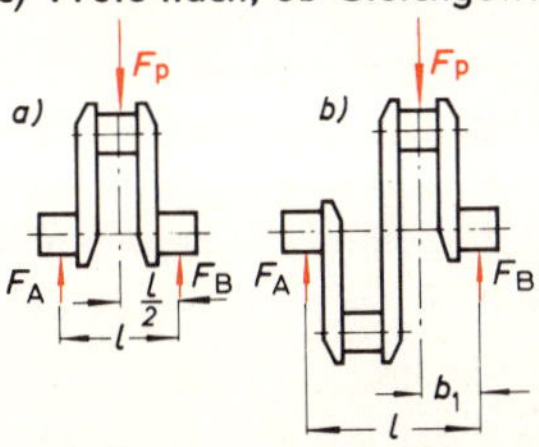

13.20 Durch die Verbrennung des Kraftstoff-Luftgemisches entsteht eine Pleuelstangenkraft $F_P = 1500$ daN, die auf den Kurbelzapfen einer Kurbelwelle wirkt.

a) Berechne die Lagerkräfte F_A und F_B, wenn $l = 120$ mm ist (linkes Bild)!

b) Bestimme die Lagerkräfte F_A und F_B, wenn $l = 180$ mm und $b_1 = 60$ mm ist (rechtes Bild)!

13.21 Ein Kraftfahrzeug hat ein Leergewicht von 950 kg und wird bis zum zulässigen Gesamtgewicht von 1270 kg belastet (siehe Abb.!)

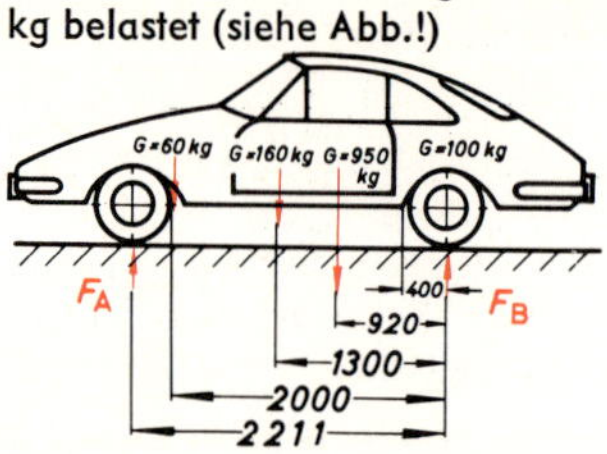

a) Berechne die zugehörigen Gewichtskräfte in N!

b) Wie groß ist die Achskraft F_A vorne?

c) Wie groß ist die Achskraft F_B hinten?

d) Berechne die Radkraft vorne und hinten bei Geradeausfahrt!

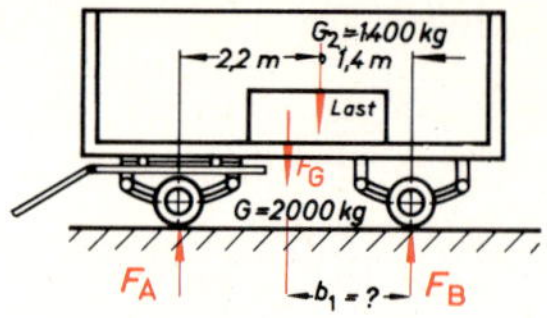

13.22 Ein Anhänger hat eine Last von 1400 kg geladen. Sein Leergewicht beträgt 2000 kg, seine Achslast hinten 1800 kg.

a) Wie groß ist F_A?

b) Wieviel m ist der Schwerpunkt des Anhängers von der Hinterachse entfernt?

13.23 Der Schwerpunkt eines Kraftfahrzeuges liegt 1,2 m hinter der Vorderachse. Der Radstand des Fahrzeugs ist 2,6 m.

Berechne für ein Fahrzeuggewicht von 1080 kg die Achslasten F_A und F_B!

13.3 Einfache Maschinen — Schiefe Ebene

Erklärung

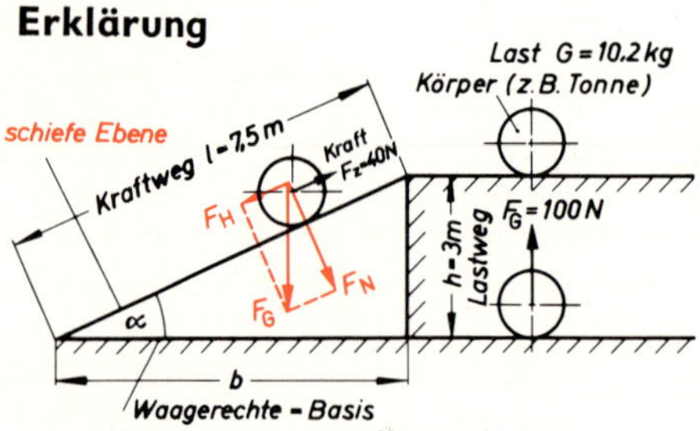

Die schiefe Ebene zählt auch zu den einfachen Maschinen, mit denen man nach der goldenen Regel der Mechanik Kraft auf Kosten des Weges sparen kann.

Jede geneigte Fläche ist eine schiefe Ebene.

Beim unmittelbaren Hochheben eines Körpers (z. B. Tonne) muß die ganze Gewichtskraft überwunden werden, während auf der schiefen Ebene nur die Kraft überwunden zu werden braucht, die den Körper nach unten zieht ($F_H = F_Z = 40$ N bei Vernachlässigung der Reibung).

Eine kurze Betrachtung der Abbildung zeigt: Befindet sich ein Körper (z. B. eine Tonne) auf einer schiefen Ebene, so sind zwei Kräfte wirksam:

1. Hangabtriebskraft F_H (die Tonne will herunterrollen)
2. Normalkraft F_N (die Tonne drückt auf ihre Unterlage und verursacht Reibung, die hier außer acht gelassen werden soll)

Das Gewicht des Körpers (Tonne) ist die Ursache dieser beiden Kräfte. Die Erdanziehung übt auf die Tonne eine Kraft aus (Gewichtskraft F_G). Dadurch drückt sie auf ihre Unterlage (F_N) und will die schiefe Ebene hinunterrollen (F_H).

Hangabtriebskraft, Normalkraft und Gewichtskraft bilden an der schiefen Ebene das Kräfteparallelogramm. Die Gewichtskraft ist die Resultierende des Kräfteparallelogramms.

(Vergleiche Abschnitt 10.)

Bezeichnungen

F_Z = Zugkraft [N]
F_H = Hangabtriebskraft [N]
b = Basis der schiefen Ebene (Waagerechte)
h = Höhe der schiefen Ebene (Lastweg)
$m = G$ = Gewicht (Masse) des Körpers [kg]

F_N = Normalkraft [N]
F_G = Gewichtskraft [N]
l = Länge der schiefen Ebene (Kraftweg)
α = Neigungswinkel [°].

In diesem Abschnitt werden die Reibungskräfte nicht berücksichtigt.

Formel mit Beispiel

1. Berechnung der Zugkraft

F_H ($\approx F_Z$) ist abhängig von:
1. Gewichtskraft
2. Verhältnis von h zu l (Neigung)

Also: Hangabtriebskraft (≈ Zugkraft) = $\frac{\text{Gewichtskraft} \cdot \text{Lastweg}}{\text{Kraftweg}}$

$$F_Z \approx F_H = \frac{F_G \cdot h}{l} \text{ [N]}$$

Daraus ergibt sich durch Formelumstellung:

$$\frac{F_Z}{F_G} = \frac{h}{l}$$

In Worten: Auf der schiefen Ebene verhalten sich die Kräfte umgekehrt wie die Wege.

Durch Multiplizieren erhält man die goldene Regel der Mechanik:
Kraft · Kraftweg = Last · Lastweg

$$F_Z \cdot l = F_G \cdot h$$

a) Berechne die Hangabtriebskraft (Zugkraft) der schiefen Ebene (vgl. Abb. Seite 76)!
b) Schreibe die Verhältnisse an der schiefen Ebene in Zahlen nieder!
c) Stelle fest, ob Gleichgewicht herrscht!

a) Hangabtriebskraft:

$$F_H \approx F_Z = \frac{F_G \cdot h}{l} = \frac{100 \cdot 3}{7{,}5} = \frac{300}{7{,}5} = \underline{40 \text{ N}}$$

(ohne Berücksichtigung der Reibung!)

b) Verhältnisse:

$$\frac{F_Z}{F_G} = \frac{h}{l}$$
$$\frac{40}{100} = \frac{3}{7{,}5}$$
$$\frac{40:40}{100:40} = \frac{3:3}{7{,}5:3}$$
$$\underline{\frac{1}{2{,}5} = \frac{1}{2{,}5}}$$

c) Gleichgewicht:

$$F_Z \cdot l = F_G \cdot h$$
$$40 \cdot 7{,}5 = 100 \cdot 3$$
$$\underline{300 = 300}$$

2. Berechnung der Normalkraft

Die Normalkraft F_N ist abhängig von:
1. Gewicht (Last)
2. Verhältnis von b zu l (Neigung)

Also: Normalkraft = $\frac{\text{Gewichtskraft} \cdot \text{Basis}}{\text{Kraftweg}}$

$$F_N = \frac{F_G \cdot b}{l} \text{ [N]}$$

Daraus ergibt sich durch Formelumstellung:

$$\frac{F_N}{F_G} = \frac{b}{l}$$

Ein Pkw befindet sich auf einer Rampe mit einer Basis von 15 m und einer Länge der schiefen Ebene von 20 m. Mit welcher Normalkraft drückt der Pkw auf die Rampe, wenn er 1200 kg schwer ist?

$$F_G = m \cdot g = 1200 \text{ kg} \cdot 9{,}81 \text{ m/s}^2 = 11\,772 \text{ N}$$

$$F_N = \frac{F_G \cdot b}{l} = \frac{11\,772 \cdot 15}{20} = \underline{8829 \text{ N}}$$

In Worten: Auf der schiefen Ebene verhält sich die Normalkraft zur Gewichtskraft wie die Basis zum Kraftweg.

Anmerkung

1. Die schiefe Ebene kommt vielfältig vor: Keil, Schraube, geneigte Straße, Rutsche, Leiter, Dächer usw.
2. Bei der schiefen Ebene treten ebenfalls Kraftverluste durch Reibung auf!
3. Der Keil ist eine besondere Art der schiefen Ebene, da die Kraft F nicht parallel zur schiefen Ebene, sondern parallel zur Basis (Grundebene b) wirkt.

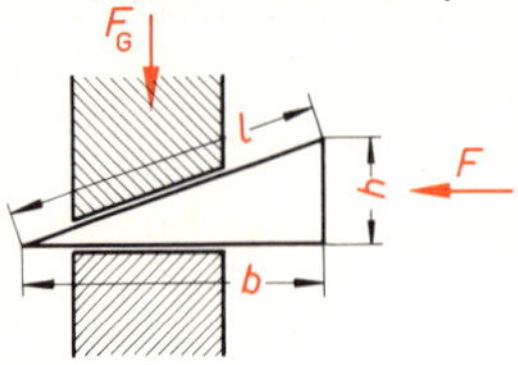

Daraus ergibt sich folgende Formel:

$$F \cdot b = F_G \cdot h$$

Aufgaben

13.24 a) Bilde aus den beiden Gleichungen für die schiefe Ebene $\frac{F_Z}{F_G} = \frac{h}{l}$ und $\frac{F_N}{F_G} = \frac{b}{l}$ die Produktengleichungen!

b) Ermittle durch Formelumstellung alle Werte der beiden Produktengleichungen!

c) Wovon hängt die Größe der Hangabtriebskraft F_H ($\approx F_Z$) ab?

d) Wie verändert sich die Normalkraft, wenn die Hangabtriebskraft bei Änderung der schiefen Ebene kleiner wird?

13.25 Berechne die fehlenden Werte:

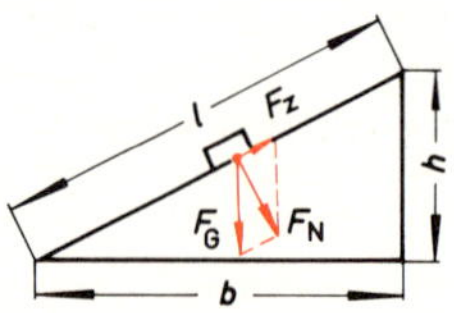

Aufgabe	a)	b)	c)	d)
F_Z	?	120 daN	48 daN	343 daN
F_N	?	526 daN	210,7 daN	?
F_G	125 daN	?	216 daN	?
h	2,5 m	40 mm	?	3,5 m
l	10 m	180 mm	?	16 m
b	9,68 m	?	131,7 dm	15,6 m

Aufgabe	e)	f)	g)
F_Z	?	120 daN	?
F_N	155 daN	119,4 daN	?
F_G	160 daN	1200 daN	1400 daN
h	200 cm	?	2000 m
l	800 cm	30 m	10 km
b	?	?	9,798 km

13.26 Ein Körper wird nebenstehende schiefe Ebene hinaufgezogen. Er hat eine Gewichtskraft von 3240 N.

a) Wie groß ist die Zugkraft in N?

b) Berechne die Normalkraft in N!

c) Zeichne die schiefe Ebene mit dem Anhänger und dem Kräfteparallelogramm!

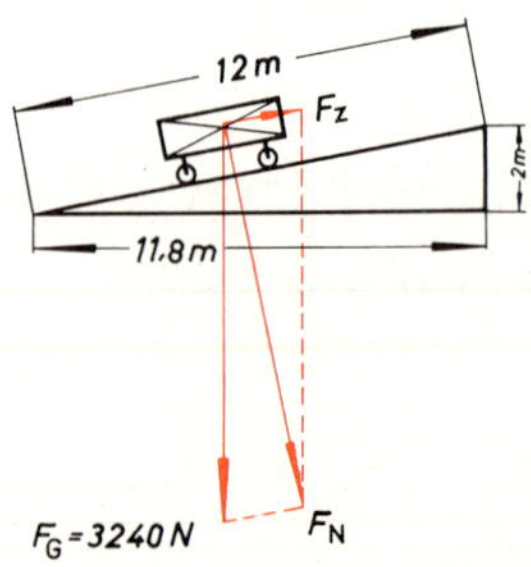

(M 1 : 100; KM 1 mm ≙ 30 N)

d) Stelle die Verhältnisse an der schiefen Ebene in allgemeinen und bestimmten Zahlen auf und stelle fest, ob Gleichgewicht herrscht!

13.27 Ein Pkw mit 700 kg Gewicht befindet sich auf nachstehender Steigung.

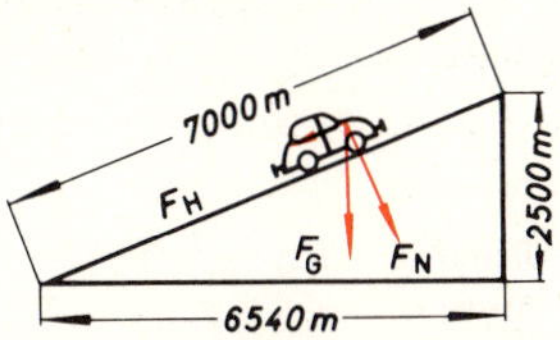

a) Berechne die Hangabtriebskraft F_H in N!
b) Wie groß ist die Normalkraft F_N in N?
c) Zeichne das Kräfteparallelogramm auf Millimeterpapier!
(M 1 mm ≙ 100 m; KM 1 mm ≙ 100 N).
d) Ermittle das Steigungsverhältnis und gib die Steigung der Straße in % an!

13.28 Ein Förderband hat eine Zugkraft von 2000 N.

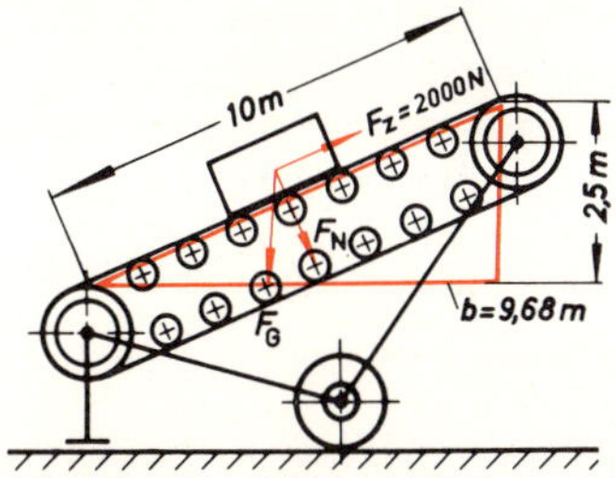

a) Berechne die Gewichtskraft F_G!
b) Welches Gewicht kann das Förderband transportieren?
c) Wie groß ist die Belastung des Förderbandes durch die Normalkraft F_N?

13.29 Eine Führungsrolle gleitet an einer Keilfläche nach oben. Die Anpreßkraft beträgt $F = 4$ daN. Der Keil hat eine Neigung von 1 : 8 und eine Länge von 24 mm

a) Berechne die parallel zur Basis wirkende Schubkraft F in N und daN.
b) Berechne die Höhe h in mm!

13.30 Ein Stahlrohr hat einen äußeren Durchmesser von 1000 mm und einen inneren Durchmesser von 980 mm. Die Länge beträgt 6 m, die Dichte 7,85 kg/dm³. Es befindet sich auf nachstehender schiefen Ebene.

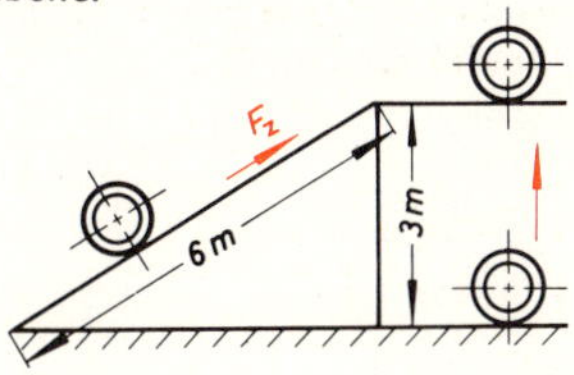

Berechne:

a) Gewicht in kg!
b) Zugkraft in N!
c) Mechanische Arbeit auf der schiefen Ebene und beim senkrechten Hochheben!
d) Erläutere das Ergebnis von c) in kurzen Worten!

13.31 Ein Anhänger mit einem Gesamtgewicht von 6,8 t soll eine Rampe hochgezogen werden, die auf 8 m Länge um 1 m ansteigt.

Berechne die erforderliche Zugkraft in kN und daN!

13.32 Eine Last von 260 kg soll mittels einer schiefen Ebene durch einen Kraftaufwand von 400 N um 80 cm gehoben werden. Berechne die Länge des Kraftweges in m!

13.33 Eine Last von 15 000 kg soll auf einer schiefen Ebene mit der Steigung 1 : 15 fortbewegt werden. Wie groß ist die Kraft F, wenn sie parallel zur Basis wirkt und ein Reibungszuschlag von 21 % zu berücksichtigen ist?

14.1 Gewindeberechnung

Grundform des Gewindes
Berechnung der Gewindesteigung
Umrechnung d. Gewinde-Ø in mm u. Zoll

Erklärung

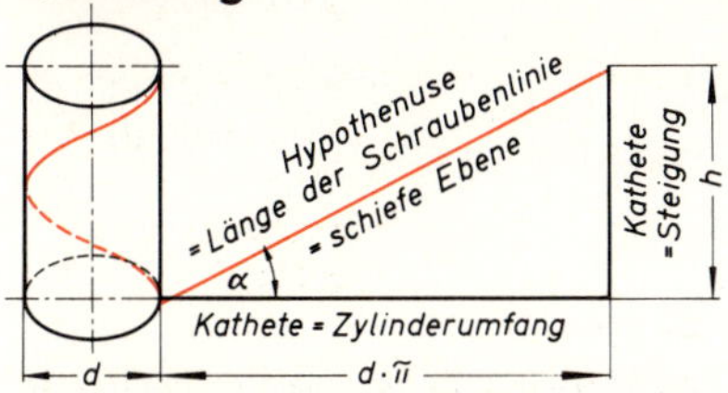

Schraubenlinie (siehe auch Abschnitt 15)

Legt man die gezeichnete Dreiecksfläche (schiefe Ebene) um einen Zylinder, so ergibt sich:

1. Die längere Dreiecksseite (Hypotenuse) ist die Schraubenlinie.
2. Die zweite Dreiecksseite (Kathete) ist der Zylinderumfang ($d \cdot \pi$).
3. Die dritte Dreiecksseite (Kathete) ist die Steigung h mit dem Steigungswinkel α.

Die Grundform des Gewindes ist die Schraubenlinie (schiefe Ebene).

Bezeichnungen

Gewindeart	Gewindebild	Maße	Beispiel
Metrisches ISO-Regelgewinde Metrisches ISO-Feingewinde	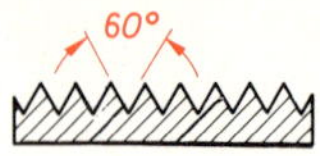	*d* in mm *d* u. *p* in mm	M 16 M 20×1,5
Whitworth-Gewinde Whitworth-Feingewinde Whitworth-Rohrgewinde	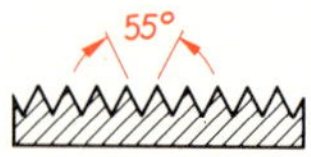	*d* in Zoll *d* in mm *h* in Zoll Rohrweite in Zoll	$\frac{1''}{4}$ W 100 × $\frac{1''}{8}$ R 1″

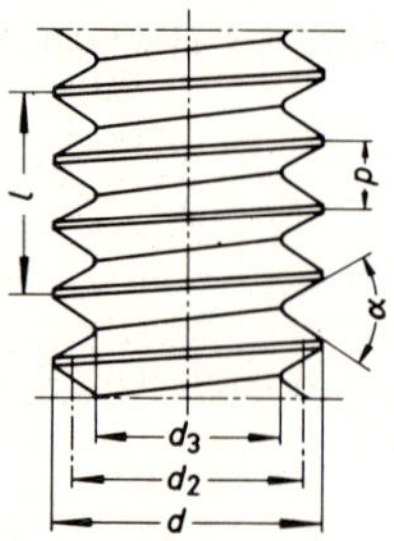

d = Gewinde(nenn)durchmesser [mm bzw. Zoll]
d_2 = Flankendurchmesser [mm]
d_3 = Kerndurchmesser [mm]
p = Steigung bei ISO-Gewinde [mm]
h = Steigung bei Zollgewinde [mm bzw. Zoll]
l = Meßlänge [mm bzw. 1 Zoll]
α = Flankenwinkel [°]
z = Gangzahl

Außerdem unterscheidet man:

1. Rechts- und Linksgewinde
2. Ein- und mehrgängige Gewinde

Die Steigungen sind nach DIN genormt. Alle Gewindemaße stehen zur Steigung in einem bestimmten Verhältnis (siehe auch 14.2) und sind in Gewindetabellen festgehalten.

(ISO = International Organisation for Standardization = Internationale Normungsgemeinschaft)

Formel mit Beispiel

1. Berechnung der Gewindesteigung

a) Metrisches ISO-Gewinde

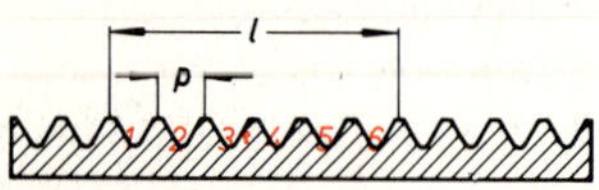

Ermittlung der Steigung P aus der Meßlänge von 6 Gewindegängen:

$$\text{Steigung} = \frac{\text{Meßlänge}}{\text{Gangzahl}}$$

$$P = \frac{l}{z} \text{ [mm]}$$

Bei einem Schraubenbolzen mit metrischem Gewinde mißt man mit der Schieblehre für 6 Gewindegänge (≙ Steigungen ≙ Gangzahl) eine Länge von $l = 9$ mm.

Bestimme: a) Gewindesteigung!
b) Normbezeichnung des Gewindes!

a) $P = \frac{l}{z} = \frac{9}{6} = \underline{1{,}5 \text{ mm}}$

b) Gewindenenndurchmesser laut Messung mit der Schieblehre 10 mm, also: <u>Gewinde M 10</u>

b) Zollgewinde

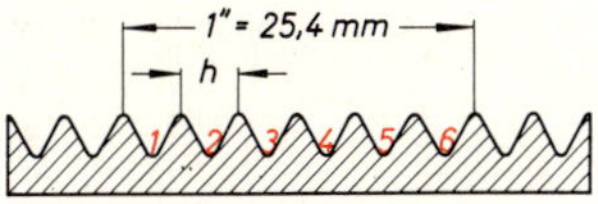

Ein Zollgewinde hat 6 Gänge auf 1 Zoll.

Bestimme: a) Gewindesteigung in Zoll und mm!
b) Normbezeichnung des Gewindes!

Ermittlung der Steigung bei Zollgewinden aus der Anzahl der Steigungen (≙ Gangzahl) auf 1" Gewindelänge:

$$\text{Steigung} = \frac{1 \text{ Zoll}}{\text{Gangzahl}}$$

$$h = \frac{1''}{z} = \frac{1 \cdot 25{,}4}{z} \left[\begin{matrix}\text{Zoll oder}\\ \text{mm}\end{matrix}\right]$$

a) $h = \frac{1''}{z} = \frac{1''}{6} = \underline{{}^1/_6 \text{ Zoll}}$

$h = \frac{1 \cdot 25{,}4}{6} = \underline{4{,}233 \text{ mm}}$

b) laut Tabelle und Messung mit der Schieblehre handelt es sich um Whitworth-Gewinde $1^3/_8''$ oder $1^1/_2''$.
Es muß noch der Außendurchmesser ermittelt werden.

Also: Die Steigung ist **gleich** dem Kehrwert der Gangzahl { 8 Gänge $\triangleq \frac{1}{8}$ Steigung

Beachte: Bei gebrochener Gangzahl muß auf volle Gangzahl umgerechnet werden!

$z = 4\frac{1}{2}$ Gänge je 1"

$z = 9$ Gänge auf 2"

$h = \frac{2''}{9} \triangleq \underline{5{,}64 \text{ mm}}$

Bei metrischem Gewinde bezieht sich die Gangzahl auf eine frei gewählte Meßlänge, bei Zollgewinde auf 1" Gewindelänge!

2. Umrechnung des Gewindedurchmessers in mm oder Zoll

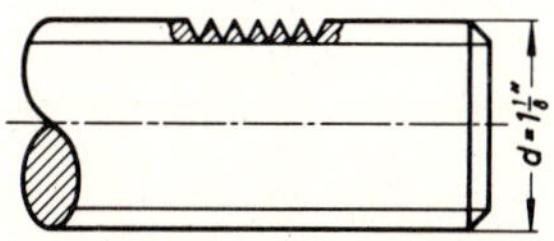

Whitworth-Gewinde

Rechne den Außendurchmesser des $1^1/_8''$- und des $1^3/_4''$-Gewindes in mm um!

$d = 1^1/_8'' \cdot 25{,}4 = \underline{28{,}575 \text{ mm}}$

$d = 1^3/_4'' \cdot 25{,}4 = \underline{44{,}45 \text{ mm}}$

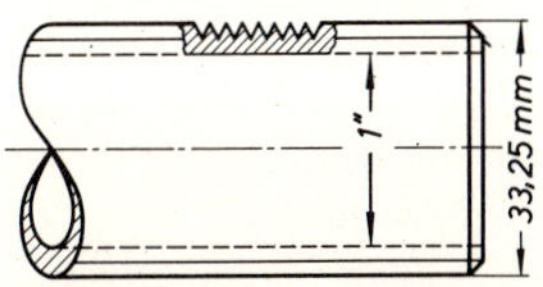

Whitworth-Rohrgewinde

Rechne den lichten Rohrdurchmesser des Whitworth-Rohrgewindes R 1" und R $2^1/_2''$ in mm um!

$d = 1'' \cdot 25{,}4 = \underline{25{,}4 \text{ mm}}$ (Rohrnennweite = 25)

$d = 2^1/_2'' \cdot 25{,}4 = \underline{63{,}5 \text{ mm}}$ (Rohrnennweite = 65)

Gewindedurchmesser in mm = Zoll · 25,4

$$d = \text{Zoll} \cdot 25{,}4 \text{ [mm]}$$

Gewindedurchmesser in Zoll = mm geteilt durch 25,4

$$\text{Zoll} = \frac{d \text{ in mm}}{25{,}4 \text{ mm}} ['']$$

Rechne den Gewindedurchmesser von 19,05 mm und 41,275 mm in Zoll um!

$\text{Zoll} = \frac{19{,}05 \text{ mm}}{25{,}4 \text{ mm}} = 0{,}75 = \underline{{}^3/_4''}$

$\text{Zoll} = \frac{41{,}275 \text{ mm}}{25{,}4 \text{ mm}} = 1{,}625$

$= 1\frac{625}{100} = \underline{1^5/_8''}$

Beachte: Bei Whitworth-Rohrgewinde (z. B. R 1") ist der lichte Rohrdurchmesser der Nenndurchmesser.

Anmerkung

Alle Gewinde sind nach DIN genormt. Den DIN-Blättern kann man alle Gewindemaße entnehmen.

Aufgaben

14.1 Bestimme die fehlenden Werte!
(Nimm eine Gewindetabelle zur Hilfe!)

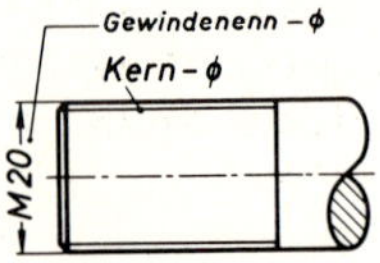

Gewindedarstellung

Aufgabe	a)	b)	c)	d)	e)
Gewinde	?	?	?	?	?
Meßlänge	12 mm	?	15 mm	1″	1″
Gangzahl	12	8	?	11	?
Steigung	?	1,75 mm	2,5 mm	? in Zoll u. mm	1/7″

14.2 Ein Schraubengewinde hat laut Messung mit der Schieblehre 20 mm Außendurchmesser. Außerdem wurden auf einer Länge von 40 mm 16 Steigungen festgestellt.

a) Wie groß ist die Steigung in mm?

b) Um welches Gewinde handelt es sich?

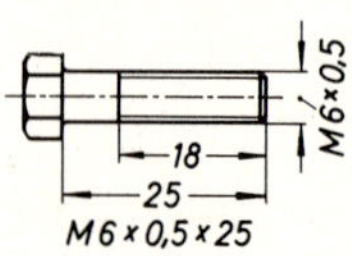

14.3 Die nebenstehende Sechskantschraube hat die Bezeichnung M 6×0,5×25.

a) Erkläre die Bezeichnung!

b) Berechne die Gangzahl (= Anzahl der Steigungen) auf 18 mm Gewindelänge!

14.4 Rechne folgende Gewindedurchmesser in mm um!

a) 3/8″ b) 7/16″ c) 5/8″ d) 1 1/8″ e) 1 1/4″ f) 2 1/2″ g) 3 1/4″

14.5 Rechne folgende Gewindedurchmesser in Zoll um!

a) 6,35 mm b) 7,9375 mm c) 12,7 mm
d) 22,225 mm e) 25,4 mm f) 34,925 mm
g) 38,1 mm h) 69,85 mm

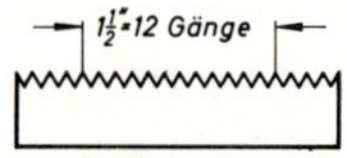

14.6 Ein Gewinde von 1″ hat auf 1 1/2″ Gewindelänge 12 Gewindegänge. Wie groß ist die Steigung des Gewindes in Zoll und Millimeter?

14.7 Die Steigung eines Zollgewindes beträgt 1,41 mm. Wieviel Gänge hat das Gewinde auf 1″, 1 3/4″ und 2 1/2″ Gewindelänge?

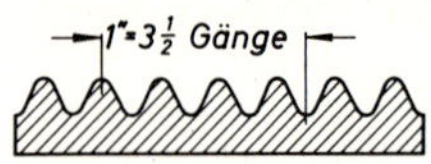

14.8 Ein Gewinde hat $3\frac{1}{2}$ Gewindegänge auf 1″ Gewindelänge. Berechne die Steigung in Zoll und Millimeter!

14.9 Bei der Messung von Zollgewinden ergaben sich folgende Werte: a) $d = 1/2''$; $h = 2{,}12$ mm; b) $d = 7/8''$; $h = 2{,}82$ mm.

Berechne die Gangzahl auf 1″ Gewindelänge!

14.10 Ein Gewindebolzen hat einen Nenndurchmesser von 10 mm. Mit der Schieblehre werden für 12 Steigungen 18 mm Gewindelänge gemessen.

a) Wie groß ist die Steigung *p* in Millimeter?

b) Wie lautet die Normbezeichnung des Gewindes?

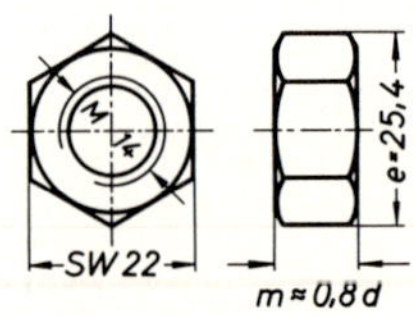

Sechskantmutter

14.11 Eine Sechskantmutter mit dem Gewinde M 14 hat die Höhe $m \approx 0{,}8 \cdot d$.

a) Bestimme die Mutterhöhe in mm!

b) Wieviel volle Gewindegänge hat die Mutter, wenn die Steigung 2 mm beträgt?

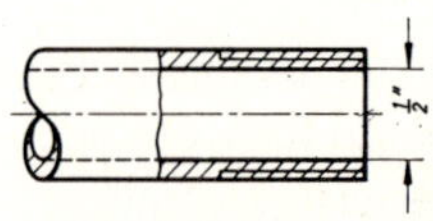

14.12 Ein Whitworth-Rohrgewinde hat R 1/2″ und einen Außendurchmesser von 20,96 mm. Bestimme:

a) Lichte Weite des Rohres in mm!

b) Steigung in Zoll und mm bei z = 14!

c) Querschnittsfläche des lichten Rohres in cm^2!

14.2 Gewindeberechnung

Berechnung des metrischen Gewindes
Berechnung des Zollgewindes

Erklärung

Bei der Gewindeberechnung handelt es sich um die Ausrechnung der Dreieckshöhe, der Gewindetiefe und des Flanken- und Kerndurchmessers.

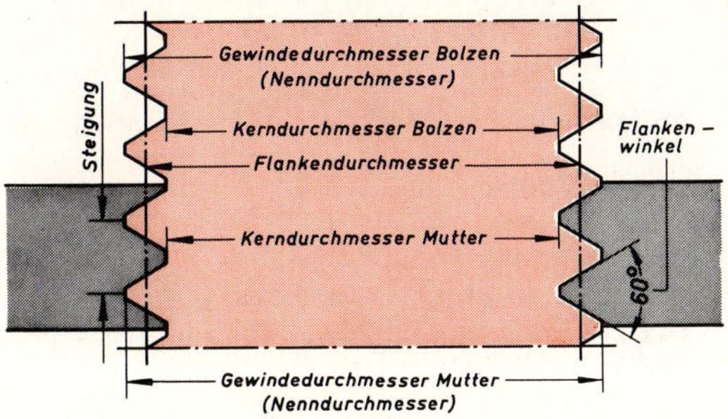

Bolzen (Schraube) mit Mutter

Man unterscheidet:

1. Metrisches ISO-Gewinde
2. Zollgewinde

Das Gewindeprofil, der Gewinde(nenn)-durchmesser, Steigung und Gewindetiefe sind durch Normung festgelegt. Alle anderen Gewindemaße bauen darauf auf.

Bezeichnungen

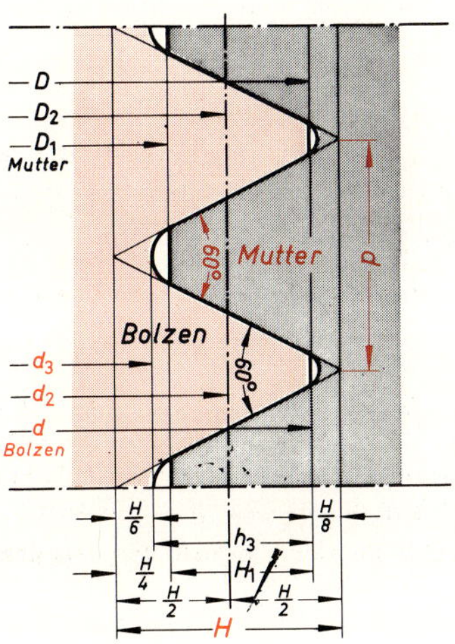

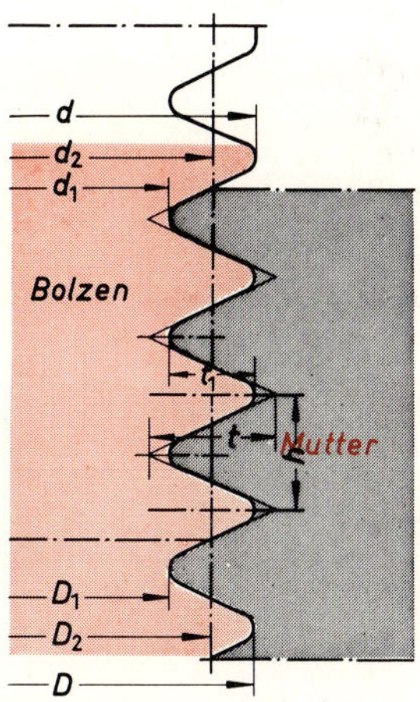

ISO-Gewinde

D = Gewinde-Ø Mutter D_2 = Flanken-Ø Mutter D_1 = Kern-Ø Mutter
d = Gewinde-Ø Bolzen d_2 = Flanken-Ø Bolzen d_3 = Kern-Ø Bolzen
P = Steigung H = Dreieckshöhe H_1 = Gewindetiefe Mutter h_3 = Gewindetiefe Bolzen

Zollgewinde

D = Gewinde-Ø Mutter D_2 = Flanken-Ø Mutter D_1 = Kern-Ø Mutter
d = Gewinde-Ø Bolzen d_2 = Flanken-Ø Bolzen d_1 = Kern-Ø Bolzen
h = Steigung t = Dreieckshöhe t_1 = Gewindetiefe

Die Gewindemaße werden in Millimeter angegeben. Bei den Zollgewinden wird nur der Gewinde(nenn)-durchmesser in Zoll angegeben.

Formel mit Beispiel

1. Berechnung des metrischen ISO-Gewindes

Dreieckshöhe = 0,866 · Steigung

$$H = 0{,}866 \cdot P \text{ [mm]}$$

Flanken-Ø Mutter u. Bolzen $\Big\}$ = Außen-Ø Bolzen — $\frac{3}{4}$ Dreieckshöhe
= Außen-Ø Bolzen — 0,65 · Steigung

$$d_2 = D_2 = d - \frac{3}{4} H \text{ [mm]}$$
$$d_2 = D_2 = d - 0{,}65 \cdot P \text{ [mm]}$$

Kern-Ø Bolzen $\Big\}$ = Flanken-Ø Bolzen — $2 \cdot \left(\frac{H}{2} - \frac{H}{6}\right)$
= Außen-Ø Bolzen — $2 \cdot 0{,}65 \cdot P$

$$d_3 = d_2 - 2 \cdot \left(\frac{H}{2} - \frac{H}{6}\right) \text{ [mm]}$$
$$d_3 \approx d - 2 \cdot 0{,}65\, P \text{ [mm]}$$

Kern-Ø Mutter $\Big\}$ = Außen-Ø Bolzen — $2 \cdot H_1$

$$D_1 = D - 2 H_1 \text{ [mm]}$$

Gewindetiefe Mutter $\Big\}$ = $\dfrac{\text{Außen-Ø Mutter — Kern-Ø Mutter}}{2}$

$$H_1 = \frac{D - D_1}{2} = \frac{5}{8} H \text{ [mm]}$$

Gewindetiefe Bolzen $\Big\}$ = $\dfrac{\text{Außen-Ø Bolzen — Kern-Ø Bolzen}}{2}$

$$h_3 = \frac{d - d_3}{2} = \frac{17}{24} H \text{ [mm]}$$

Das metrische ISO-Gewinde M 10 hat 1,5 mm Steigung. Berechne:

a) Dreieckshöhe
b) Flankendurchmesser
c) Kerndurchmesser
d) Gewindetiefe

a) $H = 0{,}866 \cdot P = 0{,}866 \cdot 1{,}5$
$H = \underline{1{,}299 \text{ mm}}$

b) $d_2 = D_2 = d - \frac{3}{4} H = 10 - \frac{3}{4} \cdot 1{,}299$
$d_2 = 10 - 0{,}974 = \underline{9{,}026 \text{ mm}}$

oder:

$d_2 = D_2 = d - 0{,}65 \cdot P = 10 - 0{,}65 \cdot 1{,}5$
$d_2 = 10 - 0{,}975 = \underline{9{,}025 \text{ mm}}$

c) $d_3 = d_2 - 2 \cdot \left(\frac{H}{2} - \frac{H}{6}\right) = 9{,}026$
$- 2 \cdot \left(\frac{1{,}299}{2} - \frac{1{,}299}{6}\right) = 9{,}026 - 0{,}864$
$d_3 = \underline{8{,}162 \text{ mm}}$

oder:

$d_3 \approx d - 2 \cdot 0{,}65 \quad P \approx 10 - 2 \cdot 0{,}65 \cdot 1{,}5$
$d_3 \approx 10{,}00 - 1{,}95 = \underline{8{,}05 \text{ mm}}$
$D_1 = D - 2 \cdot H_1 = 10 - 2 \cdot 0{,}812$
$D_1 = 10 - 1{,}624 = \underline{8{,}376 \text{ mm}}$

d) $H_1 = \frac{5}{8} H = \frac{5 \cdot 1{,}299}{8} = \underline{0{,}812 \text{ mm}}$

oder:

$H_1 = \frac{D - D_1}{2} = \frac{10 - 8{,}376}{2} = \underline{0{,}812 \text{ mm}}$

$h_3 = \frac{17}{24} H = \frac{17 \cdot 1{,}299}{24} = \underline{0{,}92 \text{ mm}}$

oder:

$h_3 = \frac{d - d_3}{2} = \frac{10 - 8{,}162}{2} = \underline{0{,}919 \text{ mm}}$

2. Berechnung des Zollgewindes

Dreieckshöhe = 0,96049 · Steigung

$$t = 0{,}96 \cdot h \text{ [mm]}$$

Gewindetiefe = 0,64033 · Steigung

$$t_1 = 0{,}64 \cdot h \text{ [mm]}$$

Die Formeln für Flanken- und Kern-ø sind dieselben wie für metrische Gewinde.

Also:

Flanken-ø: $d_2 = d - t_1$ [mm]

oder:

$d_2 = d_1 + t_1$ [mm]

Kern-ø: $d_1 = d - 2 \cdot t_1$ [mm]

Beachte:
$d = D$, $d_1 = D_1$ und $d_2 = D_2$

Das Whitworth-Gewinde 3/4" hat 2,54 mm Steigung.

Berechne:

a) Dreieckshöhe
b) Gewindetiefe
c) Außendurchmesser in mm
d) Flankendurchmesser in mm
e) Kerndurchmesser in mm

a) $t = 0{,}96 \cdot h = 0{,}96 \cdot 2{,}54 = \underline{2{,}43 \text{ mm}}$
b) $t_1 = 0{,}64 \cdot h = 0{,}64 \cdot 2{,}54 = \underline{1{,}62 \text{ mm}}$
c) $d = 3/4'' \cdot 25{,}4 = \underline{19{,}05 \text{ mm}}$
d) $d_2 = d - t_1 = 19{,}05 - 1{,}62$
$d_2 = \underline{17{,}43 \text{ mm}}$

oder lt. Werte aus der Gewindetabelle:

$d_2 = d_1 + t_1 = 15{,}80 + 1{,}62$
$d_2 = \underline{17{,}42 \text{ mm}}$

e) $d_1 = d - 2 \cdot t_1 = 19{,}05 - 2 \cdot 1{,}62$
$d_1 = \underline{15{,}81 \text{ mm}}$

Anmerkung

1. Withworth-Rohrgewinde wird wie Zollgewinde berechnet.
2. Die entsprechenden Normblätter enthalten alle Gewindemaße.
3. Die USA und Kanada haben seit 1949 das Zolleinheitssystem.

Aufgaben

14.13 Bestimme für einen Bolzen mit ISO-Gewinde M 16:

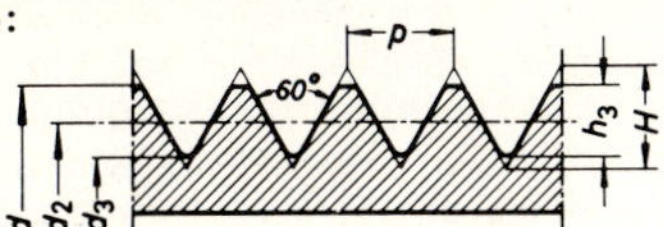

a) Steigung *P*!
b) Dreieckshöhe *H* und Gewindetiefe h_3!
c) Flankendurchmesser d_2!
d) Kerndurchmesser d_3!
e) Gewindeart!

14.14 Das ISO-Gewinde M 10 hat eine Gewindetiefe von $h_3 = 0{,}92$ mm.
a) Berechne die Kennwerte dieses Gewindes!
b) Zeichne drei volle Gewindegänge im M 10:1 auf Millimeterpapier und trage die Maße ein!

14.15 Für das ISO-Gewinde M 20 mit der Steigung 2,5 mm sind zu berechnen:

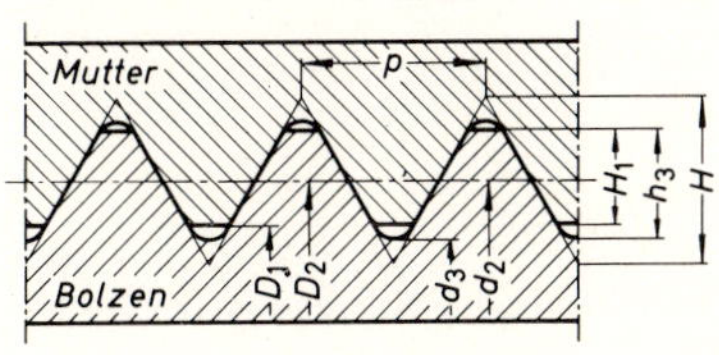

a) Dreieckshöhe H!

b) Gewindetiefe für den Bolzen h_3 und für die Mutter H_1!

c) Flankendurchmesser D_2 und d_2!

d) Kerndurchmesser für den Bolzen d_3 und für die Mutter D_1!

14.16 Das metrische ISO-Gewinde M 16 hat eine Dreieckshöhe von $H = 1{,}732$ mm.

a) Errechne die Steigung, den Flankendurchmesser, die Gewindetiefe für Bolzen und Mutter und den Kerndurchmesser für Bolzen und Mutter!

b) Zeichne das Gewindeprofil für Bolzen und Mutter mit drei vollen Gewindegängen und allen Maßen wie in der Aufgabe 14.15 auf Millimeterpapier (M 10 : 1)!

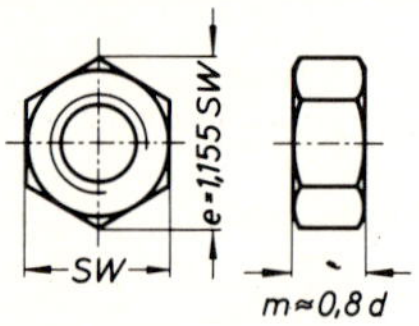

14.17 Eine Sechskantmutter mit ISO-Gewinde hat einen Kern-ø von 10,106 mm und eine Steigung von 1,75 mm.

Berechne:

a) Dreieckshöhe H!

b) Gewindetiefe H_1!

c) Außendurchmesser D!

d) Flankendurchmesser D_2!

e) Höhe der Mutter m und das Eckmaß e, wenn $SW = 19$ mm beträgt!

14.18 Das Whitworth-Rohrgewinde $^3/_4$" hat einen Außendurchmesser von 26,44 mm und eine Steigung von 1,814 mm. Berechne:

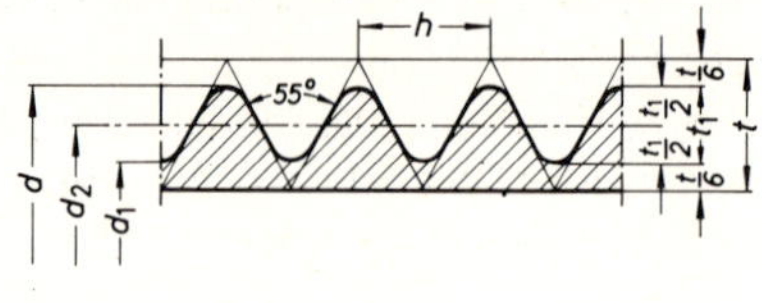

a) Dreieckshöhe t in mm!

b) Gewindetiefe t_1 in mm!

c) Kerndurchmesser d_1 in mm!

d) Flankendurchmesser d_2 in mm!

14.19 Das Gewinde $1^1/_2$" hat eine Gewindetiefe von 2,71 mm.

a) Berechne die Steigung, die Dreieckshöhe, den Außendurchmesser, den Flankendurchmesser, den Kerndurchmesser und die Gangzahl des Gewindes!

b) Zeichne das Gewinde mit allen Maßen wie in der Aufgabe 14.18 (M 10 : 1)!

14.20 Berechne für einen Bolzen mit ISO-Gewinde M 14 die Steigung, die Dreieckshöhe, den Flanken- und den Kerndurchmesser!

15 Schraubenberechnung

Zug- und Druckkraft in der Schraube
Belastbarkeit der Schraube

Erklärung

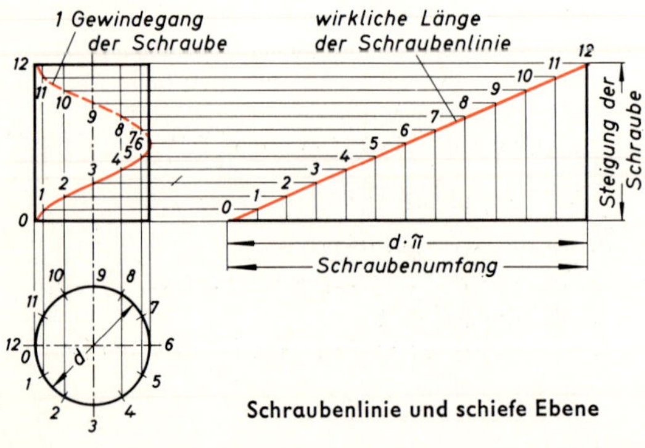

Schraubenlinie und schiefe Ebene

Die Schraube ist eine wichtige Anwendung der schiefen Ebene (13.3).

Eine Schraubenlinie entsteht, wenn man eine schiefe Ebene um einen entsprechenden Zylinder wickelt

Da bei der Schraube die Steigung sehr gering ist, kann man den Schraubenumfang gleich der Schraubenlinie setzen.

1. Zug- und Druckkraft in der Schraube

Die Schraube hat in der Hauptsache zwei Verwendungsmöglichkeiten:

a) Verbinden von Maschinenteilen: z. B. Getriebedeckel auf Getriebegehäuse
Zugwirkung der Schraube

b) Heben von Lasten: z. B. Wagenheber, Abzieher
Zug- und Druckwirkung der Schraube

Die Zug- und Druckkraft wirkt in Richtung der Schraubenachse. Man bezeichnet sie als Kraft in der Schraube.

Die Kraft in der Schraube wird mit Hilfe der schiefen Ebene berechnet:

Kraft × Kraftweg = Last × Lastweg

2. Belastbarkeit der Schraube

Die Schrauben dürfen nur bis zu einem gewissen Wert beansprucht werden, da sie sonst abreißen würden. Für die Beanspruchung der Schraube ist maßgebend:

a) Tragender Querschnitt der Schraube (Spannungsquerschnitt)

Die Gewinderillen schwächen den Gewindebolzen. Der tragende Querschnitt einer Schraube ist daher kleiner als der Bolzenquerschnitt. Der tragende Querschnitt heißt bei den ISO-Gewinden Spannungsquerschnitt.

b) Zulässige Beanspruchung auf Zug, Druck und Abscherung

Die zulässige Beanspruchung ist die Beanspruchung, bei der noch keine bleibende Formveränderung oder Zerstörung der Schraube eintritt. Sie ist in der Hauptsache vom Werkstoff und von der Belastungsart abhängig (siehe auch Abschnitt 11).

Die Größe der Belastbarkeit einer Schraube ergibt sich aus dem Spannungsquerschnitt und der zulässigen Beanspruchung auf Zug, Druck oder Abscheren.

Bezeichnungen

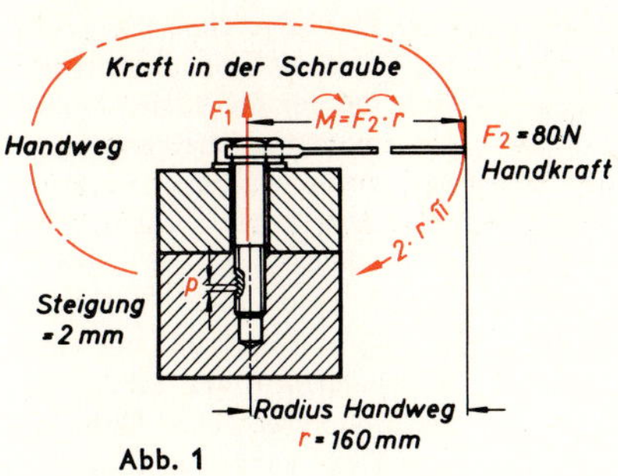

Abb. 1

F_1 = Kraft in der Schraube = Zug- oder Druckkraft [N]
F_2 = Handkraft [N]
$P (h)$ = Gewindesteigung [mm]
r = Radius des Handweges = Hebelarm [mm]
$2 \cdot r \cdot \pi$ = Handweg [mm]
$M = F_2 \cdot r$ = Kraftmoment = Drehmoment [Nm]

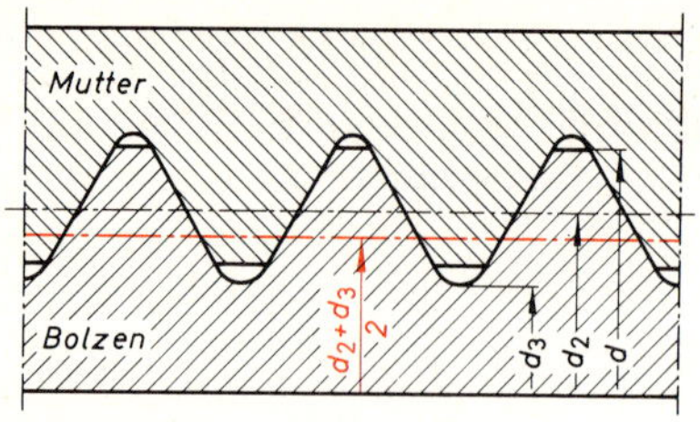

Spannungsquerschnitt der Schraube (ISO)
Abb. 2

A_S = Spannungsquerschnitt [mm^2 oder cm^2]
σ_{zul} = zulässige Beanspruchung auf Zug oder Druck $\left[\frac{N}{mm^2} \text{ oder } \frac{daN}{cm^2}\right]$
$\tau_{a\,zul}$ = zulässige Scherbeanspruchung $\left[\frac{N}{mm^2} \text{ oder } \frac{daN}{cm^2}\right]$
d_2 = Flankendurchmesser bei ISO-Gewinden [mm]
d_3 = Kerndurchmesser bei ISO-Gewinden [mm]
d = Nenndurchmesser (Außendurchmesser) [mm]
F_{zul} = Belastbarkeit der Schraube [N]

Formel mit Beispiel

1. Zug- und Druckkraft in der Schraube

Da die Schraube eine einfache Maschine ist, gilt auch hier die goldene Regel der Mechanik:

Kleine Handkraft bei großem Weg
ergibt
große Kraft in der Schraube bei kleinem Weg.

Kraft in der Schraube · Steigung = Handkraft · Handweg

$$F_1 \cdot P = F_2 \cdot 2\, r \cdot \pi$$
$$F_1 = \frac{F_2 \cdot 2\, r \cdot \pi}{P} \quad [N]$$

(siehe auch 13.3)

Berechne mit den Werten aus Abb. 1 die Kraft in der Schraubenachse (= Zugkraft), wenn die Schraube mit einem Schraubenschlüssel angezogen wird!

$$F_1 = \frac{F_2 \cdot 2\, r \cdot \pi}{P} \quad [N]$$
$$F_1 = \frac{80 \cdot 2 \cdot 160 \cdot 3{,}14}{2}$$
$$F_1 = \underline{40\,192\ N}$$

Beachte: Teilweise wird die Steigung mit *h* bezeichnet (z. B. Zoll- und Trapezgewinde)!

2. Belastbarkeit der Schraube

Der Spannungsquerschnitt bei ISO-Gewinden ist ein Kreis, dessen Durchmesser $\frac{d_2 + d_3}{2}$ ist. (d_2 und d_3 siehe auch Abb. in 14.2)

$$F_{zul} = A_S \cdot \sigma_{zul} \quad [N]$$
$$F_{zul} = \left(\frac{d_2 + d_3}{2}\right)^2 \cdot \frac{\pi}{4} \cdot \sigma_{zul} \quad [N]$$

$$F_{zul} = A_S \cdot \tau_{a\,zul} \quad [N]$$
$$F_{zul} = \left(\frac{d_2 + d_3}{2}\right)^2 \cdot \frac{\pi}{4} \cdot \tau_{a\,zul} \quad [N]$$

Die Schraube mit ISO-Gewinde M 12 hat einen Flankendurchmesser $d_2 = 10{,}863$ mm und einen Kerndurchmesser $d_3 = 9{,}853$ mm. Wie hoch darf die Schraube belastet werden, wenn $\sigma_{zul} = 400 \left[\frac{N}{mm^2}\right]$ beträgt (vgl. Abb. 2)?

$$F_{zul} = A_S \cdot \sigma_{zul} = \left(\frac{d_2 + d_3}{2}\right)^2 \cdot \frac{\pi}{4} \cdot \sigma_{zul} \quad [N]$$
$$F_{zul} = \left(\frac{10{,}863 + 9{,}853}{2}\right)^2 \cdot \frac{3{,}14}{4} \cdot 400$$
$$F_{zul} \quad \underline{33\,690\ N}$$

Anmerkung

Bei der Berechnung der Kraft in der Schraubenachse ist noch ein Reibungsverlust zu berücksichtigen.

Aufgaben

1. Zug- und Druckkraft in der Schraube

15.1 Stelle die Formel $F_1 \cdot P = F_2 \cdot 2 \cdot r\,\pi$ nach den Größen F_1, P, F_2 und r um!

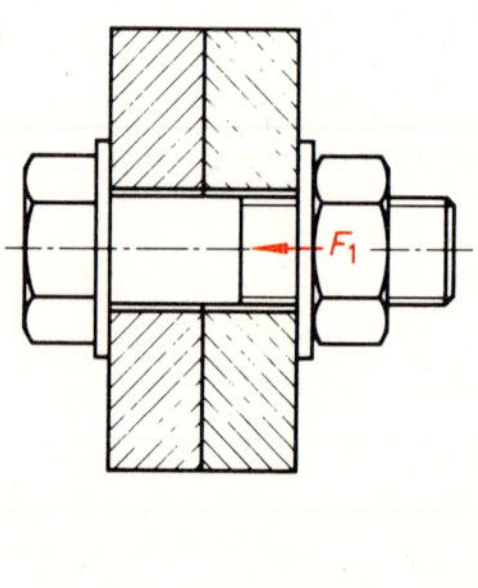

15.2 Berechne die Kraft F_1 in der Schraubenachse, mit der die beiden Stahlplatten gegeneinandergepreßt werden! Die Steigung der Sechskantschraube M 14 beträgt 2 mm, die Handkraft $F_2 = 7$ daN und der Hebelarm r des Schlüssels 140 mm. Die Reibung bleibt unberücksichtigt!

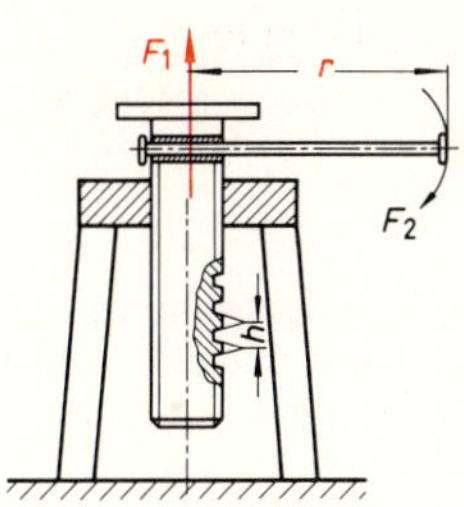

15.3 Eine Schraubenwinde mit Trapezgewinde hat eine Steigung von 6 mm. Die Handkraft F_2 beträgt 120 N bei einer Hebellänge von 320 mm.

a) Wie groß ist die Kraft F_1, wenn die Reibung unberücksichtigt bleibt?

b) Berechne das wirksame Moment (= Drehmoment) am Hebel!

15.4 Wie groß muß am Hebelarm einer Druckspindel mit 4 mm Steigung das Drehmoment sein, um eine Kraft von 47 100 N zu erzeugen?

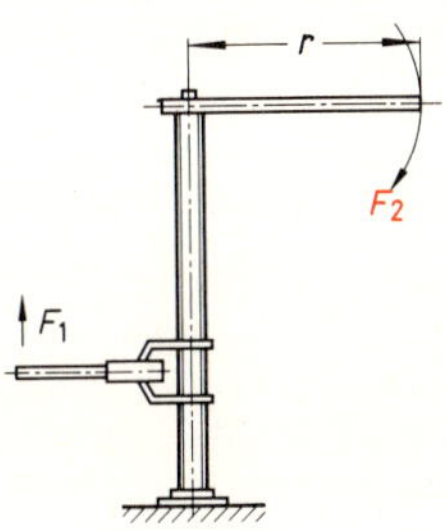

15.5 Ein Wagenheber mit Trapezgewinde Tr 28×6 soll einen Pkw mit $G = 785$ kg anheben.

a) Wie groß muß die Handkraft F_2 sein, wenn der Hebelarm $r = 300$ mm ist und 25 % Reibung berücksichtigt werden?

b) Wie groß muß die Handkraft F_2 sein, wenn der Hebelarm $r = 600$ mm ist und die Reibung ebenfalls 25 % beträgt?

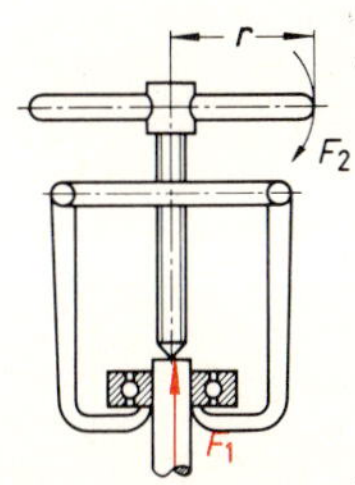

15.6 Ein Abzieher hat das Gewinde M 20 mit 2,5 mm Steigung. Der Hebelarm r ist 125 mm lang. Wie groß ist die Zugkraft F_1 des Abziehers, wenn die Handkraft

$F_2 = 60$ N ist?

15.7 Ein Abzieher hat eine Abzugskraft von 3140 daN. Der Hebelarm ist 350 mm lang, und die Handkraft beträgt 5 daN. Wie groß muß die Steigung des Gewindes gewählt werden, um die angegebene Abzugskraft zu erreichen?

2. Belastbarkeit der Schraube

15.8 Stelle folgende Formel um:

$F = A_S \cdot \sigma_{zul}$ nach A_S und σ_{zul}!

15.9 Berechne den Spannungsquerschnitt und die Belastbarkeit der ISO-Schrauben auf Zug (Druck) und Abscheren, wenn die zulässige Abscherspannung $^4/_5$ der zulässigen Zugbeanspruchung ist:

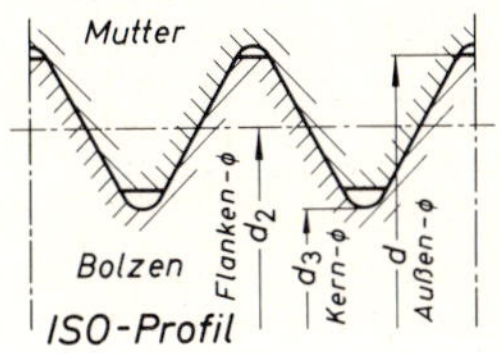

ISO-Gewinde	M 6	M 10	M 16	M 24	M 36
d_2 [mm]	5,35	9,03	14,7	22,05	33,4
d_3 [mm]	4,77	8,16	13,55	20,32	31,09
σ_{zul} [daN/cm²]	800	920	1200	1060	720

15.10 Eine Sechskantschraube mit einem Spannungsquerschnitt von 561 mm² ist in eine Stahlplatte eingeschraubt und wird mit 16 830 N auf Zug beansprucht.

a) Berechne die tatsächliche Zugspannung!

b) Stelle fest, ob der Querschnitt der Schraube ausreichend ist, wenn $\sigma_{zul} = 910 \frac{daN}{cm^2}$ ist und 3fache Sicherheit verlangt wird!

15.11 Ein Zylinderkopf einer Kraftmaschine ist mit 12 Schrauben M 12 befestigt. Die zulässige Zugspannung beträgt 900 daN/cm².

a) Berechne den Spannungsquerschnitt, wenn $d_2 = 10{,}86$ mm und $d_3 = 9{,}85$ mm sind!

b) Welche Zugbelastung halten die 12 Schrauben gemeinsam aus?

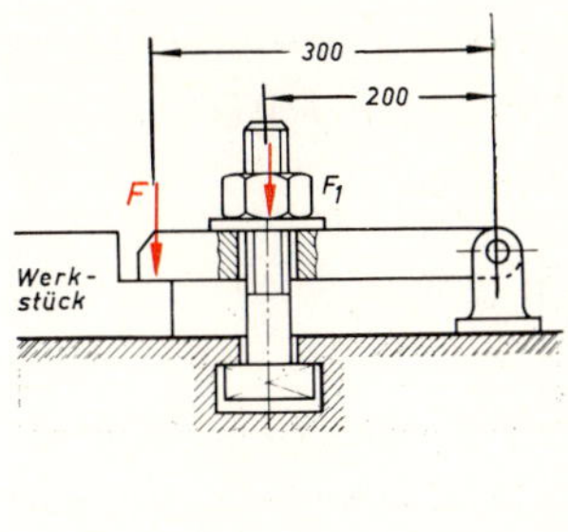

15.12 Eine Mutter M 20×2 wird mit einem Schlüssel, der 200 mm Hebellänge hat, mit $F_2 = 12$ daN Handkraft angezogen. Berechne die Spannkraft F bei einem Wirkungsgrad $\eta = 0{,}5$!

16 Lehrsatz des Pythagoras

Erklärung

Der Lehrsatz des Pythagoras findet vielfältige Anwendung in der Technik. Die Berechnung der Schlüsselweite eines Vier- oder Sechskantes, die Errechnung des Eckmaßes eines Vieleckes und die Berechnung der Höhe eines Körpers erfolgt mit Hilfe des Pythagoras.

Im rechtwinkligen Dreieck stehen die Seiten des Dreiecks in einem bestimmten Verhältnis zueinander, das der Lehrsatz des Pythagoras wiedergibt.

Bezeichnungen

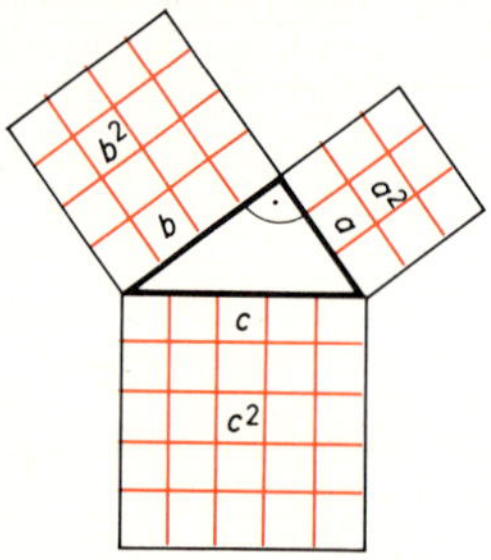

Lehrsatz des Pythagoras

a = Kathete
b = Kathete
c = Hypotenuse
⦜ = Zeichen für den rechten Winkel (= 90°)

Im rechtwinkligen Dreieck bilden die Katheten die Schenkel des rechten Winkels. Die Hypotenuse liegt dem rechten Winkel gegenüber und ist die längste Seite des Dreiecks.

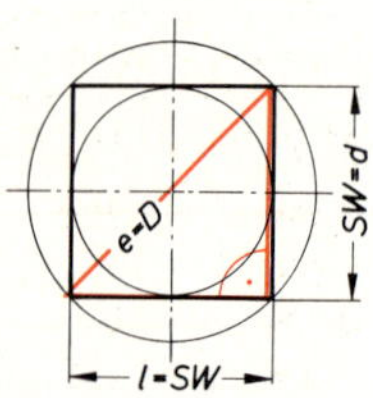

Vierkant

D = Durchmesser des Umkreises [mm]
d = Durchmesser des Inkreises [mm]
e = D = Eckmaß [mm]
d = SW = Schlüsselweite [mm]
l = Länge der Vieleckseite [mm]

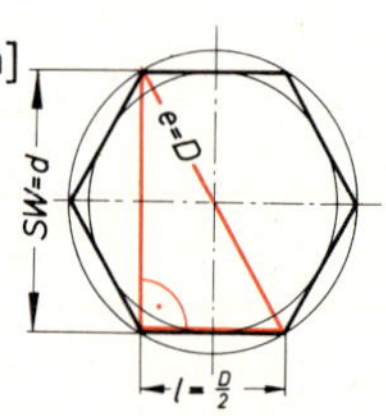

Sechskant

Formel mit Beispiel

1. Lehrsatz des Pythagoras

Im rechtwinkligen Dreieck ist das Quadrat über der Hypotenuse gleich der Summe der Quadrate über den beiden Katheten.

$c^2 = a^2 + b^2$	$c = \sqrt{a^2 + b^2}$
$a^2 = c^2 - b^2$	$a = \sqrt{c^2 - b^2}$
$b^2 = c^2 - a^2$	$b = \sqrt{c^2 - a^2}$

Das oben gezeichnete rechtwinklige Dreieck hat folgende Abmessungen:

$a = 3$ cm, $b = 4$ cm, $c = 5$ cm

$5^2 = 3^2 + 4^2$ $25 = 9 + 16$	$c = \sqrt{3^2 + 4^2}$ $c = \sqrt{25} = \underline{5\ \text{cm}}$
$3^2 = 5^2 - 4^2$ $9 = 25 - 16$	$a = \sqrt{5^2 - 4^2}$ $a = \sqrt{9} = \underline{3\ \text{cm}}$
$4^2 = 5^2 - 3^2$ $16 = 25 - 9$	$b = \sqrt{5^2 - 3^2}$ $b = \sqrt{16} = \underline{4\ \text{cm}}$

2. Berechnung der Schlüsselweite eines Viereckes mittels des Pythagoras

$$SW^2 + SW^2 = D^2$$
$$2\,SW^2 = D^2$$
$$SW^2 = 0{,}5 \cdot D^2$$
$$SW = \sqrt{0{,}5} \cdot D$$

$$SW = 0{,}707 \cdot D$$
$$d = 0{,}707 \cdot D$$
$$d = 0{,}707 \cdot e$$

An einem Rundstahl mit einem Durchmesser von $D = 50$ mm soll ein Vierkant angefeilt werden (siehe obige Zeichnung eines Vierkantes!). Berechne die Schlüsselweite!

$SW = 0{,}707 \cdot D$ [mm]

$SW = 0{,}707 \cdot 50$

$SW = \underline{35{,}35 \text{ mm}}$

3. Berechnung des Eckmaßes eines Sechseckes mittels des Pythagoras

$$d_2 + \left(\frac{D}{2}\right)^2 = D^2$$
$$d_2 = D^2 - \frac{D^2}{4}$$
$$d^2 = \frac{3}{4} D^2$$
$$D^2 = \frac{d^2 \cdot 4}{3}$$
$$D = \frac{d \cdot 2}{\sqrt{3}}$$

$$D = 1{,}155 \cdot d$$
$$D = 1{,}155 \cdot SW$$
$$e = 1{,}155 \cdot d$$

Aus einem Rundstahl soll ein Sechskant hergestellt werden. Die Schlüsselweite des Sechseckes ist 43 mm (siehe vorstehende Zeichnung eines Sechskantes!). Wie groß muß der Durchmesser des Rundstahles gewählt werden, damit die Schlüsselweite 43 mm wird?

$e = 1{,}155 \cdot d$ [mm]

$e = 1{,}155 \cdot 43$

$e = \underline{49{,}665 \text{ mm}}$

Anmerkung

Die folgende Tabelle enthält die Hilfswerte zur Berechnung von regelmäßigen Vielecken. Die eingerahmten Werte wurden in diesem Kapitel berechnet.

Seitenzahl	$l =$		$d =$		$D =$		$A =$		
des Vielecks	D mal	d mal	D mal	l mal	d mal	l mal	D^2 mal	d^2 mal	l^2 mal
3	0,866	1,732	0,500	0,578	2,000	1,154	0,325	1,299	0,433
4	0,707	1,000	0,707	1,000	1,414	1,414	0,500	1,000	1,000
5	0,588	0,727	0,809	1,376	1,236	1,702	0,595	0,908	1,721
6	0,500	0,578	0,866	1,732	1,155	2,000	0,649	0,866	2,598
8	0,383	0,414	0,924	2,414	1,082	2,614	0,707	0,829	4,828
10	0,309	0,325	0,951	3,078	1,051	3,236	0,735	0,812	7,694
12	0,259	0,268	0,966	3,732	1,053	3,864	0,750	0,804	11,196

Aufgaben

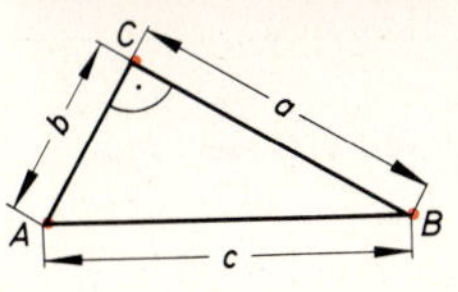

Bezeichnungen am Dreieck

16.1 In einem rechtwinkligen Dreieck sind zwei Seiten gegeben. Berechne die dritte Seite!

a) $a = 6$ cm, $b = 3$ cm
b) $a = 22$ mm, $c = 38$ mm
c) $b = 4$ m, $c = 12$ m
d) $b = 4{,}6$ dm, $c = 7{,}8$ dm
e) $a = 2{,}37$ m, $c = 5{,}69$ m
f) $a = 2{,}5$ dm, $b = 0{,}9$ dm

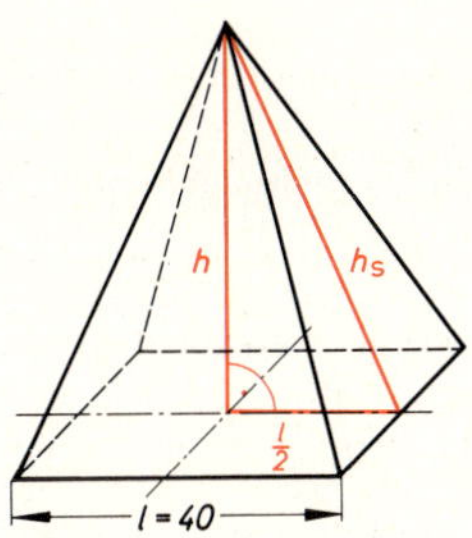

16.2 Eine quadratische Pyramide hat eine Höhe von 50 mm. Berechne:

a) die Seitenflächenhöhe h_S in cm!

b) die Oberfläche A_O der Pyramide in cm²! (siehe 7.1)

c) Zeichne die Pyramide auf Millimeterpapier und überprüfe die Antwort für h_S!

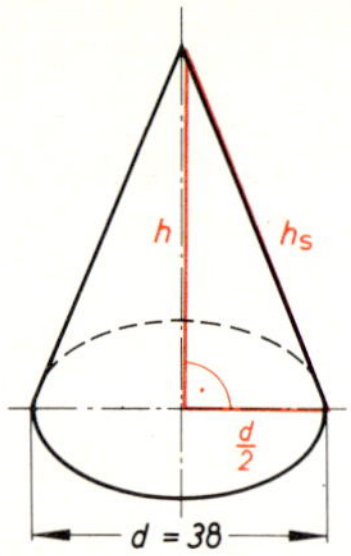

16.3 Ein Kegel hat eine Höhe von 44 mm und einen Durchmesser von 38 mm. Berechne:

a) die Seitenflächenhöhe h_S in mm!

b) die Mantelfläche A_M des Kegels in mm² (siehe 7.1).

c) Zeichne die Mantelfläche auf Millimeterpapier!

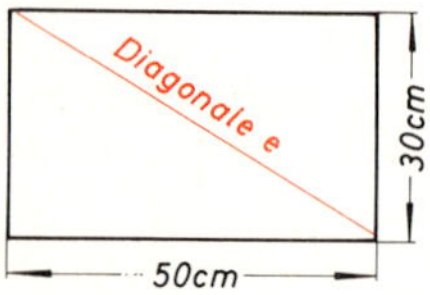

16.4 Die gezeichnete Stahlblechplatte ist 50 x 30 cm groß. Berechne die Diagonale e in cm!

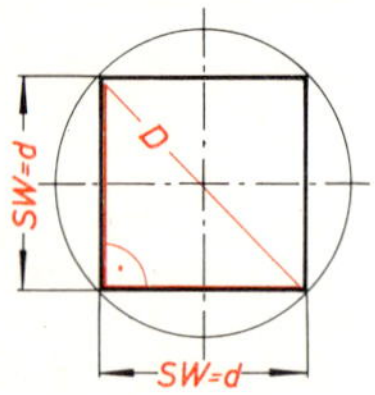

16.5 Ein Vierkant mit einer Schlüsselweite SW= 32 mm wird aus einem Rundstahl hergestellt.

a) Wie groß muß der Durchmesser des Rundstahls in mm sein?

b) Prüfe den Hilfswert der Tabelle mittels des Pythagoras nach!

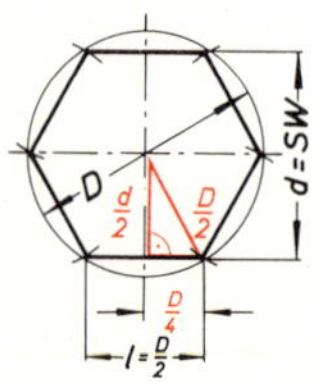

16.6 Ein Rundstahl hat einen Durchmesser von 40 mm. Aus dem Rundstahl soll der größtmöglichste Sechskant gefeilt werden.

a) Wie groß ist die Schlüsselweite des zu feilenden Sechskantes?

b) Überprüfe den Hilfswert der Tabelle mittels des Pythagoras!

c) Berechne die Fläche A des Sechskantes mittels der Tabelle und der Formel (siehe 6.1)!

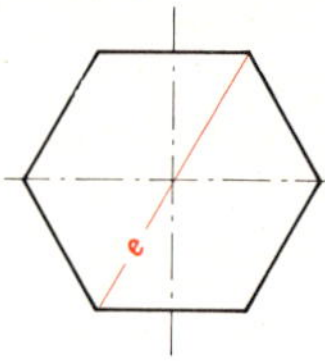

16.7 Berechne für folgende Schraubenköpfe das Eckmaß e in mm!

a) $SW = 10$ b) $SW = 14$

c) $SW = 17$ d) $SW = 19$

e) $SW = 24$ f) $SW = 32$

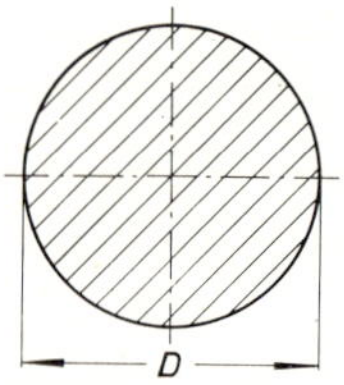

16.8 Ein Rundstahl hat einen Querschnitt von 50,26 cm².

a) Welche Schlüsselweite hat der größtmögliche Vierkant, der aus diesem Rundstahl gefeilt wird?

b) Welche Schlüsselweite hat der größtmögliche Sechskant, der aus diesem Rundstahl gefeilt wird?

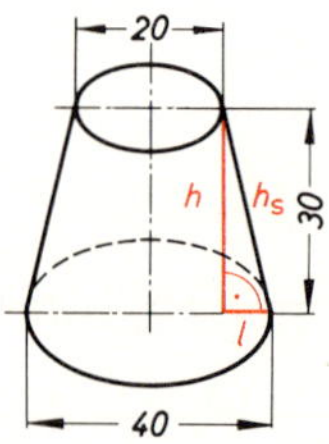

16.9 Ein Kegelstumpf hat nebenstehende Abmessungen.

a) Berechne die Seitenflächenhöhe h_S in mm!

b) Berechne die Mantelfläche A_M in cm²! (siehe 7.2).

17.1 Druckberechnung

Druck an festen Körpern
Druck in Flüssigkeiten
Druck in Gasen

Erklärung

1. Druck an festen Körpern

Wenn eine Kraft F auf einen festen Körper einwirkt, so drückt dieser auf seine Unterlage.

Die Einwirkung einer Kraft auf eine Fläche heißt Druck.

Grundsätzlich können die Einheiten für die Kraft [daN, N ...] und die Fläche [m², cm², mm² ...] beliebig eingesetzt werden.

In der Kfz-Technik wird meist die Druckeinheit Bar verwendet (1 bar $\triangleq$ 1 daN/cm²).

Eine weitere Druckeinheit Pascal (Pa) wird in der Kfz-Technik weniger verwendet (1 Pa $\triangleq$ 1 N/m² $\triangleq$ 0,00001 bar).

2. Druck in Flüssigkeiten

a) Die Anziehungskräfte zwischen den Molekülen sind bei den festen Stoffen viel größer als bei den Flüssigkeiten. Daher sind die Moleküle der Flüssigkeiten gegeneinander verschiebbar und passen sich jeder Form an. Die Moleküle liegen jedoch genauso eng wie bei den festen Stoffen und lassen keine Zwischenräume frei.

Eine Flüssigkeit hat keine feste Gestalt, aber ein bestimmtes Volumen. Flüssigkeiten lassen sich nur sehr geringfügig zusammendrücken.

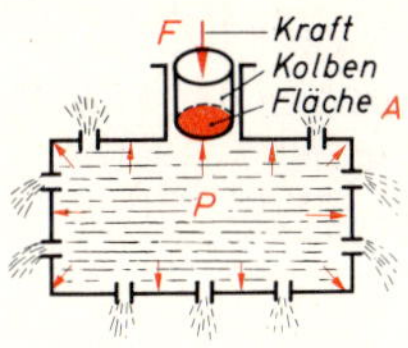

Behälter mit Flüssigkeit

b) Durch die leichte Beweglichkeit der Moleküle in der Flüssigkeit kann eine Kraft nicht an einzelnen Molekülen angreifen, da sie sofort ausweichen würden. Daher können Druckkräfte nur mit Hilfe einer Fläche angreifen (z. B. Kolbenfläche). Dabei verteilt sich die Druckkraft gleichmäßig auf die ganze Kolbenfläche A (siehe Abb.).

Der auf eine Flüssigkeit ausgeübte Druck pflanzt sich nach allen Seiten auf jeden Quadratzentimeter Fläche in gleicher Größe fort **(Pascalsches Gesetz).**

3. Druck in Gasen

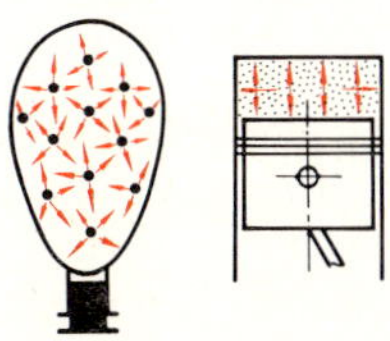

Die Beweglichkeit der Moleküle ist bei Gasen bedeutend größer als bei Flüssigkeiten. Die Moleküle schwirren durcheinander und stoßen sich gegenseitig ab. Zwischen den Molekülen ist dadurch viel freier Raum.

Die Gase haben kein bestimmtes Volumen und müssen in geschlossenen Gefäßen aufbewahrt werden. Sie lassen sich komprimieren und üben einen Gasdruck aus, der sich wie in Flüssigkeiten fortpflanzt.

Zwischen Gasdruck und Gasvolumen besteht bei einer bestimmten Gasmenge folgende Beziehung (siehe Abb.):

Je mehr ein eingeschlossenes Gasvolumen zusammengedrückt (= komprimiert) wird, desto höher steigt der Gasdruck. Nimmt umgekehrt dieses Gasvolumen wieder einen größeren Raum ein, so fällt der Gasdruck.

Bezeichnungen

1. Druck an festen Körpern

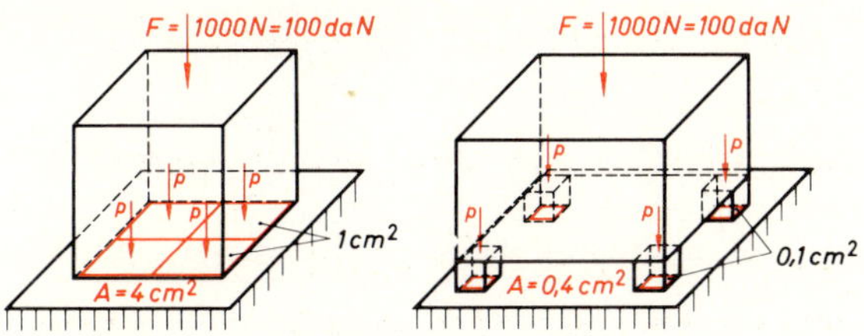

Abb. 1

F = Kraft (Druckkraft) [daN oder N]

A = Fläche (gedrückte Fläche) [cm² oder mm²]

p = Druck (Flächenpressung) $\left[\frac{daN}{cm^2} \text{ od. } \frac{N}{mm^2}\right]$

(Vergleiche auch Abschnitt 4.3.)

2. Druck in Flüssigkeiten

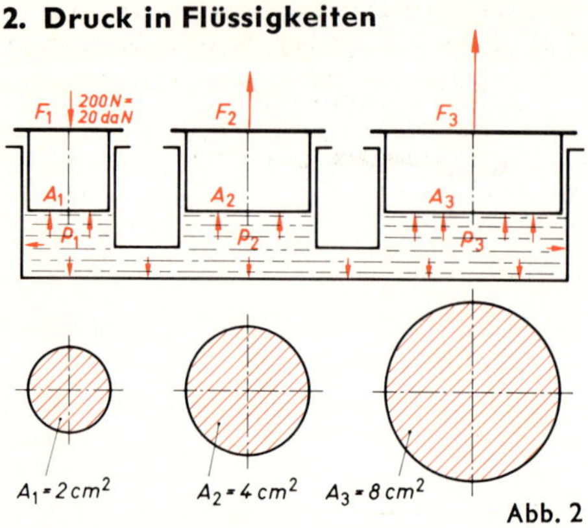

Abb. 2

$\left.\begin{matrix}F_1\\F_2\\F_3\end{matrix}\right\}$ = Druckkräfte [daN oder N]

$\left.\begin{matrix}A_1\\A_2\\A_3\end{matrix}\right\}$ = gedrückte Fläche [cm²]

p = Flüssigkeitsdruck $\left[\frac{daN}{cm^2} = bar\right]$

$\left.\begin{matrix}p_1\\p_2\\p_3\end{matrix}\right\}$ = Flüssigkeitsdruck an den Flächen A_1, A_2 und A_3 $\left[\frac{daN}{cm^2} = bar\right]$

3. Druck in Gasen

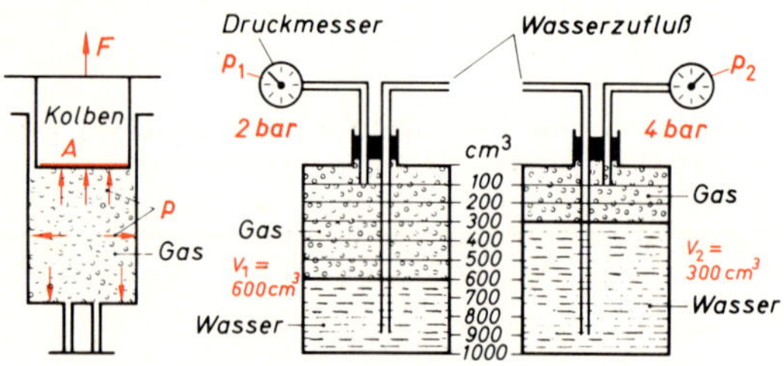

Abb. 3

F = Druckkraft [daN]

A = gedrückte Fläche [cm²]

p = Gasdruck $\left[\frac{daN}{cm^2} = bar\right]$

V = Gasvolumen [l oder cm³]

p_1 = Gasdruck vorher $\left[\frac{daN}{cm^2} = bar\right]$

p_2 = Gasdruck nachher $\left[\frac{daN}{cm^2}\right]$

V_1 = Gasvolumen vorher [l oder cm³]

V_2 = Gasvolumen nachher [l oder cm²]

Formel mit Beispiel

Bei der Druckberechnung gilt grundsätzlich:

$$\text{Druck} = \frac{\text{Druckkraft}}{\text{gedrückte Fläche}}$$

1. Druck an festen Körpern (Flächenpressung)

$$p = \frac{F}{A}\left[\frac{N}{mm^2} \text{ oder } \frac{daN}{cm^2} \text{ oder } \frac{N}{m^2}\right]$$

Also: Große Fläche → kleiner Druck!
Kleine Fläche → großer Druck!

Berechne die Flächenpressung mit den Werten der Abb. 1, „Druck an festen Körpern!“

a) $p = \frac{F}{A} = \frac{1000\ N}{400\ mm^2} = \underline{2{,}5\ \frac{N}{mm^2}} = \underline{25\ \frac{daN}{cm^2}}$

b) $p = \frac{F}{A} = \frac{100\ daN}{0{,}4\ cm^2} = \underline{250\ \frac{daN}{cm^2}}$

2. Druck in Flüssigkeiten

$$p = \frac{F}{A}\left[\frac{daN}{cm^2} = bar\right]$$

Also: $p_1 = \frac{F_1}{A_1}$ $p_2 = \frac{F_2}{A_2}$ $p_3 = \frac{F_3}{A_3}$

Es verhält sich: $\frac{F_1}{A_1} = \frac{F_2}{A_2} = \frac{F_3}{A_3}$

oder: $\frac{F_1}{F_2} = \frac{A_1}{A_2}$ und $\frac{F_2}{F_3} = \frac{A_2}{A_3}$

Berechne mit den Werten der Abb. 2 „Druck in Flüssigkeiten“ p, F_2 und F_3!

$p = \frac{F_1}{A_1} = \frac{200\ N}{2\ cm^2} = \frac{20\ daN}{2\ cm^2} = \underline{10\ \frac{daN}{cm^2}}$

$p = \frac{F_2}{A_2}$ [bar]
$F_2 = A_2 \cdot p$ [daN]
$F_2 = 4 \cdot 10$
$F_2 = \underline{40\ daN = 400\ N}$

$p = \frac{F_3}{A_3}$ [bar]
$F_3 = A_3 \cdot p$ [daN]
$F_3 = 8 \cdot 10$
$F_3 = \underline{80\ daN = 800\ N}$

3. Druck in Gasen

$$p = \frac{F}{A}\left[\frac{daN}{cm^2} = bar\right]$$

Gasdruck und Gasvolumen stehen im umgekehrten Verhältnis zueinander:

$$\frac{V_1}{V_2} = \frac{p_2}{p_1}$$

$$V_1 \cdot p_1 = V_2 \cdot p_2$$

Daraus folgt das Boyle-Mariottsche Gesetz:
Das Produkt aus Gasdruck und Gasvolumen einer abgeschlossenen Gasmenge ist bei gleicher Temperatur immer gleich groß.

$$V \cdot p = \text{konstant}$$

Der Kolbenboden eines Verbrennungsmotors ist 60 cm² groß. Die Verbrennungsgase wirken mit einer Kraft von 24 000 N ein. Wie groß ist der Gasdruck p?

$$p = \frac{F}{A} = \frac{24000\ N}{60\ cm^2} = \frac{2400\ daN}{60\ cm^2} = \underline{\frac{400\ daN}{cm^2}}$$

Berechne mit den Werten der Abb. 3 „Gasdruck und Gasvolumen" p_2!

$$\frac{V_1}{V_2} \times \frac{p_2}{p_1}$$

$$V_1 \cdot p_1 = V_2 \cdot p_2$$

$$p_2 = \frac{V_1 \cdot p_1}{V_2}\ [bar]$$

$$p_2 = \frac{600 \cdot 2}{300} = \underline{4\ bar}$$

Abb. 3
Seite **94**

Anmerkung

1. Das Pascalsche Gesetz findet bei der hydraulischen Presse, bei der hydraulischen Bremse und Kupplung usw. Anwendung. Hierbei werden Kraftgewinne erzielt (hydraulische Übersetzung).
2. Gasflaschen können unter Druck große Gasmengen speichern:
   Flascheninhalt = Rauminhalt der Stahlflasche × Gasdruck der Stahlflasche

$$V = V_{FL} \cdot p\ [l]$$

Aufgaben

17.1 Stelle die Formel $p = \frac{F}{A}$ [daN/cm²] nach F und A um!

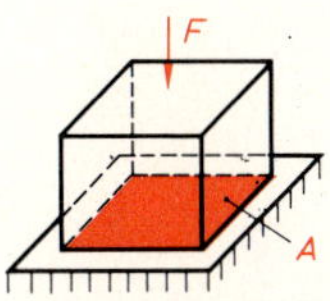

17.2 Berechne die Flächenpressung und deute anschließend die Ergebnisse!

Aufgabe	a)	b)	c)
F	80,3 daN	80,3 daN	19,26 N
A	22 cm²	44 cm²	30 mm²

Aufgabe	d)	e)	f)
F	38,52 N	64 N	128 N
A	30 mm²	0,4 m²	0,8 m²

17.3 Berechne die fehlenden Werte nachstehender Aufgaben!

Aufgabe	a)	b)	c)
F	4840 N	1549,55 daN	?
A	12,1 cm²	8500 mm²	1,4 dm²
p [bar]	?	?	12,4

Aufgabe	d)	e)	f)
F	187,2 N	?	275,5 daN
A	?	0,05 m²	?
p [bar]	360	62	5

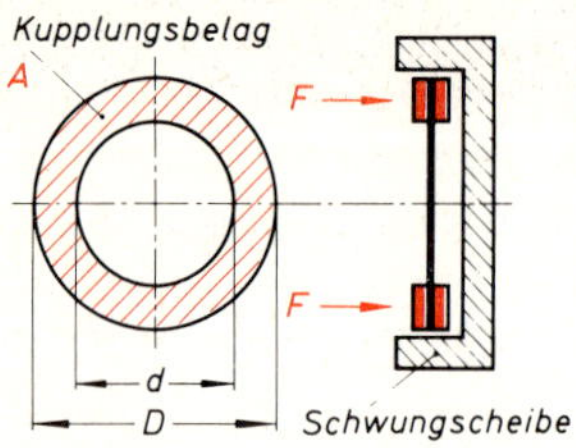

17.4 Der Kupplungsbelag einer Reibungskupplung hat $D = 200$ mm und $d = 130$ mm.

a) Bestimme die Kupplungsfläche (= Reibfläche) in cm²!

b) Wie groß ist die Flächenpressung, wenn die Anpreßkraft F der Kupplungsfedern 326,5 daN beträgt?

17.5 Die Skizze zeigt eine hydraulische Presse im Schema.

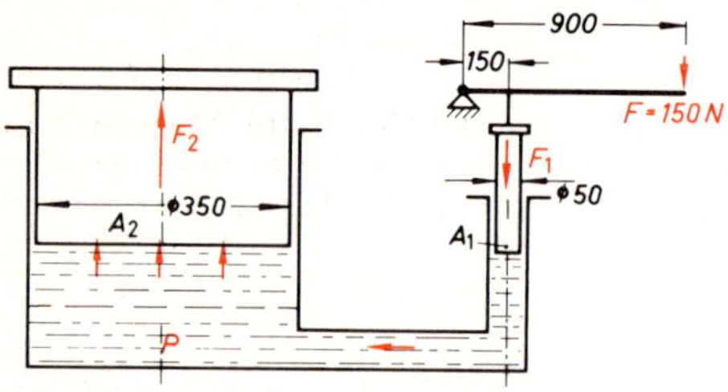

a) Berechne die Kraft F_1 am Pumpenkolben!

b) Ermittle den Flüssigkeitsdruck p!

c) Wie groß ist die Kraft F_2 am Arbeitskolben?

17.6 Das Flüssigkeitssystem in der obenstehenden Abbildung hat folgende Abmessungen:

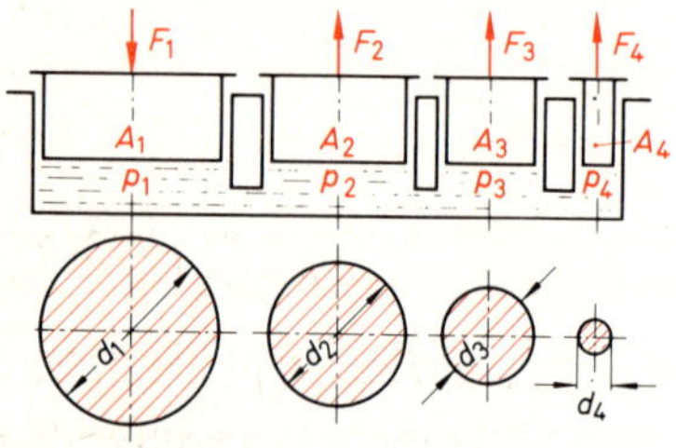

$d_1 = 200$ mm $\quad d_3 = 100$ mm
$d_2 = 150$ mm $\quad d_4 = 50$ mm

a) Errechne den Flüssigkeitsdruck p, wenn $F_1 = 1005$ N ist!

b) Ermittle F_2, F_3 und F_4!

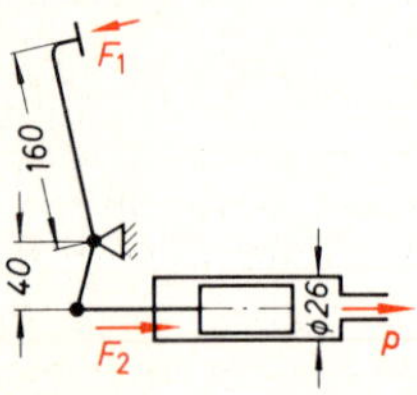

17.7 Der Flüssigkeitsdruck in einer hydraulisch betätigten Kupplung ist $p = 8$ bar. Wie groß ist der Fußdruck F_1?

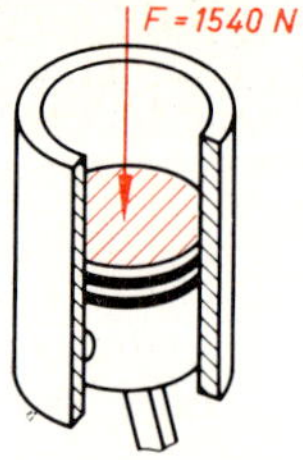

17.8 a) Der Kolbenboden eines Ottomotors hat einen Durchmesser von 70 mm und wird durch die heißen Verbrennungsgase mit 15 400 N belastet. Wie groß ist der Druck auf den Kolbenboden in bar?

b) Ein Dieselmotor hat einen Kolbendurchmesser von 110 mm und wird mit 61 750 N belastet. Bestimme den Druck in bar!

17.9 a) Eine Sauerstoffflasche hat einen Rauminhalt von 40 Liter und einen Gasdruck von $p = 150$ bar. Wieviel Liter Sauerstoff sind in der gefüllten Flasche?

b) Wieviel Liter Sauerstoff sind verbraucht, wenn der Flaschendruck um 30 bar gesunken ist?

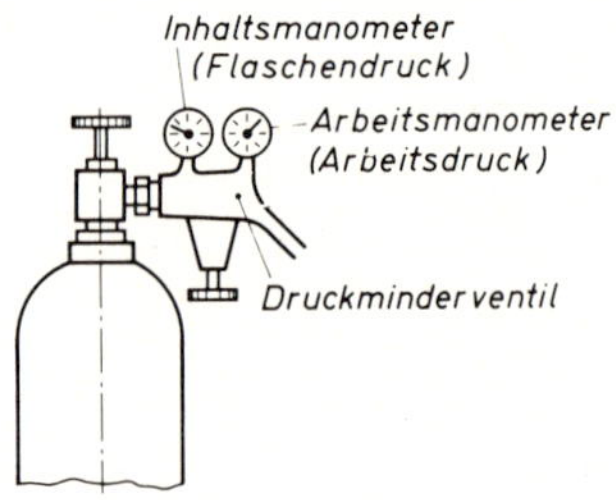

17.10 Die Druckkraft am Kolben des Radbremszylinders soll 750 (820; 1000) daN bei einem Zylinder-ø von 40 (44; 50) mm betragen. Wie groß muß der Flüssigkeitsdruck p in daN/cm² sein?

17.11 Eine Kraftstoffpumpe hat einen wirksamen Durchmesser von 35 (40; 46) mm. Der Förderdruck ist $p = 0{,}17$ (0,19; 0,18) daN/cm². Wie groß ist die Membranfederkraft in N?

17.12 Auf einen Kolben wirken 17590 (15384) N, wobei der Druck $p = 35$ (40) daN/cm² beträgt. Berechne den Kolbendurchmesser!

Erklärung

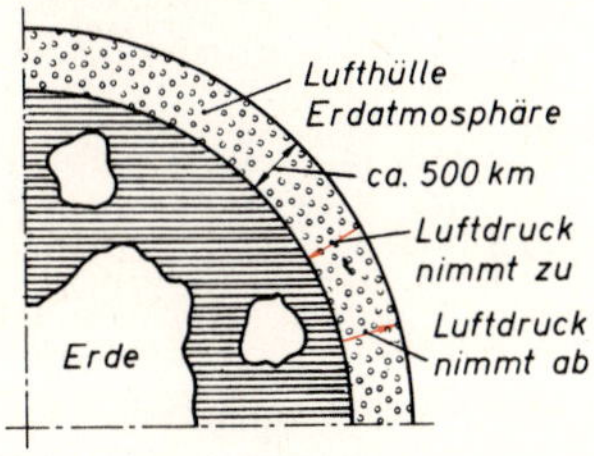

1. Luftdruck:

Die Erdoberfläche ist von einer dicken Lufthülle umgeben, die man Erdatmosphäre nennt.

Die oben befindlichen Luftteilchen drücken mit ihrem Gewicht auf die darunter liegenden usw. Dadurch kommt der Luftdruck auf der Erdoberfläche zustande.

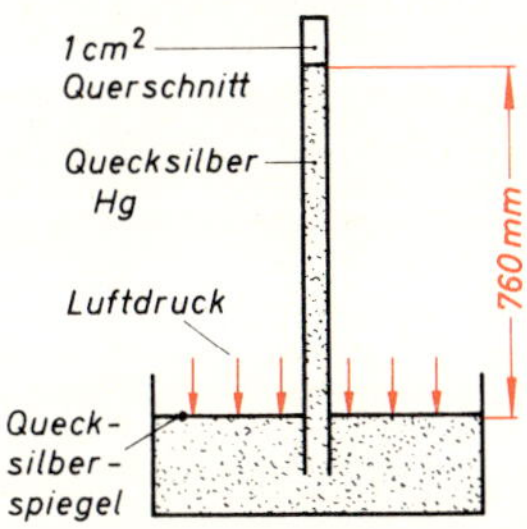

Versuch von Torricelli

Die Größe des Luftdruckes bestimmt man mit dem Torricellischen Versuch:

Man füllt nach nebenstehender Abbildung einen Behälter und eine einseitig verschlossene Glasröhre mit Quecksilber. Die Röhre hält man mit dem offenen Ende in den Behälter. Das Quecksilber fließt zum Teil aus der Röhre heraus und bleibt dann 760 mm über dem Quecksilberspiegel stehen. Die Höhe der Quecksilbersäule entspricht dem herrschenden Luftdruck:

Gewicht (Masse) der Quecksilbersäule

$$m = V \cdot \rho \text{ [g]} = 1\text{ cm}^2 \cdot 76\text{ cm} \cdot 13{,}6\,\frac{\text{g}}{\text{cm}^3} = 1033\text{ g} = 1{,}033\text{ kg}$$

$$\text{Gewichtskraft } F = m \cdot g = 1{,}033\text{ kg} \cdot 9{,}81\,\frac{\text{m}}{\text{s}^2} = 10{,}133\text{ N} = \mathbf{1{,}0133\text{ daN}}$$

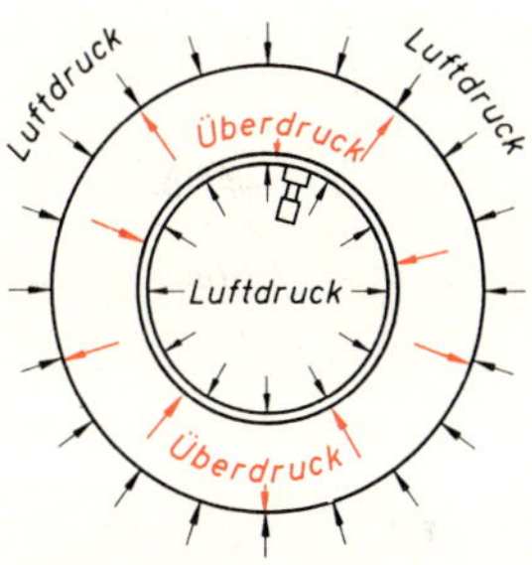

Aufgepumpter Reifen

Die Luft drückt auf jeden cm² mit 1,0133 daN. Der Luftdruck ist also:

$$p = \frac{1{,}0133\text{ daN}}{1\text{ cm}^2} = 1{,}0133\text{ bar} \approx 1\text{ bar}$$

2. Überdruck, Unterdruck, absoluter Druck

Der Gasdruck einer abgeschlossenen Gasmenge kann größer oder kleiner als der in der Atmosphäre herrschende Luftdruck sein:

a) Überdruck

Der Gasdruck des abgebildeten Autoreifens ist größer als der Luftdruck. Da der Reifen aufgepumpt ist, herrscht Überdruck.

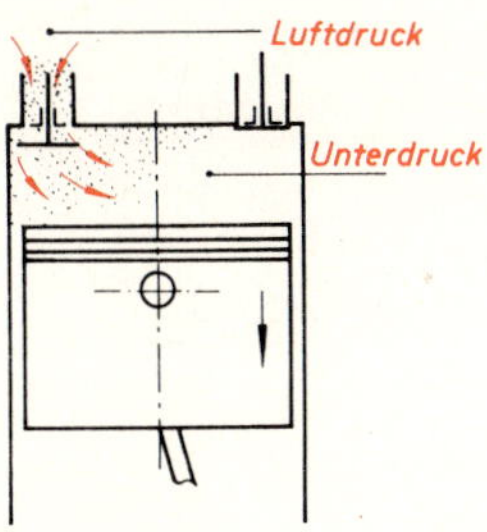

Ansaugvorgang

b) Unterdruck

Der Gasdruck im Zylinderraum eines Kfz-Motors ist beim Ansaugen des Kraftstoff-Luftgemisches kleiner als der Luftdruck. Es herrscht Unterdruck, so daß durch das Luftfilter und das Einlaßventil die Luft in den Zylinderraum einströmt.

c) Absoluter Druck

Der absolute Druck ist der vom luftleeren Raum (Vakuum) aus gemessene Druck. Der Druck im luftleeren Raum ist 0 bar.

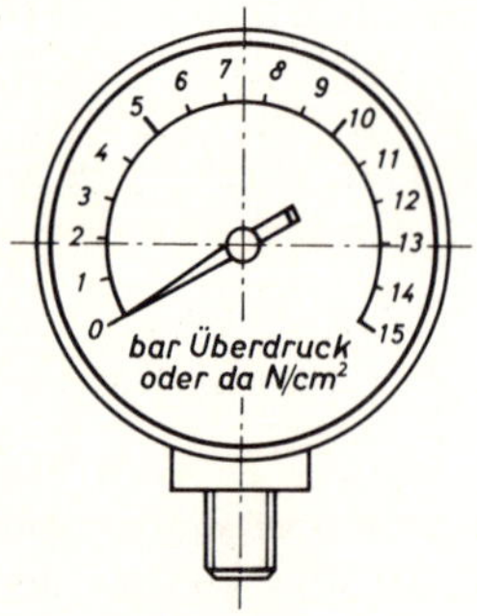

Druckmanometer

3. Druckmeßgeräte

Der absolute Druck wird mit dem Barometer (z. B. Quecksilberbarometer) durch Druckvergleich zwischen dem Vakuum und dem zu bestimmenden Druck gemessen.

Der Überdruck wird mit dem Druckmanometer ermittelt. Das geschieht durch Druckvergleich zwischen dem herrschenden Luftdruck und dem zu messenden Druck.

Bezeichnungen

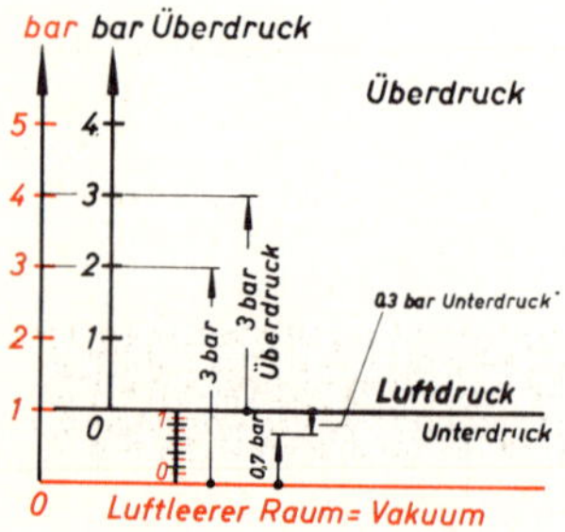

Die Maßeinheit des Gasdruckes ist $1 \frac{daN}{cm^2} = 1$ bar.

p_a = absoluter Druck [bar]

$p_ü$ = Überdruck [bar Überdruck]

p_u = Unterdruck [bar Unterdruck]

Der Luftdruck wird in der Technik gleich 1 bar gesetzt.

Formeln mit Beispiel

Absoluter Druck = Überdruck + Luftdruck

$P_a = P_ü + 1$ bar [bar]

Wieviel bar sind 2 bar Überdruck?

P_a = 2 bar Überdruck + 1 bar = **3 bar**

Überdruck = absoluter Druck — Luftdruck

$P_ü = P_a - 1$ bar [bar Überdruck]

Wieviel bar Überdruck sind 4 bar?

$P_ü$ = 4 bar — 1 bar = **3 bar Überdruck**

Unterdruck = Luftdruck — absoluter Druck

$P_u = 1$ bar $- P_a$ [bar Unterdruck]

Wieviel bar Unterdruck sind 0,7 bar?

P_u = 1 bar — 0,7 bar = **0,3 bar Unterdruck**

Absoluter Druck = Luftdruck — Unterdruck

$P_a = 1$ bar $- P_u$ [bar]

Wieviel bar sind 0,3 bar Unterdruck?

P_a = 1 bar — 0,3 bar Unterdruck = **0,7 bar**

Anmerkung

In der Physik kennt man außerdem die Druckeinheit „Torr“: 760 Torr = 1,0133 bar.

Aufgaben

17.13 Verwandle folgende Drücke in:

a) bar	8 bar Überdr.	0,4 bar Unterdr.	$\frac{1}{2}$ bar Unterdr.	120 bar Überdr.
	$\frac{3}{4}$ bar Unterdr.	4,6 bar Überdr.	0,635 bar Unterdr	12 bar Überdr.
b) bar Überdr.:	12 bar	18,5 bar	$12\frac{1}{6}$ bar	150 bar
	45 bar	100 bar	5,2 bar	14 bar
c) bar Unterdr.:	0,5 bar	$\frac{6}{7}$ bar	0,3 bar	0,25 bar
	0,264 bar	0,982 bar	$\frac{2}{5}$ bar	0,4 bar

17.14 Der Unterdruck beim Ansaugen beträgt 0,2 bar Unterdruck. Wie groß ist der Unterdruck in bar?

17.15 Ein Kfz hat in den Vorderrädern einen Luftdruck von 1,8 bar Überdruck und in den Hinterrädern einen Luftdruck von 2,2 bar Überdruck.

a) Wieviel bar sind das?

b) Durch schnelles Fahren ist der Reifendruck um 15% gestiegen. Wieviel bar Überdruck beträgt der Luftdruck in den Vorder- und Hinterrädern?

17.16 Eine Sauerstoffflasche hat 40 Liter Inhalt. Das Inhaltsmanometer zeigt 120 bar Überdruck an. Wie groß ist die Sauerstoffmenge in der Gasflasche?

17.17 Das Inhaltsmanometer einer 40-Liter-Gasflasche zeigt bei Schweißbeginn 90 bar Überdruck, bei Arbeitsende 68 bar Überdruck an.

a) Rechne die Drücke in bar um!

b) Wieviel Liter Gas wurden beim Schweißen verbraucht? (Beachte: Gasverbrauch = Rauminhalt Flasche · Druckunterschied).

17.18 Es herrscht ein Atmosphärenüberdruck von 20,5 bar Überdruck. Der Luftdruck beträgt 760 Torr. Wie groß ist der absolute Druck?

17.19 Auf ein Sicherheitsventil wirkt eine Dampfkraft von 101,7 daN. Wie groß ist der Durchmesser des Sicherheitsventils, wenn $p = 10$ bar Überdruck beträgt?

17.20 In einem Entwickler herrscht ein Überdruck von 1,2 bar. Der Deckeldurchmesser ist 700 mm.

a) Wieviel bar sind das?

b) Welche Kraft müssen die Deckelschrauben aushalten?

18.1 Wärmeberechnung

Temperatur und Wärmemenge
Motorkühlung
Energieumwandlung

Erklärung

1. Temperatur und Wärmemenge

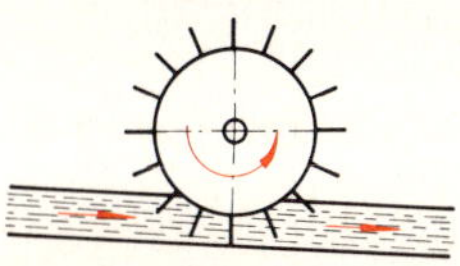

Wie in nebenstehender Abbildung gezeigt wird, kann z. B. ein sich bewegender Wasserstrom ein Wasserrad antreiben und damit mechanische Arbeit verrichten.

In dem sich bewegenden Wasser steckt also ein Arbeitsvermögen, das Energie genannt wird.

Genauso wie der Wasserstrom haben auch die sich bewegenden Moleküle der Stoffe Energie. Je höher die Energie eines einzelnen Moleküles ist, desto höher ist auch die Temperatur eines Stoffes.

Verschiedene Massen — gleiche Temperaturen

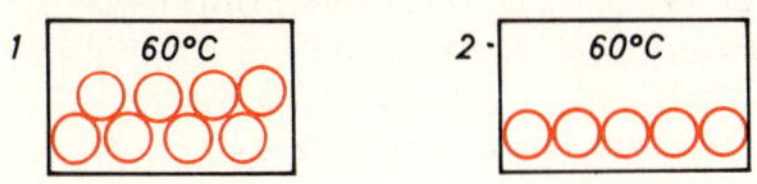

Behälter 1 Behälter 2

a) Energie jedes einzelnen Moleküls ist gleich (sowohl im Behälter 1 als auch 2) = gleiche Temperatur.

Der Wärmegrad (= Temperatur) wird durch das Thermometer gemessen. Temperatur und Wärme dürfen nicht miteinander verwechselt werden.

Die Temperatur entspricht demnach der Energie eines einzelnen Moleküles.

Demgegenüber ist die Wärmemenge (= Wärmeenergie) die Summe der Energien aller Moleküle.

b) Summe der Energien aller Moleküle in Behälter 1 ist größer als in Behälter 2 = Wärmeenergie in Behälter 1 ist größer als in Behälter 2, da mehr Moleküle (größere Gesamtzahl = größere Masse) vorhanden sind.

Die Wärmemenge hängt also ab von:
a) der Energie des einzelnen Moleküles (= Temperatur)
b) der Gesamtzahl der Moleküle (= Masse).

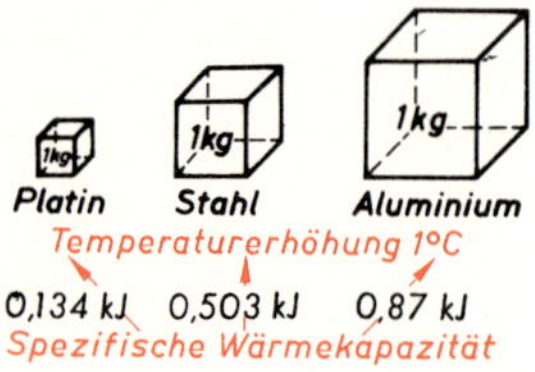

Die Wärmemenge, die zur Temperaturerhöhung eines Stoffes notwendig ist, hängt ab von:
a) Größe der Temperaturerhöhung
b) Stoffmenge
c) spezifischer Wärmekapazität (Stoffart)

Die spezifische Wärmekapazität ist die Wärmemenge, die 1 kg eines Stoffes um 1 Kelvin (oder 1 °C) erwärmt.

2. Motorkühlung

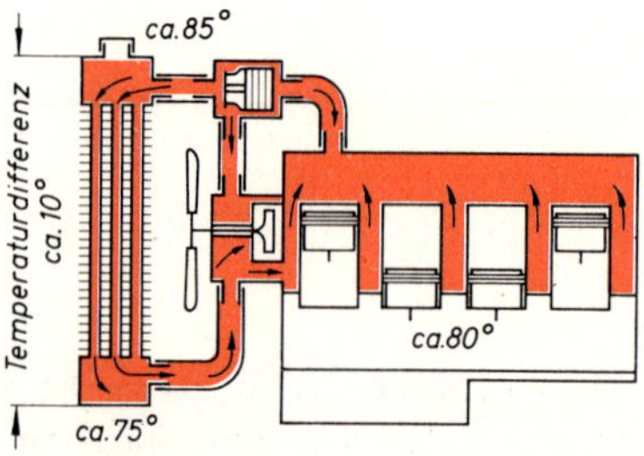

Die bei der Verbrennung im Motor entstehende Wärmemenge wird bei den Kfz-Motoren zu einem Drittel durch das Kühlsystem (z. B. siehe Pumpenumlaufkühlung in der Abb.) an die Außenluft abgegeben.

Das sind z. B. bei einem Pkw, der auf 100 km 10 l Kraftstoff (Dichte 0,75; Heizwert 42 MJ/kg) braucht:

$$Q = \frac{10 \cdot 0{,}75 \cdot 42}{3} = 105 \text{ MJ} = 105 \text{ Millionen Joule.}$$

Der Wasserinhalt der Kühlanlage, die Anzahl der Kühlumläufe und die damit umgewälzte Wassermenge bestimmen die Größe der Wärmemenge, die ab- oder zugeführt werden kann.

3. Energieumwandlung

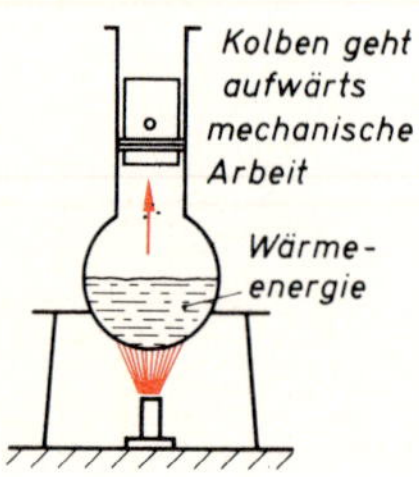

Eine Energieart kann in eine andere umgewandelt werden. Es wurde festgestellt, daß Wärme gleich der Summe der Energien aller Moleküle ist. Deshalb kann Wärme in eine andere Energieart umgewandelt werden, z. B. in mechanische Arbeit eines Kolbens, der aufwärts getrieben wird (siehe Abb.).

Auf der Umwandlung der Wärmeenergie in mechanische Arbeit beruht das Prinzip der Wärmekraftmaschinen.

Wärmemenge, Energie und Arbeit sind gleiche Größen. Deshalb können die Einheiten Joule, Newtonmeter und Wattsekunde beliebig ausgetauscht werden.

Bezeichnungen

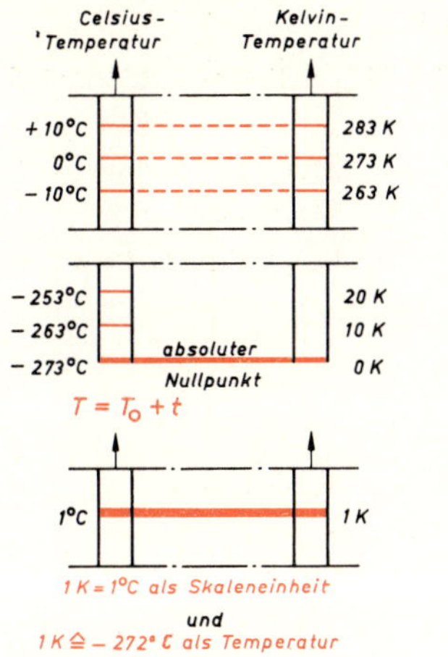

1 K = 1 °C als Skaleneinheit
und
1 K ≙ —273°C als Temperatur

Die Einheit der Temperatur ist das Kelvin [K].

Anstelle der Temperaturangabe in Kelvin [K] kann die Temperatur auch in Grad [°C] angegeben werden.

Die Einheit der Wärmemenge ist das Joule [J] (sprich: dschul!).

T = Kelvintemperatur [K]

T_o = 273 K ≙ 0 °C

t = Celsiustemperatur [°C]

Δt bzw. ΔT (sprich: delta t)
= $t_2 - t_1$ oder $T_2 - T_1$ = Temperaturdifferenz [K oder °C]

Q = Wärmemenge [Type: J oder kJ]

c = spezifische Wärmekapazität $\left[\frac{kJ}{kg \cdot K}\right]$

m = Masse (z. B. Wassermenge) [kg]

V = Wasserinhalt Kühlanlage [l]

i = Anzahl der Kühlumläufe [1/h]

Formeln mit Beispiel

1. Wärmemenge

Bei der Erwärmung einer bestimmten Menge von t_1 auf t_2 gilt:

Wärmemenge = { Stoffmenge
× spezifische Wärmekapazität
× Temperaturunterschied }

$$Q = m \cdot c \cdot (t_2 - t_1) \quad [\text{J oder kJ}]$$

Welche Wärmemenge ist nötig, um 10 Liter (= 10 kg) Kühlwasser von 20 °C auf 80 °C zu erwärmen, wenn die spez. Wärmekapazität für Wasser c = 4,19 kJ/kg · K beträgt?

$Q = m \cdot c \cdot (t_2 - t_1)$ [kJ]

$10 \cdot 4{,}19 \cdot (80° - 20°)$

$Q = 4{,}19 \cdot 60 = \underline{2\,514 \text{ kJ}}$

2. Berechnung der Motorkühlung

$Q = m \cdot c \cdot (t_2 - t_1)$ [kJ]

$m \rightarrow V \cdot i$, $c \rightarrow 4{,}19$

abzuführende (=aufzunehmende) Wärmemenge pro h = { Wasserinhalt Kühlanlage [l]
× Anzahl Kühlumläufe [1/h]
× Temperaturunterschd. [°C] }

$$Q = V \cdot i \cdot 4{,}19\,(t_2 - t_1) \quad [\text{kJ/h}]$$

Ein Pkw hat 10 Liter Kühlwasser, die Temperaturdifferenz im Kühler ist 85°—75° = 10 °C. Berechne die abgeführte Wärmemenge pro Stunde, wenn die Anzahl der Kühlumläufe 240 1/h beträgt!

$Q = V \cdot i \cdot 4{,}19 \cdot (t_2 - t_1)$ [kJ/h]

$= 10 \cdot 240 \cdot 4{,}19 \cdot (85° - 75°)$

$Q = 2400 \cdot 4{,}19 \cdot 10$

$Q = \underline{100\,560 \text{ kJ/h}}$

3. Energieumwandlung

Energie kann nicht verlorengehen, sondern nur umgewandelt werden.

Wärmeenergie = mechanische Arbeit

1 J = 1 Nm = 1 Ws

Wieviel Nm sind 250 kJ

250 kJ = 250 000 J
= 250 000 Nm
= 250 000 Ws

Anmerkung

Tabelle der spezifischen Wärme einiger Stoffe in kJ/kg · k							
Alkohol	2,51	Aluminium	0,87	Blei	0,12	Eis	2,09
Öl	2,09	Stahl	0,5	Eisen	0,54	Messing	0,37
Wasser	4,19	Kupfer	0,37	Luft	1,04	Quecksilber	0,12

Aufgaben

18.1 Stelle die Formel $Q = m \cdot c \cdot (t_2 - t_1)$ nach m und c um!

18.2 20 l Wasser werden von 10 °C auf 25 °C erwärmt. Wieviel kJ sind hierfür erforderlich?

18.3 Berechne die notwendige Wärmemenge, um folgende Wassermengen von 273 K (≙ 0 °C) auf die angegebene Temperatur zu erwärmen!

Aufgabe	a)	b)	c)
Wassermenge m	5 kg	960 cm³	7 kg
Temperatur T_2	293 K	298 K	313 K

Aufgabe	d)	e)	f)
Wassermenge m	3500 g	12 dm³	9,1 l
Temperatur t_2	50 °C	62 °C	71 °C

18.4 Welche Wärmemenge enthalten 5 Liter Öl, die im Motor von 10 °C auf 70 °C erwärmt wurden?

18.5 Welche Wärmemenge geben 15 kg Stahl ab, wenn sie beim Härten von 830 °C auf 20 °C abgeschreckt werden?

18.6 Die Luft in einem Klassenzimmer 12×8×3 m soll durch die Heizung von 10 °C auf 19 °C erwärmt werden ($c_{Luft} = 1{,}04 \frac{kJ}{kg \cdot K}$; $\rho_{Luft} = 1{,}29$ kg/m³).

Wieviel kJ werden zugeführt?

18.7 Stelle die Formel $Q = V \cdot i \cdot 4{,}19\,(t_2 - t_1)$ nach V und i um!

18.8 Ein Pkw hat 9 Liter Kühlwasser, das mit einer Temperatur von 74 °C in den Motor einfließt und ihn mit 86 °C verläßt. Wie groß ist die im Motor in einer Stunde aufgenommene und abgeführte Wärmemenge, wenn 270 Kühlumläufe in der Stunde gemacht werden?

18.9 Ein Kfz hat 12 Liter Kühlwasser und verbraucht auf 100 km 8,5 Liter Kraftstoff (Heizwert 44 MJ/kg, Dichte 0,76). 32% der anfallenden Wärmemenge sollen abgeführt werden, wobei die Temperatur im Kühler um 8 °C absinkt.

a) Wie groß ist die bei der Verbrennung anfallende Wärmemenge?

b) Wieviel kJ muß das Kühlwasser abführen?

c) Wieviel Kühlumläufe pro Stunde und pro Minute sind nötig, um diese Wärmemenge abzuführen?

18.10 Das Kühlwasser eines Motors macht 250 Kühlumläufe pro Stunde und soll 112 MJ aufnehmen, wobei die Kühlwassertemperatur um 10 °C ansteigt.

a) Wieviel Liter Kühlwasser sind erforderlich?

b) Wie groß ist die umgewälzte Wassermenge in l/h und l/min?

18.11 Wieviel Nm sind a) 300 MJ, b) 2500 kJ und c) 31 400 Ws?

18.12 Welche Wärmemenge in J und kJ entspricht einer mechanischen Arbeit von a) 86 254 Nm, b) 3458,7 Nm und c) 213,5 Nm?

18.13 Bei der Verbrennung des Kraftstoffes im Motor entstehen 251,4 MJ. Davon werden 66% nicht in mechanische Arbeit des Kolbens umgewandelt. Wieviel Nm sind das?

18.2 Wärmeberechnung

Längenausdehnung fester Körper
Raumausdehnung fester und flüssiger Körper

Erklärung

1. Längenausdehnung

Die meisten Stoffe dehnen sich mit zunehmender Erwärmung aus. Je nach Stoffart ist bei gleicher Temperaturzunahme die Längenzunahme verschieden.

Man hat durch Versuche ermittelt, daß sich z. B. ein Stahlstab um 12 Millionstel seiner Länge pro Grad dehnt:

$$\text{Längenausdehnungszahl} = \frac{0.000012\ \cancel{m}}{1\ \cancel{m} \cdot 1\ K} = 0{,}000012 \text{ pro 1 Kelvin}$$

Die Längenzunahme eines Metallstabes von 1 m Länge je Kelvin Temperaturzunahme nennt man Längenausdehnungszahl.

2. Raumausdehnung

Da sich ein Körper nach allen Richtungen hin ausdehnt, ergibt sich daraus die Raumausdehnung (Volumenausdehnung). Bei Flüssigkeiten ist nur die räumliche Ausdehnung vorhanden (Volumenzunahme).

Man hat durch Versuche ermittelt, daß sich z. B. ein Liter Öl um 8 Zehntausendstel seines Volumens pro Grad ausdehnt:

$$\text{Raumausdehnungszahl} = \frac{0{,}0008\ \cancel{l}}{\cancel{1}\ l \cdot 1\ K} = 0{,}0008 \text{ pro 1 Kelvin}$$

Die Raumzunahme des Volumens eines festen oder flüssigen Körpers je Kelvin Temperaturzunahme nennt man Raumausdehnungszahl. Sie ist dreimal so groß wie die Längenausdehnungszahl.

Bezeichnungen

- Δ (= Delta) = Differenz (= Zunahme bzw. Abnahme) zwischen zwei Größen
- l_o = ursprüngliche Länge vor der Erwärmung
- l_t = Länge nach der Erwärmung
- Δl = Längenzunahme bei der Erwärmung
- t_1 = ursprüngliche Temperatur vor der Erwärmung
- α_t = Längenausdehnungszahl

$$= \frac{\Delta l}{l_o \cdot \Delta t} \left[\frac{\cancel{m}}{\cancel{m} \cdot K} = \frac{1}{K}\right]$$

- t_2 = Temperatur nach der Erwärmung
- Δt = Temperaturzunahme bei der Erwärmung [K oder °C]
- V_o = ursprüngliches Volumen vor der Erwärmung
- V_t = Volumen nach der Erwärmung
- ΔV = Volumenzunahme bei der Erwärmung
- γ = Raumausdehnungszahl (≈ 3 dt)

$$= \frac{\Delta V}{V_o \cdot \Delta t} \left[\frac{\cancel{m^3}(l)}{\cancel{m^3}(l) \cdot K} = \frac{1}{K}\right]$$

Formel mit Beispiel

Die Maßeinheit der Wärmeausdehnung ist immer dieselbe, in der man die Länge oder den Rauminhalt eingesetzt hat.

2. Hubverhältnis

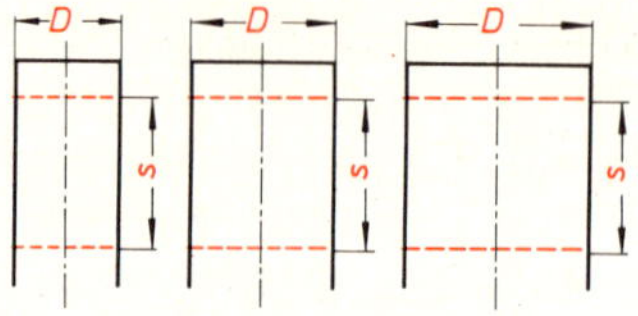

Langhuber: $\frac{\text{Hub}}{\text{Bohrung}} > 1$ | quadratischer Motor: $\frac{\text{Hub}}{\text{Bohrung}} = 1$ | Kurzhuber: $\frac{\text{Hub}}{\text{Bohrung}} < 1$

Der Hub ist die Strecke zwischen dem oberen und dem unteren Totpunkt. Die Bohrung ist der Zylinderdurchmesser. Er ist gleich dem Kolbendurchmesser plus Kolbenspiel.

Der Hub und die Bohrung eines Motors stehen in einem bestimmten Verhältnis zueinander, das man Hubverhältnis nennt.

Das Zeichen $>$ bedeutet „größer als"!
Das Zeichen $<$ bedeutet „kleiner als"!

3. Füllungsgrad

Im Zylinderraum verbleiben beim Arbeitsspiel Gasrückstände. Sie verschlechtern die Füllung mit Kraftstoff-Luftgemisch, so daß sie stets kleiner als das Hubvolumen ist.

Der Füllungsgrad des Motors ist das Verhältnis der tatsächlich angesaugten Frischgasmenge zum Hubraum des Zylinders.

Bezeichnungen

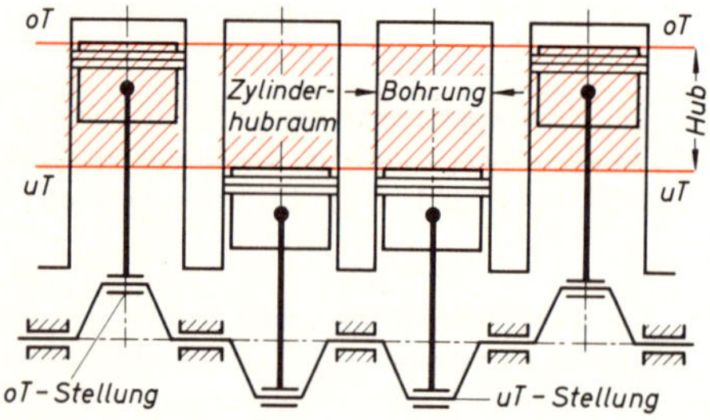

Motorhubraum eines Vierzylinder-Reihenmotors

V_h = Zylinderhubraum [cm³ oder l]
V_H = Gesamthubraum [cm³ oder l]
i = Zylinderzahl
oT = oberer Totpunkt
uT = unterer Totpunkt
s = Hub [mm]
D = Bohrung ≈ Kolbendurchmesser [mm]
A_Z = Zylinderquerschnitt [cm²]
H_V = Hubverhältnis [—]
η_F = Füllungsgrad [—]
V_F = Frischgasmenge [cm³ oder l]
$V_{F\,min}$ = Frischgasmenge pro Minute [l/min].
n = Motordrehzahl [1/min]

Formel mit Beispiel

1. Hubraum

Zylinderhubraum = Zylinderquerschnitt · Hub

$$V_h = A_Z \cdot s$$

$$V_h = \frac{D^2 \cdot \pi \cdot s}{4} \quad [\text{cm}^3 \text{ oder } l]$$

Gesamthubraum = Zylinderhubraum · Zylinderzahl

$$V_H = V_h \cdot i$$

$$V_H = \frac{D^2 \cdot \pi \cdot s \cdot i}{4} \quad [\text{cm}^3 \text{ oder } l]$$

Ein Motor hat folgende technische Daten:

$D = 77$ mm, $s = 69$ mm, $i = 4$

Berechne den Gesamthubraum des Motors in cm³ und Liter!

$$V_H = \frac{D^2 \cdot \pi \cdot s \cdot i}{4} \quad [\text{cm}^3 \text{ oder } l]$$

$$= \frac{7{,}7^2 \cdot 3{,}14 \cdot 6{,}9 \cdot 4}{4}$$

$$V_H = \underline{1284{,}58 \text{ cm}^3 = 1{,}285\ l}$$

2. Hubverhältnis

$$\text{Hubverhältnis} = \frac{\text{Hub}}{\text{Bohrung}}$$

$$H_V = \frac{s}{D} \quad [—]$$

Ein Kfz-Motor hat einen Hub von 74 mm und eine Bohrung von 80 mm. Berechne das Hubverhältnis!

$$H_V = \frac{s}{D} = \frac{74}{80} = \underline{0{,}925}$$

3. Füllungsgrad

$$\text{Füllungsgrad} = \frac{\text{Frischgasmenge}}{\text{Hubraum}}$$

$$\eta_F = \frac{V_F}{V_h} \quad [—]$$

Frischgasmenge = Füllungsgrad · Hubraum

$$V_F = \eta_F \cdot V_h \; [\text{cm}^3 \text{ oder } l]$$

Multipliziert man die letzte Formel noch mit der Motordrehzahl n [1/min] und mit der Zylinderzahl i, so erhält man die in einer Minute vom Viertakter angesaugte Frischgasmenge:

$$V_{F_{min}} = \frac{\eta_F \cdot V_h \cdot i \cdot n}{2} \; [l/\text{min}]$$

Der Zylinderhubraum eines Motors beträgt 400 cm³ und die angesaugte Frischgasmenge pro Zylinder 320 cm³. Berechne den Füllungsgrad!

$$\eta_F = \frac{V_F}{V_h} = \frac{320}{400} = \underline{0{,}8}$$

Ein Sechszylinder-Viertaktmotor hat einen Zylinderhubraum von 0,47 l und bei 3600 1/min einen Füllungsgrad von 0,75. Welche Gasmenge wird in der Minute angesaugt?

$$V_{F_{min}} = \frac{\eta_F \cdot V_h \cdot i \cdot n}{6} \; [l/\text{min}]$$

$$V_{F_{min}} = \frac{0{,}75 \cdot 0{,}47 \cdot 6 \cdot 3600}{2} = \underline{3807\, l/\text{min}}$$

Beachte: Die Formel wird durch 2 geteilt, da beim Viertakter auf zwei Kurbelwellenumdrehungen ein Ansaugtakt kommt.

Anmerkung

Der Zylinderhubraum bzw. der Gesamthubraum wird bei kleineren Motoren meist in cm³, bei größeren Motoren meist in Liter angegeben.

Aufgaben

19.1 Stelle die Formel für den Gesamthubraum $V_H = \frac{D^2 \cdot \pi \cdot s \cdot i}{4}$ a) nach D, b) nach s und c) nach i um!

19.2 Ein Motorzylinder hat eine Bohrung von 64 mm. Berechne den Zylinderquerschnitt in cm²!

19.3 Ein Einzylindermotor hat eine Bohrung von 66 mm und einen Hub von 58 mm. Berechne den Zylinderhubraum in cm³ und l!

19.4 Ein Einzylinder-Motorradmotor hat einen Hubraum von 245 cm³ und eine Bohrung von 68 mm. Wie groß ist der Hub des Motors?

19.5 Ein Motor hat folgende technische Daten: $V_h = 78$ cm³, $s = 45$ mm, $i = 1$. Berechne die Bohrung D in mm!

19.6 Der gezeichnete Viertakt-Boxermotor hat folgende technische Daten:

$D = 72$ mm, $s = 73$ mm, $i = 2$

a) Wie groß ist V_H in cm³ und l?

b) Berechne das Hubverhältnis!

c) Wieviel l werden in der Minute angesaugt, wenn $\eta_F = 0{,}7$ bei 3000 1/min ist?

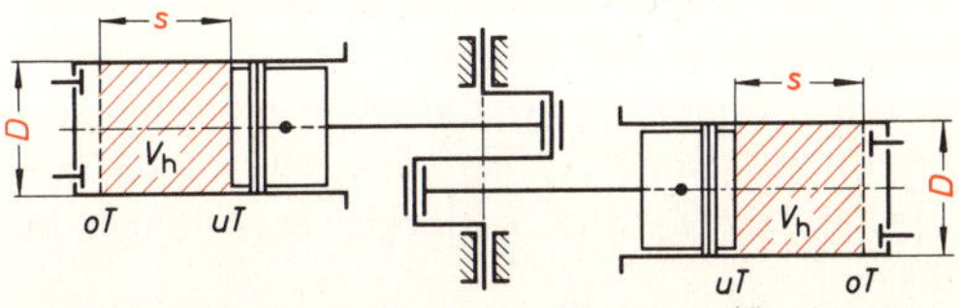

19.7 Ein Zweizylinder-Boxermotor hat einen Gesamthubraum von 494 cm³. Die Bohrung ist 68 mm.

a) Berechne den Hub in mm!

b) Wieviel l Kraftstoff-Luftgemisch werden in einer Stunde angesaugt, wenn $\eta_F = 0{,}8$ bei 2500 1/min ist?

19.8 Ein Motor hat einen Gesamthubraum von 1988 cm³, eine Bohrung von 87 mm und einen Hub von 83,6 mm.

a) Wieviel Zylinder hat der Motor?

b) Berechne H_V und gib an, um welches Hubverhältnis es sich handelt!

19.9 Ein Vierzylinder-Boxermotor hat folgende technische Daten: $D = 77$ mm, $s = 69$ mm, $i = 4$. Wie groß ist der Gesamthubraum in cm³ und Liter?

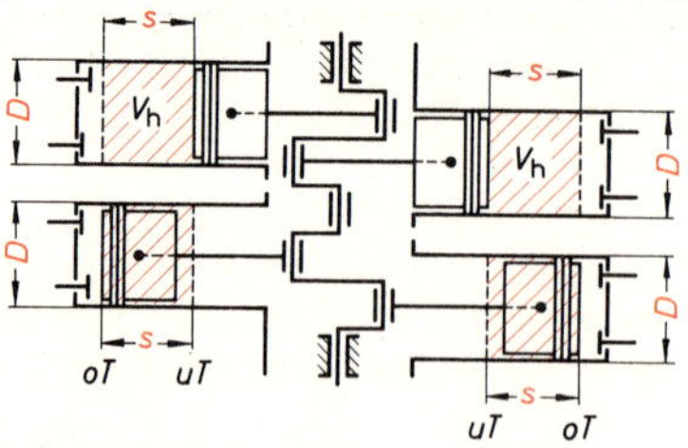

19.10 Berechne die Bohrung eines Vierzylinder-Boxermotors mit 1584 cm³ Gesamthubraum und 69 mm Hub! (Zeichnung siehe Aufgabe 19.9).

19.11 Ein Sechszylinder-Dieselmotor hat folgende Daten: $D = 125$ mm, $s = 150$ mm, $i = 6$. Berechne V_H in Liter!

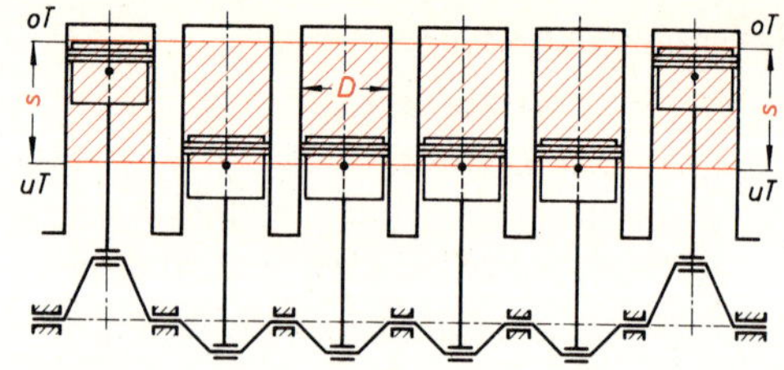

19.12 Ein Sechszylinder-Ottomotor hat $V_H = 2{,}496\ l$ und $d = 82$ mm. Wie groß ist der Hub in mm? (Zeichnung siehe Aufgabe 19.11).

19.13 Ein Pkw hat $D = 90$ mm, $s = 66{,}8$ mm und $i = 4$. Beim Ansaugen wird der Hubraum des Viertaktmotors nur zu 76% mit Frischgas gefüllt.

a) Berechne V_h und V_H in cm³ und Liter!

b) Berechne H_V und gib an, welcher Motor es ist!

c) Berechne η_F und V_F pro Minute bei 2000 1/min!

19.2 Motorberechnung

Verdichtungsverhältnis
Verdichtungsraum
Verdichtungserhöhung

Erklärung

Im Verdichtungstakt wird das angesaugte Kraftstoff-Luftgemisch bzw. die angesaugte Luft auf engstem Raum zusammengepreßt. Der Zweck der Verdichtung ist die Leistungserhöhung. Die Verdichtung bewirkt:

1. Druckanstieg
2. Temperaturanstieg
3. Vermischung von Kraftstoff und Luft
4. Restlose Vergasung des Kraftstoff-Luftgemisches bei Ottomotoren

Der Verdichtungsraum ist der Raum über dem oberen Totpunkt.

Der Zylinderraum ist Hubraum und Verdichtungsraum.

Das Verdichtungsverhältnis gibt an, wievielmal der Zylinderraum größer ist als der Verdichtungsraum. Es drückt also aus, auf den wievielten Teil des ursprünglichen Zylinderraumes das Kraftstoff-Luft-Gemisch (die reine Luft) zusammengepreßt wird.

Das Verdichtungsverhältnis kann durch Verkleinerung des Verdichtungsraumes (dünnere Zylinderkopfdichtung, Abfräsen des Zylinderkopfes, Kolben mit größerer Kompressionshöhe) erhöht werden.

Eine höhere Verdichtung ergibt eine höhere Motorleistung, erhöht aber die Klopfneigung.

Bezeichnungen

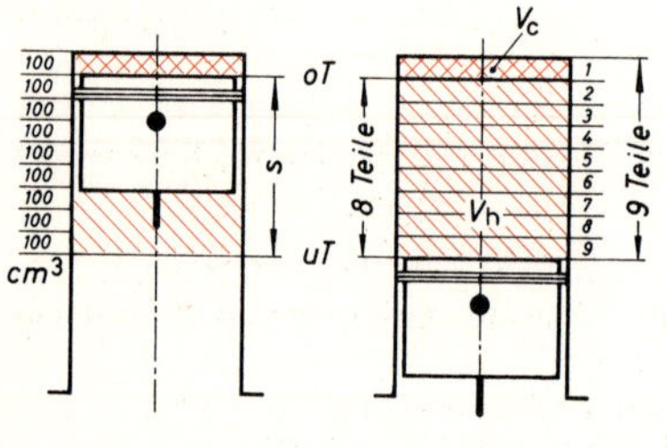

V_c = Verdichtungsraum [cm³ oder l]

V_h = Zylinderhubraum [cm³ oder l]

$V_c + V_h$ = Zylinderraum [cm³ oder l]

s = Hub [mm]

ε (= Epsilon) = Verdichtungsverhältnis [—]

ε_a = altes Verdichtungsverhältnis vor der Abfräsung [—]

ε_n = neues Verdichtungsverhältnis nach der Abfräsung [—]

X = Abfräsung [mm]

Formel mit Beispiel

1. Verdichtungsverhältnis

$$\text{Verdichtungsverhältnis} = \frac{\text{Hubraum} + \text{Verdichtungsraum}}{\text{Verdichtungsraum}}$$

$$\varepsilon = \frac{V_h + V_c}{V_c} \; [—]$$

Der Hubraum des oben abgebildeten Zylinders ist 800 cm³, der Verdichtungsraum $V_c = 100$ cm³. Berechne das Verdichtungsverhältnis!

$$\varepsilon = \frac{V_h + V_c}{V_c} = \frac{800 + 100}{100} = \frac{900}{100} = \frac{9}{1} = \underline{9:1}$$

Das bedeutet, daß das Kraftstoff-Luftgemisch auf den neunten Teil zusammengedrückt wird!

2. Verdichtungsraum

Durch Umstellen der Gleichung erhält man die Formel für den Verdichtungsraum V_c:

$$V_c \cdot \varepsilon = V_h + V_c$$

$$V_c \cdot \varepsilon - V_c = V_h$$

$$V_c \cdot (\varepsilon - 1) = V_h$$

$$V_c = \frac{V_h}{\varepsilon - 1} \; [\text{cm}^3 \text{ oder } l]$$

Beachte:

V_h und V_c pro Zylinder einsetzen!

Gegeben sind $V_H = 980$ cm³, $\varepsilon = 8:1$ und $i = 4$. Berechne V_c pro Zylinder in cm³!

$$V_c = \frac{V_h}{\varepsilon - 1} \; [\text{cm}^3] \qquad V_h = \frac{V_H}{4} = \frac{980}{4} = 245 \text{ cm}^3$$

$$V_c = \frac{245}{8 - 1} = \frac{245}{7} = \underline{37 \text{ cm}^3}$$

3. Verdichtungserhöhung

$$\text{Abfräsung} = \frac{\text{Hub}}{\text{alte Verdichtung} - 1} - \frac{\text{Hub}}{\text{neue Verdichtung} - 1}$$

$$X = \frac{s}{\varepsilon_a - 1} - \frac{s}{\varepsilon_n - 1} \; [\text{mm}]$$

Ein Motor hat einen Hub $s = 66$ mm und $\varepsilon = 9:1$. Die Verdichtung soll auf 9,4 : 1 erhöht werden. Wieviel mm beträgt die Abfräsung des Zylinderkopfes?

$$X = \frac{s}{\varepsilon_a - 1} - \frac{s}{\varepsilon_n - 1} \; [\text{mm}]$$

$$X = \frac{66}{9 - 1} - \frac{66}{9{,}4 - 1} = \frac{66}{8} - \frac{66}{8{,}4}$$

$$X = 8{,}25 - 7{,}86 = \underline{0{,}39 \text{ mm}}$$

Anmerkung

Den Verdichtungsraum ermittelt man in der Praxis durch Auslitern mit dünnem Öl.

Aufgaben

19.14 Wähle aus der Tabelle für Kraftfahrzeugdaten 4 Fahrzeuge aus!

a) Überprüfe den angegebenen Gesamthubraum V_H!

b) Berechne den Verdichtungsraum pro Zylinder in cm³!

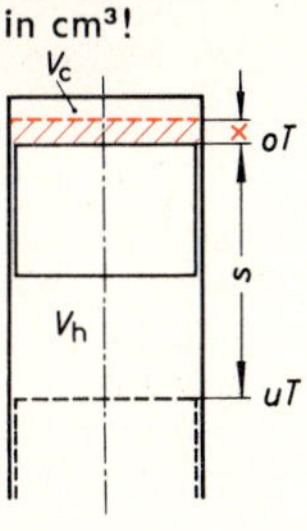

19.15 Ein Kfz-Motor hat einen Hub von 85,28 mm. Die Verdichtung soll von 9,2:1 auf 9,5:1 erhöht werden. Wie groß ist die Abfräsung X des Zylinderkopfes in mm?

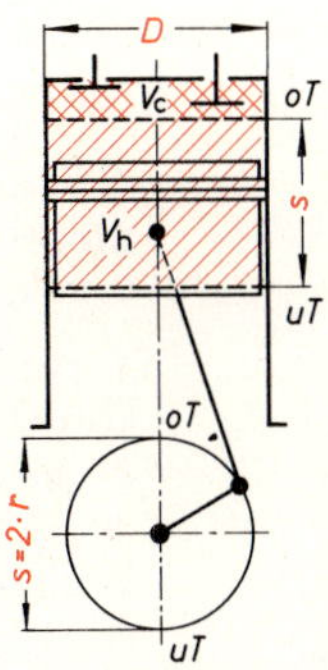

19.16 Ein Ottomotor hat folgende technische Daten: $D = 75$ mm, $s = 61$ mm, $i = 4$ und $V_c = 41{,}44$ cm³

a) Berechne den Gesamthubraum und den Zylinderhubraum in cm³ und Liter!

b) Ermittle das Verdichtungsverhältnis!

19.17 Die technischen Daten eines Motors sind:

$D = 80$ mm, $s = 82$ mm, $i = 6$, $V_c = 46{,}8$ cm³.

a) Berechne den Gesamthubraum und den Zylinderhubraum in cm³!

b) Wie groß ist das Verdichtungsverhältnis?

c) Ermittle den Kurbelradius in mm!

d) Berechne den Umfang des Kurbelkreises in mm!

19.18 Ein Vierzylinder-Ottomotor hat einen Gesamthubraum von 1992 cm³ und einen Verdichtungsraum von 62,25 cm³ pro Zylinder. Wie groß ist das Verdichtungsverhältnis?

19.19 Ein 6-Zylinder-Dieselmotor hat einen Gesamthubraum von 6,12 Liter und einen Verdichtungsraum von 68 cm³ pro Zylinder.

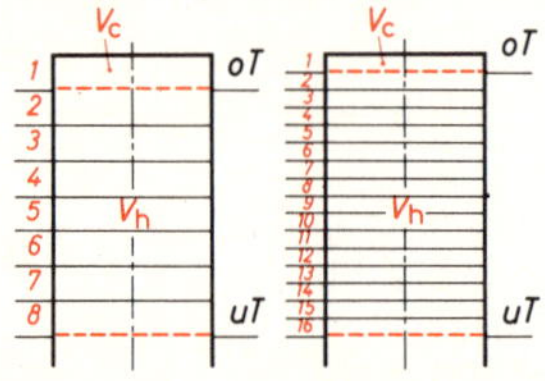

a) Berechne das Verdichtungsverhältnis!
b) Erkläre, wie sich Otto- und Dieselmotor bezüglich des Verdichtungsverhältnisses unterscheiden!

19.20 Ein Motor hat $s = 81$ mm, $D = 76$ mm und $\varepsilon = 8{,}5:1$. Die Verdichtung soll auf 9 : 1 erhöht werden.
a) Berechne die Abfräsung X in mm!
b) Berechne V_c pro Zylinder vor und nach der Abfräsung in cm³!

19.21 Ein Mopedmotor hat einen Zylinderhubraum von 50 cm³ und einen Verdichtungsraum von 8 cm³. Wie groß ist das Verdichtungsverhältnis?

19.22 Ein Einzylindermotor hat einen Hubraum von 245,4 cm³ und ein Verdichtungsverhältnis von $\varepsilon = 7:1$. Wie groß ist der Verdichtungsraum in cm³?

19.23 Ein Vierzylinder-Reihenmotor hat einen Gesamthubraum von 1618 cm³ und $\varepsilon = 7{,}6:1$.
a) Berechne den Verdichtungsraum!
b) Ermittle das Hubverhältnis, wenn $D = 84$ mm und $s = 73$ mm ist!
c) Wie groß ist der Füllungsgrad, wenn 1132,6 cm³ Frischgas angesaugt werden?

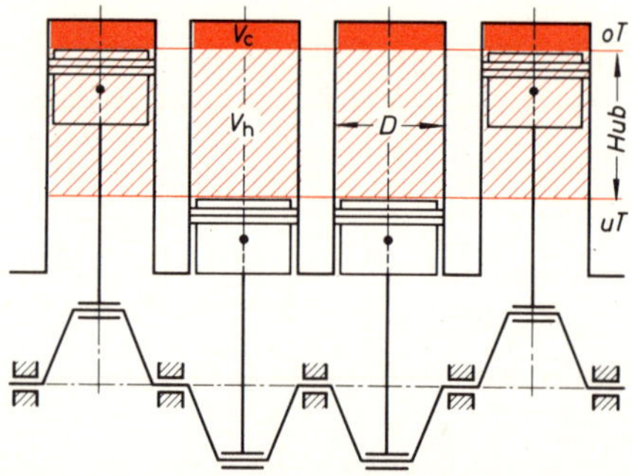

19.3 Kolbenmaschinen

Gasdruck im Zylinderraum
Kolbenkraft

Erklärung

1. Gasdruck im Zylinderraum

Mittels eines Indikators, der am Motor angebracht wird, kann der Druckverlauf (Druck-Weg-Diagramm) während der einzelnen Takte eines Arbeitsspieles aufgezeichnet werden:

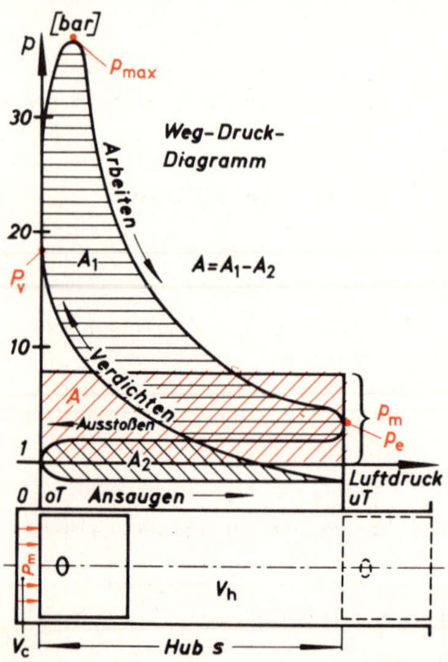

1. Takt: Beim Ansaugen liegt die Drucklinie unter der Atmosphärenlinie. Es herrscht Unterdruck (0,1—0,2 bar Unterdruck).

2. Takt: Beim Verdichten steigt der Druck zum **Verdichtungsenddruck** p_v (Ottomotoren 11—18 bar Überdruck, Dieselmotoren 30—35 bar Überdruck).

3. Takt: Der Arbeitstakt besteht aus den zwei Abschnitten: Verbrennen und Ausdehnen.
Während der Verbrennung steigt der Druck bis zum **Verbrennungshöchstdruck** p_{max} an (Otto-Motoren). 40—60 bar Überdruck, Dieselmotoren 65—90 bar Überdruck).

Beim Abwärtsgang des Kolbens dehnen sich die verbrannten Gase aus. Der Druck fällt bis zum **Verbrennungsenddruck** p_e (2—4 bar Überdruck).

4. Takt Beim Ausstoßen der verbrannten Gase herrscht noch ein geringer Überdruck (0,5 bar Überdruck).

Da sich der Druck bei einem Arbeitsspiel dauernd ändert, ermittelt man für die Berechnung den mittleren Arbeitsdruck (= mittlerer Verbrennungsdruck).

Man erhält den mittleren Arbeitsdruck, indem man von der Fläche zwischen Verdichtungslinie und Ausdehnungslinie (A_1) die Fläche zwischen Einlaß- und Auslaßlinie (A_2) abzieht.

Die übriggebliebene Fläche A wird in ein flächengleiches Rechteck verwandelt, dessen waagerechte Seite der Hub und dessen senkrechte Seite der mittlere Arbeitsdruck ist. Das Ausmessen der Flächen erfolgt mit einem Planimeter.

Der mittlere Arbeitsdruck ist also eine reine Rechengröße.

2. Kolbenkraft

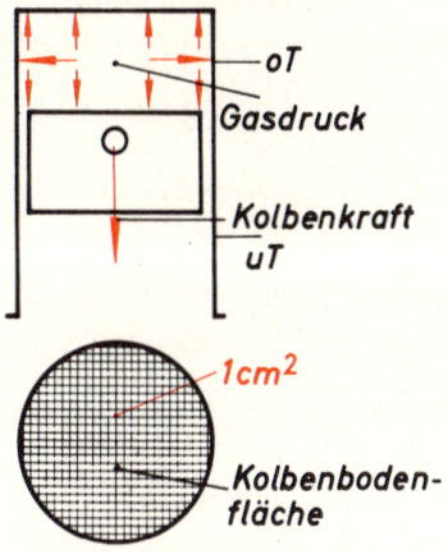

Gasdruck und Kolbenkraft

In 17.1 wurde festgestellt:

$$\text{Gasdruck} = \frac{\text{Druckkraft des Gases}}{\text{gedrückte Fläche}} \quad \left[\frac{\text{daN}}{\text{cm}^2} \text{ oder bar}\right]$$

Durch Umstellen der vorstehenden Gleichung erkennt man, daß die Kolbenkraft vom Gasdruck und von der Größe der Kolbenbodenfläche abhängig ist.

Die Druckkraft der Verbrennungsgase wirkt auf jeden Quadratzentimeter ein. Durch Malnehmen des Gasdruckes mit der Kolbenbodenfläche erhält man die Kolbenkraft.

Bezeichnungen

p = Gasdruck [bar oder daN/cm²]
p_{max} = Verbrennungshöchstdruck [bar Überdruck]
p_m = mittlerer Verbrennungsdruck [bar Überdruck]

F_K = Kolbenkraft [N]
$F_{K_{max}}$ = Kolbenhöchstkraft [N]
F_{K_m} = mittlere Kolbenkraft [N]
A_K = Kolbenbodenfläche [cm²]

Formel mit Beispiel

Kolbenkraft = Gasdruck · gedrückte Fläche

$$F_K = 10 \cdot p \cdot A_K \text{ [N]}$$

Entsprechend gilt:

$$F_{K_{max}} = 10 \cdot p_{max} \cdot A_K \text{ [N]}$$
$$F_{K_m} = 10 \cdot p_m \cdot A_K \text{ [N]}$$

Wie groß ist die Kolbenhöchstkraft, wenn die Bohrung 80 mm und der Verbrennungshöchstdruck p_{max} = 50 bar Überdruck ist?

$$A_K = \frac{D^2 \cdot \pi}{4} = \frac{8{,}0 \cdot 8{,}0 \cdot 3{,}14}{4} = \underline{50{,}24 \text{ cm}^2}$$

$$F_{K_{max}} = 10 \cdot p \cdot A_K = 10 \cdot 50 \cdot 50{,}24$$

$$F_{K_{max}} = \underline{25\,120 \text{ N}}$$

Beachte:
Kolbenfläche in cm² einsetzen und mit 10 multiplizieren, damit man die Kolbenkraft in der Einheit N erhält!

Anmerkung

Die mittleren Verbrennungsdrücke der Otto- und Dieselmotoren betragen zwischen 6 und 10 bar Überdruck.

Aufgaben

19.24 Stelle die Formel $F_K = 10 \cdot p \cdot A_K$ nach p und A_K um!

19.25 Ein Sechszylindermotor hat $D = 84$ mm.

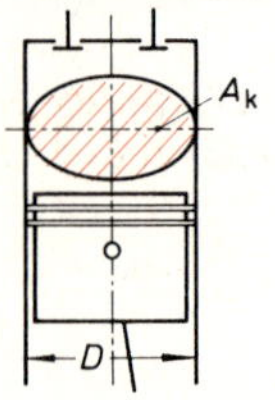

a) Berechne die Kolbenbodenfläche für einen Zylinder in cm²!

b) Welche Gesamtkolbenbodenfläche hat der Motor in cm²?

19.26 Die Kolbenbodenfläche eines Kfz-Motors beträgt 53,56 cm². Berechne die Bohrung in cm und mm!

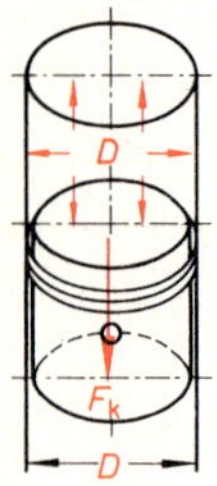

19.27 Der Kolbendurchmesser eines Ottomotors mißt 83,5 mm. Welche Kolbenhöchstkraft wirkt auf den Kolbenboden, wenn der Verbrennungshöchstdruck 46 bar Überdruck beträgt?

19.28 Berechne die fehlenden Werte folgender Aufgaben: (siehe Zeichnung 19.27).

Aufgabe	a)	b)	c)
F_K [N]	?	2390	5030
D [mm]	83	78	?
p [bar Überdr.]	42	?	10

Aufgabe	d)	e)	f)
F_K [N]	?	57 018	23 550
D [mm]	76	110	?
p [bar Überdr.]	8,5	?	30

19.29 Bei einem Dieselmotor wirkt gegen Ende des Verdichtungstaktes eine Kraft von 3506,1 daN auf die Kolbenfläche. Wie groß ist der Verdichtungsenddruck in bar Überdruck, wenn der Kolbendurchmesser 120 mm ist? (Beachte: Kraft in daN angegeben!)

19.4 Motorberechnung — Motordrehmoment

Erklärung

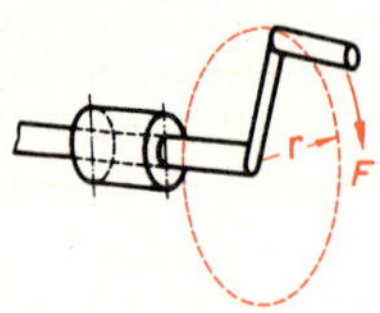

Drehbar gelagerter Körper

Der technische Ausdruck „Moment" leitet sich vom lateinischen Wort „movimentum" ab. Es bedeutet soviel wie „das Bewegende". In der Technik versteht man unter einem „Moment" die Drehwirkung einer Kraft an einem drehbar gelagerten Körper (Drehmoment = Drehwirkung).

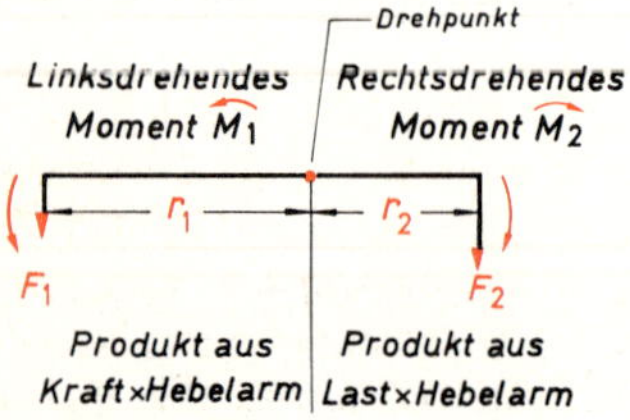

2 Drehmomente am Hebel

Beispiele für das Auftreten eines Momentes (= Drehmoment) sind: Handkurbel, Türklinke, Zahnrad, Riementrieb, Drehmomentschlüssel, Anziehen einer Schraube mit einem Schraubenschlüssel usw.

Der Begriff des Drehmomentes wurde in **13.1** am Hebel erläutert. Der Hebel ist im Gleichgewicht, wenn das linksdrehende Moment gleich dem rechtsdrehenden Moment ist:

$$M_1 = M_2 \quad \text{oder} \quad F_1 \cdot r_1 = F_2 \cdot r_2$$

Beim Drehmoment ist der wirksame Hebelarm der Radius des Kreises (z. B. Kurbelkreis, Teilkreis), auf den die Drehkraft tangential wirkt.

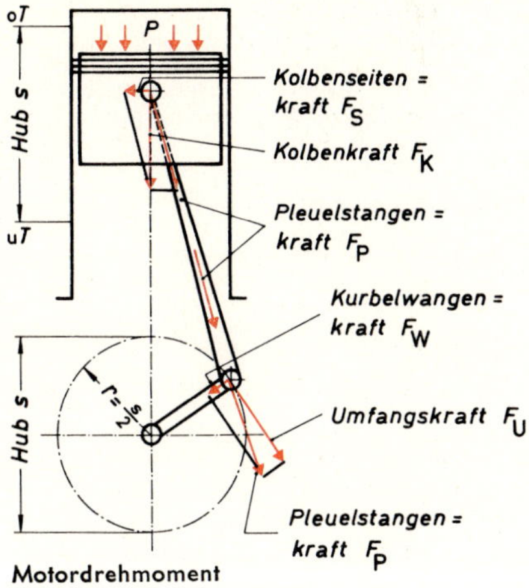

Motordrehmoment

Im Verbrennungsmotor tritt ebenfalls ein Drehmoment auf, das Motordrehmoment genannt wird:

1. Der Gasdruck erzeugt die Kolbenkraft F_K.
2. Die Kolbenkraft wird durch die Schrägstellung des Pleuels in die Kolbenseitenkraft F_S und die Pleuelstangenkraft F_P zerlegt (vgl. Abschnitt 10 Kräfteparallelogramm).
3. Am Kurbelzapfen wird die Pleuelstangenkraft je nach Lage des Zapfens in die Umfangskraft F_U und die Kurbelwangenkraft F_W zerlegt.
4. Die Umfangskraft wird am Kurbelzapfen tangential wirksam.

Das Motordrehmoment ist die Einwirkung der Umfangskraft F_U am Kurbelradius r ($r = {}^1/_2 \cdot$ Hub s).

Das Motordrehmoment wächst an mit dem:

a) Gesamthubraum V_H
b) mittleren Verbrennungs- oder Arbeitsdruck p_m

Der Gesamthubraum ist wiederum abhängig von der Zylinderzahl i, der Bohrung D und dem Hub s. Der mittlere Verbrennungs- oder Arbeitsdruck hängt vom Füllungsgrad η_F und der Motordrehzahl n ab.

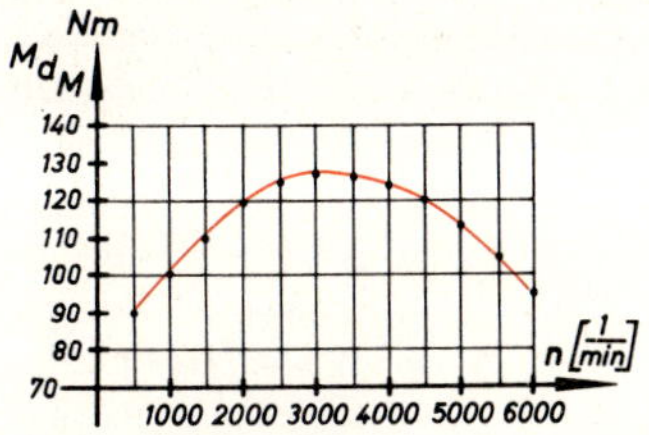

Motordrehmomentkurve

Der Verbrennungsmotor hat nicht ein gleich großes Motordrehmoment, sondern drehzahlabhängig verschiedene Drehmomente. Sie werden in der Motordrehmomentkurve zeichnerisch dargestellt.

Bezeichnungen

M = Moment [Nm]
r = Hebelarm [m]
F = Kraft [N]

F_K = Kolbenkraft [N]
F_P = Pleuelstangenkraft [N]
F_W = Kurbelwangenkraft [N]
F_U = Umfangskraft [N]

M_{dM} = M = Drehmoment [Nm]
M_{dM} = Motordrehmoment [Nm]
r_{dM} = $^1/_2$ s = Kurbelradius [m]

Das Drehmoment wird meist mit M_d statt nur mit M bezeichnet!

Formel mit Beispiel

Moment = Kraft × Hebelarm

$$M = F \cdot r \quad [\text{Nm}]$$

Motordrehmoment = mittlere Umfangskraft × Kurbelradius

$$M_{dM} = F_U \cdot r \; [\text{Nm}]$$

Ein Einzylindermotor hat bei 3000 1/min ein Drehmoment von 150 Nm und einen Hub von 84,4 mm. Berechne die mittlere Umfangskraft F_U!

$M_{dM} = F_U \cdot r$

$$F_U = \frac{M_{dM}}{r} = \frac{150}{0{,}0422} = \underline{3554{,}5 \text{ N}}$$

Anmerkung

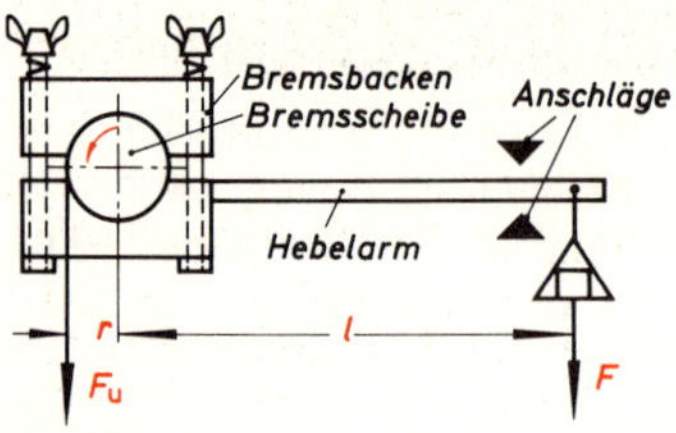

Pronyscher Zaum

Das Motordrehmoment wird mit Wasserwirbelbremsen, Generatorbremsen, elektrischen Wirbelbremsen oder mit dem Pronyschen Bremszaum gemessen.

Beim abgebildeten Pronyschen Zaum ist

Motordrehmoment = Gegendrehmoment

$$F_U \cdot r \quad = \quad F \cdot l$$

Aufgaben

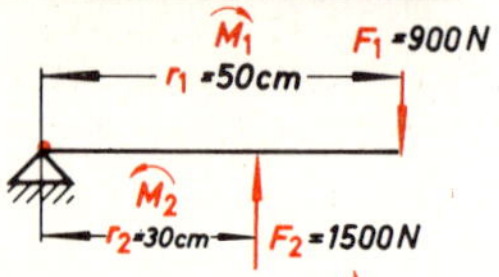

19.30 Berechne das rechtsdrehende und das linksdrehende Moment des abgebildeten einseitigen Hebels!

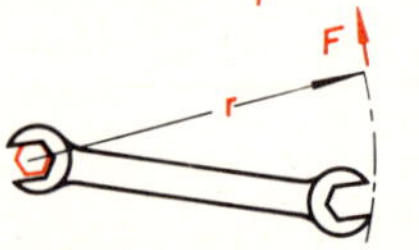

19.31 a) Wie groß ist M_d, mit dem die Schraube angezogen wird, wenn $r = 200$ mm und $F = 95$ N ist?

b) Eine Schraube soll mit 67,5 Nm angezogen werden. Berechne die Länge des Hebelarmes, wenn $F = 90$ N beträgt!

19.32 Die mittlere Umfangskraft F_U eines Ottomotors beträgt 3100 N. Wie groß ist das Motordrehmoment, wenn der Hub 72 mm ist?

19.33 Ein Dieselmotor hat eine mittlere Umfangskraft $F_U = 6815$ N am Kurbelzapfen. Das Motordrehmoment M_{dM} ist 460 Nm. Berechne den Kurbelradius und den Hub in mm!

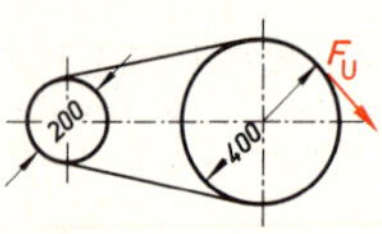

19.34 Ermittle das Drehmoment an der großen und kleinen Riemenscheibe des abgebildeten Riementriebes, wenn $F_U = 500$ N ist!

19.35

Für einen Kfz-Motor mit $s = 78,8$ mm wurden bei den angegebenen Motordrehzahlen die folgenden Motordrehmomente ermittelt.

a) Zeichne die M_{dM}-Kurve auf Millimeterpapier! (500 1/min ≙ 10 mm; 10 Nm ≙ 5 mm)

b) Berechne zu den M_{dM}-Werten jeweils die zugehörige mittlere Umfangskraft F_U!

1000 1/min	— 170	Nm	4000 1/min	— 219	Nm
1500 „	— 182	„	4200	— 220	„
2000 „	— 195	„	4500 „	— 218	„
2500 „	— 205	„	5000 „	— 210	„
3000 „	— 211	„	5500 „	— 192	„
3500 „	— 216	„	6000 „	— 170	„

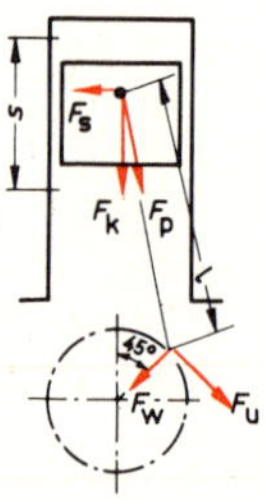

19.36 Ein Kfz-Motor hat eine Pleuelstangenlänge $l = 230$ mm und einen Hub $s = 70$ mm. Die Kolbenhöchstkraft beträgt $F_K = 20\,000$ N

a) Bestimme zeichnerisch bei einem Pleuelstangenwinkel von 45° F_S, F_P, F_W und F_U in N! (KM 1 mm ≙ 500 N; M 1:2,5)

b) Berechne das Motordrehmoment am Kurbelzapfen in Nm!

19.37 Der Durchmesser des Abwälzkreises des großen Zahnrades eines Rädertriebes ist 6 cm, der des kleineren 4 cm. Das Drehmoment M_{d1} ist 45,3 Nm.

a) Berechne die Kraft F, die das kleinere Zahnrad antreibt!

b) Wie groß ist M_{d2}?

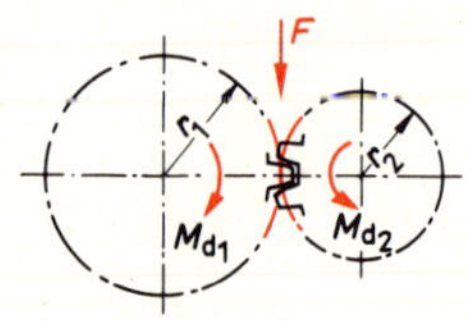

Erklärung

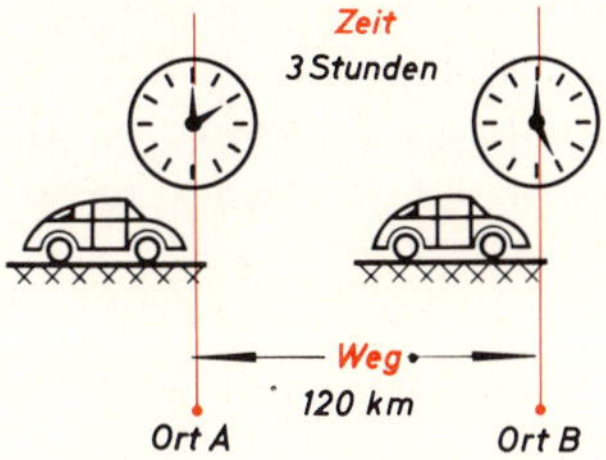

Ein Kraftfahrzeug bewegt sich (fährt) von Ort A nach Ort B. Dabei legt es einen bestimmten Weg zurück und braucht dazu eine bestimmte Zeit (siehe nebenstehende Skizze).

Man unterscheidet gleichförmige, ungleichförmige, geradlinige, kreisförmige, beschleunigte und verzögerte Bewegungen.

Die Bewegungen unterscheiden sich weiterhin durch ihre verschiedene Schnelligkeit. Die Schnelligkeit, mit der ein Körper eine Bewegung durchführt, nennt man seine Geschwindigkeit. Die Größe der Geschwindigkeit hängt vom zurückgelegten Weg und der dazu benötigten Zeit ab.

Der in der Zeiteinheit (1 Stunde, 1 Minute oder 1 Sekunde) zurückgelegte Weg ist die Geschwindigkeit eines Körpers.

Bei der gleichförmigen, geradlinigen Bewegung legt ein Körper gleiche Wege in gleichen Zeitabschnitten auf einer geraden Bahn zurück.

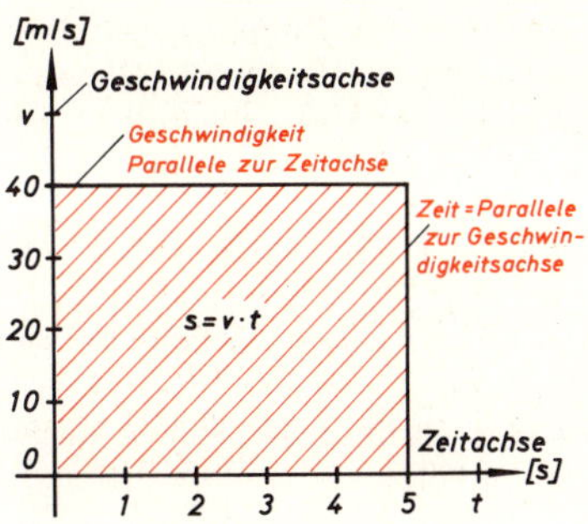

Geschwindigkeit-Zeit-Diagramm bei gleichförmiger Bewegung

Der Zusammenhang zwischen Geschwindigkeit, Weg und Zeit läßt sich zeichnerisch durch das nebenstehende Geschwindigkeit-Zeit-Diagramm (*v*-*t*-Diagramm) darstellen.

Dabei wird auf der senkrechten Achse die Geschwindigkeit *v* und auf der waagerechten Achse die Zeit *t* abgetragen.

Aus der Erklärung der Geschwindigkeit folgt:

$$\text{Geschwindigkeit} = \frac{\text{Weg}}{\text{Zeit}}$$ oder:

$$\text{Weg} = \text{Geschwindigkeit} \cdot \text{Zeit}$$

Somit stellt die im Diagramm schraffierte Fläche den zurückgelegten Weg dar.

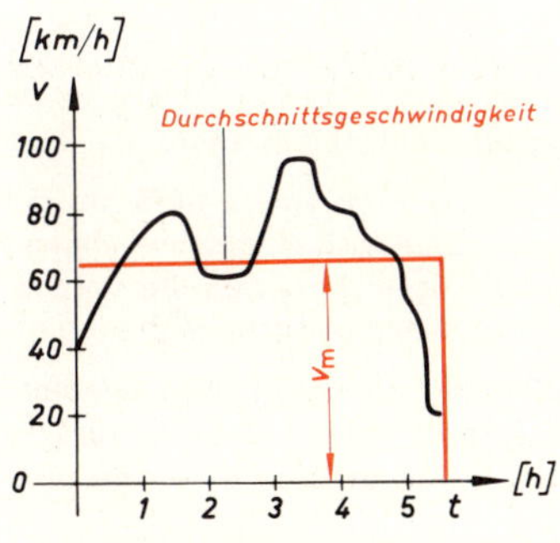

Normalerweise tritt beim Kfz keine gleichförmige Bewegung auf. Vielmehr wechselt die Geschwindigkeit sehr oft. Daher rechnet man mit dem Mittelwert der wechselnden Geschwindigkeiten.

Diese mittlere Geschwindigkeit nennt man Durchschnittsgeschwindigkeit. Es ist eine angenommene Geschwindigkeit, als wäre man dauernd mit gleicher Geschwindigkeit gefahren. Man berechnet sie, indem man die gefahrene Strecke durch die gebrauchte Zeit teilt.

Bezeichnungen

v = Geschwindigkeit

v_m = Durchschnittsgeschwindigkeit

s = Weg [m, km]

t = Zeit [s, min, h]

Maßeinheiten der Geschwindigkeit und ihre Anwendung:

Meter pro Sekunde	m/s	Umfangsgeschwindigkeit, Kolbengeschwindigkeit
Meter pro Minute	m/min	Schnittgeschwindigkeit (z. B. Hobeln)
Kilometer pro Stunde	km/h	Kraftfahrzeuge

Formel mit Beispiel

1. Geschwindigkeit

$$\text{Geschwindigkeit} = \frac{\text{Weg}}{\text{Zeit}}$$

$$v = \frac{s}{t} \left[\frac{\text{m}}{\text{s}}, \frac{\text{m}}{\text{min}}, \frac{\text{km}}{\text{h}}\right]$$

Ein Kfz legt eine Fahrstrecke von 600 km in der Fahrzeit von 8 Stunden und 24 Minuten zurück. Berechne die Durchschnittsgeschwindigkeit!

$$24 \text{ Minuten} = \frac{24}{60} = 0{,}4 \text{ h}$$

$$v_m = \frac{s}{t} = \frac{600}{8{,}4} = \underline{71{,}43 \text{ km/h}}$$

2. Umrechnung der Maßeinheiten

$$1\left[\frac{\text{km}}{\text{h}}\right] = \frac{1 \cdot 1000}{1 \cdot 60 \cdot 60}\left[\frac{\text{m}}{\text{s}}\right] = \underline{\frac{1}{3{,}6}}\left[\frac{\text{m}}{\text{s}}\right]$$

Bei der Umrechnung von km/h in m/s muß die Geschwindigkeit in km/h durch 3,6 geteilt werden!

Wieviel m/s sind 180 km/h?

$$\frac{180}{3{,}6} = \underline{50 \text{ m/s}}$$

$$1\left[\frac{\text{m}}{\text{s}}\right] = \frac{\frac{1}{1000}}{\frac{1}{3600}} = \frac{3600}{1000}\left[\frac{\text{km}}{\text{h}}\right] = \underline{3{,}6\left[\frac{\text{km}}{\text{h}}\right]}$$

Bei der Umrechnung von m/s in km/h muß die Geschwindigkeit in m/s mit 3,6 malgenommen werden!

Wieviel km/h sind 30 m/s?

$$30 \cdot 3{,}6 = \underline{108 \text{ km/h}}$$

Anmerkung

1. Unter Höchstgeschwindigkeit versteht man die größte Geschwindigkeit, die ein Kfz auf ebener Bahn ca. 1 km durchhält.
2. Unter Dauergeschwindigkeit versteht man die größte Geschwindigkeit, die ein Kfz dauernd ohne Motorschaden aushalten kann.

Aufgaben

20.1 Berechne die fehlenden Größen:

Aufgabe	a)	b)	c)
v	? km/h	? m/s	? km/h
s	437,5 km	2,52 km	7980 m
t	3,5 h	3 min	190 s

Aufgabe	d)	e)	f)
v	30 m/min	15,2 m/s	140 km/h
s	? m	? km	175 000 m
t	0,5 h	120 s	? h

20.2 Ein Kfz legt eine Fahrstrecke von 546,1 km in 8 Stunden und 36 Minuten zurück. Wie groß ist die Durchschnittsgeschwindigkeit in km/h?

20.3 Ein Kfz soll eine Strecke von 464,475 km mit einer vorgesehenen Durchschnittsgeschwindigkeit von 56,3 km/h zurücklegen. Berechne die voraussichtliche Fahrzeit in Stunden und Minuten!

20.4 Die Durchschnittsgeschwindigkeit eines Motorrades ist $v_m = 45{,}5$ km/h. Wie groß ist die zurückgelegte Fahrstrecke in km bei $t = 6$ Stunden und 30 Minuten?

20.5 Bei einem Automobilrennen wurden für 2263,6 km 16 Stunden, 27 Minuten und 45 Sekunden gestoppt. Ermittle die Durchschnittsgeschwindigkeit v_m in km/h!

20.6 Für ein Kfz wurden bei gleichbleibender Geschwindigkeit für 1 km 48 Sekunden gestoppt. Der Tachometer zeigte 81 km/h an.

a) Wie groß war die wirkliche Geschwindigkeit in km/h?

b) Berechne die Abweichung der Tachometeranzeige von der wirklichen Geschwindigkeit in %!

20.7 Eine Feile hat einen Feilenhub (= ausgenutzte Feilenlänge) von 240 mm. Für einen Feilenstrich werden 1,5 s gebraucht. Ermittle die Schnittgeschwindigkeit in m/min und mm/s!

20.2 Geschwindigkeitsberechnung

Gleichmäßige Drehbewegung
Umfangsgeschwindigkeit

Erklärung

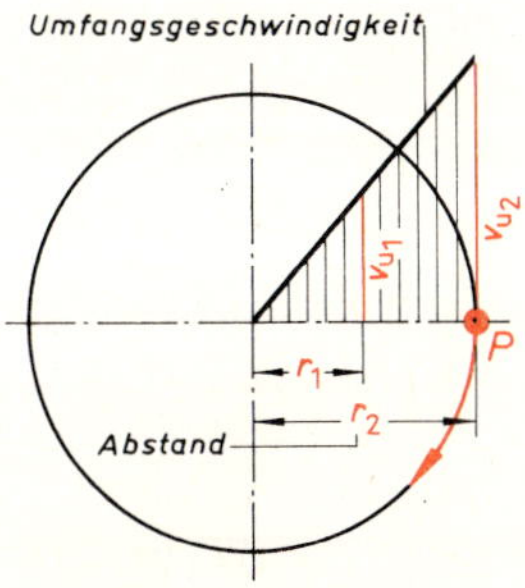

Drehbewegung

Bei der Drehbewegung dreht sich ein kreisrunder Körper (z. B. Wellen, Achsen, Zahnräder, Riemenscheiben, Schwungscheiben, Räder, Schleifsteine usw.) mit gleichbleibender Geschwindigkeit um seine Achse. Dabei beschreibt jeder Punkt P ebenfalls eine Kreisbahn.

Bei der Drehbewegung gilt die gleiche Grundformel wie zur Berechnung der Geschwindigkeit. Man nennt in diesem Falle die Geschwindigkeit Umfangsgeschwindigkeit, da es sich um die Geschwindigkeit des Punktes P am Kreisumfang handelt.

Den Weg, den ein Punkt am Umfang eines sich drehenden Körpers in der Zeiteinheit (Minute oder Sekunde) zurückgelegt hat, nennt man seine Umfangsgeschwindigkeit.

Die Umfangsgeschwindigkeit ist abhängig von:

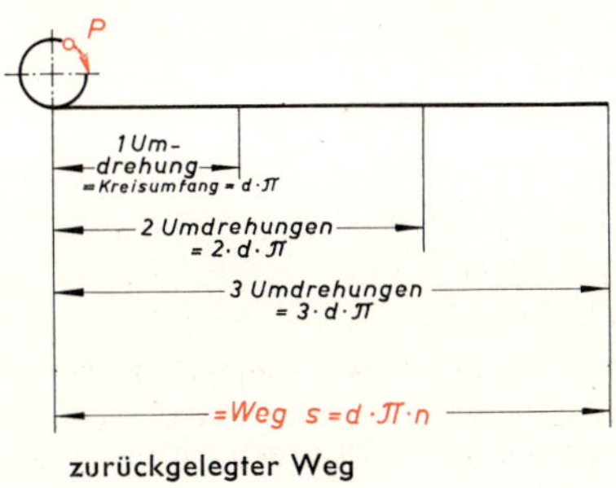

zurückgelegter Weg

1. der Entfernung des Punktes P von der Drehachse. Je größer dieser Abstand ist, um so größer ist die Umfangsgeschwindigkeit (siehe obenstehende Zeichnung);

2. der Umdrehungszahl des sich drehenden Körpers. Je größer die Umdrehungszahl ist, um so größer wird der zurückgelegte Weg.

Bezeichnungen

v_U = Umfangsgeschwindigkeit $\left[\frac{m}{s}\right]$

n = Anzahl der Umdrehungen pro Minute $\left[\frac{1}{min}\right]$

d = Durchmesser des rotierenden Körpers [mm]

Formel mit Beispiel

$$v = \frac{s}{t}$$

$$v_U = d \cdot \pi \cdot n \quad \left[\text{mm} \cdot \frac{1}{\text{min}} = \frac{\text{mm}}{\text{min}}\right]$$

$$v_U = \frac{d \cdot \pi \cdot n}{60} \quad \left[\frac{\text{mm}}{\text{s}}\right] \quad \text{Umwandlung in Sekunden}$$

$$v_U = \frac{d \cdot \pi \cdot n}{1000 \cdot 60} \quad \left[\frac{\text{m}}{\text{s}}\right] \quad \text{Umwandlung in Meter}$$

$$\text{Umfangsgeschwindigkeit} = \frac{\text{Umfang}}{1000} \cdot \frac{\text{Drehzahl}}{60}$$

$$v_U = \frac{d \cdot \pi \cdot n}{1000 \cdot 60} \quad \left[\frac{\text{m}}{\text{s}}\right]$$

Beachte:

d wird in mm eingesetzt! Wird *d* in m eingesetzt, so fällt die 1000 im Nenner fort!

Die Hinterräder eines Kraftfahrzeuges haben einen Durchmesser von 600 mm. Die Hinterachse macht eine Drehzahl von $n = 250$ 1/min.

Berechne die Umfangsgeschwindigkeit der Hinterräder in m/s!

$$v_U = \frac{d \cdot \pi \cdot n}{1000 \cdot 60} \quad \left[\frac{\text{m}}{\text{s}}\right]$$

$$= \frac{600 \cdot 3{,}14 \cdot 250}{1000 \cdot 60}$$

$$v_U = \underline{\underline{7{,}85 \text{ m/s}}}$$

Anmerkung

Die Umfangsgeschwindigkeit des Werkzeuges beim Bohren, Fräsen und Schleifen und die Umfangsgeschwindigkeit des Werkstückes beim Drehen nennt man in der Metallverarbeitung Schnittgeschwindigkeit v_S. Berechnungsformeln für die Schnittgeschwindigkeit sind:

Schleifen:

$$v_S = \frac{d \cdot \pi \cdot n}{1000 \cdot 60} \quad \left[\frac{\text{m}}{\text{s}}\right]$$

Bohren:
Fräsen:
Drehen:

$$v_S = \frac{d \cdot \pi \cdot n}{1000} \quad \left[\frac{\text{m}}{\text{min}}\right]$$

Aufgaben

20.8 Stelle die Formel für die Umfangsgeschwindigkeit v_U nach *d* und *n* um!

20.9 Ein Kfz-Vorderrad hat bis zum Ventil einen ⌀ von 350 mm und bis zur Reifenoberfläche einen ⌀ von 620 mm.

a) Berechne die Unfangsgeschwindigkeit am Ventil in m/s bei $n = 300$ 1/min!

b) Wie groß ist die Umfangsgeschwindigkeit an der Reifenoberfläche in m/s bei $n = 300$ 1/min?

20.10 Ein Reifen hat einen Außen-⌀ von 25″. Die Umfangsgeschwindigkeit beträgt 12,56 m/s.

a) Berechne den Außen-⌀ in mm!

b) Wie groß ist die Drehzahl *n* der Steckachse?

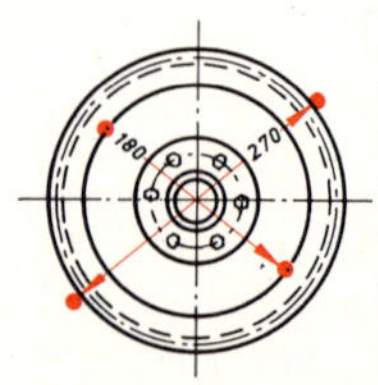

20.11 Ein Schwungrad hat an den gekennzeichneten Stellen nebenstehende Durchmesser. Berechne die Umfangsgeschwindigkeit in m/s an diesen Punkten bei einer Kurbelwellendrehzahl von $n = 2400$ 1/min.

20.12 Berechne den Außen-⌀ eines Rades in mm, wenn es eine Umfangsgeschwindigkeit $v_U = 18{,}84$ m/s bei $n = 720$ 1/min hat!

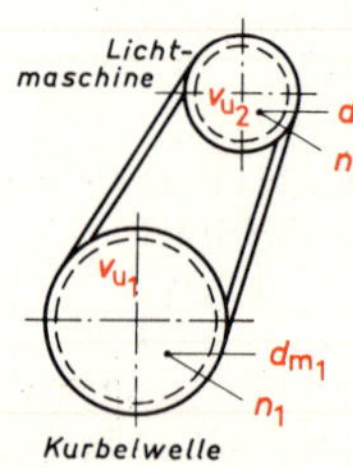

20.13 Eine Lichtmaschine wird durch einen Keilriemenantrieb von der Kurbelwelle angetrieben. Die Umfangsgeschwindigkeit beträgt 15,7 m/s.

a) Ermittle d_{m_2}, wenn $n_2 = 3000$ 1/min ist!

b) Wie groß ist n_1, wenn $d_{m_1} = 160$ mm ist?

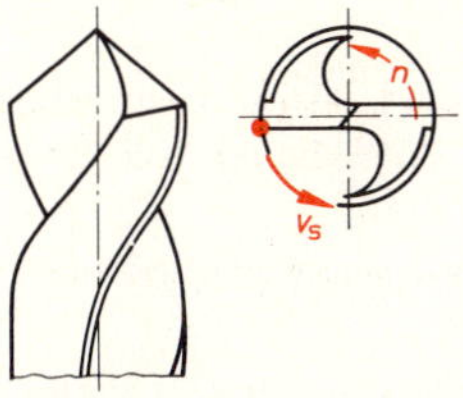

20.14 Berechne die Schnittgeschwindigkeit v_S eines Bohrers in m/min, wenn der Bohrer-Ø 14 mm und die Drehzahl des Bohrers n = 400 1/min sind!

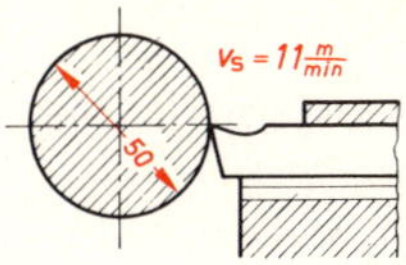

20.15 Ein Rundstahl aus St 50 wird mit v_S = 11 m/min auf der Drehbank geschruppt. Berechne die Drehzahl n, wenn d = 50 mm ist!

20.3 Geschwindigkeitsberechnung

Gleichmäßig beschleunigte und verzögerte Bewegung
Beschleunigung und Verzögerung

Erklärung

Das Kraftfahrzeug kann im normalen Straßenverkehr nicht immer mit gleichbleibender Geschwindigkeit gefahren werden. Vielmehr muß der Fahrer anfahren, schneller werden (= beschleunigen) und bremsen (= verzögern). Beschleunigung und Verzögerung verändern die Geschwindigkeit.

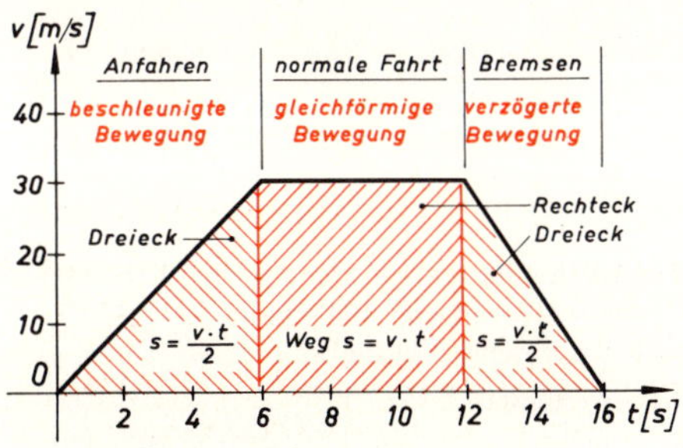

Geschwindigkeit-Zeit-Diagramm eines Kraftfahrzeuges

Gleichförmig beschleunigen heißt die Geschwindigkeit gleichmäßig erhöhen, gleichförmig verzögern heißt die Geschwindigkeit gleichmäßig verringern:

Beschleunigung ist die Geschwindigkeitserhöhung in der Zeiteinheit (Sekunde).

Verzögerung ist die Geschwindigkeitsabnahme in der Zeiteinheit (Sekunde).

Beschleunigung und Verzögerung sind rechnerisch gleich.

Die graphische Darstellung der Beschleunigung und der Verzögerung ergibt für den Beschleunigungs- und Verzögerungsweg ein Dreieck (siehe Geschwindigkeit-Zeit-Diagramm). Beschleunigung und Verzögerung werden mit denselben Formeln berechnet.

Bezeichnungen

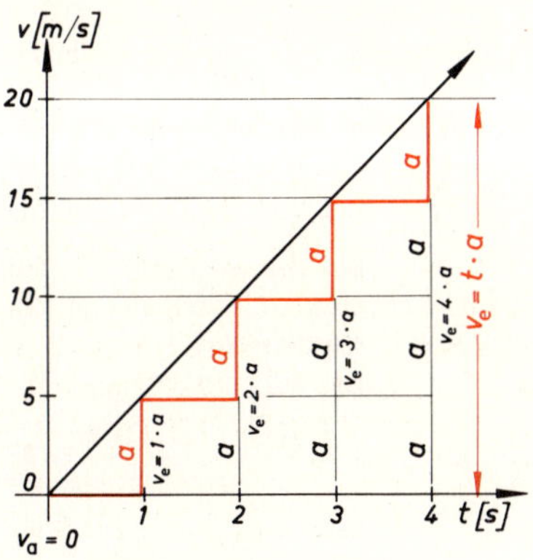

Geschwindigkeit-Zeit-Diagramm einer Beschleunigung

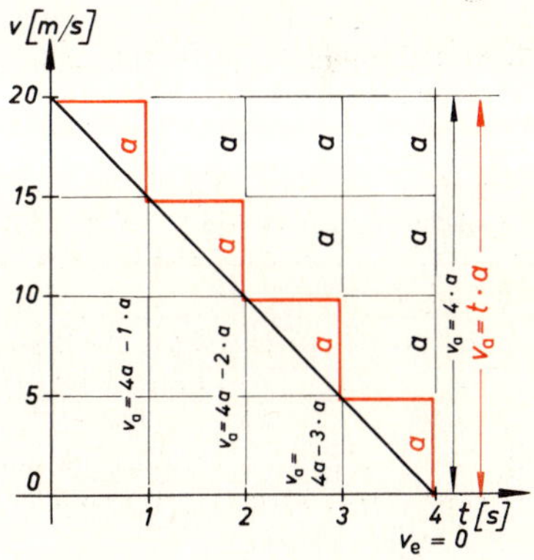

Geschwindigkeit-Zeit-Diagramm einer Verzögerung

a = Beschleunigung [m/s²]
oder Verzögerung [m/s²]

v_a = Anfangsgeschwindigkeit [m/s]

v_e = Endgeschwindigkeit [m/s]

t = Beschleunigungszeit [s]

t = Verzögerungszeit [s]

Maßeinheiten:

1. Beschleunigung und Verzögerung: „Meter pro Sekunde zum Quadrat“ $= \left[\frac{m}{s^2}\right]$

$$\frac{\frac{m}{s}}{s} = \frac{m}{s} : s = \frac{m}{s \cdot s} = \left[\frac{m}{s^2}\right] \rightarrow$$ Geschwindigkeitszunahme (bzw. -abnahme) in der Sekunde!

2. Geschwindigkeit: Meter pro Sekunde $\left(= \frac{m}{s}\right)$ bei Beschleunigung und Verzögerung!

Formel mit Beispiel

Entsprechend den vorstehenden Diagrammen folgt:

1. Beschleunigung aus dem Stillstand

Nach der 1. Sek.: $1 \cdot 5\ m/s^2 = 5\ m/s^2$
Nach der 2. Sek.: $2 \cdot 5\ m/s^2 = 10\ m/s^2$
Nach der 3. Sek.: $3 \cdot 5\ m/s^2 = 15\ m/s^2$
Nach der 4. Sek.: $4 \cdot 5\ m/s^2 = 20\ m/s^2$

Zeit · Beschleunigung = Endgeschwindigkeit
$t \cdot a = v_e$

$$v_e = t \cdot a$$

2. Verzögerung zum Stillstand

$15\ m/s = 3 \cdot 5\ m/s^2$
$10\ m/s = 2 \cdot 5\ m/s^2$
$5\ m/s = 1 \cdot 5\ m/s^2$
$0\ m/s = 0 \cdot 5\ m/s^2$

Anfangsgeschwindigkeit = Zeit · Verzögerung

$$v_a = t \cdot a$$

$$\text{Beschleunigung} = \frac{\text{Endgeschwindigkeit}}{\text{Beschleunigungszeit}}$$

$$a = \frac{v_e}{t} \left[\frac{m}{s^2}\right]$$

Ein Kfz erreicht aus dem Stillstand nach 10 Sekunden eine Geschwindigkeit von 108 km/h. Berechne die Beschleunigung!

108 : 3,6 = 30 m/s

$$a = \frac{v_e}{t} = \frac{30}{10} = \underline{3\ m/s^2}$$

$$\text{Verzögerung} = \frac{\text{Anfangsgeschwindigkeit}}{\text{Verzögerungszeit}}$$

$$a = \frac{v_a}{t} \left[\frac{m}{s^2}\right]$$

Ein Kfz hat eine Geschwindigkeit von 54 km/h und wird in 4 Sekunden zum Stillstand gebracht. Berechne die Verzögerung!

54 : 3,6 = 15 m/s

$$a = \frac{v_a}{t} = \frac{15}{4} = \underline{3{,}75 m/s^2}$$

Da Beschleunigungsweg und Verzögerungsweg durch ein Dreieck dargestellt werden, ergibt sich:

3. Beschleunigungsweg

$$s = \frac{v_e \cdot t}{2}\ [m]$$

Ein Kfz wird aus dem Stillstand in 8 Sekunden auf 80 km/h beschleunigt. Wie lang war der Beschleunigungsweg?

80 : 3,6 = 22,23 m/s

$$s = \frac{v_e \cdot t}{2} = \frac{22{,}23 \cdot 8}{2} = \underline{88{,}92\ m}$$

4. Verzögerungsweg

$$s = \frac{v_a \cdot t}{2}\ [m]$$

Ein Wagen mit einer Geschwindigkeit von 100 km/h wird in 12 Sekunden zum Stillstand gebracht. Wie lang war der Verzögerungsweg?

100 km/h : 3,6 = 27,78 m/s

$$s = \frac{v_a \cdot t}{2} = \frac{27{,}78 \cdot 12}{2} = \underline{166{,}68\ m}$$

5. Beschleunigung mit Anfangsgeschwindigkeit und Verzögerung mit Endgeschwindigkeit

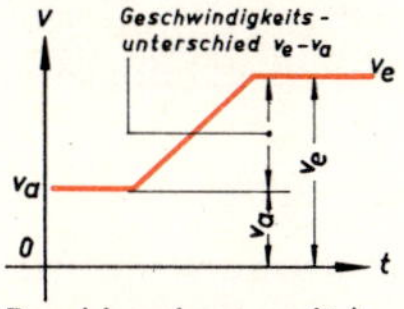

Beschleunigung mit Anfangsgeschwindigkeit

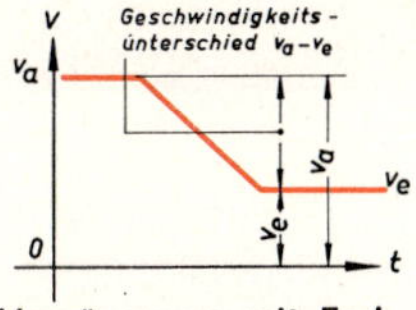

Verzögerung mit Endgeschwindigkeit

Oft erfolgt die Beschleunigung aus einer Anfangsgeschwindigkeit und die Verzögerunng nicht bis zum Stillstand.
Entsprechend ändern sich die Formeln:

$$\text{Beschleunigung (Verzögerung)} = \frac{\text{Geschwindigkeitsunterschied}}{\text{Zeit}}$$

$$a = \frac{v_e - v_a}{t} \quad \left[\frac{m}{s^2}\right]$$

$$a = \frac{v_a - v_e}{t} \quad \left[\frac{m}{s^2}\right]$$

$$v_e = v_a + a \cdot t \quad \left[\frac{m}{s}\right]$$

$$v_e = v_a - a \cdot t \quad \left[\frac{m}{s}\right]$$

Ein Pkw fährt mit $v_a = 36$ km/h. Seine Verzögerung beträgt 3 m/s². Gesucht ist die Endgeschwindigkeit v_e nach 2 Sekunden!

36 km/h : 3,6 = 10 m/s

$$v_e = v_a - a \cdot t \quad \left[\frac{m}{s}\right]$$

$$= 10 - 3 \cdot 2 = 4 \text{ m/s}$$

$$v_e = 4 \text{ m/s} \cdot 3{,}6 = \underline{14{,}4 \text{ km/h}}$$

Anmerkung

Der freie Fall ist auch eine gleichmäßig beschleunigte Bewegung und wird Erdbeschleunigung g genannt. $g = 9{,}81$ m/s² (siehe auch Abschnitt 4.3)

Aufgaben

20.16 Ein Pkw wird in 30 Sekunden aus dem Stillstand auf eine Geschwindigkeit von 151,2 km/h beschleunigt.

a) Berechne die Beschleunigung in m/s²!

b) Wieviel m beträgt der Beschleunigungsweg?

20.17 Ein Sportwagen hat eine Beschleunigung von 2,0 m/s². Wieviel Sekunden benötigt er, um aus dem Stillstand auf 180 km/h zu kommen?

20.18 Ein Kfz beschleunigt aus dem Stillstand mit 1,2 m/s².

a) Wie groß ist die Geschwindigkeit nach 30 Sekunden in m/s und km/h?

b) Wie lang ist der Beschleunigungsweg in m?

c) Stelle den Beschleunigungsweg zeichnerisch dar! (5 s ≙ 10 mm; 5 m/s ≙ 10 mm)

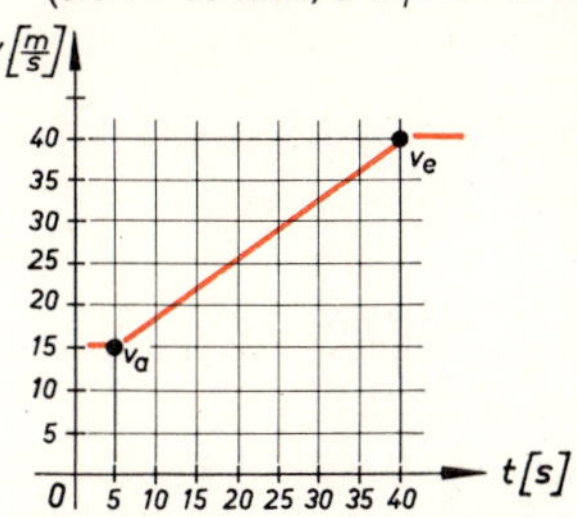

20.19 Ein Kfz hat eine Anfangsgeschwindigkeit von $v_a = 15$ m/s. Es beschleunigt 35 Sekunden lang und hat dann eine Endgeschwindigkeit $v_e = 40$ m/s.

a) Berechne v_a und v_e in km/h!

b) Wie groß ist die Beschleunigung in m/s²?

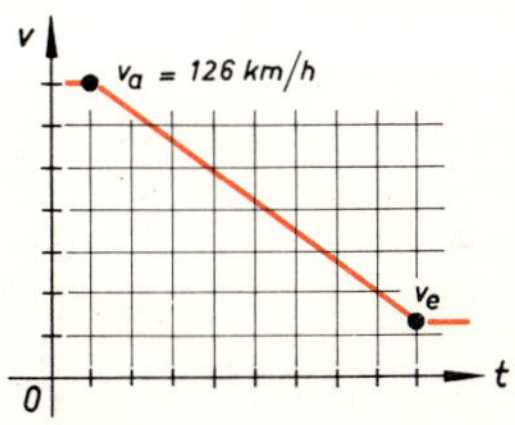

20.20 Ein Pkw hat eine Geschwindigkeit von 126 km/h. Er wird 8 Sekunden lang mit 3,5 m/s² abgebremst. Wie groß ist seine Endgeschwindigkeit v_e in m/s und km/h?

20.21 Ein Kfz wird bei einer Geschwindigkeit von 88,2 km/h in 5 Sekunden bis zum Stillstand abgebremst.

a) Wie groß ist die Verzögerung in m/s²?

b) Berechne den Verzögerungsweg in m!

20.22

a) Erkläre das untenstehende Geschwindigkeit-Zeit-Diagramm!

b) Berechne die vorkommenden Beschleunigungen und Verzögerungen!

c) Berechne die gleichbleibenden Geschwindigkeiten in km/h!

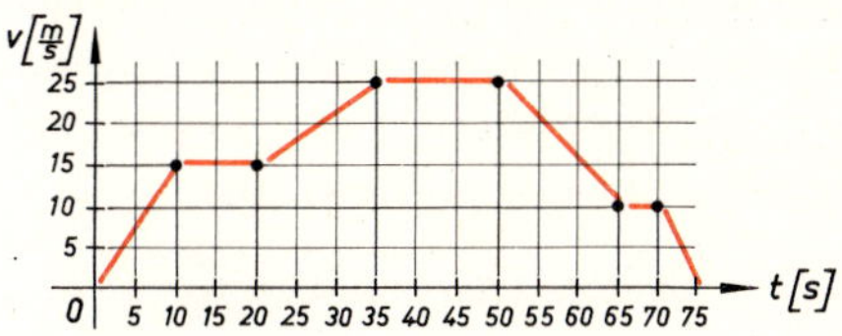

Erklärung

Der Motorkolben ist durch den Kolbenbolzen und die Pleuelstange mit der Kurbelwelle verbunden. Die Kurbelwelle macht eine gleichförmige Drehbewegung, während der Kolben eine ungleichförmige, hin- und hergehende Bewegung ausführt. Der Kolben legt bei einer Kurbelwellenumdrehung zweimal den Kolbenweg zwischen oT und uT zurück (= 2 mal Hub s) und ändert dabei seine Bewegungsrichtung. Aus allem folgt:

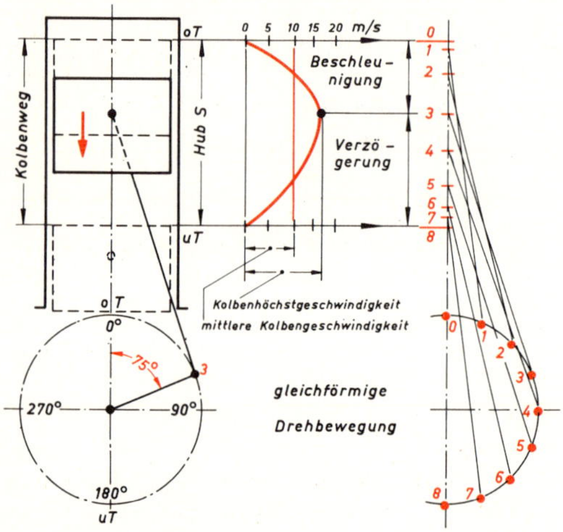

Hin- und Herbewegung des Kolbens

1. In den Totpunkten oT und uT steht der Kolben für einen Augenblick still.

2. Zwischen den Totpunkten steigert der Kolben zunächst seine Geschwindigkeit bis zur Kolbenhöchstgeschwindigkeit, die er bei ca. 75° Kurbelwinkel erreicht.

3. Nach Erreichung der Kolbenhöchstgeschwindigkeit fällt die Geschwindigkeit wieder bis Null ab.

Bei der Hin- und Herbewegung wird der Kolben von Null bis zu einem Höchstwert beschleunigt und dann wieder bis Null verzögert.

Auf der Zeichnung erkennt man, daß die Wege zwischen den Punkten 0 und 8 auf dem Kurbelkreis gleich sind. Dagegen sind die entsprechend zurückgelegten Wege des Kolbens verschieden groß. Daraus folgt, daß auch die Kolbengeschwindigkeiten in den einzelnen Teilstrecken zwischen 0 und 8 verschieden groß sind.

Die mittlere Kolbengeschwindigkeit ist die Geschwindigkeit einer gedachten gleichförmigen Bewegung, bei welcher der Kolben in der Zeiteinheit denselben Weg zurücklegen würde wie bei seiner ungleichförmigen Bewegung. Die mittlere Kolbengeschwindigkeit ist also die Durchschnittsgeschwindigkeit des Kolbens.

Bezeichnungen

v_m = mittlere Kolbengeschwindigkeit $\left[\frac{m}{s}\right]$

v_{max} = Kolbenhöchstgeschwindigkeit $\left[\frac{m}{s}\right]$

s = Hub [mm]

n = Drehzahl $\left[\frac{1}{min}\right]$

Formel mit Beispiel

1 Kurbelwellenumdrehung: Weg $= 2 \cdot s$ [mm]

2 Kurbelwellenumdrehungen: Weg $= (2 \cdot s) \cdot 2$ [mm]

3 Kurbelwellenumdrehungen: Weg $= (2 \cdot s) \cdot 3$ [mm]

n Kurbelwellenumdrehungen: Weg $= (2 \cdot s) \cdot n$ [mm]

n Kurbelwellenumdrehungen pro Minute:

Kolbengeschwindigkeit $v_m = 2 \cdot s \cdot n \left[\frac{mm}{min}\right]$

1. Ein Motor hat $s = 74$ mm und $n = 4500$ 1/min. Berechne v_m und v_{max} in m/s!

$$v_m = \frac{2 \cdot s \cdot n}{1000 \cdot 60} = \frac{2 \cdot 74 \cdot 4500}{1000 \cdot 60} \left[\frac{m}{s}\right]$$

$\underline{v_m = 11{,}1 \text{ m/s}}$

$v_{max} \approx 11{,}1 \cdot 1{,}7 \approx \underline{18{,}87 \text{ m/s}}$

Zur Umrechnung in Meter und Sekunde muß noch durch 1000 und 60 geteilt werden:

$$\text{mittlere Kolbengeschwindigkeit} = \frac{\text{Doppelter Hub}}{1000} \cdot \frac{\text{Drehzahl}}{60}$$

$$v_m = \frac{2 \cdot s \cdot n}{1000 \cdot 60} \left[\frac{m}{s}\right]$$

Beachte: $v_{max} \approx v_m \cdot 1{,}7$ [m/s]

2. Welchen Hub s hat ein Motor, wenn $v_m = 10{,}8$ m/s und $n = 4500$ 1/min beträgt?

$$v_m = \frac{2 \cdot s \cdot n}{1000 \cdot 60} \left[\frac{m}{s}\right]$$

$$s = \frac{v_m \cdot 1000 \cdot 60}{2 \cdot n} \text{ [mm]}$$

$$s = \frac{10{,}8 \cdot 1000 \cdot 60}{2 \cdot 4500} = \underline{72 \text{ mm}}$$

Anmerkung

1. Die mittlere Kolbengeschwindigkeit liegt bei Verbrennungsmotoren meist zwischen 8 und 15 m/s.
2. Die hin- und hergehende Bewegung kommt auch bei Arbeitsmaschinen (z. B. Kompressor) und bei Werkzeugmaschinen (z. B. Hubsäge, Hobelmaschine) vor. Man berechnet hier nach derselben Formel die mittlere Schnittgeschwindigkeit v_S:

$$v_S = \frac{2 \cdot s \cdot n_D}{1000} \left[\frac{m}{min}\right]$$

s = Hub [mm]

n_D = Anzahl der Doppelhübe pro Minute

Aufgaben

20.23 Ein Otto-Viertakt-Motor hat einen Hub von 66,6 mm und eine Motordrehzahl von $n = 5600$ 1/min.

Berechne a) die mittlere Kolbengeschwindigkeit und b) die Kolbenhöchstgeschwindigkeit v_{max}!

20.24 Berechne die mittlere Kolbengeschwindigkeit eines Diesel-Motors, der einen Hub von 130 mm und eine Motordrehzahl von 2600 1/min hat!

20.25 Ein Sportwagenmotor hat einen Hub von 80 mm und eine Drehzahl von 5800 1/min. Berechne

a) die mittlere Kolbengeschwindigkeit und b) die Kolbenhöchstgeschwindigkeit v_{max}!

20.26 Berechne die mittlere Kolbengeschwindigkeit eines Rennwagenmotors mit $s = 50$ mm und $n = 10\,500$ 1/min!

20.27 Ein Motorrad hat einen Hub von 73 mm und eine Motordrehzahl von 7000 1/min. Berechne die mittlere Kolbengeschwindigkeit!

20.28 Ein Motor hat einen Hub von 61 mm.

a) Berechne die mittlere Kolbengeschwindigkeit bei $n = 2500$ 1/min und $n = 5000$ 1/min!

b) Stelle fest, wie sich die Kolbengeschwindigkeit mit zunehmender Drehzahl verändert und gib hierfür eine Begründung an!

20.29 Zwei Motoren haben folgende technische Daten: $s = 72$ mm, $n = 3000$ 1/min, $s = 144$ mm und $n = 3000$ 1/min.

a) Berechne die mittlere Kolbengeschwindigkeit der beiden Motoren!

b) Stelle fest, wie sich die Kolbengeschwindigkeiten verhalten und gib hierfür eine Begründung!

20.30 Die mittlere Kolbengeschwindigkeit eines Motors beträgt 12,4 m/s bei einem Hub von 120 mm. Berechne die zugehörige Motordrehzahl!

20.31 Die mittlere Kolbengeschwindigkeit eines Motors ist 9,6 m/s bei einer Motordrehzahl von 3600 1/min. Berechne den Hub s des Motors!

20.32 Berechne die mittlere Kolbengeschwindigkeit der BMW-, VW- und MAN-Motoren, deren technische Daten aus der Tabelle im Anhang zu entnehmen sind. Als Motordrehzahl ist anzunehmen:

a) Motordrehzahl bei der Nutzleistung!

b) Motordrehzahl beim höchsten Drehmoment!

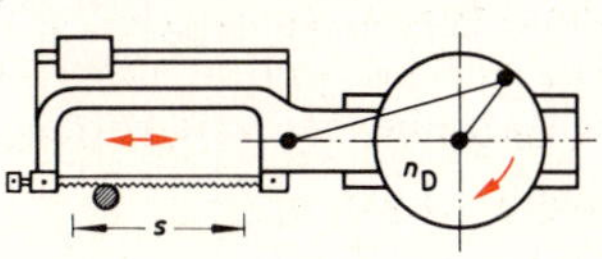

20.33 Eine Hubsäge hat einen Hub von 220 mm. Die Drehzahl des Exzenters ist 80 1/min.

Berechne die Schnittgeschwindigkeit des Sägeblattes!

Erklärung

Der einfache Riementrieb besteht aus zwei Riemenscheiben, die mittels eines Treibriemens verbunden sind.

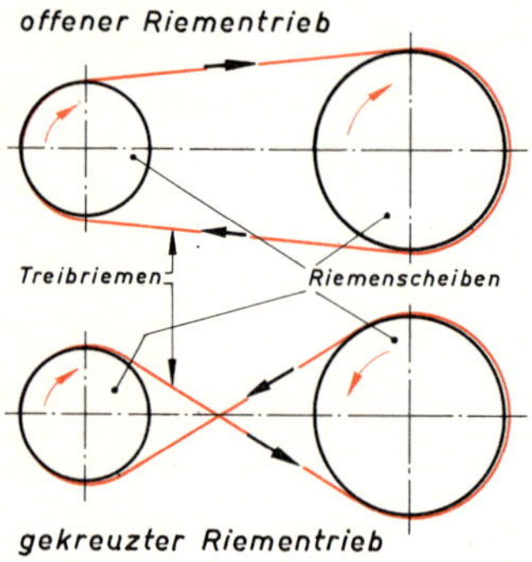

Man unterscheidet:

1. Offener Riementrieb
Die Riemenscheiben haben gleichen Drehsinn.

2. Gekreuzter Riementrieb
Die Riemenscheiben haben entgegengesetzten Drehsinn.

Der Riementrieb ist eine kraftschlüssige Verbindung, wobei der Anpreßdruck zwischen Riemen und Scheibe so groß ist, daß eine Mitnahme der getriebenen Scheibe erfolgt.

Der Riementrieb hat zwei Aufgaben:
1. Übertragung der Antriebskräfte (Drehmomente)
2. Änderung der Drehzahl (Übersetzung)

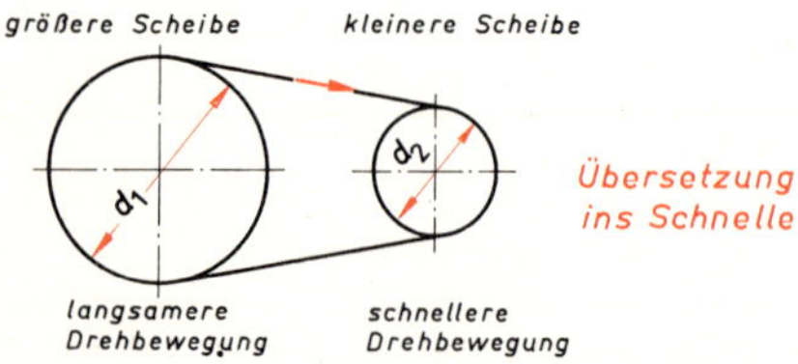

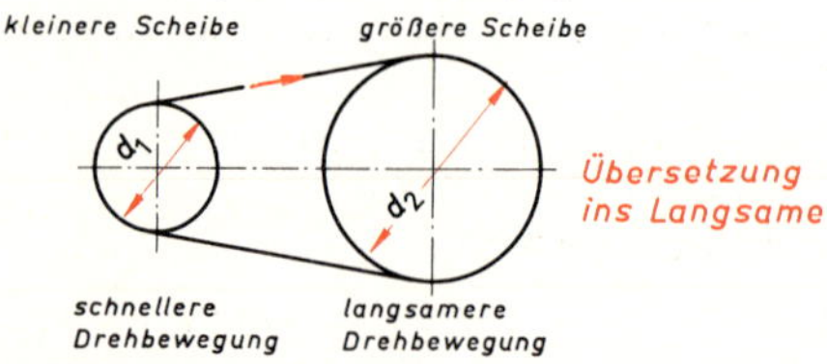

Bei der Übersetzung unterscheidet man:

1. Übersetzung ins Schnelle:
„Vom Langsamen ins Schnelle."

2. Übersetzung ins Langsame:
„Vom Schnellen ins Langsame."

Die Größe der Übersetzung gibt das Übersetzungsverhältnis an:

Unter dem Übersetzungsverhältnis versteht man das Verhältnis der Riemenscheibendrehzahlen zueinander.

Bezeichnungen

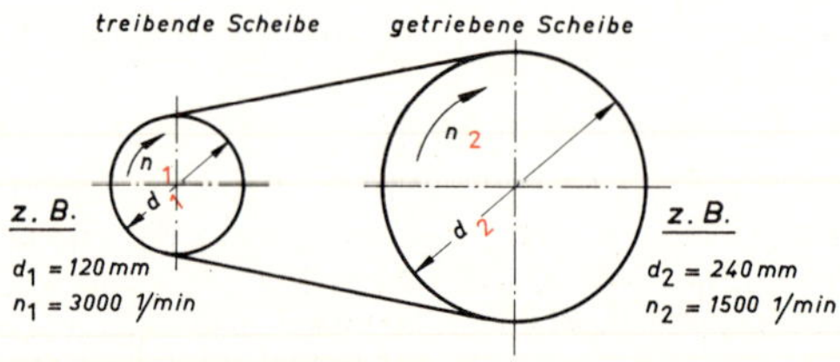

n_1 = Drehzahl der treibenden Scheibe $\left[\frac{1}{\text{min}}\right]$

n_2 = Drehzahl der getriebenen Scheibe $\left[\frac{1}{\text{min}}\right]$

d_1 = Durchmesser der treibenden Scheibe [mm]

d_2 = Durchmesser der getrieb. Scheibe [mm]

v_{U_1} = Umfangsgeschwindigkeit der treibenden Scheibe $\left[\frac{\text{m}}{\text{s}}\right]$

v_{U_2} = Umfangsgeschwindigkeit der getriebenen Scheibe $\left[\frac{\text{m}}{\text{s}}\right]$

i = Übersetzungsverhältnis [—]

Beachte: Beim Riementrieb haben die treibenden Scheiben immer ungerade Zahlen (z. B. n_1, d_1), die getriebenen Scheiben immer gerade Zahlen (z. B. n_2, d_2).

Formel mit Beispiel

1. Grundformel des Riementriebes:

Die Umfangsgeschwindigkeiten beider Riemenscheiben sind gleich:

$$v_{U1} = v_{U2}$$

$$\frac{d_1 \cdot \pi \cdot n_1}{1000 \cdot 60} = \frac{d_2 \cdot \pi \cdot n_2}{1000 \cdot 60} \quad \Big| \cdot 1000 \;\; \cdot 60 \;\; : \pi$$

Es bleibt übrig:

$$d_1 \cdot n_1 = d_2 \cdot n_2$$

Durchmesser · Drehzahl der treib. Scheibe = Durchmesser · Drehzahl der getrieb. Scheibe

$$\boxed{d_1 \cdot n_1 = d_2 \cdot n_2}$$

1. Stelle die Formel für den Riementrieb nach d_1 um!

$$d_1 \cdot n_1 = d_2 \cdot n_2$$

$$d_1 = \frac{d_2 \cdot n_2}{n_1}$$

2. Überprüfe in der vorstehenden Zeichnung, ob der für d_2 angegebene Wert von 240 mm richtig ist!

$$d_1 \cdot n_1 = d_2 \cdot n_2$$

$$d_2 = \frac{d_1 \cdot n_1}{n_2}$$

$$d_2 = \frac{120 \cdot 3000}{1500}$$

$$d_2 = 240 \text{ mm}$$

2. Übersetzungsverhältnis des Riementriebes:

Infolge der gleichen Umfangsgeschwindigkeiten muß sich die kleinere Riemenscheibe in der Zeichnung zweimal drehen, während sich die doppelt so große Scheibe nur einmal zu drehen braucht:

Die Drehzahlen verhalten sich beim Riementrieb umgekehrt wie die Durchmesser der Riemenscheiben.

Also:

$$\frac{n_1}{n_2} = \frac{d_2}{d_1}$$

Übersetzungsverhältnis = $\frac{\text{Drehzahl der treib. Scheibe}}{\text{Drehzahl der getr. Scheibe}}$

$$\boxed{i = \frac{n_1}{n_2}}$$ Grundformel für das Übersetzungverhältnis

Übersetzungsverhältnis = $\frac{\text{Durchmesser der getr. Scheibe}}{\text{Durchmesser der treib. Scheibe}}$

$$\boxed{i = \frac{d_2}{d_1}}$$ Formel gilt für den Riementrieb und Zahnradtrieb.

Das Übersetzungsverhältnis ist so zu berechnen, daß im Zähler oder Nenner stets eine 1 steht.

1. Berechne in der vorstehenden Zeichnung das Übersetzungsverhältnis i!

$$i = \frac{n_1}{n_2} = \frac{3000}{1500} = \frac{2}{1} = 2:1 \text{ oder}$$

$$i = \frac{d_2}{d_1} = \frac{240}{120} = \frac{2}{1} = 2:1$$

Beachte: Bei der Übersetzung vom Schnellen ins Langsame steht im Nenner eine 1, also ist *i* größer als 1.

2. $d_1 = 450$ mm, $n_1 = 1200$ 1/min
$d_2 = 180$ mm, $n_2 = 3000$ 1/min
Berechne das Übersetzungsverhältnis i!

$$i = \frac{n_1}{n_2} = \frac{1200}{3000} = \frac{1}{3000:1200} \qquad i = \frac{1}{2{,}5} = 1:2{,}5$$

oder:

$$i = \frac{d_2}{d_1} = \frac{180}{450} = \frac{1}{450:180} \qquad i = \frac{1}{2{,}5} = 1:2{,}5$$

Beachte: Bei der Übersetzung vom Langsamen ins Schnelle steht im Zähler eine 1, also ist *i* kleiner als 1.

Anmerkung

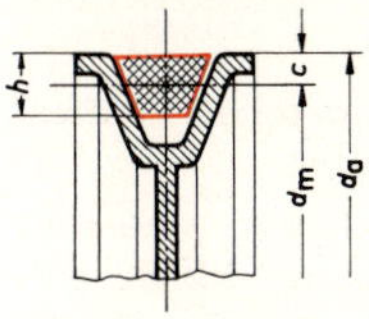

Keilriementrieb

In der Technik verwendet man meist nicht den Flachriementrieb, sondern den Keilriementrieb. Beim Keilriementrieb gelten dieselben Formeln, nur wird mit dem mittleren Durchmesser gerechnet:

$$\boxed{d_m = d_a - 2 \cdot c \text{ [mm]}}$$

$$\boxed{d_{m1} \cdot n_1 = d_{m2} \cdot n_2}$$

d_m = mittlerer Durchmesser
d_a = Außen-Durchmesser
c = Abstand d_m zu d
h = Keilriemenhöhe

Die Keilriemenscheiben sind nach DIN 2217 genormt:

d_m = 20; 22; 25; 28; 32; 36; 40; 45; 50; 56 .....
c = 1,5; 2; 2,5; 3; 4; 5; 6; 7; 8; 10; 12; 16 .....

Aufgaben

21.1 Stelle die Formel für den Riementrieb $n_1 \cdot d_1 = n_2 \cdot d_2$ nach n_1, n_2, d_1 und d_2 um!

21.2 Stelle die Formeln für das Übersetzungsverhältnis um:

a) $i = \frac{n_1}{n_2}$ nach n_1 und n_2!

b) $i = \frac{d_2}{d_1}$ nach d_1 und d_2!

21.3 Berechne die fehlenden Zahlen und Übersetzungsverhältnisse folgender Riementriebe:

Aufgabe	a)	b)	c)	d)	e)	f)
d_1 in mm	180	60	?	35	80	?
d_2 in mm	630	?	110	52,5	120	40
n_1 in 1/min	420	750	2200	?	2400	1500
n_2 in 1/min	?	2250	2500	300	?	3750
i	?	?	?	?	?	?

Aufgabe	g)	h)	i)	j)	k)	l)
d_1 in mm	145	?	?	170	?	75
d_2 in mm	?	30	105,3	?	240	?
n_1 in 1/min	?	320	1300	?	?	880
n_2 in 1/min	2560	?	?	1020	200	?
i	2:1	1:4	2,6:1	1:3,4	3,55:1	4,4:1

21.4 Keilriemenscheiben haben folgende Abmessungen:

a) $d = 25$ mm, $c = 1{,}5$ mm
b) $d = 50$ mm, $c = 2{,}5$ mm
c) $d = 135$ mm, $c = 5$ mm
d) $d = 192$ mm, $c = 6$ mm
e) $d = 266$ mm, $c = 8$ mm

Berechne den mittleren Keilriemen-ø d_m!

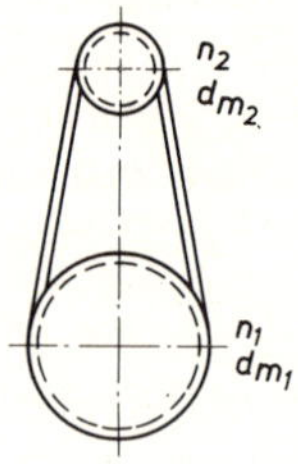

21.5 a) Berechne n_2 und i des Keilriementriebes, wenn $n_1 = 3000$ 1/min, $d_{m_1} = 140$ mm und $d_{m_2} = 100$ mm ist!

b) Berechne n_1 und d_{m_1} des Keilriemenantriebes, wenn $n_2 = 3600$ 1/min, $d_{m_2} = 125$ mm und $i = 1:1{,}2$ ist!

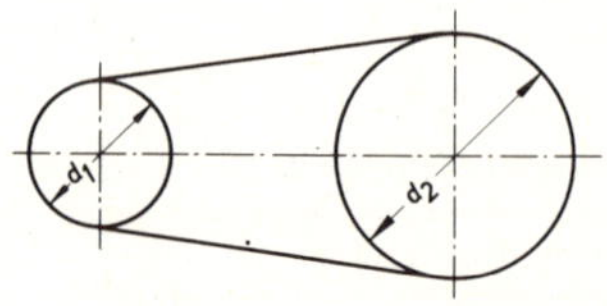

21.6 Gegeben:
$d_1 = 200$ mm;
$n_1 = 2450$ 1/min;
$i = 1{,}75:1$
Gesucht:
d_2 und n_2!

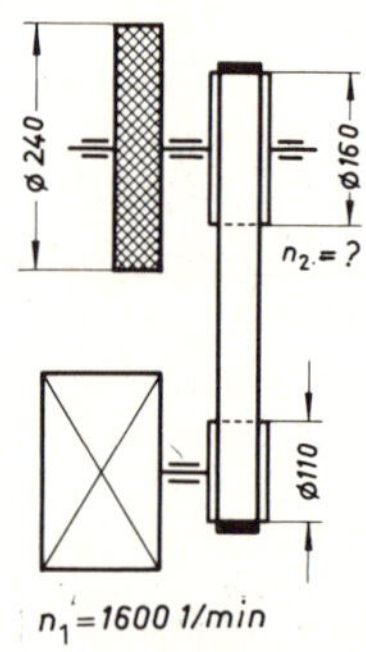

21.7 Ein Elektromotor hat eine Riemenscheibe von 110 mm und macht 1600 1/min. Durch einen Treibriemen wird eine Riemenscheibe mit einem Durchmesser von 160 mm angetrieben, die auf einer Welle sitzt mit einer Schleifscheibe von 240 mm ø.

Berechne:

a) Drehzahl der Schleifscheibenwelle!

b) Übersetzungsverhältnis i!

c) Schnittgeschwindigkeit v_S der Schleifscheibe (siehe 17.2)!

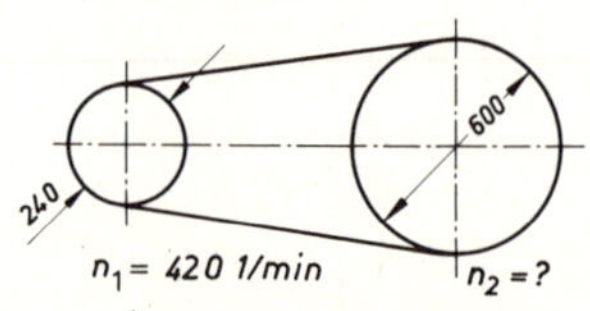

21.8 Wie groß ist n_2 des gezeichneten Riementriebes?

21.2 Riementrieb — Doppelter Riementrieb

Erklärung

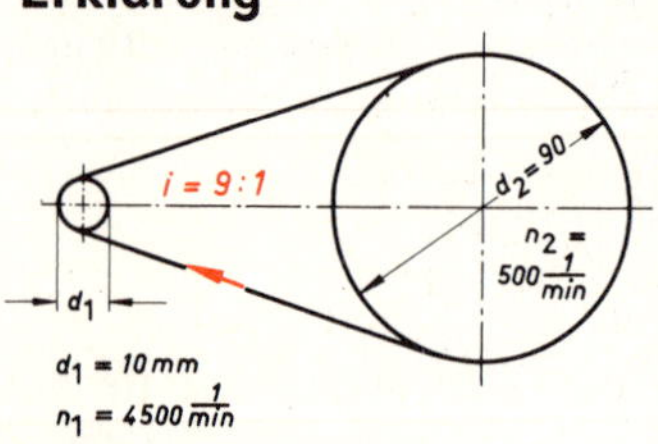

Einfacher Riementrieb

Der doppelte Riementrieb setzt sich aus zwei einfachen Riementrieben zusammen. Er hat einen doppelten Zweck:

1. Mit Hilfe des doppelten Riementriebes kann man eine sehr hohe Drehzahl in eine sehr niedrige umwandeln. Würde dies durch einen einfachen Riementrieb geschehen, so würde der Treibriemen rutschen und eine Riemenscheibe müßte sehr groß gewählt werden.

2. Außerdem können durch den doppelten Riementrieb mehrere Riemenscheiben angetrieben werden.

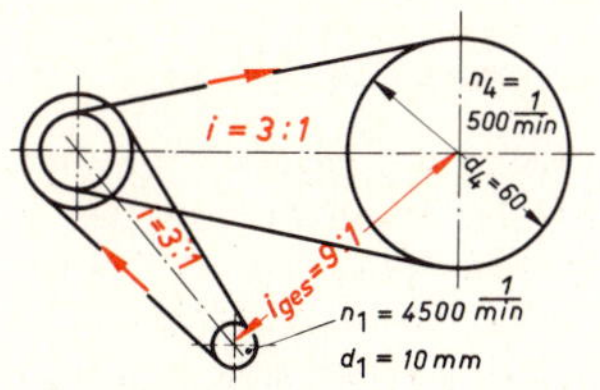

Der doppelte Riementrieb teilt große Übersetzungen in zwei Stufen auf und kann mehrere Aggregate durch eine Riemenscheibe mit einer bestimmten Drehzahl in Bewegung setzen.

Abb. 1 Doppelter Riementrieb

Bezeichnungen

Auch beim doppelten Riementrieb gilt:

1. Ungerade Zahlen → treibende Riemenscheiben
2. Gerade Zahlen → getriebene Riemenscheiben

d_1 = ø der treibenden Scheibe [mm]

d_2 = ø der getrieb. Scheibe [mm]

d_3 = ø der treibenden Scheibe [mm]

d_4 = ø der getrieb. Scheibe [mm]

n_1 = Drehzahl der treib. Scheibe $\left[\frac{1}{\text{min}}\right]$

n_2 = Drehzahl der getrieb. Scheibe $\left[\frac{1}{\text{min}}\right]$

n_3 = Drehzahl der treib. Scheibe $\left[\frac{1}{\text{min}}\right]$

n_4 = Drehzahl der getrieb. Scheibe $\left[\frac{1}{\text{min}}\right]$

i_1 = Übersetzungsverhältnis des 1. einfachen Riementriebes

i_2 = Übersetzungsverhältnis des 2. einfachen Riementriebes

i_{ges} = Gesamtübersetzungsverhältnis des doppelten Riementriebes

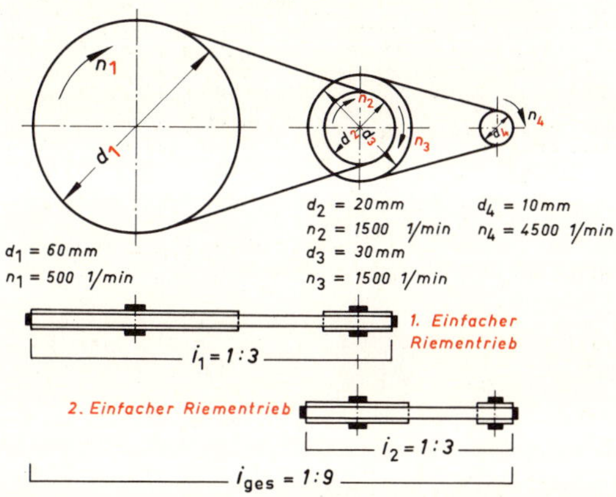

Abb. 2

Beim doppelten Riementrieb sitzen d_2 und d_3 auf derselben Welle, also ist $n_2 = n_3$.

Formel mit Beispiel

1. Berechnung der Drehzahl n_4

1. Rechenweg:

Der doppelte Riementrieb wird in zwei einfache Riementriebe zerlegt:

$$d_1 \cdot n_1 = d_2 \cdot n_2$$

$$n_2 = \frac{d_1 \cdot n_1}{d_2}$$

$$d_3 \cdot n_3 = d_4 \cdot n_4$$

$$n_4 = \frac{d_3 \cdot n_3 \text{ oder } n_2}{d_4}$$

Beachte: $n_2 = n_3$!

Berechne mit den Zahlen der vorstehenden Zeichnung n_2 und n_4! (siehe Abb. 2)

$$n_2 = \frac{d_1 \cdot n_1}{d_2} = \frac{60 \cdot 500}{20} = 1500 \frac{1}{\text{min}}$$

$$n_4 = \frac{d_3 \cdot n_2}{d_4} = \frac{30 \cdot 1500}{10} = 4500 \frac{1}{\text{min}}$$

2. Rechenweg

$$n_4 = \frac{d_3 \cdot n_3 \text{ (oder } n_2)}{d_4}$$

In diese Formel setzt man für n_3 $(= n_2)$ ein:

$$n_2 \; (= n_3) = \frac{d_1 \cdot n_1}{d_2}$$

$$n_4 = \frac{d_3 \cdot \boxed{d_1 \cdot n_1}}{d_4 \cdot d_2}$$

Also:

$$n_4 = \frac{\varnothing \text{ der treibenden Scheiben}}{\varnothing \text{ der getriebenen Scheiben}} \cdot n_1 \left[\frac{1}{\text{min}}\right]$$

$$\boxed{n_4 = \frac{d_3 \cdot d_1}{d_4 \cdot d_2} \cdot n_1 \left[\frac{1}{\text{min}}\right]}$$

Berechne n_4 der vorstehenden Zeichnung! (siehe Abb. 2)

$$n_4 = \frac{d_3 \cdot d_1 \cdot n_1}{d_4 \cdot d_2} \left[\frac{1}{\text{min}}\right]$$

$$n_4 = \frac{30 \cdot 60 \cdot 500}{10 \cdot 20} \left[\frac{1}{\text{min}}\right]$$

$$n_4 = \underline{4500 \text{ U/min}}$$

2. Berechnung der Gesamtübersetzung i_{ges}

1. Rechenweg:

Berechnung der Teilübersetzungen und Multiplikation der Teilübersetzungen miteinander:

$$i_{ges} = \frac{n_1}{n_2} \cdot \frac{n_3}{n_4} = \frac{n_1}{n_4} \quad (n_2 = n_3!)$$

$$\boxed{i_{ges} = i_1 \cdot i_2}$$

Berechne i_1, i_2 und i_{ges} nach vorstehender Zeichnung (siehe Abb. 2)!

$$i_1 = \frac{n_1}{n_2} = \frac{500}{1500} = \frac{1}{3} = \underline{1:3}$$

$$i_2 = \frac{n_3}{n_4} = \frac{1500}{4500} = \frac{1}{3} = \underline{1:3}$$

$$i_{ges} = i_1 \cdot i_2 = \frac{1}{3} \cdot \frac{1}{3} = \underline{1:9}$$

2. Rechenweg:

Die Drehzahlen verhalten sich umgekehrt wie die Durchmesser:

$$i_1 = \frac{n_1}{n_2} = \frac{d_2}{d_1} \qquad i_2 = \frac{n_3}{n_4} = \frac{d_4}{d_3}$$

$$i_{ges} = i_1 \cdot i_2 = \frac{n_1 \cdot n_3}{n_2 \cdot n_4} = \frac{d_2 \cdot d_4}{d_1 \cdot d_3}$$

$$\boxed{i_{ges} = \frac{n_1}{n_4} = \frac{d_2 \cdot d_4}{d_1 \cdot d_3}}$$

Berechne i_{ges} aus der vorstehenden Zeichnung (siehe Abb. 2)!

$$i_{ges} = \frac{n_1}{n_4} = \frac{500}{4500} = \frac{1}{9} = \underline{1:9}$$

$$i_{ges} = \frac{d_2 \cdot d_4}{d_1 \cdot d_3} = \frac{20 \cdot 10}{60 \cdot 30}$$

$$i_{ges} = \frac{20}{180} = \frac{1}{9} = \underline{1:9}$$

Anmerkung

Beim mehrfachen Riementrieb gelten die gleichen Formeln:

n_A = Anfangsdrehzahl

n_E = Enddrehzahl

$$\boxed{\begin{aligned} i_{ges} &= i_1 \cdot i_2 \cdot i_3 \cdot i_4 \ldots \\ i_{ges} &= \frac{d_2 \cdot d_4 \cdot d_6 \ldots}{d_1 \cdot d_3 \cdot d_5 \ldots} \end{aligned}}$$

$$\boxed{\begin{aligned} i_{ges} &= \frac{n_A}{n_E} \\ n_E &= \frac{d_1 \cdot d_3 \cdot d_5 \ldots}{d_2 \cdot d_4 \cdot d_6 \ldots} \cdot n_A \end{aligned}}$$

Aufgaben

21.9 Stelle die Formeln $n_4 = \frac{d_3 \cdot d_1}{d_4 \cdot d_2} \cdot n_1$ und $i_{ges} = \frac{n_1}{n_4}$ nach allen Größen um!

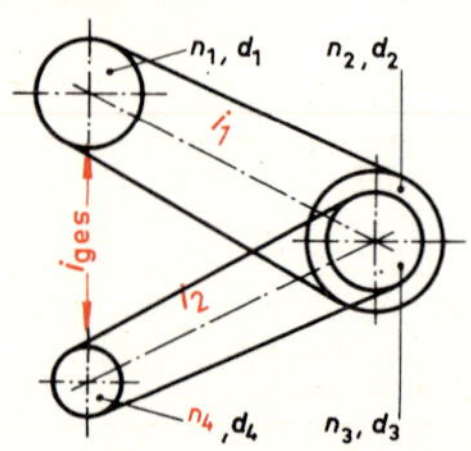

21.10 Nebenstehender doppelter Riementrieb hat folgende Werte:

d_1 = 100 mm
n_1 = 420 1/min
d_2 = 150 mm
d_3 = 88 mm
d_4 = 70 mm

a) Berechne n_4 auf zwei Arten!
b) Ermittle i_1, i_2 und i_{ges}!

21.11 Ein doppelter Riementrieb hat folgende Werte:

$d_1 = 75$ mm, $n_1 = 500$ 1/min, $d_2 = 30$ mm, $d_3 = 50$ mm, $d_4 = 20$ mm.

a) Berechne n_4 auf zwei Arten!

b) Suche i_1, i_2 und i_{ges} auf zwei Arten!

c) Zeichne den doppelten Riementrieb auf Millimeterpapier!

21.12 Der gezeichnete Keilriemenantrieb hat:

$d_{m_1} = 125$ mm $d_{m_3} = 112$ mm

$d_{m_2} = 80$ mm $d_{m_4} = 90$ mm

a) Wie groß ist die Wasserpumpendrehzahl, wenn die Motordrehzahl $n_1 = 2400$ 1/min ist?

b) Berechne die Lichtmaschinendrehzahl, wenn $n_1 = 1800$ 1/min ist!

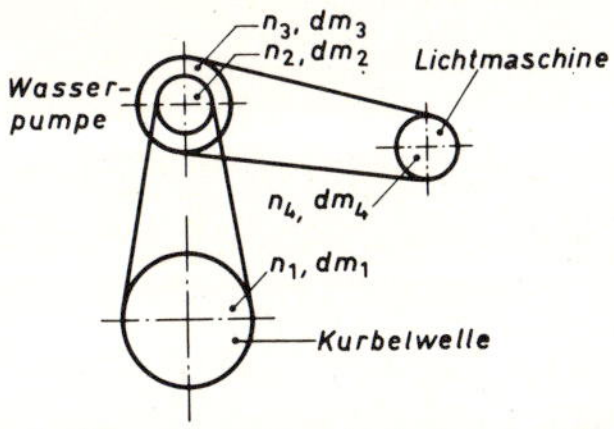

21.13 Ein Luftkompressor hat $d_{m_4} = 80$ mm und macht 6300 1/min. Der dazwischengeschaltete Lüfter besitzt eine Keilriemenscheibe mit $d_{m_3} = 125$ mm und $d_{m_2} = 100$ mm.

Die Kurbelwellendrehzahl n_1 beträgt 2880 1/min.

a) Wie groß ist d_{m_1}?   b) Berechne i_{ges}!

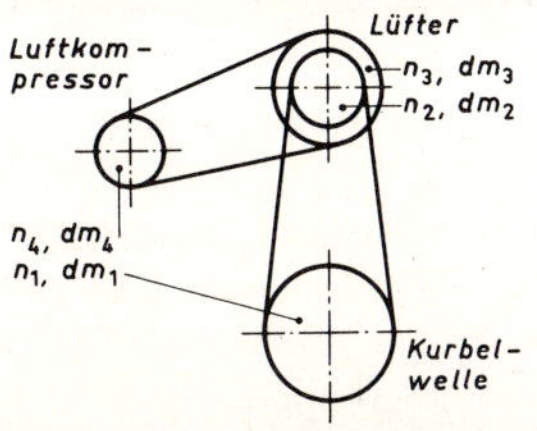

21.14 Ein doppelter Riementrieb hat folgende Werte: $i_1 = 2{,}5:1$; $d_1 = 120$ mm; $n_1 = 1400$ 1/min; $d_3 = 100$ mm; $d_4 = 250$ mm.

a) Berechne d_2, n_2 (n_3), n_4, i_2 und i_{ges}!

b) Zeichne den doppelten Riementrieb im Maßstab 1 : 5 auf Millimeterpapier!

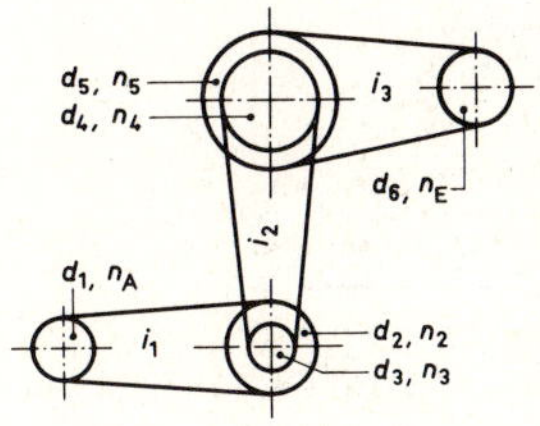

21.15 Der mehrfache Riementrieb hat folgende Werte:

$n_A = 2500$ 1/min
$d_1 = 80$ mm
$d_4 = 125$ mm
$d_5 = 153$ mm
$d_6 = 90$ mm
$i_1 = 1{,}25:1$
$i_2 = 2{,}5:1$

Berechne: a) d_2 und d_3 in mm! b) n_E! c) i_3! d) i_{ges}!

21.16 Ein mehrfacher Riementrieb hat folgende Werte:

$d_1 = 150$ mm	$d_2 = 400$ mm	$d_4 = 450$ mm
$n_1 = 1200$ 1/min	$d_3 = 200$ mm	$d_5 = 500$ mm
		$d_6 = 200$ mm

a) Zeichne den mehrfachen Riementrieb auf Millimeterpapier!

b) Berechne n_4 und i_{ges}!

21.17 Ein Riementrieb hat folgende Werte: $n_1 = 1400$ 1/min; $d_1 = 90$ mm $d_2 = 250$ mm; $d_3 = 120$ mm; $d_4 = 220$ mm; Berechne:

a) die Enddrehzahl und

b) dar Gesamtübersetzungsverhältnis!

22 Ventilsteuerung

Ventilsteuerzeiten, Ventilöffnungswinkel, Ventilöffnungszeit

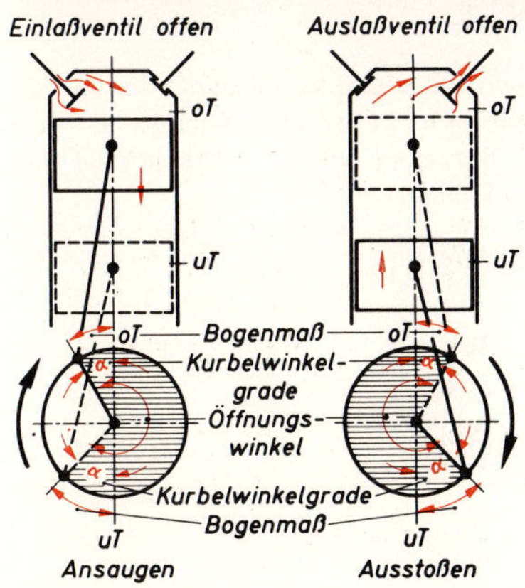

Erklärung

Die Ventilsteuerung hat die Aufgabe, die Frischgasströme (bzw. die reine Luft) und die Abgasströme zu steuern.

Sie sorgt dafür, daß im richtigen Augenblick das Einlaßventil bzw. das Auslaßventil offen oder geschlossen ist.

Bei Zweitaktmotoren, die meist keine Ventile haben, übernehmen die Kanäle (Ansaug-, Auslaß- und Überströmkanal) und der Kolben die Motorsteuerung.

Ventilsteuerzeiten

1. Ventilsteuerzeiten

Die Ventilsteuerzeiten geben an, wann die Ventile sich öffnen und schließen:

Das Einlaßventil öffnet vor oT und schließt nach uT, das Auslaßventil öffnet vor uT und schließt nach oT.

Die Ventilsteuerzeiten werden in Kurbelwinkelgraden oder in Millimeter als Bogenmaß angegeben. Sie werden von oT bzw. von uT aus auf der Schwungscheibe gemessen.
Die Ventilsteuerzeiten werden im Steuerdiagramm zeichnerisch dargestellt.

2. Ventilöffnungswinkel

Der Ventilöffnungswinkel gibt an, wieviel Kurbelwinkelgrade das Einlaß- bzw. das Auslaßventil geöffnet sind.

3. Ventilöffnungszeit

Die Ventilöffnungszeit gibt an, wie viele Sekundenbruchteile das Einlaß- bzw. das Auslaßventil zum Ein- und Ausströmen der Gase geöffnet sind.
Sie ergibt sich aus dem Ventilöffnungswinkel und der Motordrehzahl n.

Bezeichnungen

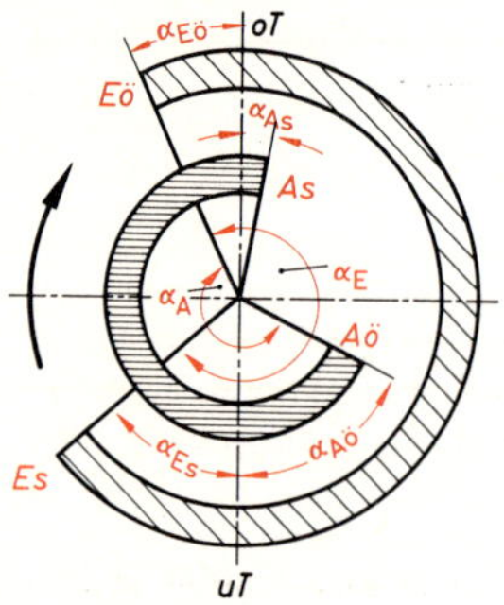

Steuerdiagramm

$E_ö$ = Einlaßventil öffnet
E_s = Einlaßventil schließt
$A_ö$ = Auslaßventil öffnet
A_s = Auslaßventil schließt
$\alpha_{E_ö}$ = Öffnung des Einlaßventils vor oT [°KW]
α_{E_s} = Schließung des Einlaßventils nach uT [°KW]
$\alpha_{A_ö}$ = Öffnung des Auslaßventils vor uT [°KW]
α_{A_s} = Schließung des Auslaßventils nach oT [°KW]
α_{EV} = Öffnungswinkel des Einlaßventils [°]
α_{AV} = Öffnungswinkel des Auslaßventils [°]
t_{EV} = Öffnungszeit des Einlaßventils [s]
t_{AV} = Öffnungszeit des Auslaßventils [s]
d = Durchmesser, auf dem die Markierung angebracht ist [mm]

EV = Einlaßventil
AV = Auslaßventil
KW = Kurbelwinkel [°]
l_B = Bogenmaß [mm]

1. Ventilsteuerzeiten

a) Bogenmaß in mm

Der Kreisumfang ist:

$$U = d \cdot \pi = 360°$$

Die Bogenlänge für 1° Kurbelkreis:

$$l_B = \frac{U}{360} = \frac{d \cdot \pi}{360}$$

Die Bogenlänge für α° Kurbelkreis:

$$l_B = \frac{d \cdot \pi \cdot \alpha_{KW}}{360°} \text{ [mm]}$$

b) Kurbelwinkelgrad vor oT bzw. uT

Durch Formelumstellung erhält man:

$$\alpha_{KW} = \frac{360° \cdot l_B}{d \cdot \pi}$$

$$\left.\begin{matrix}\alpha_{E_ö}, \alpha_{E_s} \\ \alpha_{A_ö}, \alpha_{A_s}\end{matrix}\right\} = \frac{360° \cdot l_B}{d \cdot \pi} \text{ [°KW]}$$

Beachte:

d ist der ⌀ der Schwungscheibe oder der Riemenscheibe. Auf dem Umfang der Schwung- oder Riemenscheibe sind meist die Markierungen aufgetragen!

Im abgebildeten Steuerdiagramm öffnet das Einlaßventil 25° vor oT. Berechne das Bogenmaß auf der Schwungscheibe bei einem ⌀ von 250 mm!

$$l_B = \frac{d \cdot \pi \cdot \alpha_{KW}}{360°}$$

$$l_B = \frac{250 \text{ [mm]} \cdot 3{,}14 \cdot 25}{360°}$$

$$l_B = \underline{54{,}5 \text{ mm}}$$

Im abgebildeten Steuerdiagramm öffnet das Auslaßventil 139,6 mm vor uT bei einem Schwungscheiben-⌀ von 250 mm. Berechne, wieviel Grad vor uT sich das Auslaßventil öffnet!

$$\alpha_{A_ö} = \frac{360° \cdot l_B}{d \cdot \pi} \text{ [°KW]}$$

$$\alpha_{A_ö} = \frac{360° \cdot 139{,}6}{250 \cdot 3{,}14}$$

$$\alpha_{A_ö} = \underline{64° \text{ vor uT}}$$

2. Ventilöffnungswinkel

Zur Berechnung des Ventilöffnungswinkels sind zu den Ventilsteuerzeiten jeweils 180° zuzurechnen:

$$\alpha_{EV} = \alpha_{E_ö} + 180° + \alpha_{E_s} \text{ [°KW]}$$
$$\alpha_{AV} = \alpha_{A_ö} + 180° + \alpha_{A_s} \text{ [°KW]}$$

3. Ventilöffnungszeit

$$\text{Zeit } t \text{ für } 360° \text{ KW} = \frac{1}{n} \text{ [min]}$$

$$\text{Zeit } t \text{ für } 1° \text{KW} = \frac{1}{360 \cdot n} \text{ [min]}$$

$$\text{Zeit } t \text{ für } \alpha° \text{KW} = \frac{1 \cdot \alpha}{360 \cdot n} \text{ [min]}$$

$$\text{Umrechnung in Sekunden: } t = \frac{\alpha \cdot 60}{360 \cdot n} \text{ [s]}$$

$$\text{Ventilöffnungszeit} = \frac{\text{Öffnungswinkel}}{6 \cdot \text{Drehzahl}}$$

$$t_{EV} = \frac{\alpha_{EV}}{6 \cdot n} \text{ [s]}$$

$$t_{AV} = \frac{\alpha_{AV}}{6 \cdot n} \text{ [s]}$$

Im abgebildeten Steuerdiagramm öffnet das Einlaßventil 25° vor oT und schließt 51° nach uT, das Auslaßventil öffnet 64° vor uT und schließt 12° nach oT. Berechne die Ventilöffnungswinkel!

$$\alpha_{EV} = 25° + 180° + 51° = \underline{\underline{256°}}$$
$$\alpha_{AV} = 64° + 180° + 12° = \underline{\underline{256°}}$$

Berechne die Öffnungszeiten des Einlaß- und Auslaßventils im abgebildeten Steuerdiagramm. Die Motordrehzahl soll 4000 1/min betragen!

$$t_{EV} = \frac{\alpha_{EV}}{6 \cdot n} = \frac{256}{6 \cdot 4000} = \underline{\underline{0{,}0106 \text{ s}}}$$

$$t_{AV} = \frac{\alpha_{AV}}{6 \cdot n} = \frac{256}{6 \cdot 4000} = \underline{\underline{0{,}0106 \text{ s}}}$$

Anmerkung

Der Zündzeitpunkt bei Otto-Viertakt-Motoren und der Einspritzzeitpunkt bei Dieselmotoren werden ebenfalls in Millimeter oder Kurbelwinkelgraden angegeben.

Aufgaben

1. Ventilsteuerzeiten

22.1 Das Einlaßventil eines Viertakt-Ottomotors öffnet 16° vor oT. Der Durchmesser der Schwungscheibe ist 260 mm.

Berechne das Bogenmaß Eö bis oT!

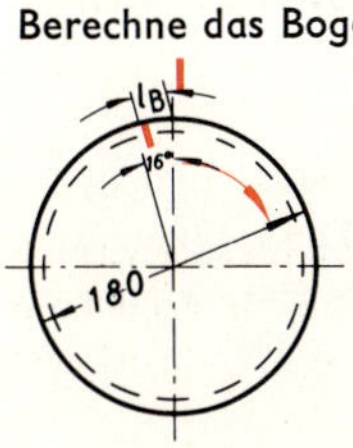

22.2 Auf dem Umfang einer Riemenscheibe mit einem Durchmesser von 180 mm (250 mm) ist der oT markiert.
Wie groß ist das Bogenmaß für eine Frühzündung von 15° (16°)?

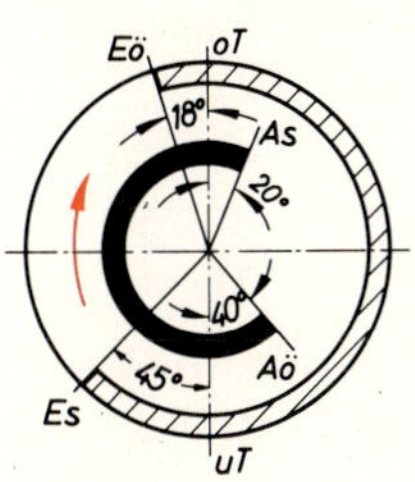

22.3 Rechne die Ventilsteuerzeiten für nebenstehend abgebildetes Steuerdiagramm eines Viertakt-Motors von Kurbelwinkelgrad in Bogenmaß um! Der Durchmesser der Schwungscheibe beträgt 240 mm (325 mm).

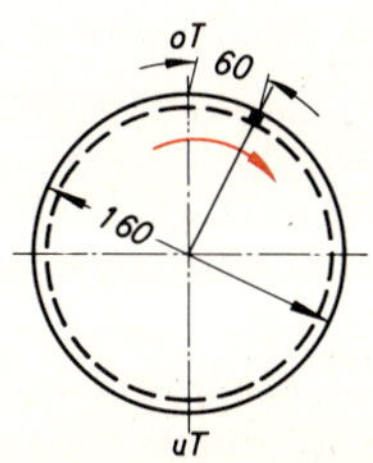

22.4 Das Auslaßventil schließt, wenn die Markierung auf der Riemenscheibe 60 mm nach oT steht.
Wie groß ist der Winkel von A_s bis oT?

22.5 Ein Dieselmotor trägt eine Markierung für den oberen Totpunkt auf dem Umfang seiner Schwungscheibe (Durchmesser 300 mm).

Er hat folgende Ventilsteuerzeiten:

$E_ö$ 60 (70) mm vor oT
E_s 195 (220) mm nach uT
$A_ö$ 155 (160) mm vor uT
A_s 30 (40) mm nach oT

Rechne die Bogenmaße in Kurbelwinkelgrade um!

2. Ventilöffnungswinkel

22.6 Das Einlaßventil eines Viertakt-Otto-Motors öffnet 16° (18°) vor oT und schließt 45° (60°) nach uT.
Wie groß ist sein Ventilöffnungswinkel?

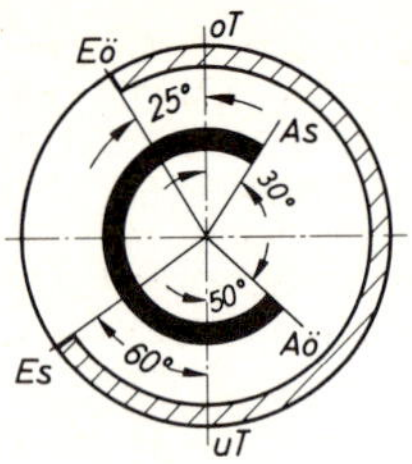

22.7 Berechne die Ventilöffnungswinkel für die Werte aus nebenstehendem Steuerdiagramm
a) in Kurbelwinkelgrade und
b) im Bogenmaß!
Der Durchmesser der markierten Riemenscheibe beträgt 150 mm (210mm).

3. Ventilöffnungszeit

22.8 Berechne für einen Viertakt-Ottomotor, der mit $n = 4800\ (6400)\ 1/\text{min}$ dreht, die Ventilöffnungszeiten! (Werte dem Steuerdiagramm in Aufgabe 22.7 entnehmen!)

22.9 Wie lange bleibt das Einlaßventil bei einer Drehzahl von 6000 (5200) 1/min offen, wenn der Ventilöffnungswinkel 240° (260°) beträgt?

23.1 Reibung, Lager, Toleranz — Haft- und Gleitreibung

Erklärung

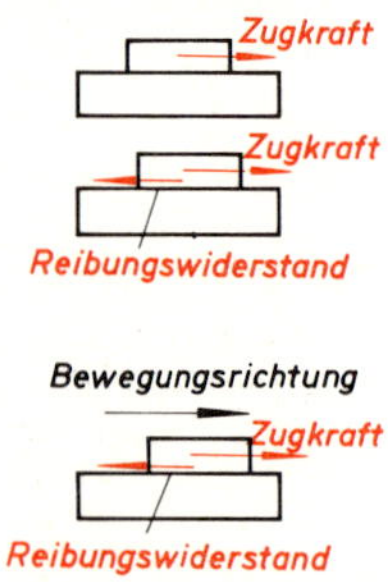

Liegt ein Körper auf einem anderen Körper, so muß man eine Zugkraft aufbringen, um den oberen Körper gegenüber dem unteren Körper zu verschieben.

Diese Zugkraft ist erforderlich, um die zwischen den sich berührenden Oberflächen der beiden Körper wirkende Reibungskraft (= Reibungswiderstand) zu überwinden.

Dieser Reibungswiderstand wirkt stets der Bewegung entgegen.

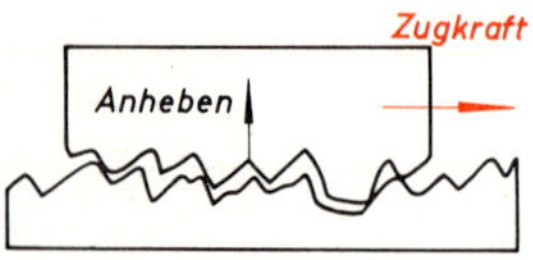

Die Ursachen des Reibungswiderstandes sind:

1. Oberflächenbeschaffenheit

Bei starker Vergrößerung erscheinen auch glatte Oberflächen rauh und stark zerklüftet. Zwei aufeinanderliegende Körper sind durch diese Unebenheiten miteinander verzahnt. Deshalb ist eine Zugkraft notwendig, um den oberen Körper vom unteren abzuheben.

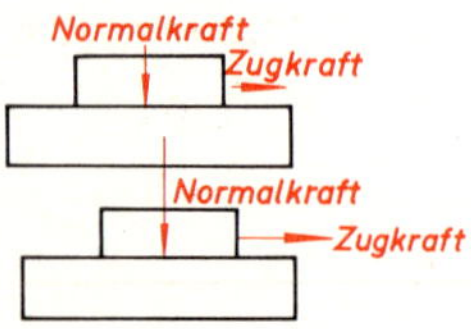

2. Normalkraft (Gewichtskraft)

Der obere Körper in der nebenstehenden Abbildung drückt mit seiner Gewichtskraft auf den unteren Körper. Die Normalkraft (Gewichtskraft) ergibt sich, indem man das Gewicht (Masse) mit der Erdbeschleunigung g malnimmt: $F_N = m \cdot g = G \cdot g\ [N]$

Je größer die Normalkraft ist, desto größer muß auch die Zugkraft zum Anheben des oberen Körpers sein.

3. Bewegungszustand

Zwei Zustände werden unterschieden:

a) die Ruhe
b) die Bewegung

Bei Ruhe sinkt der obere Körper stark in die Vertiefungen des unteren Körpers ein. Die beiden Körper haften aneinander. Es ist deshalb eine ziemlich große Zugkraft erforderlich, um den oberen Körper von dem unteren Körper abzuheben und verschieben zu können.

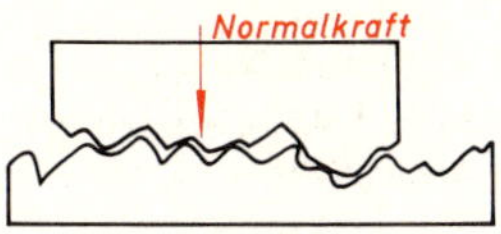

Haftreibung

Der Reibungswiderstand, den zwei aufeinander ruhende Körper einer Bewegung entgegensetzen, wird deshalb Haftreibung (= Reibung bei Ruhe) genannt.

Wird der obere Körper gegenüber dem unteren bewegt, so kann der obere Körper nicht so weit in den unteren Körper einsinken wie bei Ruhe.

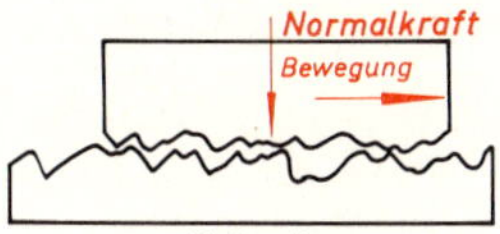

Gleitreibung

Deshalb ist die Reibung bei Bewegung, die meist Gleitreibung genannt wird, geringer als die Haftreibung.

Die Größe des Reibungswiderstandes hängt also ab

1. von der Größe der Normalkraft,
2. von der Oberflächenbeschaffenheit der beiden Körper und
3. von der Bewegungsart.

Die Oberflächenbeschaffenheit und die Bewegungsart werden durch eine Kennzahl — Reibungszahl genannt — berücksichtigt.
Mit geeigneten Schmiermitteln kann der Reibungswiderstand erheblich vermindert werden. Durch das Schmiermittel werden nämlich die Unebenheiten der Oberflächen ausgefüllt.

Bezeichnungen

F_{RH} = Reibungswiderstand bei Ruhe (Haftreibung) [N]

F_{RG} = Reibungswiderstand bei Bewegung (Gleitreibung) [N]

$F_N = F_G$ = Normalkraft, die stets senkrecht auf die Unterlage wirkt [N]

μ_H = Reibungszahl bei Haftreibung [—]

μ_G = Reibungszahl bei Gleitreibung [—]

$m = G$ = Gewicht (Masse) [kg]

g = Erdbeschleunigung

Formel mit Beispiel

Die Größe der Haftreibung wird mit folgender Formel bestimmt:

Haftreibung = Reibungszahl × Normalkraft

$$F_{RG} = \mu_G \cdot F_N \text{ [N]}$$

Für die Gleitreibung gilt eine entsprechende Formel:

Gleitreibung = Reibungszahl × Normalkraft

$$F_{RH} = \mu_H \cdot F_N \text{ [N]}$$

Beachte: $F_N = F_G = m \cdot g$ [N]

Ein Kurbelwellenlager ist mit $F_N = 10\,000$ N belastet.

Berechne die Haftreibung und die Gleitreibung, wenn die Werte für die Reibungszahlen $\mu_H = 0{,}09$ und $\mu_G = 0{,}01$ betragen!

a) $F_{RH} = \mu_H \cdot F_N$ [N]
$= 0{,}09 \cdot 10\,000 = \underline{900 \text{ N}}$

b) $F_{RG} = \mu_G \cdot F_N$ [N]
$= 0{,}01 \cdot 10\,000 = \underline{100 \text{ N}}$

Anmerkung

Die Naturerscheinung, daß zwischen zwei sich berührenden Körpern ein Reibungswiderstand auftritt, wird in der Technik häufig angewendet, z. B. bei Bremsen und Kupplungen. In anderen Fällen ist Reibung jedoch unerwünscht, z. B. in Lagern und zwischen Kolben und Zylinder.

Aufgaben

23.1 Stelle die Formel für die Berechnung der Haftreibung um

a) nach der Reibungszahl und
b) nach der Normalkraft!

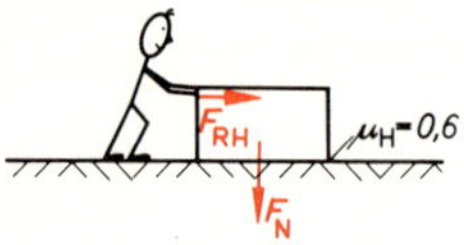

23.2 Eine 200 kg schwere Kiste übt eine Gewichtskraft von 1962 N aus und soll ein Stück über den Fußboden weitergeschoben werden. Die Reibungszahl bei Haftreibung beträgt für die Berührungsfläche zwischen Fußboden und Holzkiste 0,6.

Berechne die Kraft, die zum Anrücken der Kiste erforderlich ist!

23.3 Eine Drehmaschine mit einem Gewicht von 720 kg soll verrückt werden.

Wie groß muß die Kraft sein

a) beim Anrücken ($\mu_H = 0{,}5$) und
b) während des Schiebens ($\mu_G = 0{,}4$)?

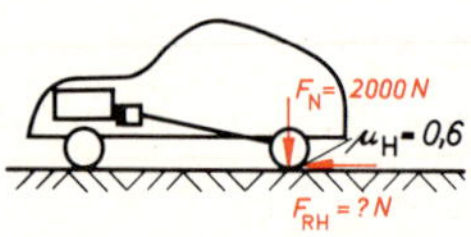

23.4 Ein Antriebsrad eines Personenwagens kann höchstens eine Kraft auf die Straße übertragen, die dem Reibungswiderstand bei Ruhe entspricht.

Rechne für das nebenstehend abgebildete Fahrzeug diese Kraft (F_{RH}) nach!
(Rechenwerte der Abb. entnehmen!)

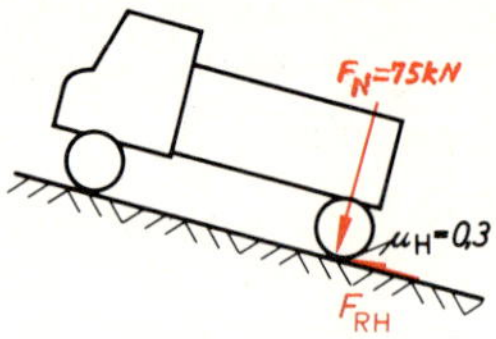

23.5 Ein Lastkraftwagen befährt eine nasse Kopfsteinpflasterstraße, die stark ansteigt.

Die Antriebsachse ist mit 75 kN belastet.

Berechne die Kraft, die höchstens durch Reibung auf die Straße weitergegeben werden kann!

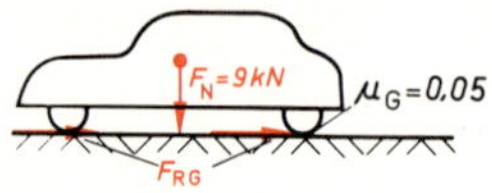

23.6 Ein Pkw wird auf einer vereisten Straße so stark abgebremst, daß die Räder blockieren (Es tritt dann die kleinere und hier unerwünschte Gleitreibung auf). Berechne für die in der Abb. gegebenen Werte die Kraft F_{RG}!

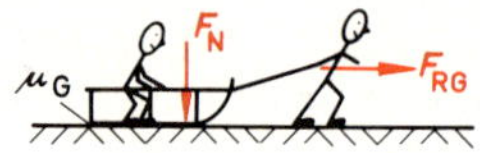

23.7 Ein 15 kg schwerer Schlitten, auf dem ein Junge mit einem Gewicht von 55 kg sitzt, wird von einem anderen Jungen gezogen. Dieser Junge muß mit einer Kraft von 17,5 N ziehen.

Wie groß ist dann die Reibungszahl μ_G?

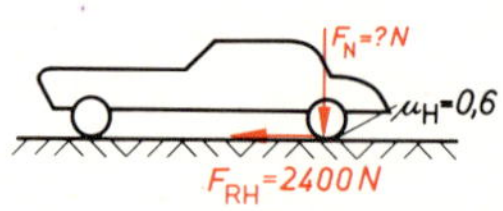

23.8 Ein an den Hinterrädern angetriebener Sportwagen wird beschleunigt. Dabei tritt an den Antriebsrädern eine Kraft von 2400 N auf.

Wie groß muß dabei mindestens die Hinterachsbelastung (= F_N) sein?

23.9 Ergänze die fehlenden Werte in der Tabelle!

Aufgaben	a)	b)	c)
F_N [N]	120	?	6000
μ_G [—]	0,3	0,5	?
F_{RG} [N]	?	110	1500

23.2 Reibung, Lager, Toleranz — Lagerberechnung

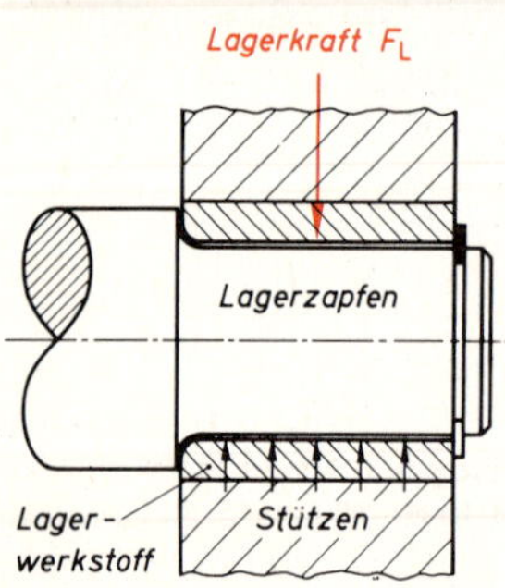

Erklärung

Im Kraftfahrzeug sind an vielen Stellen Gleitlager eingebaut. Sie führen und stützen bewegte Maschinenteile, z. B. Kurbelwellenlager, Pleuelfußlager, Pleuelkopflager (Kolbenbolzen), Nockenwellenlager und Kipphebellager.

Die Gleitlager werden durch Lagerkräfte auf Druck beansprucht.

Die Lager können zerstört werden:

a) bei ungenügender Schmierung (= große Reibung),
b) durch zu große Lagerkräfte (= zu hoher Lagerdruck) und
c) durch normalen Verschleiß.

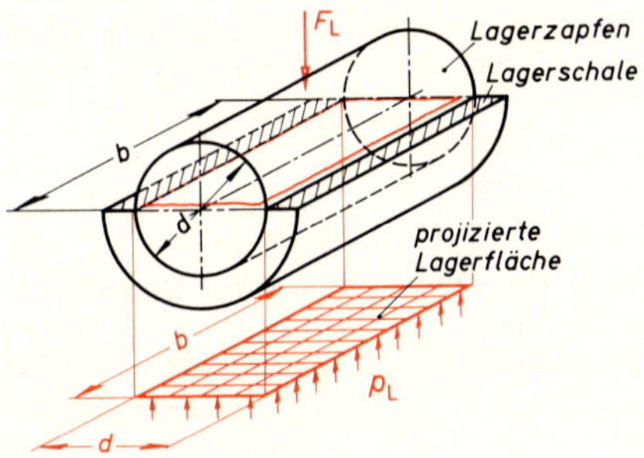

Bezeichnungen

F_L = Lagerkraft [N oder daN]
b = Breite des Lagers [cm]
d = Durchmesser des Lagerzapfens [cm]
$A_L = b \cdot d$ = projizierte Lagerfläche [cm²]
p_L = Lagerdruck [daN/cm²]

Formel mit Beispiel

Außer der Lagerreibung läßt sich bei einem Lager nachrechnen, ob der auftretende Lagerdruck nicht zu groß ist.

Eine Formel für die Berechnung des Druckes wurde bereits in 4.3 und 17.1 angegeben:

$$\text{Druck} = \frac{\text{Kraft}}{\text{Fläche}} \qquad p = \frac{F}{A} \left[\frac{\text{daN}}{\text{cm}^2}\right]$$

Entsprechend gilt mit den Bezeichnungen für das Lager:

$$\text{Lagerdruck} = \frac{\text{Lagerkraft}}{\text{proj. Lagerfläche}}$$

$$p_L = \frac{F_L}{A_L}$$

oder wenn $A_L = b \cdot d$ gesetzt wird:

$$p_L = \frac{F_L}{b \cdot d} \left[\frac{\text{daN}}{\text{cm}^2}\right]$$

Beachte: $d : b = 1 : 1$ bis $1 : 2{,}5$

Auf ein Gleitlager mit den Abmessungen $d = 50$ mm und $b = 30$ mm wirkt eine Lagerkraft von 12 500 N.

a) Wandle die Lagerkraft in daN um!

b) Berechne den Lagerdruck!

c) Überprüfe, ob der errechnete Lagerdruck zulässig ist, wenn der zulässige Lagerdruck

$p_{zul} = 110 \frac{\text{daN}}{\text{cm}^2}$ beträgt!

a) 12 500 N = 1250 daN

b) $p_L = \frac{F_L}{b \cdot d} \left[\frac{\text{daN}}{\text{cm}^2}\right] = \frac{1250 \text{ daN}}{5 \text{ cm} \cdot 3 \text{ cm}} = 83{,}3 \frac{\text{daN}}{\text{cm}^2}$

c) Der berechnete Lagerdruck $p_L = 83{,}3 \frac{\text{daN}}{\text{cm}^2}$ ist kleiner als der zulässige Lagerdruck $p_{zul} = 110 \frac{\text{daN}}{\text{cm}^2}$; also kann das Lager nicht durch zu große Lagerkraft zerstört werden!

Anmerkung

Ein Gleitlager wird zerstört, wenn der berechnete Lagerdruck p_L über den zulässigen Lagerdruck p_{zul} ansteigt. Für die Werkstoffpaarung — Lagerschale aus Bleibronze/Zapfen aus gehärtetem Stahl — ergeben sich folgende zulässigen Lagerdrücke:

	Kolbenbolzen	Kurbelzapfen
Dieselmotor	270 daN/cm²	150 daN/cm²
Ottomotor	315 daN/cm²	110 daN/cm²

Beim Viertakter ist nur jeder 4. Takt, beim Zweitakter jeder 2. Takt ein Arbeitstakt, deshalb muß durch 4 bzw. durch 2 geteilt werden:

$$P_i = \frac{A_K \cdot 10 \cdot p_m \cdot i \cdot s \cdot n}{1000 \cdot 30 \cdot 4\,(2)}\ [\mathrm{kW}]$$

Also:

$$P_{i_{IV}} = \frac{A_K \cdot p_m \cdot i \cdot s \cdot n}{12\,000}\ [\mathrm{kW}]$$

$$P_{i_{II}} = \frac{A_K \cdot p_m \cdot i \cdot s \cdot n}{6\,000}\ [\mathrm{kW}]$$

Beachte die Maßeinheiten:
A_K in cm², s in m, p_m in bar Überdruck.

Da in der obigen Formel $A_K \cdot s \cdot i = \frac{D^2 \cdot \pi \cdot s \cdot i}{4}$ gleich dem Gesamthubraum V_H ist, kann man die Leistungsformel vereinfachen. Dabei müssen die Maßeinheiten aufeinander abgestimmt werden, so daß aus 12 000 (6000) 1200 (600) wird:

$$P_{i_{IV}} = \frac{V_H \cdot p_m \cdot n}{1200}\ [\mathrm{kW}]$$

$$P_{i_{II}} = \frac{V_H \cdot p_m \cdot n}{600}\ [\mathrm{kw}]$$

Beachte: V_H in l oder dm³ einsetzen!

$$A_K = \frac{D^2 \cdot \pi}{4} = \frac{8 \cdot 8 \cdot 3{,}14}{4} = \underline{50{,}27\ \mathrm{cm}^2}$$

$$P_{i_{IV}} = \frac{50{,}27 \cdot 9{,}76 \cdot 6 \cdot 0{,}0728 \cdot 4800}{12\,000}$$

$$P_{i_{IV}} = \underline{85{,}6\ \mathrm{kW}}$$

---

2. Ein Kfz-Motor hat folgende technische Daten:

D = 74 mm	i = 3
s = 76 mm	n = 4500 1/min
p_m = 5,4 bar Überdruck	Zweitakter

Berechne $P_{i_{II}}$!

$$P_{i_{II}} = \frac{A_K \cdot p_m \cdot i \cdot s \cdot n}{6000}\ [\mathrm{kW}]$$

$$A_K = \frac{D^2 \cdot \pi}{4} = \frac{7{,}4 \cdot 7{,}4 \cdot 3{,}14}{4} = \underline{43{,}01\ \mathrm{cm}^2}$$

$$P_{i_{II}} = \frac{43{,}01 \cdot 5{,}4 \cdot 3 \cdot 0{,}076 \cdot 4500}{6000}$$

$$P_{i_{II}} = \underline{39{,}7\ \mathrm{kW}}$$

---

3. Der Gesamthubraum der beiden berechneten Motore beträgt in der ersten Aufgabe 2195 cm³ und in der zweiten 980 cm³. Berechne die Innenleistung!

$$P_{i_{IV}} = \frac{V_H \cdot p_m \cdot n}{1200} = \frac{2{,}195 \cdot 9{,}76 \cdot 4800}{1200}$$

$$P_{i_{IV}} = \underline{85{,}6\ \mathrm{kW}}$$

$$P_{i_{II}} = \frac{V_H \cdot p_m \cdot n}{600} = \frac{0{,}98 \cdot 5{,}4 \cdot 4500}{600}$$

$$P_{i_{II}} = \underline{39{,}7\ \mathrm{kW}}$$

Anmerkung

Aus der Leistungsformel erkennt man, daß Hubraum, mittlerer Arbeitsdruck und Drehzahl die Größe der Motorleistung bestimmen!

Aufgaben

24.13 Ein Zweitakt-Einzylinder-Motor mit einer Bohrung von 42 mm und einem Hub von 35 mm erreicht bei einer Drehzahl von 5000 1/min einen mittleren Arbeitsdruck von p_m = 8,4 bar Überdruck. Wie groß ist die indizierte Leistung dieses Motors?

24.14 Berechne die Innenleistung für einen Viertakt-Verbrennungsmotor mit folgenden Daten:

D = 80 mm	i = 6
s = 72 mm	n = 4000 1/min
p_m = 8,7 bar Überdruck	

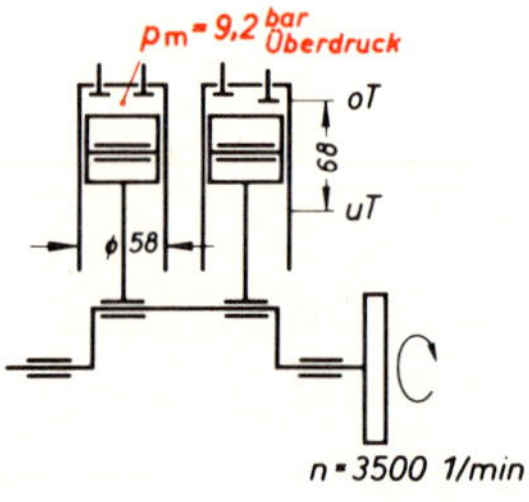

24.15 Berechne für den nebenstehend abgebildeten Viertaktmotor
a) den Hubraum eines Zylinders,
b) den Gesamthubraum und
c) die Innenleistung!

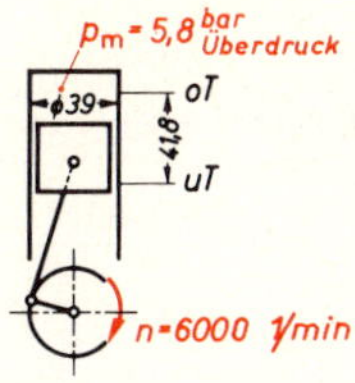

24.16 Berechne die indizierte Leistung eines Zweitakt-Einzylinder-Motors! (Technische Daten der nebenstehenden Abb. entnehmen!)

24.17 Ein Viertakt-Verbrennungsmotor besitzt einen Hubraum von $V_H = 1{,}89\ dm^3$. Der mittlere Arbeitsdruck erreicht bei einer Drehzahl von 4200 1/min einen Wert von 8,5 bar Überdruck.

Berechne die Innenleistung dieses Motors!

24.18 Stelle die Formel für die Berechnung der Innenleistung (nur für Viertaktmotoren) um:

a) nach der Drehzahl,

b) nach dem Gesamthubraum,

c) nach dem mittleren Arbeitsdruck!

24.19 Ein Sechszylinder-Viertaktmotor mit einem Gesamthubraum von 2,48 dm^3 gibt bei einer Drehzahl von 5400 1/min eine Leistung von 100 kW ab. Berechne den mittleren Arbeitsdruck dieses Verbrennungsmotors!

24.20 Berechne den mittleren Arbeitsdruck für folgende Pkw bei ihrer Höchstleistung: Ford, Opel, VW (Daten der Tabelle über Kraftfahrzeugdaten entnehmen)!

24.21 Ein Vierzylinder-Viertaktmotor mit einem Hubraum von 1,5 l erreicht bei einer Drehzahl von 4500 1/min eine Leistung von 45 kW.
Durch Vergrößerung des Hubraums soll die Leistung bei derselben Drehzahl und demselben mittleren Arbeitsdruck auf eine Leistung von 50 kW erhöht werden. Berechne

a) den mittleren Arbeitsdruck,

b) den Hubraum der stärkeren Maschine und

c) den Leistungszuwachs in Prozent!

24.22 Ein 1,5-Liter-Rennmotor (Viertakter) gibt bei seiner Höchstdrehzahl von 9000 1/min eine Leistung von 120 kW ab.
Durch Umgestaltung des Zylinderkopfes und der Ansaugwege können die Drehzahl auf 10 200 1/min und der mittlere Arbeitsdruck um 10% gesteigert werden. Berechne:

a) den mittleren Arbeitsdruck mit altem und neuem Zylinderkopf und

b) die Leistung des Rennmotors mit neuem Zylinderkopf!

24.23 Ergänze die fehlenden Werte für Viertakt-Verbrennungsmotoren!

Aufgabe	a)	b)	c)	d)
P_i [kW]	100	32	28	?
V_H [l]	2,5	?	1,2	2,0
n [1/min]	6000	4000	3600	4000
pm [bar Überdruck]	?	8,4	?	9,2

24.3 Leistungsberechnung — Effektive Leistung (Nutzleistung)

Erklärung

Die effektive Leistung (= Nutzleistung) ist ca. 10 % kleiner als die Innenleistung.
Die effektive Leistung wird an der Kurbelwelle (Schwungscheibe) abgenommen und gemessen. Sie wird ebenfalls nach der allgemeinen Leistungsformel berechnet:

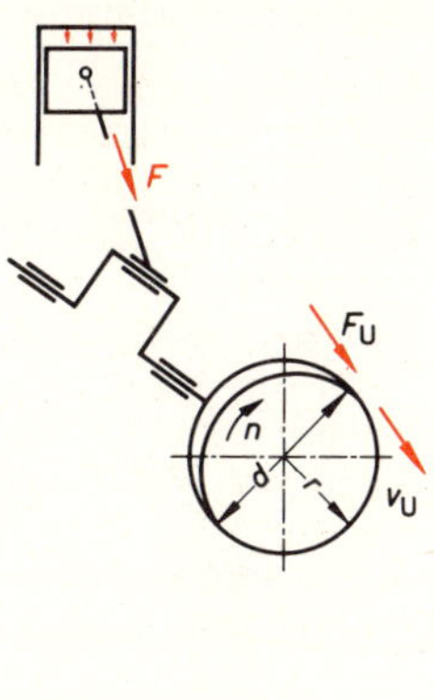

$$P = \frac{F \cdot s}{1000 \cdot t} = \frac{F \cdot v}{1000}\ [kW]$$

Dabei ergibt sich

1. die Kraft F aus dem Motordrehmoment (siehe Abschnitt 19.4)

$$M_{dM} = F_U \cdot r\ [Nm] \qquad r = \frac{d}{2}$$

$$F_U = \frac{M_{dM}}{\frac{d}{2}} = \frac{M_{dM} \cdot 2}{d}$$

2. die Geschwindigkeit v als Umfangsgeschwindigkeit v_U am Kurbelkreis, an dem die Kraft F_U angreift (bzw. an der Schwungscheibe)

$$v_U = \frac{d \cdot \pi \cdot n}{60} \left[\frac{m}{s}\right]$$ (siehe auch Abschnitt 20.2).

Bezeichnungen

P_e = effektive Leistung [kW]

M_{dM} = Motordrehmoment [Nm oder mN]

n = Motordrehzahl [1/min]

d = Kurbelkreis- (bzw. Schwungscheiben-) Durchmesser [m]

v_U = Umfangsgeschwindigkeit [m/s]

F_U = Umfangskraft [N]

Formel mit Beispiel

Leistungsformel: $P = \frac{F \cdot v}{1000}$ [kW]

$$P_e = \frac{\text{Umfangskraft} \cdot \text{Umfangsgeschwindigkeit}}{1000}$$

$$P_e = \frac{\frac{M_{dM} \cdot 2}{d}\,[\mathrm{N}] \cdot \frac{d \cdot \pi \cdot n}{60\;30}\left[\frac{\mathrm{m}}{\mathrm{s}}\right]}{1000}\,[\mathrm{kW}]$$

$$P_e = \frac{M_{dM} \cdot \pi \cdot n}{30 \cdot 1000}\,[\mathrm{kW}] \qquad \frac{\pi}{30 \cdot 1000} = \frac{1}{9550}$$

$$\boxed{P_e = \frac{M_{dM} \cdot n}{9550}\,[\mathrm{kW}]}$$

Ein Motor hat bei einer Motordrehzahl n = 2000 1/min ein Motordrehmoment von M_{dM} = 89 Nm.
Berechne die effektive Leistung!

$$P_e = \frac{M_{dM} \cdot n}{9550}\,[\mathrm{kW}]$$

$$= \frac{89 \cdot 2000}{9550}\,[\mathrm{kW}]$$

P_e = <u>18,6 kW</u>

Anmerkung

1. Die Motorleistung wird unter normalen Bedingungen mit allen Hilfsaggregaten ermittelt!
2. Die effektive Leistung wird mit Wasserwirbelbremsen, Generatorbremsen oder elektrischen Wirbelbremsen ermittelt.

Aufgaben

24.24 Stelle die Formel für die Berechnung der Nutzleistung um:

a) nach dem Motordrehmoment und
b) nach der Motordrehzahl!

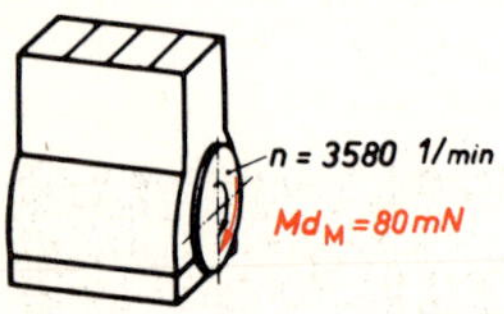

24.25 Auf dem Leistungsprüfstand gibt ein Verbrennungsmotor an seiner Schwungscheibe bei einer Drehzahl von 3580 1/min ein Motordrehmoment von 80 mN ab. Berechne die effektive Leistung des Motors!

24.26 Ein Dieselmotor gibt bei einer Drehzahl von 1800 1/min ein Motordrehmoment von 355 mN ab. Wie groß ist die Nutzleistung in kW?

24.27 Ein Ottomotor entwickelt bei einer Drehzahl von 2500 1/min sein höchstes Drehmoment von 95 Nm.

Welche Leistung wird dabei an die Kupplung weitergeleitet?

24.28 Berechne, welche effektive Leistung die Motoren folgender Kraftfahrzeuge bei höchstem Drehmoment erzeugen: Ford, Opel, MAN, DB 240 D (Daten der Kraftfahrzeugtabelle entnehmen!).

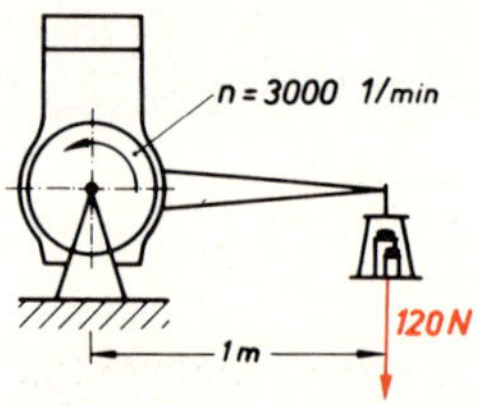

24.29 Ein Verbrennungsmotor wird auf dem Prüfstand drehbar gelagert.
Damit sich der gesamte Motor nicht in Drehrichtung der Kurbelwelle mitdreht, ist eine Kraft von 120 N an einem Hebelarm von 1 m erforderlich.

Berechne

a) das Motordrehmoment M_{dM} und
b) die Nutzleistung P_e bei einer Drehzahl von n = 3000 1/min!

24.30 Ein Zweizylinder-Ottomotor entwickelt bei einer Drehzahl von 6000 1/min eine Nutzleistung von 35 kW. Sein höchstes Drehmoment von 84 Nm erreicht er bei einer Drehzahl von 2000 1/min.

Berechne

a) das Motordrehmoment bei n = 6000 1/min
b) die effektive Leistung beim Höchstdrehmoment!

24.31 Ein Pkw-Motor gibt bei einer Drehzahl von 4200 1/min eine effektive Leistung von 40 kW ab. Wie groß ist sein Drehmoment?

24.32 Berechne, welches Motordrehmoment von den Motoren der nachstehend aufgeführten Personenkraftwagen bei Höchstleistung entwickelt wird: Audi, BMW, Opel, VW (entnimm Rechenwerte der Tabelle über Kraftfahrzeugdaten!)!

24.33 Berechne für den MAN-Lkw das Motordrehmoment bei Höchstleistung! Ermittle dann, um wieviel Prozent dieses Drehmoment kleiner als das höchste Drehmoment ist!
(Entnimm technische Daten der Kraftfahrzeugtabelle!)

24.34 Ein Dieselmotor kann ein Motordrehmoment von 650 Nm entwickeln. Wie groß muß die Motordrehzahl des Dieselmotors sein, um eine Nutzleistung von 200 kW zu erreichen?

24.35 Berechne für einen BMW-Motorradmotor das Motordrehmoment bei Höchstleistung! (Technische Daten der Tabelle über Kraftfahrzeugdaten entnehmen!)

24.36 Im unten abgebildeten Diagramm ist die Nutzleistung eines Motorrades über der Motordrehzahl dargestellt.

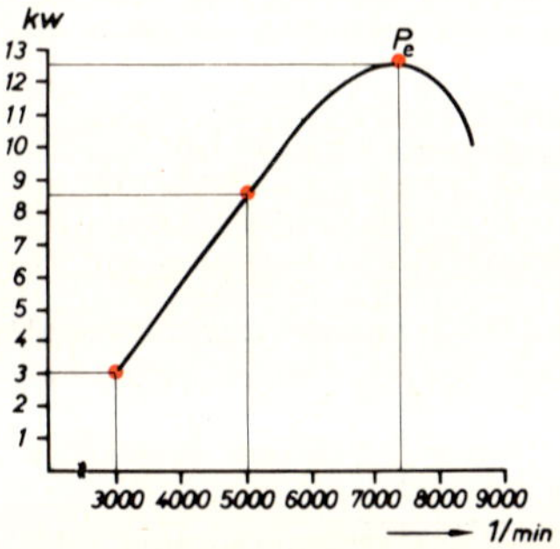

Berechne für
a) $n = 3000$ 1/min
b) $n = 5000$ 1/min
c) $n = 7500$ 1/min
das entsprechende Motordrehmoment!

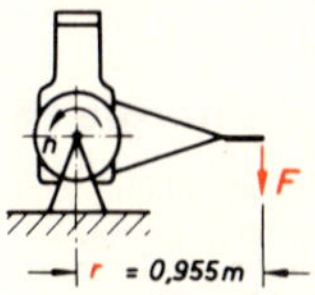

24.37 Der Hebelarm an einem Motorprüfstand hat eine Hebellänge von $r = 0{,}955$ m.
Setze in die Formel für die Berechnung der effektiven Leistung anstelle des Drehmoments M_{dM} die Kraft F und den Hebel r mit 0,955 m ein und ermittle die Leistungsformel des Leistungsprüfstandes!

24.38 Auf einem Motorprüfstand werden für einen Verbrennungsmotor folgende Werte gemessen:

Gemessene Werte		Berechnete Werte $r = 0{,}955$ m	
F [N]	n [1/min]	$M_{dM} = F \cdot r$ [Nm]	$P_e = \frac{F \cdot n}{10\,000}$ [kW]
60	1000		
70	1500		
75	2000		
78	2500		
76	3000		
74	3500		
72	4000		

Berechne für jedes Meßwertpaar F und n
a) das Motordrehmoment M_{dM} und
b) die effektive Leistung P_e!

24.4 Leistungsberechnung

Wirkungsgrad bei der Energieumformung

Erklärung

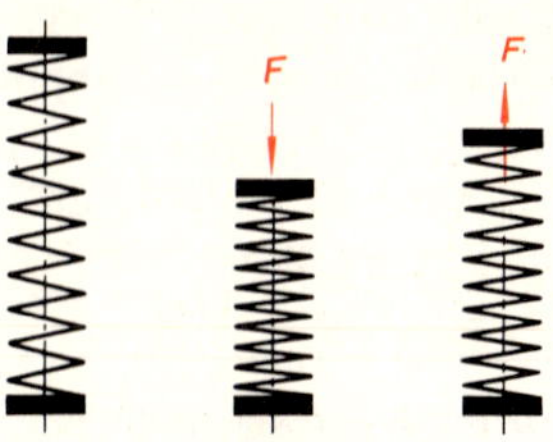

gespannte Feder

Energie ist der Arbeitsvorrat (Arbeitsvermögen) eines Körpers.

Die nebenstehend abgebildete gespannte Feder zeigt dies (siehe auch Abschnitt 18.1 und 24.1).
Man unterscheidet:

1. Die potentielle Energie

Das ist die sog. Energie der Lage. Sie ist durch eine bestimmte Höhenlage (Bergsee) oder durch die Elastizität eines Körpers vorhanden (gespannte Feder).

Anmerkung

Das Kupplungsdrehmoment muß mindestens so groß sein wie das maximale Motordrehmoment, damit das Motordrehmoment ohne Schlupf übertragen werden kann. Die Konstrukteure kalkulieren eine Sicherheit von 1,7 bis 2 ein. Die Kupplung ist also imstande, auch 70—100 % mehr als das maximale Motordrehmoment zu übertragen und Überbelastungen auszuhalten.

Aufgaben

27.1 Bei einer Einscheiben-Trockenkupplung wird die Kupplungsscheibe mit 3500 N angepreßt. Die Reibungszahl für den Kupplungsbelag beträgt 0,45. Berechne die Drehkraft!

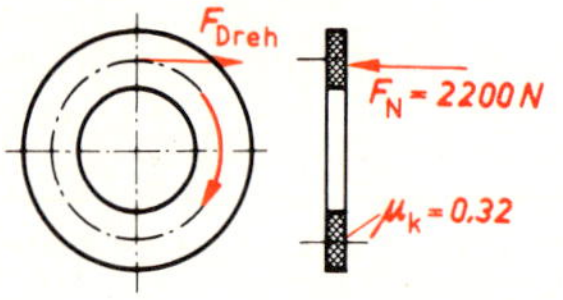

27.2 Berechne die Drehkraft für den nebenstehend abgebildeten Kupplungsbelag!

27.3 Stelle die Formel für die Berechnung der Drehkraft nach der Anpreßkraft (= Federkraft) um!

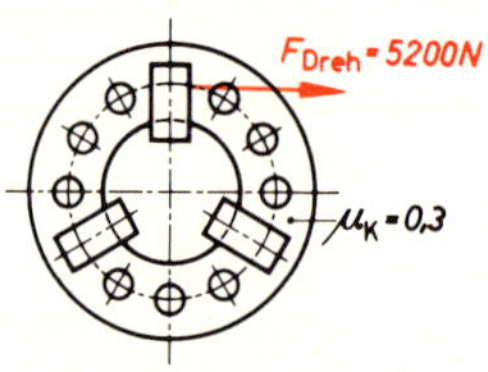

27.4 Eine Kupplung überträgt eine Drehkraft von 5200 N. Die Kupplungsscheibe wird durch 9 Kupplungsfedern angepreßt.

Berechne

a) die gesamte Anpreßkraft bei einer Reibungszahl von $\mu_K = 0{,}3$ und

b) die Federkraft einer Feder!

27.5 Der Kupplungsbelag einer Einscheibentrockenkupplung verölt infolge einer undichten Kurbelwellendichtung. Dadurch sinkt die Reibungszahl von 0,4 auf 0,18. Die Anpreßkraft der Kupplungsfedern beträgt 4500 N.
Berechne

a) die Drehkraft mit intaktem Kupplungsbelag,

b) die Drehkraft bei verschmiertem Kupplungsbelag,

c) die prozentuale Minderung der Drehkraft durch die Verölung!

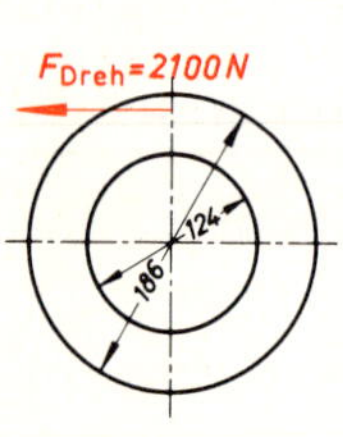

27.6 Berechne für die abgebildete Kupplungsscheibe den wirksamen Halbmesser!

Wie groß ist das Kupplungsdrehmoment bei der abgebildeten Kupplungsscheibe?

(Rechenwerte der Abb. entnehmen!)

27.7 Eine Einscheibentrockenkupplung besitzt einen Kupplungsbelag mit einer Reibungszahl von $\mu_K = 0{,}45$. Die Abmessungen der Kupplungsscheibe betragen $d_1 = 140$ mm und $d_2 = 220$ mm. Neun Kupplungsfedern mit einer Federkraft von je 800 N pressen die Kupplungsscheibe an.

Wie groß ist das Kupplungsdrehmoment?

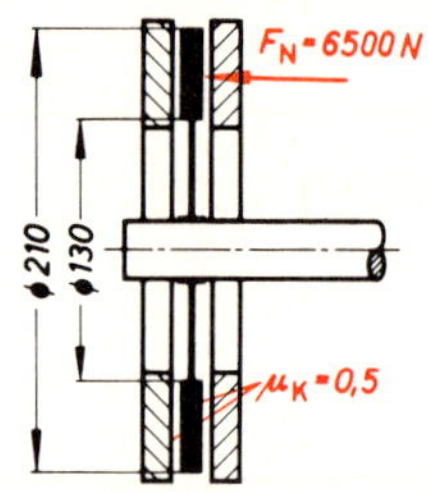

27.8 Der Belag einer Einscheibentrockenkupplung wird durch eine Federkraft von insgesamt 6500 N angepreßt.

Berechne

a) den wirksamen Halbmesser,

b) die Drehkraft und

c) das gesamte Kupplungsdrehmoment!

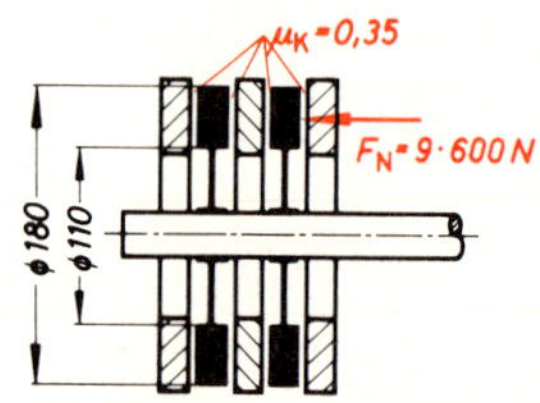

27.9 Die Beläge der abgebildeten Mehrscheibenkupplung werden durch 9 Federn angepreßt.
Wie groß ist das Kupplungsdrehmoment?

27.10 Stelle die Formel für die Berechnung des Kupplungsdrehmomentes (für Einscheibentrockenkupplung) nach der Federkraft F_N um!

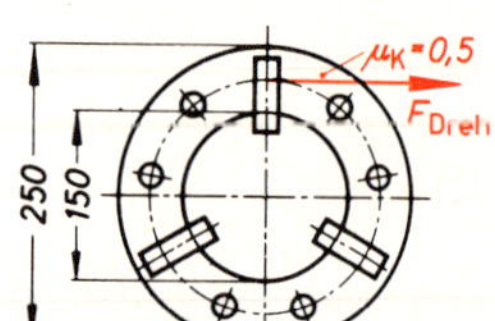

27.11 Die abgebildete Einscheibentrockenkupplung kann bei einer Reibungszahl von $\mu_K = 0{,}5$ höchstens ein Kupplungsdrehmoment von 1020 Nm übertragen.

Berechne

a) den wirksamen Halbmesser,

b) die Drehkraft F_{Dreh},

c) die gesamte Federkraft F_N und

d) die Federkraft für eine der sechs Federn!

Erklärung

Die Größe des von der Kupplung zu übertragenden Drehmomentes hängt ab von:

1. der Anpreßkraft der Federn ≙ Federkraft ≙ Normalkraft F_N
2. der Größe des wirksamen Halbmessers
3. der Beschaffenheit des Kupplungsbelages (= Reibbelages der Mitnehmerscheibe), also von der Reibungszahl μ_K
4. der Zahl der Reibflächen

Um ein größeres Motordrehmoment durch die Kupplung übertragen zu können, müßte man also den Radius des Kupplungsbelages vergrößern oder die Federkraft der Kupplungsfedern erhöhen!

Der Vergrößerung der Mitnehmerscheibe mit den Reibbelägen sind bauliche Grenzen gesetzt, darum baut man Mehrscheiben-Kupplungen.

Die Erhöhung der Federkraft ist nur bis zu einer bestimmten Grenze möglich, da eine zu große Belastung erhöhten Verschleiß, zu große Erwärmung und ein mögliches Verbrennen des Belages zur Folge hat.

Die Belastung des Kupplungsbelages durch die Federkraft der Kupplungsfedern nennt man die Flächenpressung des Kupplungsbelages.

Sie berechnet sich nach der allgemeinen Druckformel:

$$\text{Druck} = \frac{\text{Kraft}}{\text{Fläche}} \left[\frac{\text{daN}}{\text{cm}^2}\right]$$

(siehe auch Abschnitt 4.3 und 17.1)

Um die Flächenpressung des Kupplungsbelages zu berechnen, muß man die Federkraft aller Kupplungsfedern und die Kupplungsbelagfläche ermitteln. Die Federkraft verteilt sich auf die ganze Reibfläche.

Bezeichnungen

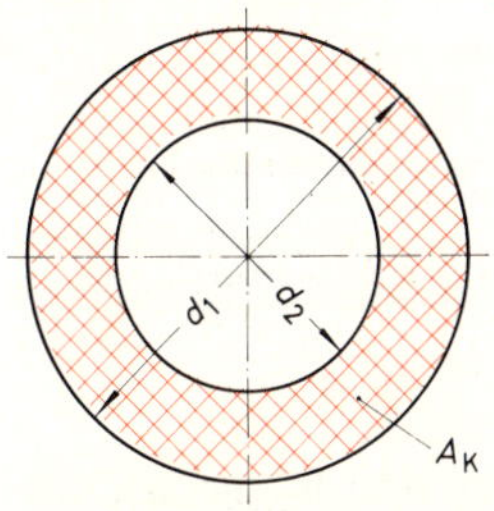

A_K = Kupplungsbelagfläche = Reibfläche [cm²]
F_N = Federkraft aller Kupplungsfedern [daN]
p_K = Flächenpressung des Kupplungsbelages [daN/cm²]
d_1 = äußerer Belagdurchmesser [cm]
d_2 = innerer Belagdurchmesser [cm]

Formel mit Beispiel

$$\text{Flächenpressung} = \frac{\text{Federkraft}}{\text{Reibfläche}}$$

$$p_K = \frac{F_N}{A_K} \left[\frac{\text{daN}}{\text{cm}^2}\right]$$

Reibfläche A_K (Kreisring):

$$A_K = \frac{d_1^2 \cdot \pi}{4} - \frac{d_2^2 \cdot \pi}{4} \left[\text{cm}^2\right]$$

Eine Kupplung hat eine Federkraft von insgesamt 3263,4 N = 326,34 daN. Der Kupplungsbelag hat eine Größe von d_1 = 200 mm und d_2 = 130 mm. Berechne die Flächenpressung p_K!

$$p_K = \frac{F_N}{A_K} = \frac{F_N}{\frac{\pi}{4} \cdot (d_1^2 - d_2^2)} \left[\frac{\text{daN}}{\text{cm}^2}\right]$$

$$A_K = \frac{\pi}{4} \cdot (d_1^2 - d_2^2) \; [\text{cm}^2]$$

Fußhöhe = 1,2 · Modul

$$h_f = 1{,}2 \cdot m \text{ [mm]}$$

Zahnhöhe = Kopfhöhe + Fußhöhe

$$h = h_k + h_f$$
$$h = 2{,}2 \cdot m \text{ [mm]}$$

Der Achsabstand beim Zahnradtrieb zweier Zahnräder ergibt sich aus den halben Teilkreis-Ø:

$$a = \frac{d_{o1} + d_{o2}}{2} = \frac{m \cdot z_1 + m \cdot z_2}{2}$$

$$a = \frac{m}{2} \cdot (z_1 + z_2) \text{ [mm]}$$

$h_f = 1{,}2 \cdot m$ [mm]
$h_f = 1{,}2 \cdot 5 = \underline{6 \text{ mm}}$

$h = h_k + h_f$ [mm]
$h = 5 + 6 = \underline{11 \text{ mm}}$

2. Ein Zahnradtrieb hat ein Zahnrad mit 40 Zähnen (z_1) und ein Zahnrad mit 60 Zähnen (z_2). Der Modul ist 4. Berechne den Achsabstand des Zahnradtriebes!

$$a = \frac{m}{2} \cdot (z_1 + z_2) \text{ [mm]}$$

$$a = \frac{4}{2} \cdot (40 + 60) = 2 \cdot 100 = \underline{200 \text{ mm}}$$

Anmerkung

Die Modulzahlen sind nach DIN genormt und in Modulreihen zusammengefaßt. Z. B.:

0,1	0,12	0,20	0,25	0,32	0,4	0,5	0,6	0,8
1	1,25	1,5	2	3	4	5	6	8

usw.

Aufgaben

28.1 Ein Zahnrad mit 35 Zähnen besitzt einen Modul von $m = 3$.

Berechne
a) die Teilung und
b) den Teilkreisdurchmesser!

28.2 Wie groß ist die Teilung eines Zahnrades mit einem Modul von $m = 1{,}5$?

28.3 Berechne für die Zahnräder mit nachstehend aufgeführten technischen Daten Teilung, Teilkreisdurchmesser, Kopfkreisdurchmesser und Zahnhöhe!

a) $z_1 = 18$, $m_1 = 12$ b) $z_2 = 25$, $m_2 = 3$ c) $z_3 = 31$, $m_3 = 1{,}5$ d) $z_4 = 27$, $m_4 = 2$

28.4 Das Nockenwellenrad eines Ottomotors hat einen Modul von $m = 2$. Seine Zähnezahl beträgt 44.

Berechne
a) die Teilung,
b) den Teilkreisdurchmesser und
c) die Fußhöhe!

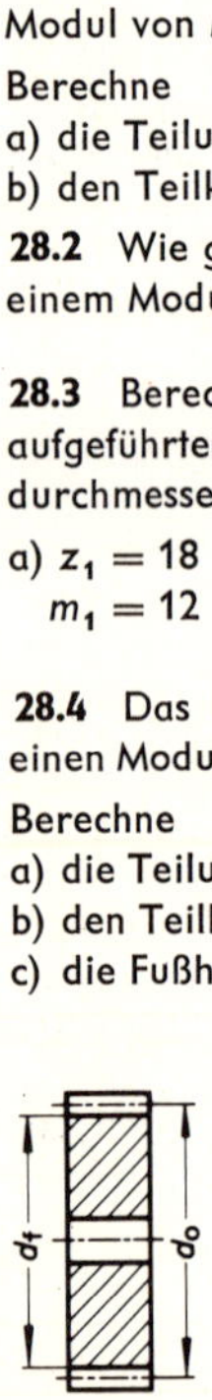

28.5 Ein Zahnrad hat einen Fußkreisdurchmesser von 125,2 mm und einen Modul von $m = 2$.

Berechne
a) die Teilung,
b) die Kopfhöhe,
c) die Fußhöhe und
d) den Teilkreisdurchmesser!

28.6 Ein Zahnrad mit 25 Zähnen hat einen Teilkreisdurchmesser von 150 mm. Wie groß ist
a) der Modul, b) die Teilung und
c) der Kopfkreisdurchmesser?

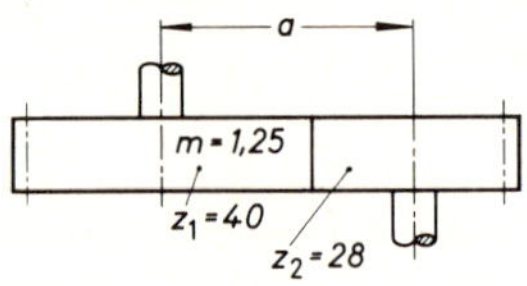

28.7 Berechne für nebenstehend abgebildeten Zahnradtrieb den Achsabstand a!

28.8 Das Nockenwellenrad eines Ottomotors mit 34 Zähnen befindet sich im Eingriff mit einem Zahnrad auf der Kurbelwelle, das 17 Zähne besitzt (Modul $m = 1{,}5$).

Berechne
a) die beiden Teilkreisdurchmesser,
b) den Achsabstand!

28.9 Bei einem Zahnradpaar werden folgende Werte gemessen:

Achsabstand $a = 95$ mm, Zähnezahlen $z_1 = 16$ und $z_2 = 22$. Berechne
a) den Modul und
b) die beiden Teilkreisdurchmesser!

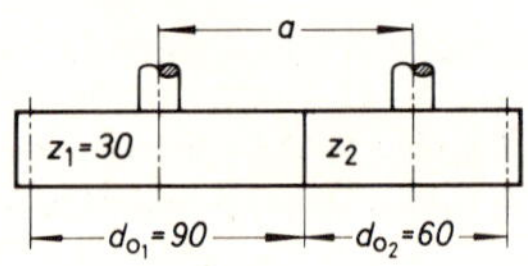

28.10 Berechne für das abgebildete Zahnradpaar folgende Werte:
a) Achsabstand a,
b) Modul m,
c) Zähnezahl z_2!

Erklärung

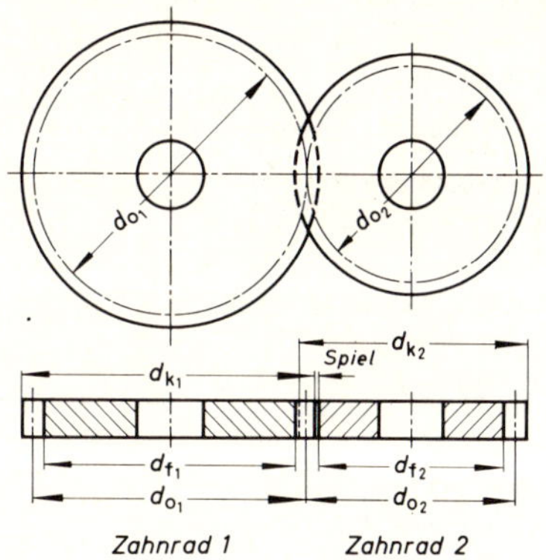

Einfacher Zahnradtrieb

Der einfache Zahnradtrieb besteht aus zwei im Eingriff stehenden Zahnrädern. Die beiden Teilkreise berühren sich und wälzen sich aufeinander ab.
Die Teilungen der beiden Zahnräder müssen gleich groß sein.

Der Zahnradtrieb hat folgende Aufgaben:

1. Übertragung von Antriebskräften (Drehmomente) von einer Welle auf die andere.
2. Änderung der Drehzahl durch verschieden große Zahnraddurchmesser. Man bezeichnet dies als Zahnradübersetzung (siehe Riementrieb 21.1).

Der Zahnradtrieb ist eine formschlüssige Verbindung zur Kraftübertragung.

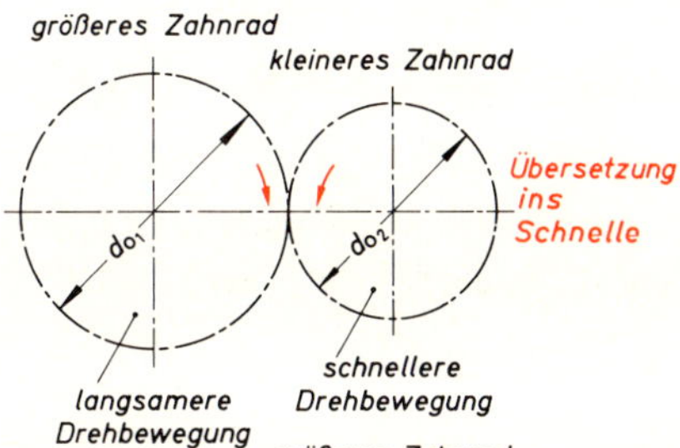

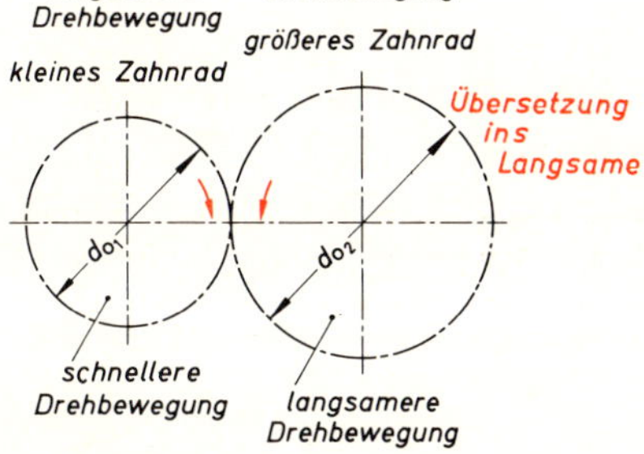

Bei der Zahnradübersetzung unterscheidet man:

1. Übersetzung ins Schnelle
„Vom Langsamen ins Schnelle"

2. Übersetzung ins Langsame
„Vom Schnellen ins Langsame".

Die Größe der Übersetzung gibt das Übersetzungsverhältnis an.
Unter dem Übersetzungsverhältnis des Zahnradtriebes versteht man das Verhältnis der Zahnraddrehzahlen zueinander.

Bezeichnungen

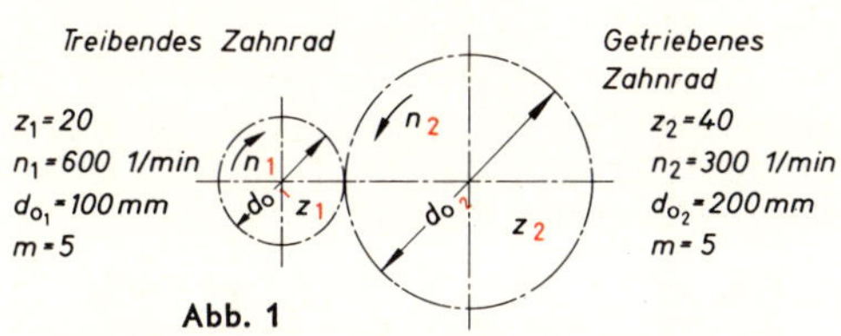

Abb. 1

n_1 = Drehzahl des treibenden Zahnrades [1/min]
n_2 = Drehzahl des getriebenen Zahnrades [1/min]

d_{o1} = Teilkreisdurchmesser des treibenden Zahnrades [mm]
d_{o2} = Teilkreisdurchmesser des getriebenen Zahnrades [mm]
z_1 = Zähnezahl des treibenden Zahnrades
z_2 = Zähnezahl des getriebenen Zahnrades
v_{U1} = Umfangsgeschwindigkeit des treibenden Zahnrades
v_{U2} = Umfangsgeschwindigkeit des getriebenen Zahnrades
i = Übersetzungsverhältnis
m = Modul des Zahnrades.

Beachte: Beim Zahnradtrieb haben die treibenden Zahnräder immer ungerade Zahlen (n_1, d_{o1}, z_1, v_{U1}), die getriebenen Zahnräder immer gerade Zahlen (n_2, d_{o2}, z_2, v_{U2}).

Bezeichnungen

Auch beim doppelten Zahnradtrieb gilt:

1. Ungerade Zahlen ⟶ treibende Zahnräder
2. Gerade Zahlen ⟶ getriebene Zahnräder

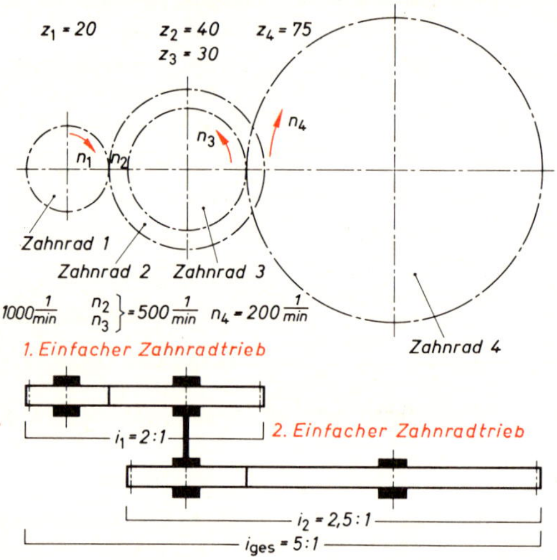

z_1 = Zähnezahl des treibenden Rades
z_2 = Zähnezahl des getriebenen Rades
z_3 = Zähnezahl des treibenden Rades
z_4 = Zähnezahl des getriebenen Rades
n_1 = Drehzahl des treibenden Rades [1/min]
n_2 = Drehzahl des getriebenen Rades [1/min]
n_3 = Drehzahl des treibenden Rades [1/min]
n_4 = Drehzahl des getriebenen Rades [1/min]
i_1 = Übersetzungsverhältnis des 1. einfachen Zahnradtriebes
i_2 = Übersetzungsverhältnis des 2. einfachen Zahnradtriebes
i_{ges} = Gesamtübersetzungsverhältnis des doppelten Zahnradtriebes

Beachte: Beim doppelten Zahnradtrieb sitzen Zahnrad 2 und 3 auf einer gemeinsamen Welle, also ist $n_2 = n_3$.

Formel mit Beispiel

1. Berechnung der Drehzahl n_4

1. Rechenweg:

Der doppelte Zahnradtrieb wird in zwei einzelne Zahnradtriebe zerlegt:

$$z_1 \cdot n_1 = z_2 \cdot n_2$$

$$n_2 = \frac{z_1 \cdot n_1}{z_2}$$

$$z_3 \cdot n_3 = z_4 \cdot n_4$$

$$\boxed{n_4 = \frac{z_3 \cdot n_3 (= n_2)}{z_4} \left[\frac{1}{\text{min}}\right]}$$

Berechne mit den Zahlen der obigen Zeichnung n_2 und n_4!

$$n_2 = \frac{z_1 \cdot n_1}{z_2} = \frac{20 \cdot 1000}{40}$$

$$\underline{n_2 = 500\ 1/\text{min}}$$

$$n_4 = \frac{z_3 \cdot n_2}{z_4} = \frac{30 \cdot 500}{75}$$

$$\underline{n_4 = 200\ 1/\text{min}}$$

2. Rechenweg:

$$n_4 = \frac{z_3 \cdot n_3 (= n_2)}{z_4}$$

In diese Formel setzt man für n_3 $(= n_2)$ ein:

$$n_3 (= n_2) = \frac{z_1 \cdot n_1}{z_2}$$

$$n_4 = \frac{z_3 \cdot z_1 \cdot n_1}{z_4 \cdot z_2}$$

Also:

$$n_4 = \frac{\text{Zähnezahl der treibenden Räder}}{\text{Zähnezahl der getriebenen Räder}} \cdot n_1$$

$$\boxed{n_4 = \frac{z_3 \cdot z_1}{z_4 \cdot z_2} \cdot n_1 \left[\frac{1}{\text{min}}\right]}$$

Berechne n_4 der obigen Zeichnung!

$$n_4 = \frac{z_3 \cdot z_1 \cdot n_1}{z_4 \cdot z_2} \left[\frac{1}{\text{min}}\right]$$

$$= \frac{30 \cdot 20 \cdot 1000}{75 \cdot 40}$$

$$\underline{n_4 = 200\ 1/\text{min}}$$

2. Berechnung der Gesamtübersetzung i_{ges}

1. Rechenweg:

Berechnung der Teilübersetzungen und Multiplikation der Teilübersetzungen miteinander:

$$i_1 = \frac{n_1}{n_2} = \frac{z_2}{z_1} \qquad i_2 = \frac{n_3}{n_4} = \frac{z_4}{z_3}$$

$$i_{ges} = i_1 \cdot i_2$$

Berechne i_1, i_2 und i_{ges} nach Zeichnung Seite 170!

$$i_1 = \frac{n_1}{n_2} = \frac{1000}{500} = \frac{2}{1} = \underline{2:1}$$

$$i_2 = \frac{n_3}{n_4} = \frac{500}{200} = \frac{2{,}5}{1} = \underline{2{,}5:1}$$

$$i_{ges} = i_1 \cdot i_2 = 2 \cdot 2{,}5 = \underline{5:1}$$

2. Rechenweg:

Die Drehzahlen verhalten sich umgekehrt wie die Zähnezahlen:

$$i_1 = \frac{n_1}{n_2} = \frac{z_2}{z_1} \qquad i_2 = \frac{n_3}{n_4} = \frac{z_4}{z_3}$$

$$i_{ges} = i_1 \cdot i_2 = \frac{n_1 \cdot n_3}{n_2 \cdot n_4} = \frac{z_2 \cdot z_4}{z_1 \cdot z_3}$$

$$i_{ges} = \frac{n_1}{n_4} = \frac{z_2 \cdot z_4}{z_1 \cdot z_3}$$

Berechne i_{ges} nach Zeichnung Seite 170!

$$i_{ges} = \frac{n_1}{n_4} = \frac{1000}{200} = \frac{5}{1} = \underline{5:1}$$

oder:

$$i_{ges} = \frac{z_2 \cdot z_4}{z_1 \cdot z_3} = \frac{40 \cdot 75}{20 \cdot 30} = \frac{300}{60}$$

$$i_{ges} = \frac{5}{1} = \underline{5:1}$$

Anmerkung

1. Es gibt nicht nur den doppelten Zahnradtrieb, sondern auch den mehrfachen Zahnradtrieb. Es gelten die gleichen Formeln:

n_A = Anfangsdrehzahl

n_E = Enddrehzahl

$$i_{ges} = i_1 \cdot i_2 \cdot i_3 \ldots$$

$$i_{ges} = \frac{z_2 \cdot z_4 \cdot z_6 \ldots}{z_1 \cdot z_3 \cdot z_5 \ldots}$$

$$i_{ges} = \frac{n_A}{n_E}$$

$$n_E = \frac{z_1 \cdot z_3 \cdot z_5 \ldots}{z_2 \cdot z_4 \cdot z_6 \ldots} \cdot n_A \left[\frac{1}{\text{min}}\right]$$

2. Zwischenräder ändern nur die Drehrichtung!
3. Die Übersetzung im Wechselgetriebe des Kfz wird meist durch einen doppelten Zahnradtrieb erreicht!

Aufgaben

28.21 Berechne für den abgebildeten doppelten Zahnradtrieb die Drehzahlen n_2, n_3 und n_4!

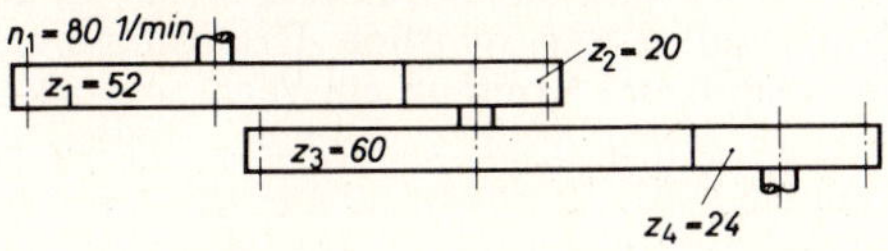

28.22 Ein doppelter Zahnradtrieb hat folgende technische Daten:

$z_1 = 25;\ z_2 = 70;\ z_3 = 35;\ z_4 = 50$

Wie groß ist die Drehzahl n_4, wenn die Drehzahl $n_1 = 600$ 1/min beträgt?

28.23 Stelle die Formel für die Berechnung der Drehzahl n_4 nach n_1 um!

28.24 Wie groß muß die Drehzahl n_1 der Antriebsmaschine sein, wenn die Abtriebsdrehzahl $n_4 = 20$ 1/min beträgt?

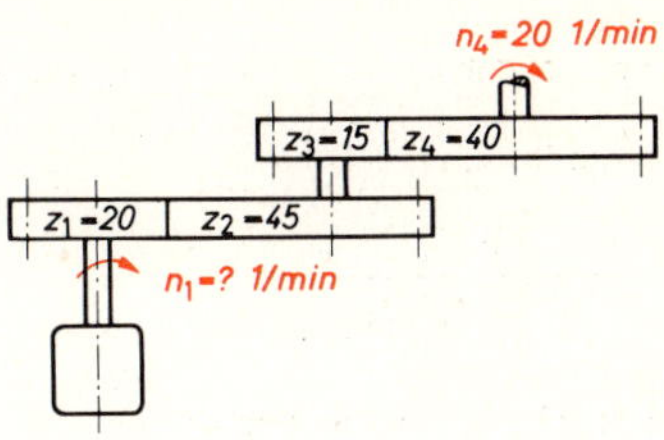

28.25 Berechne die Teilübersetzungsverhältnisse i_1 und i_2 und das Gesamtübersetzungsverhältnis des in 28.24 abgebildeten Zahnradtriebs!

28.26 In der ersten Stufe des abgebildeten doppelten Zahnradtriebs ist ein Zwischenrad eingebaut.

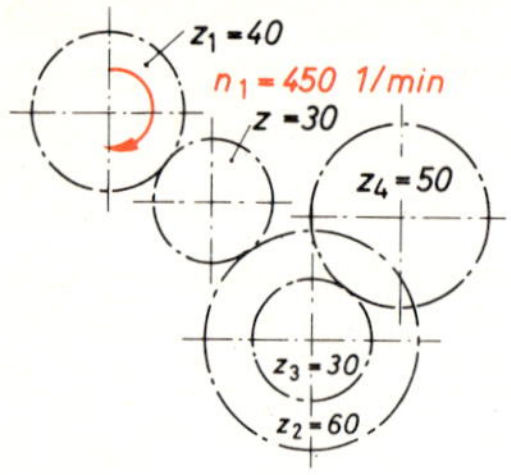

Berechne
a) die Teilübersetzungsverhältnisse i_1 und i_2,
b) das Gesamtübersetzungsverhältnis i_{ges} und
c) die Drehzahl n_4!

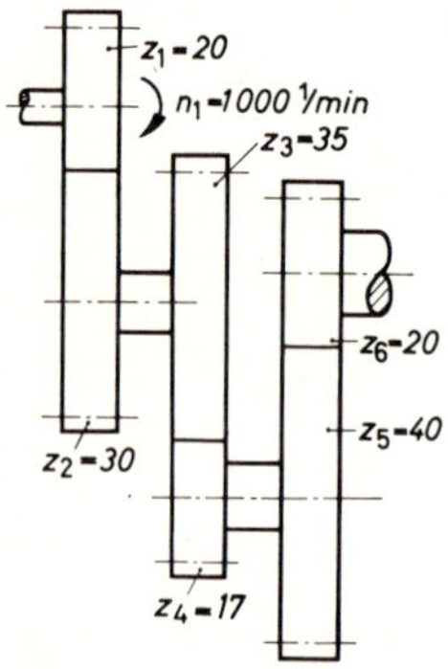

28.27 Berechne für den abgebildeten mehrfachen Zahnradtrieb
a) die Teilübersetzungsverhältnisse i_1, i_2 und i_3,
b) das Gesamtübersetzungsverhältnis i_{ges} und
c) die Drehzahl n_6!

28.28 Berechne die fehlenden Werte der doppelten Zahnradtriebe in der Tabelle!

Aufgabe	a)	b)	c)	d)
z_1	16	20	?	40
z_2	32	?	50	32
z_3	18	20	?	?
z_4	36	?	120	24
n_1 [1/min]	80	1400	?	30
n_2 [1/min]	?	?	?	?
n_3 [1/min]	?	?	?	?
n_4 [1/min]	?	?	600	?
i_1	?	3 : 1	1 : 2,5	?
i_2	?	2,5 : 1	?	?
i_{ges}	?	?	1 : 5	2,4 : 1

28.29 Die Bohrmaschinenspindel macht 2080 Umdrehungen pro Minute. Eine doppelte Übersetzung mit $i_1 = 1 : 1{,}3$ und $i_2 = 1 : 1{,}6$ treibt die Spindel an. Berechne die Motordrehzahl!

29.1 Getriebeberechnung

Übersetzungsverhältnis

Erklärung

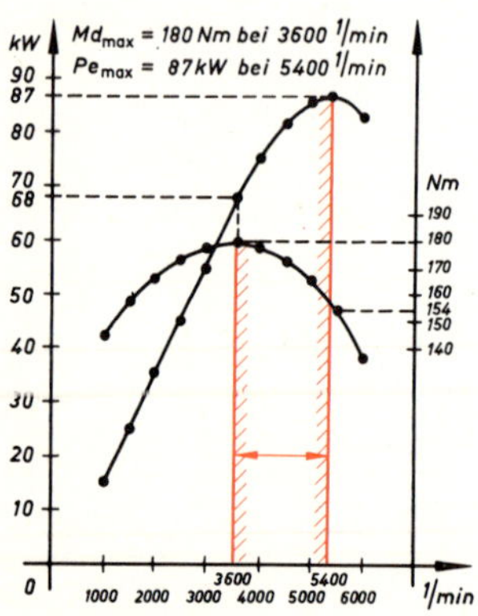

Selbstregelbereich

Der Verbrennungsmotor hat seine größte Leistungsfähigkeit im sog. Selbstregelbereich.

Der Selbstregelbereich ist der Drehzahlbereich zwischen dem maximalen Drehmoment (M_{dmax}) und der maximalen Leistung (P_{emax}) eines Verbrennungsmotors.

Damit bei allen Fahrzuständen (Ebene, Steigung, Belastung, Anfahren) dieser günstige Drehzahlbereich eingehalten wird, ist im Kraftfluß ein Wechselgetriebe eingebaut.

Das Wechselgetriebe ändert durch das Schalten der einzelnen Gänge die Übersetzung zwischen Motor und Antriebsachse.

Das Wechselgetriebe ist in den einzelnen Gängen meist ein doppelter Zahnradtrieb und wird nach denselben Formeln berechnet (siehe Abschnitt 28.3).

Das Übersetzungsverhältnis des Getriebes ist das Verhältnis zwischen der Motordrehzahl und der Hauptwellendrehzahl.

Bezeichnungen

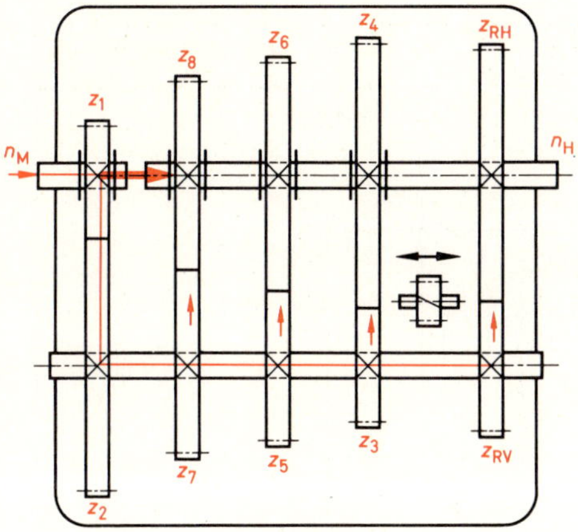

Vierganggetriebe
(Synchroneinrichtung nicht eingezeichnet)

n_M = Motordrehzahl $\left[\frac{1}{\text{min}}\right]$

n_H = Hauptwellendrehzahl $\left[\frac{1}{\text{min}}\right]$

$i_{\text{Getr. I-, II-, III-, IV-, R.-Gang}}$ = Übersetzungsverhältnisse in den einzelnen Gängen.

z_1, z_2, z_3 usw. = Zähnezahl der einzelnen Gangräder

z_{RH} = Rückwärtsgangrad auf der Hauptwelle

z_{RV} = Rückwärtsgangrad auf der Vorlegewelle

Formel mit Beispiel

1. Berechnung des Übersetzungsverhältnisses mittels der Drehzahlen

$$i_{\text{Getr.}} = \frac{\text{Motordrehzahl}}{\text{Hauptwellendrehzahl}}$$

$$i_{\text{Getr.}} = \frac{n_M}{n_H}$$

Ein Motor hat eine Drehzahl von 3240 1/min. Die Hauptwellendrehzahl des Getriebes beträgt 800 1/min. Berechne das Übersetzungsverhältnis!

$$i_{\text{Getr.}} = \frac{n_M}{n_H} = \frac{3240}{800} = \underline{4{,}05:1}$$

2. Berechnung des Übersetzungsverhältnisses mittels der Zähnezahlen

$$i_{\text{Getr. I. Gang}} = \frac{z_2 \cdot z_4}{z_1 \cdot z_3}$$

$$i_{\text{Getr. II. Gang}} = \frac{z_2 \cdot z_6}{z_1 \cdot z_5}$$

$$i_{\text{Getr. III. Gang}} = \frac{z_2 \cdot z_8}{z_1 \cdot z_7}$$

$$i_{\text{Getr. IV. Gang}} = \frac{1}{1}$$

$$i_{\text{Getr. R.-Gang}} = \frac{z_2 \cdot z_{RH}}{z_1 \cdot z_{RV}}$$

Ein Getriebe hat folgende Zähnezahlen:

$z_1 = 18$	$z_2 = 27$	$z_3 = 14$
$z_4 = 36$	$z_5 = 17$	$z_6 = 27$
$z_7 = 21$	$z_8 = 22$	$z_{RV} = 14$
$z_{RH} = 36$		

Berechne $i_{\text{Getr.}}$ in den einzelnen Gängen!

$$i_I = \frac{z_2 \cdot z_4}{z_1 \cdot z_3} = \frac{27 \cdot 36}{18 \cdot 14} = \underline{3{,}86:1}$$

$$i_{II} = \frac{z_2 \cdot z_6}{z_1 \cdot z_5} = \frac{27 \cdot 27}{18 \cdot 17} = \underline{2{,}38:1}$$

$$i_{III} = \frac{z_2 \cdot z_8}{z_1 \cdot z_7} = \frac{27 \cdot 22}{18 \cdot 21} = \underline{1{,}57:1}$$

$$i_{IV} = \frac{1}{1} = \underline{1:1}$$

$$i_R = \frac{z_2 \cdot z_{RH}}{z_1 \cdot z_{RV}} = \frac{27 \cdot 36}{18 \cdot 14} = \underline{3{,}86:1}$$

Anmerkung

1. Im direkten (dritter oder vierter) Gang beträgt das Übersetzungsverhältnis meist 1:1, bisweilen 0,8—0,9:1.
2. Das Zwischenrad im Rückwärtsgang ändert nicht die Übersetzung, sondern nur die Drehrichtung.

Aufgaben

29.1 Ein Ottomotor hat bei einer Motordrehzahl von 4000 1/min im dritten Gang eine Hauptwellendrehzahl von 3000 1/min.
Berechne das Übersetzungsverhältnis!

29.2 Die Hauptwelle dreht sich im 3. Gang mit 1850 1/min. Der Motor hat dabei eine Motordrehzahl von 2680 1/min.
Wie groß ist das Übersetzungsverhältnis?

29.3 Stelle die Formel für die Berechnung des Übersetzungsverhältnisses nach der Hauptwellendrehzahl um!

29.4 Wie hoch ist die Hauptwellendrehzahl bei einer Motordrehzahl von 3200 1/min im zweiten Gang ($i_{Getr\,II} = 1{,}95$)?

29.5 Berechne die Hauptwellendrehzahlen eines Ford für alle Gänge! Die Motordrehzahl beträgt 4500 1/min. (Entnimm die Getriebeübersetzungen der Tabelle für Kraftfahrzeugdaten!)

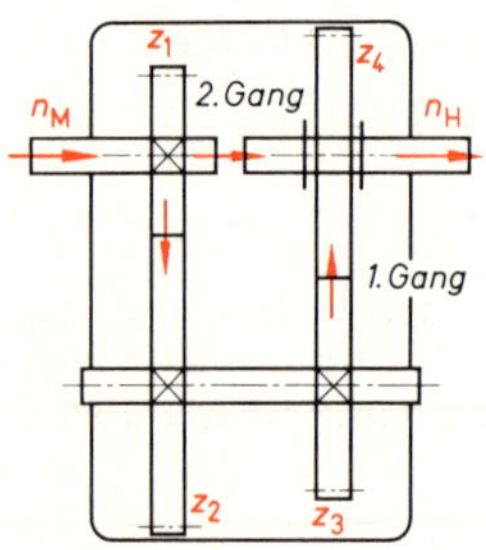

29.6 Berechne das Übersetzungsverhältnis im 1. Gang für nebenstehend abgebildetes Zweiganggetriebe mit folgenden Zahnrädern:

$z_1 = 20$ $z_3 = 17$
$z_2 = 30$ $z_4 = 27$

29.7 In einem Pkw ist ein Dreiganggetriebe eingebaut. Berechne die Übersetzungsverhältnisse in allen drei Vorwärtsgängen!

$z_1 = 16$ $z_3 = 19$ $z_5 = 21$
$z_2 = 25$ $z_4 = 40$ $z_6 = 28$

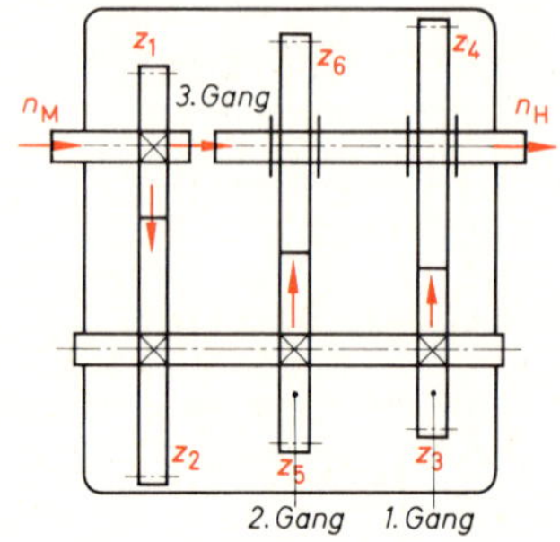

29.8 Ein Vierganggetriebe hat folgende Zähnezahlen:

$z_1 = 20$ $z_2 = 30$ $z_3 = 16$ $z_4 = 38$ $z_{RV} = 18$
$z_5 = 17$ $z_6 = 26$ $z_7 = 20$ $z_8 = 21$ $z_{RH} = 40$

Berechne

a) die Übersetzungsverhältnisse für alle Vorwärtsgänge und den Rückwärtsgang und

b) die Hauptwellendrehzahl für den zweiten Gang bei einer Motordrehzahl von 2800 1/min!

29.2 Getriebeberechnung

Übersetzung der Motordrehzahl
Übersetzung des Motordrehmomentes

Erklärung

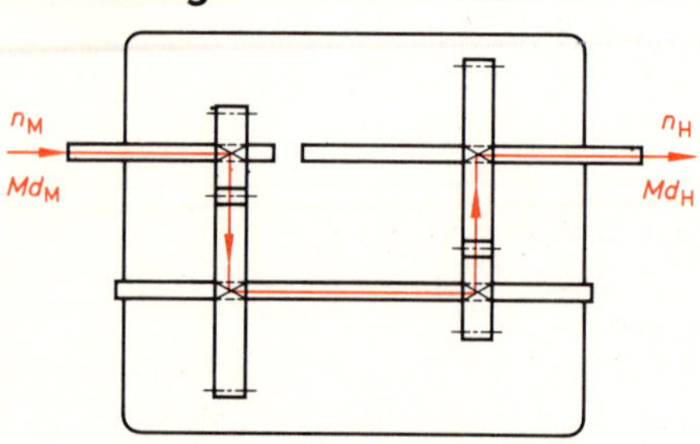

1. Gang
(Synchroneinrichtung nicht eingezeichnet)

Das Wechselgetriebe hat die Aufgabe, die Motorleistung möglichst optimal auszunutzen. Deshalb sind die in Abschnitt 29.1 berechneten Übersetzungen vorhanden.

Die Leistung am Getriebeeingang ist so groß wie am Getriebeausgang, d. h., das Getriebe verändert die Leistung nicht, wenn man Leistungsverluste unberücksichtigt läßt:

Motor | **Getriebe**

Leistung P_e

$$\frac{M_{dM} \cdot n_M}{9550} = \frac{M_{dH} \cdot n_H}{9550}$$

$$M_{dM} \cdot n_M = M_{dH} \cdot n_H$$

Kraft · Geschwindigkeit = Kraft · Geschwindigkeit

Drehmoment · Drehzahl = Drehmoment · Drehzahl

Kleines Drehmoment · große Drehzahl des Motors = großes Drehmoment · kleine Drehzahl des Getriebes

Also: Die Übersetzungen im Wechselgetriebe bewirken:

1. Herabsetzung der Motordrehzahl
2. Vergrößerung des Motordrehmomentes

Ausnahme: Direktgang und Schongang

Man bezeichnet das Wechselgetriebe daher auch als Drehmomentwandler.

Bezeichnungen

n_M = Motordrehzahl $\left[\frac{1}{\text{min}}\right]$

M_{dM} = Motordrehmoment [Nm]

n_H = Hauptwellendrehzahl $\left[\frac{1}{\text{min}}\right]$

M_{dH} = Hauptwellendrehmoment [Nm]

$i_{\text{Getr. I-, II-, III-, IV-, R-Gang}}$ = Übersetzungsverhältnis des Getriebes in den einzelnen Gängen

Formel mit Beispiel

$$M_{dM} \cdot n_M = M_{dH} \cdot n_H$$

$$\frac{n_M}{n_H} = \frac{M_{dH}}{M_{dM}}$$

$$i_{\text{Getr.}} = \frac{n_M}{n_H} = \frac{M_{dH}}{M_{dM}}$$

Daraus ergibt sich:

Das Motordrehmoment beträgt 182 Nm bei 3600 1/min. Die Übersetzung des in der obigen Zeichnung dargestellten ersten Ganges beträgt 3,9 : 1

Berechne:

1. die Hauptwellendrehzahl und
2. das Hauptwellendrehmoment!

1. Übersetzung der Motordrehzahl

$$\text{Hauptwellendrehzahl} = \frac{\text{Motordrehzahl}}{\text{Getriebeübersetzung}}$$

$$n_H = \frac{n_M}{i_{\text{Getr.}}} \left[\frac{1}{\text{min}}\right]$$

Zu 1.

$$n_H = \frac{n_M}{i_{\text{Getr. I.-Gang}}} \left[\frac{1}{\text{min}}\right]$$

$$n_H = \frac{3600}{3,9} = \underline{923\ 1/\text{min}}$$

2. Übersetzung des Motordrehmomentes

Hauptwellendrehmoment = Motordrehmoment · Getriebeübersetzung

$$M_{dH} = M_{dM} \cdot i_{\text{Getr.}}\ [\text{Nm}]$$

Zu 2.

$$M_{dH} = M_{dM} \cdot i_{\text{Getr. I.-Gang}}\ [\text{Nm}]$$

$$M_{dH} = 182 \cdot 3,9$$

$$M_{dH} = \underline{709,8\ \text{Nm}}$$

Anmerkung

Die hydraulischen Wandlergetriebe (z. B. Flüssigkeitsgetriebe) wandeln das Drehmoment des Motors stufenlos um.

Aufgaben

29.9 Welche Hauptwellendrehzahl gibt ein Dieselmotor im 3. Gang ($i_{Getr\,III} = 1{,}34$) bei einer Motordrehzahl von $n_M = 2500$ 1/min ab?

29.10 Ein Pkw-Motor erzeugt bei einer Motordrehzahl von 2500 1/min (4400 1/min) ein Motordrehmoment von 120 Nm (105 Nm).

Berechne

a) das Hauptwellendrehmoment und

b) die Hauptwellendrehzahl im 2. Gang ($i_{Getr.\,II} = 2{,}25$)!

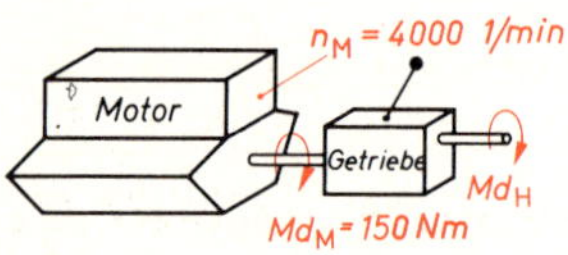

29.11 Die Übersetzungsverhältnisse eines Dreiganggetriebes betragen in den einzelnen Gängen:

$i_{Getr.\,I} = 2{,}56$ $\quad$ $i_{Getr.\,II} = 1{,}6$

$i_{Getr.\,III} = 1{,}0$ $\quad$ $i_{Getr.\,R} = 2{,}8$

Berechne Hauptwellendrehzahlen und Hauptwellendrehmomente für alle Gänge!

29.12 Berechne für den Ford Hauptwellendrehzahlen und -drehmomente beim höchsten Motordrehmoment für alle Gänge!

(Entnimm technische Daten der Tabelle für Kraftfahrzeuge!)

29.13 Ein Dieselmotor gibt bei einer Motordrehzahl von 2000 1/min (2500 1/min) eine Leistung von 60 kW (55 kW) an ein Getriebe weiter. Das Getriebe besitzt ein Übersetzungsverhältnis von $i_{Getr} = 4{,}5:1$ (3,8 : 1).

Berechne

a) das Motordrehmoment mit Hilfe der Formel

$$P_e = \frac{M_{dM} \cdot n_M}{9550}\ [\text{kW}]\,,$$

b) die Hauptwellendrehzahl und

c) das Hauptwellendrehmoment!

29.14 Berechne für den KHD-Lkw bei der Höchstleistung seines Dieselmotors in allen Gängen

a) die Hauptwellendrehzahlen,

b) das Motordrehmoment und

c) die Hauptwellendrehmomente!

(Entnimm technische Daten der Tabelle für Kraftfahrzeuge!)

29.15 Berechne für das abgebildete Dreiganggetriebe die Hauptwellendrehzahlen und die Hauptwellendrehmomente in den einzelnen Gängen!

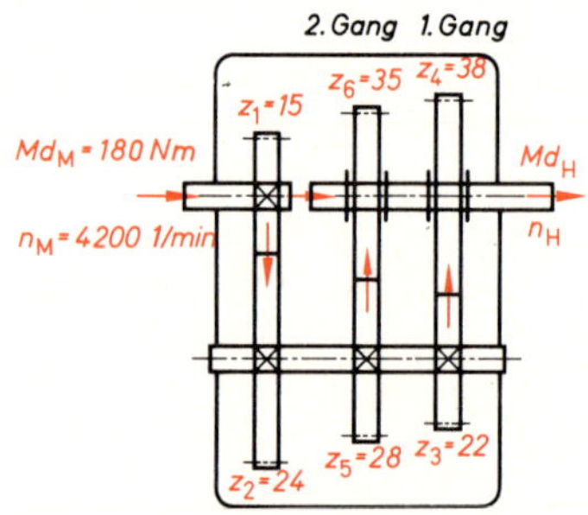

Weitere Rechenwertpaare:

a) $M_{dM} = 145$ Nm
$\quad n_M = 2800$ 1/min

b) $M_{dM} = 328$ Nm
$\quad n_M = 4500$ 1/min

30.1 Fahrzeuggeschwindigkeit

Übersetzungsverhältnis im Achsantrieb
Übersetzung der Drehzahl im Achsantrieb
Übersetzung des Drehmomentes im Achsantrieb

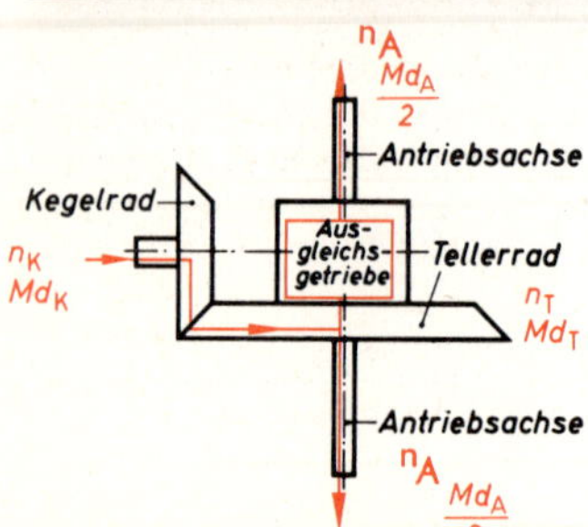

Achsantrieb

Im Achsantrieb findet ebenfalls eine Übersetzung der Drehzahlen und der Drehmomente statt.

Der Achsantrieb kann gebaut sein als:

1. Hinterachsantrieb beim Standard- und Heckantrieb
2. Vorderachsantrieb beim Frontantrieb.

Man verwendet zum Achsantrieb meist Kegelradtriebe.

Der Kegelradtrieb wird nach denselben Formeln berechnet wie der Stirnradtrieb (siehe Abschnitt 28.2).

Das Übersetzungsverhältnis des Achsantriebes ist das Verhältnis zwischen der Kegelraddrehzahl und der Tellerraddrehzahl.

Im Achsantrieb übersetzen Kegelrad und Tellerrad die Drehzahl und das Drehmoment. Die Drehzahl wird herabgesetzt und das Drehmoment heraufgesetzt.

Bezeichnungen

n_K = Drehzahl des Kegelrades [1/min]
n_T = Drehzahl des Tellerrades [1/min]
n_A = Drehzahl der Antriebsachse [1/min]
z_K = Zähnezahl des Kegelrades
$i_{Antrieb}$ = Übersetzungsverhältnis des Achsantriebes

M_{dK} = Drehmoment des Kegelrades [Nm]
M_{dT} = Drehmoment des Tellerrades [Nm]
M_{dA} = Drehmoment der Antriebsachse [Nm]
z_T = Zähnezahl des Tellerrades

Beachte: $n_T \triangleq n_A$ und $M_{dT} \triangleq M_{dA}$

Formel mit Beispiel

1. Übersetzungsverhältnis im Achsantrieb

$$i_{Antrieb} = \frac{\text{Drehzahl des Kegelrades}}{\text{Drehzahl des Tellerrades (Achswellen)}}$$

$$i_{Antrieb} = \frac{n_K}{n_T\ (n_A)}$$

oder:

$$i_{Antrieb} = \frac{\text{Zähnezahl des Tellerrades}}{\text{Zähnezahl des Kegelrades}}$$

$$i_{Antrieb} = \frac{z_T}{z_K}$$

Das Kegelrad eines Achsantriebes macht 800 1/min und hat 9 Zähne. Das Tellerrad hat 40 Zähne und macht 180 1/min. Berechne das Übersetzungsverhältnis!

1. Rechenweg:

$$i_{Antrieb} = \frac{n_K}{n_T} = \frac{800}{180} = \underline{4{,}\bar{4}:1}$$

2. Rechenweg:

$$i_{Antrieb} = \frac{z_T}{z_K} = \frac{40}{9} = \underline{4{,}\bar{4}:1}$$

2. Übersetzung der Drehzahl im Achsantrieb (siehe Abschnitt 29.2)

$$M_{dK} \cdot n_K = M_{dT} \cdot n_T \text{ (bzw. } M_{dA} \cdot n_A)$$

$$\frac{n_K}{n_T\ (n_A)} = \frac{M_{dT}\ (M_{dA})}{M_{dK}} = i_{Antrieb}$$

Also:

$$i_{Antrieb} = \frac{n_K}{n_T\ (n_A)}$$

$$n_T\ (n_A) = \frac{n_K}{i_{Antrieb}} \quad \left[\frac{1}{\text{min}}\right]$$

Die Kegelraddrehzahl eines Achsantriebes beträgt 830 1/min, das Übersetzungsverhältnis 4,15:1. Berechne die Drehzahl der Achswellen!

$$n_A = \frac{n_K}{i_{Antrieb}} = \frac{830}{4{,}15}$$

$$n_A = \underline{200\ \text{1/min}}$$

3. Übersetzung des Drehmomentes im Achsantrieb (siehe Abschnitt 29.2)

$$\frac{n_K}{n_T\ (n_A)} = \frac{M_{dT}\ (M_{dA})}{M_{dK}} = i_{Antrieb}$$

Also:

$$i_{Antrieb} = \frac{M_{dT}\ (M_{dA})}{M_{dK}}$$

$$M_{dT}\ (M_{dA}) = M_{dK} \cdot i_{Antrieb} \text{ [Nm]}$$

Das Drehmoment des Kegelrades in einem Achsantrieb ist 750 Nm, das Übersetzungsverhältnis 3,95:1. Berechne das Drehmoment des Tellerrades bzw. der Achswellen!

$$M_{dT}\ (M_{dA}) = M_{dK} \cdot i_{Antrieb} \text{ [Nm]}$$

$$M_{dT}\ (M_{dA}) = 750 \cdot 3{,}95 = \underline{2962{,}5\ \text{Nm}}$$

Anmerkung

Das Übersetzungsverhältnis im Achsantrieb ist meist 3,5:1 bis 6:1, bei Lastwagen beträgt es bis zu 10:1.

Aufgaben

30.1 Welches Übersetzungsverhältnis hat ein Achsantrieb, bei dem sich das Kegelrad mit 1500 1/min und die Achswellen mit 380 1/min drehen?

30.2 Der Achsantrieb eines Personenkraftwagens wird von einem Kegelrad mit 11 Zähnen angetrieben. Das Tellerrad hat 42 Zähne. Berechne das Übersetzungsverhältnis des Achsantriebes!

30.3 Stelle die Formel für die Berechnung des Übersetzungsverhältnisses vom Achsantrieb nach der Zähnezahl des Kegelrades um!

30.4 Der Achsantrieb eines Pkw besitzt ein Übersetzungsverhältnis von 4,0 : 1. Das Tellerrad hat eine Zähnezahl von 52. Berechne die Zähnezahl des Kegelrades!

30.5 Das Kegelrad eines Achsantriebes dreht sich mit 680 1/min. Das Übersetzungsverhältnis beträgt 4,5 : 1.

Wie groß ist die Drehzahl der Achswellen?

30.6 Das Kegelrad eines Achsantriebes hat 9 Zähne und dreht sich mit 420 1/min. Das Übersetzungsverhältnis beträgt 6,67 : 1.

Berechne

a) die Zähnezahl des Tellerrades und

b) die Drehzahl der Achswellen!

30.7 Das Kegelrad im Achsantrieb eines BMW dreht sich mit 1200 1/min.

Wie groß ist die Drehzahl der Achswellen?

(Entnimm die Hinterachsübersetzung der Tabelle für Kraftfahrzeugdaten!)

30.8 Die Hinterachswellen eines Opels drehen sich mit $n_A = 45$ 1/min.

Berechne die Drehzahl des Kegelrades!

(Entnimm das Übersetzungsverhältnis der Tabelle für Kraftfahrzeugdaten!)

30.9 Auf das Kegelrad eines Achsantriebes wirkt ein Drehmoment von 320 Nm. Das Übersetzungsverhältnis beträgt 3,8 : 1. Wie groß ist das Drehmoment an den Achswellen?

30.10 Das Kegelrad im Achsantrieb besitzt 12 Zähne und das Tellerrad 47 Zähne. Am Kegelrad, das mit einer Drehzahl von 800 1/min umläuft, wirkt ein Drehmoment von 220 Nm.

Berechne

a) das Übersetzungsverhältnis des Achsantriebes,

b) die Drehzahl und das Drehmoment der Achswellen!

30.11 Stelle die Formel für die Berechnung des Drehmoments an den Achswellen nach dem Übersetzungsverhältnis um!

30.12 Vom Schaltgetriebe wird an den Achsantrieb ein Drehmoment von 190 Nm weitergeleitet. Das Achswellendrehmoment beträgt 800 Nm.

Berechne das Übersetzungsverhältnis des Achsantriebs!

30.13 Berechne für einen BMW die Drehzahl und das Drehmoment an den Achswellen, wenn die Drehzahl des Kegelrades 3000 1/min und das entsprechende Drehmoment 150 Nm betragen!

(Entnimm das Übersetzungsverhältnis der Tabelle über Kraftfahrzeugdaten!)

30.2 Fahrzeuggeschwindigkeit — Gesamtübersetzungsverhältnis

Erklärung

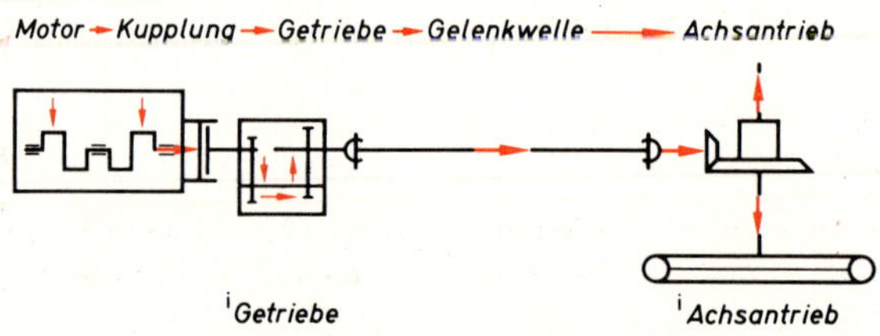

$n_M \left[\frac{1}{min}\right]$ — Gesamtübersetzung im Kraftfluß des Standardantriebes → $n_A \left[\frac{1}{min}\right]$

M_{dM} [Nm] → M_{dA} [Nm]

Im Kraftfluß des Kraftfahrzeuges sind zwei Übersetzungen eingebaut:

1. Unterschiedliche Getriebeübersetzungen der einzelnen Gänge (deshalb Wechselgetriebe)
2. Unveränderliche Übersetzung des Achsantriebes

Die Getriebeübersetzungen bestehen meist aus zwei Einzelübersetzungen. Es handelt sich also um einen doppelten Zahnradtrieb. Die Achsantriebsübersetzung ist meist eine Einzelübersetzung (siehe Abschnitt 30.1).

Das Gesamtübersetzungsverhältnis ist das Verhältnis der Motordrehzahl zur Antriebsachsendrehzahl bzw. das Verhältnis des Antriebsachsendrehmomentes zum Motordrehmoment.

Das Gesamtübersetzungsverhältnis berechnet sich, indem alle Einzelübersetzungen des Wechselgetriebes und des Achsantriebes miteinander malgenommen werden.

Bezeichnungen

n_M = Motordrehzahl $\left[\frac{1}{\min}\right]$

M_{dM} = Motordrehmoment [Nm]

n_A = Drehzahl Antriebsachse $\left[\frac{1}{\min}\right]$

M_{dA} = Drehmoment Antriebsachse [Nm]

$i_{Getriebe}$ = Getriebeübersetzungsverhältnis

$i_{Antrieb}$ = Achsantriebsübersetzungsverhältnis

$i_{Ges.\ I,-\ II,-\ III,-\ IV,-\ R\text{-}Gang}$ = Gesamtübersetzungsverhältnis in den einzelnen Gängen.

Formel mit Beispiel

$i_{Ges.} = i_1 \cdot i_2 \cdot i_3 \cdot i_4 \ldots$

$$i_{Ges.} = i_{Getriebe} \cdot i_{Antrieb}$$

Oder:

$$i_{Ges.} = \frac{n_M}{n_A} = \frac{M_{dA}}{M_{dM}}$$

Daraus folgt:

Drehzahl Antriebsachse = $\frac{\text{Motordrehzahl}}{\text{Gesamtübersetzung}}$

$$n_A = \frac{n_M}{i_{Ges.}} \left[\frac{1}{\min}\right]$$

Drehmoment Antriebsachse
= Motordrehmoment · Gesamtübersetzung

$$M_{dA} = M_{dM} \cdot i_{Ges.} \text{ [Nm]}$$

Ein Wechselgetriebe hat im 2. Gang eine Übersetzung von 2,3 : 1 und im Hinterachsantrieb eine Übersetzung von 3,92 : 1. Berechne das Gesamtübersetzungsverhältnis!

$i_{Ges.} = i_{Getriebe} \cdot i_{Antrieb}$

$i_{Ges.} = 2{,}3 \cdot 3{,}92 = \underline{9{,}016 : 1}$

Ein Kfz-Motor hat bei einer Motordrehzahl von 3000 1/min ein Motordrehmoment von 185 Nm. Die Gesamtübersetzung beträgt im zweiten Gang 6,78:1. Berechne

a) Antriebswellendrehzahl und

b) Antriebswellendrehmoment!

a) $n_A = \frac{n_M}{i_{Ges.}} = \frac{3000}{6{,}78} = \underline{442\ 1/\min}$

b) $M_{dA} = M_{dM} \cdot i_{Ges.}$ [Nm]

$M_{dA} = 185 \cdot 6{,}78 = \underline{1254{,}3 \text{ Nm}}$

Anmerkung

Die Hauptwellendrehzahl des Wechselgetriebes ist gleich der Gelenkwellendrehzahl sowie gleich der Kegelraddrehzahl. Das gleiche gilt für die Drehmomente.

Aufgaben

30.14 Das Schaltgetriebe eines Pkw hat im 3. Gang ein Übersetzungsverhältnis von 1,37 : 1. Der Achsantrieb ist mit 4,2 : 1 übersetzt.

Wie groß ist das Gesamtübersetzungsverhältnis?

30.15 Berechne für den VW in allen Vor- und Rückwärtsgängen die Gesamtübersetzungsverhältnisse! (Entnimm die technischen Daten der Tabelle!)

30.16 Das Kegelrad eines Achsantriebes hat 9 Zähne. Das dazugehörige Tellerrad besitzt 35 Zähne. Berechne

a) das Übersetzungsverhältnis des Achsantriebes,

b) das Gesamtübersetzungsverhältnis im 1. Gang ($i_{Getr.\ I} = 3{,}28 : 1$)!

30.17 Bei einer Motordrehzahl von 4800 1/min drehen sich die Antriebsräder im 1. Gang mit 400 1/min.

Wie groß ist das Gesamtübersetzungsverhältnis?

30.18 Wie groß ist die Antriebswellendrehzahl bei einer Motordrehzahl von 3200 1/min und einem Gesamtübersetzungsverhältnis von 5,45 : 1?

30.19 Berechne für den Daimler-Benz-Pkw mit Ottomotor

a) die Gesamtübersetzungsverhältnisse für alle Gänge und

b) die entsprechenden Antriebswellendrehzahlen bei einer Motordrehzahl von 4800 1/min!

(Entnimm die technischen Daten der Tabelle!)

30.20 Ein Ottomotor dreht sich mit einer Drehzahl von 5000 1/min. Das Übersetzungsverhältnis im 2. Gang beträgt 2,4 : 1. Das Tellerrad des Achsantriebs besitzt 8 Zähne und greift in ein Kegelrad mit 42 Zähnen ein!

Berechne

a) das Übersetzungsverhältnis des Achsantriebs,

b) das Gesamtübersetzungsverhältnis und

c) die Antriebswellendrehzahl!

30.21 Berechne für einen Dieselmotor, der bei einer Motordrehzahl von 1500 1/min ein Drehmoment von 210 Nm erreicht,

a) die Antriebswellendrehzahl im 3. Gang und ($i_{Ges. III} = 8{,}5 : 1$),

b) das Antriebswellendrehmoment!

30.3 Fahrzeuggeschwindigkeit

Fahrzeuggeschwindigkeit in den einzelnen Gängen

Erklärung

Die Fahrzeuggeschwindigkeit hängt von der Reifengröße, der Motordrehzahl und der Gesamtübersetzung ab.

1. Reifengröße

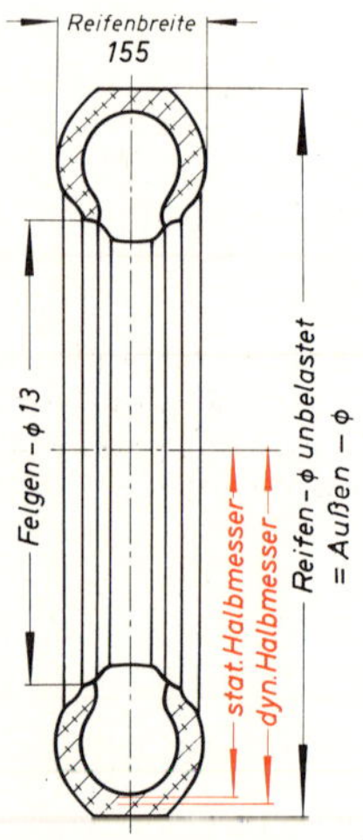

Reifenmaße

Die nebenstehende Abbildung zeigt die Reifenmaße. Für die Fahrzeuggeschwindigkeit ist nicht der statische, sondern der dynamische Reifenhalbmesser maßgebend.

a) Statischer Halbmesser

Der statische Halbmesser ist der Abstand von der Radmitte bis zur Standebene bei stillstehendem Fahrzeug.

Z. B. Reifen 155 SR 13: Außen-ø 578 ± 6 mm Toleranz
Reifenbreite 155 mm
statischer Halbmesser 263 ± 4 mm.

b) Dynamischer Halbmesser

Der dynamische Halbmesser ist der Abstand von der Radmitte bis zur Standebene, jedoch beim Fahren des Fahrzeuges.

Der dynamische Halbmesser ist immer etwas größer als der statische Halbmesser, da Reifenverformung durch Zentrifugalkraft auftritt.
Z. B. Reifen 155 SR 13: dynamischer Halbmesser = 273 ± 6 mm Toleranz.

2. Motordrehzahl

Der Verbrennungsmotor formt die chemische Energie des Kraftstoffes in Bewegungsenergie des Kolbens bzw. der Kurbelwelle um. Der Motor hat eine bestimmte Motordrehzahl, die auf die Antriebsräder übertragen wird.

3. Gesamtübersetzung

Die Motordrehzahl wird auf dem Wege zu den Antriebsrädern im Getriebe und in der Antriebsachse zweimal ins Langsame übersetzt.

Die Fahrzeuggeschwindigkeit wird mit Hilfe der Formel für die Umfangsgeschwindigkeit (20.2) unter Berücksichtigung des dynamischen Halbmessers, der Motordrehzahl und der Gesamtübersetzung berechnet.

Bezeichnungen

$v_{F\,\text{I.-, II.-, III.-, IV.-, R-Gang}}$ = Fahrzeuggeschwindigkeit in den einzelnen Gängen [km/h]

$i_{Ges.\,\text{I.-, II.-, III.-, IV.-, R-Gang}}$ = Gesamtübersetzungsverhältnis in den einzelnen Gängen

n_A = Drehzahl der Antriebsachsen bzw. der Antriebsräder [1/min]

n_M = Motordrehzahl [1/min]

R_{dyn} = dynamischer Halbmesser [mm]

Formel mit Beispiel

Allgemeine Formel für die Geschwindigkeit → $v = \frac{s}{t}$

Drehzahl der Antriebsachsen bzw. der Antriebsräder (siehe 30.2) → $n_A = \frac{n_M}{i_{Ges.}}$

$$v_F = 2 \cdot R_{dyn} \cdot \pi \cdot n_A \left[\frac{mm}{min}\right]$$

$$v_F = \frac{2 \cdot R_{dyn} \cdot \pi \cdot n_M}{i_{Ges.}} \left[\frac{mm}{min}\right]$$

$$v_F = \frac{2 \cdot R_{dyn} \cdot \pi \cdot n_M \cdot 3{,}6}{i_{Ges.} \cdot 60 \cdot 1000} \left[\frac{km}{h}\right]$$

$$v_F = \frac{\text{Radumfang} \cdot \text{Motordrehzahl} \cdot 3{,}6}{\text{Gesamtübersetzung} \cdot 60 \cdot 1000}$$

$$v_{F\,\text{I.-, II.-, III.-, IV.-, R-Gang}} = \frac{2 \cdot R_{dyn} \cdot \pi \cdot n_M \cdot 3{,}6}{i_{Ges.\,\text{I, II, III, IV, R}} \cdot 60 \cdot 1000} \left[\frac{km}{h}\right]$$

Die Gesamtübersetzungsverhältnisse betragen:

$i_{Ges.\,I} = 4{,}375 \cdot 3{,}8 = 16{,}63 : 1$

$i_{Ges.\,II} = 4{,}375 \cdot 2{,}06 = 9{,}01 : 1$

$i_{Ges.\,III} = 4{,}375 \cdot 1{,}32 = 5{,}78 : 1$

$i_{Ges.\,IV} = 4{,}375 \cdot 0{,}89 = 3{,}89 : 1$

$R_{dyn} = 307$ mm, $n_M = 3600$ [1/min]

Berechne die Fahrzeuggeschwindigkeiten in den einzelnen Gängen!

$$v_F = \frac{2 \cdot R_{dyn} \cdot \pi \cdot n_M \cdot 3{,}6}{i_{Ges.} \cdot 60 \cdot 1000} \left[\frac{h}{km}\right]$$

$$v_{F\,I} = \frac{2 \cdot 307 \cdot 3{,}14 \cdot 3600 \cdot 3{,}6}{16{,}63 \cdot 60 \cdot 1000}$$

$$v_{F\,I} = \frac{416{,}65}{16{,}63} = \underline{25\ km/h}$$

$$v_{F\,II} = \frac{416{,}65}{9{,}01} = \underline{46{,}2\ km/h}$$

$$v_{F\,III} = \frac{416{,}65}{5{,}78} = \underline{72{,}1\ km/h}$$

$$v_{F\,IV} = \frac{416{,}65}{3{,}89} = \underline{107{,}1\ km/h}$$

Anmerkung

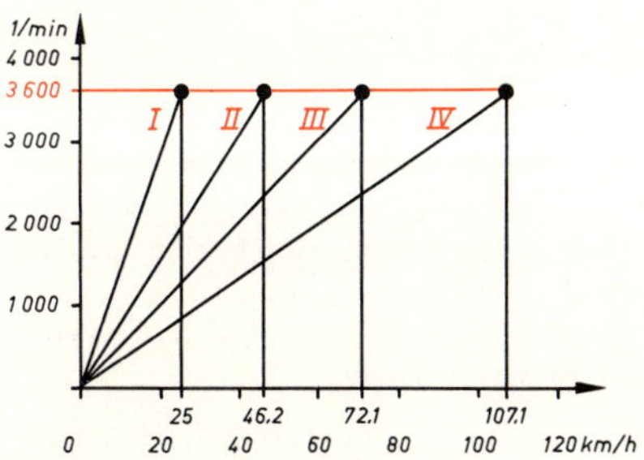

Den Zusammenhang zwischen Motordrehzahl und Fahrzeuggeschwindigkeit gibt das nebenstehende Motordrehzahl-Geschwindigkeitsdiagramm wieder. (In der Zeichnung wurden die oben errechneten Ergebnisse verwendet.)

Motordrehzahl-Geschwindigkeitsdiagramm

Aufgaben

30.22 Die Antriebsräder eines Pkw haben einen dynamischen Halbmesser von 280 mm. Wie groß ist die Fahrzeuggeschwindigkeit im dritten Gang ($i_{Ges\,III} = 9{,}1 : 1$) bei einer Motordrehzahl von 3600 1/min?

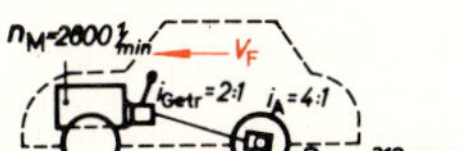

30.23 Berechne für das nebenstehend abgebildete Fahrzeug

a) das Gesamtübersetzungsverhältnis,

b) die Fahrzeuggeschwindigkeit!

30.24 Berechne für den Opel Pkw

a) die Gesamtübersetzungsverhältnisse in allen Gängen und

b) die dazugehörigen Fahrzeuggeschwindigkeiten bei einer Motordrehzahl von 4750 1/min!

(Entnimm die technischen Daten der Tabelle für Kraftfahrzeugdaten!)

30.25 Welche Geschwindigkeit erreicht der Büssing bei einer Motordrehzahl von 2200 1/min im 5. Gang? (Entnimm Rechenwerte der Tabelle für Kraftfahrzeugdaten!)

30.26 Ein Dieselmotor entwickelt bei einer Drehzahl von 2000 1/min ein Motordrehmoment von 650 Nm. Das Gesamtübersetzungsverhältnis beträgt im 3. Gang 14,5 : 1. Die Antriebsräder haben einen dynamischen Halbmesser von 520 mm.

Berechne

a) die Antriebswellendrehzahl,

b) das Antriebswellendrehmoment und

c) die Fahrzeuggeschwindigkeit!

30.27 Berechne für den nachstehend abgebildeten Lastkraftwagen

a) das Gesamtübersetzungsverhältnis,

b) die Fahrzeuggeschwindigkeit und

c) das Drehmoment an den Antriebsrädern!

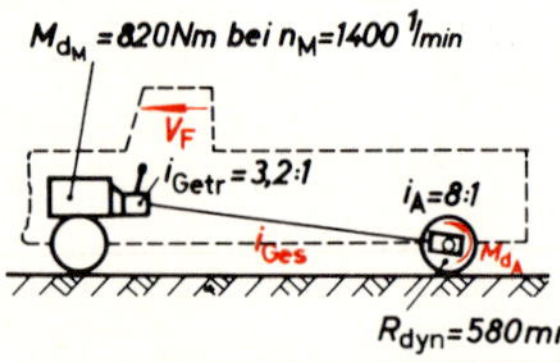

30.28 Berechne für den MAN-Lkw

a) die Gesamtübersetzungsverhältnisse in allen Gängen,

b) beim höchsten Motordrehmoment die entsprechenden Antriebswellendrehmomente und -drehzahlen!

(Entnimm die Rechenwerte der Tabelle für Kraftfahrzeugdaten!)

30.29 Berechne für das unten abgebildete Triebwerk

a) die drei Übersetzungsverhältnisse des Schaltgetriebes,

b) das Übersetzungsverhältnis des Achsantriebes,

c) die Gesamtübersetzungsverhältnisse für alle Gänge,

d) die dazugehörigen Antriebswellendrehzahlen und -drehmomente und

e) die Fahrzeuggeschwindigkeiten in den einzelnen Gängen!

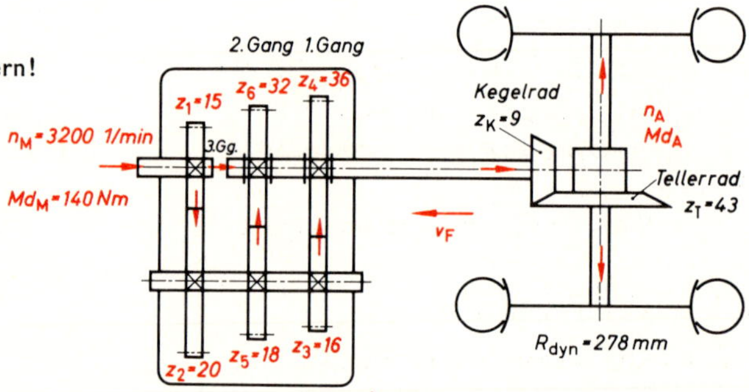

31.1 Lenkung

Lenkübersetzungsverhältnis
Radwege bei Kurvenfahrt

Erklärung

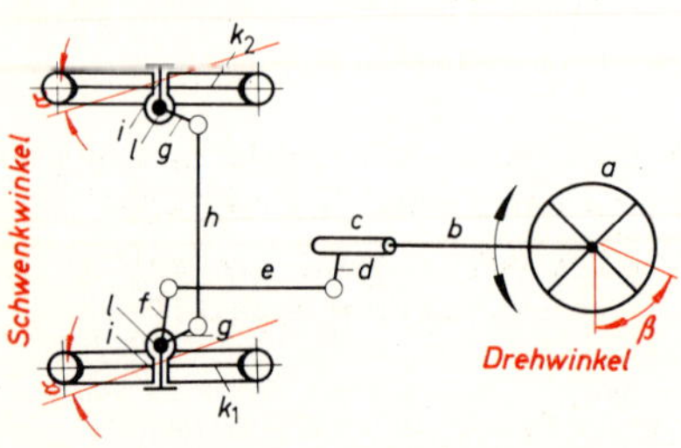

Aufbau einer Achsschenkellenkung

1. Lenkübersetzungsverhältnis

Bei der Achsschenkellenkung sind die auf dem Achsschenkel i laufenden Vorderräder k um den Achsschenkelbolzen l schwenkbar angeordnet. Die Drehbewegung am Lenkrad a wird durch die Lenkspindel b zum Lenkgetriebe c übertragen. Dort wird die Drehbewegung in eine Schwenkbewegung des Lenkstockhebels d umgewandelt. Über die Lenkstange e und den Lenkhebel f, der fest mit einem der Achsschenkel i verbunden ist, wird das Vorderrad k_1 geschwenkt. Das andere Vorderrad k_2 wird mit Hilfe der Spurhebel g und der Spurstange h mitbewegt. Demnach wird bei dieser Lenkung eine Drehung des Lenkrades um den Drehwinkel β in eine Schwenkbewegung der gelenkten Räder um den Schwenkwinkel α umgeformt.

Das Lenkübersetzungsverhältnis gibt das Verhältnis zwischen Drehwinkel β und zugehörigem Schwenkwinkel α am Vorderrad k_1, an.

Bei der Lenkung ist das Übersetzungsverhältnis stets eine Übersetzung ins Langsame, da eine große Drehbewegung am Lenkrad nur eine kleine Schwenkbewegung der Vorderräder verursacht. Diese Untersetzung wird mit Hilfe des Lenkgetriebes und des Lenkgestänges (Hebel) erreicht.

2. Radwege bei Kurvenfahrt

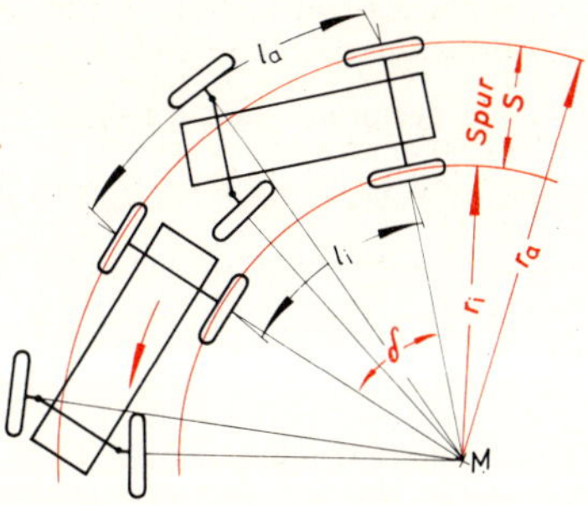

Unterschiedliche Radwege bei Kurvenfahrt

Bei Kurvenfahrt legen die kurvenäußeren Räder einen größeren Weg zurück als die kurveninneren Räder.

Daher drehen sich die kurvenäußeren Räder mit höherer Drehzahl als die kurveninneren Räder (bei Antriebsrädern Ausgleichgetriebe erforderlich). Der Radius r_a des Außenradweges ist um die Spurweite S größer als der Radius r_i des Innenradweges.

Bezeichnungen

i_L = Lenkübersetzungsverhältnis [—]
β = Drehwinkel des Lenkrades [°]
α = Schwenkwinkel am Vorderrad [°]
S = Spurweite [m]
δ = Winkel des durchfahrenen Bogens [°]

r_a = Radius des Außenradweges [m]
r_i = Radius des Innenradweges [m]
l_a = Außenradweg [m]
l_i = Innenradweg [m]

Formel mit Beispiel

1. Lenkübersetzungsverhältnis

Für das Lenkübersetzungsverhältnis gilt:

$$\text{Lenkübersetzungsverhältnis} = \frac{\text{Drehwinkel am Lenkrad}}{\text{Schwenkwinkel am Vorderrad}}$$

$$i_L = \frac{\beta}{\alpha} \quad [—]$$

Ein Lkw besitzt ein Lenkübersetzungsverhältnis von $i = 32:1$. Wie groß ist der Schwenkwinkel am Vorderrad, wenn das Lenkrad zweimal gedreht wird?

$$i_L = \frac{\beta}{\alpha} \quad [—]$$

$$\alpha = \frac{\beta}{i} = \frac{2 \cdot 360°}{32} = \underline{\underline{22{,}5°}}$$

2. Radwege bei Kurvenfahrt

Für die Umrechnung eines Winkelmaßes in die Bogenlänge gilt die Formel:

$$l_B = \frac{d \cdot \pi \cdot \alpha}{360°} \text{ (vgl. Abschnitt 22 und 4.2).}$$

Wird in diese Formel statt d $2r$ und statt α δ eingesetzt, so erhält man

$$l_B = \frac{\not{2}r \cdot \pi \cdot \delta}{\frac{\not{360°}}{180}}$$

Berechne den Außen- und den Innenradweg für einen Pkw mit einer Spurweite von 1250 mm!

Der Radius des Außenradweges beträgt 7 m und der Winkel des durchfahrenen Bogens 60°.

$$l_a = \frac{r_a \cdot \pi \cdot \delta}{180°} \quad [\text{m}]$$

$$= \frac{7\text{ m} \cdot \pi \cdot 60°}{180°} = \underline{\underline{7{,}33\text{ m}}}$$

Mit den entsprechenden Werten für den Außenradweg bzw. den Innenradweg lautet die Formel:

$$l_a = \frac{r_a \cdot \pi \cdot \delta}{180°} \; [m]$$

$$l_i = \frac{r_i \cdot \pi \cdot \delta}{180°} \; [m]$$

$$l_i = \frac{r_i \cdot \pi \cdot \delta}{180°} \; [m]$$

$$r_i = r_a - S$$
$$= 7\ m - 1{,}25\ m = 5{,}75\ m$$

$$l_i = \frac{5{,}75\ m \cdot \pi \cdot 60°}{180°} = \underline{\underline{6{,}02\ m}}$$

Anmerkung

Meist ist das Lenkübersetzungsverhältnis über den gesamten Drehbereich des Lenkrades nicht gleich groß. In der Mittelstellung des Lenkrades (Geradeausfahrt) ist die Lenkbewegung stärker untersetzt als bei scharfem Rechts- oder Linkseinschlag. Deshalb läßt sich das Kfz bei Geradeausfahrt leicht in Spur halten und kann um enge Kurven rasch herumgezogen werden.

Aufgaben

1. Lenkübersetzungsverhältnis

31.1 Stelle die Formel für die Berechnung des Lenkübersetzungsverhältnisses um
a) nach dem Drehwinkel am Lenkrad,
b) nach dem Schwenkwinkel am Vorderrad!

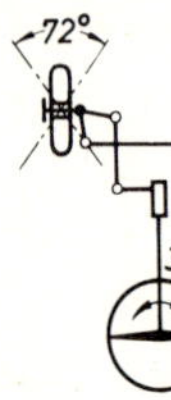

31.2 Bei einem Pkw sind für den vollen Einschlag von rechts nach links 3 Umdrehungen am Lenkrad notwendig. Wie groß ist das Lenkübersetzungsverhältnis, wenn dabei die Vorderräder um 72° geschwenkt werden?

31.3 Um wieviel Grad wurden die Vorderräder eines Lkw eingeschlagen, wenn das Lenkrad um 2 Umdrehungen gedreht wurde ($i_L = 28:1$)?

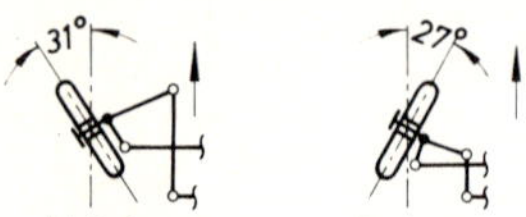

Linkskurve *Rechtskurve*

31.4 Der größte Lenkausschlag des linken Vorderrades erreicht nach links einen Wert von 31° und nach rechts einen Wert von 27°. Für diesen gesamten Schwenkbereich muß das Lenkrad 2,65mal gedreht werden. Berechne das Lenkübersetzungsverhältnis!

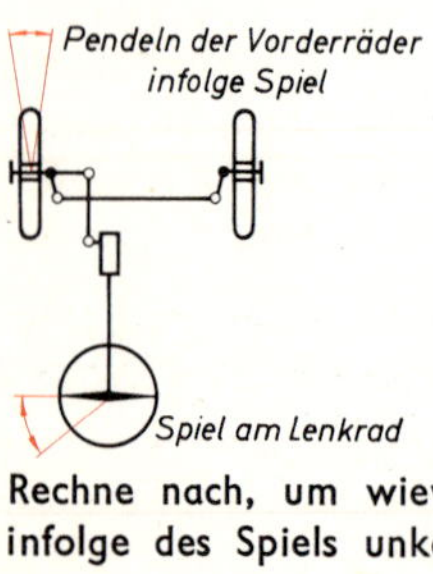

31.5 Bei der Überprüfung der Lenkung an einem Pkw mit einem Lenkübersetzungsverhältnis von $i_L = 16{,}5:1$ wird ein Spiel von 35° am Lenkrad gemessen.

Rechne nach, um wieviel Grad die Vorderräder infolge des Spiels unkontrolliert pendeln können!

31.6 Ein Lkw besitzt eine Lenkung mit einem Untersetzungsverhältnis von $i_L = 29{,}8:1$. Um wieviel Grad muß das Lenkrad gedreht werden, wenn das linke Vorderrad um 20° geschwenkt werden soll?

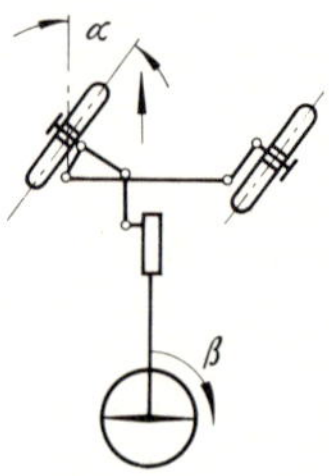

31.7 Für den größten Lenkradeinschlag von Geradeausfahrt nach rechts muß das Lenkrad um 1,5 Umdrehungen gedreht werden. Das Lenkübersetzungsverhältnis beträgt $i_L = 16{,}8:1$. Um wieviel Grad wird das linke Vorderrad des Pkw aus der Mittelstellung nach rechts geschwenkt?

31.8 Ein Lieferwagen besitzt eine Lenkung mit einem Lenkübersetzungsverhältnis von $i_L = 21:1$.
Berechne, um wieviel Grad das Lenkrad eingeschlagen werden muß, damit das linke Vorderrad um 35° geschwenkt wird?

2. Radwege bei Kurvenfahrt

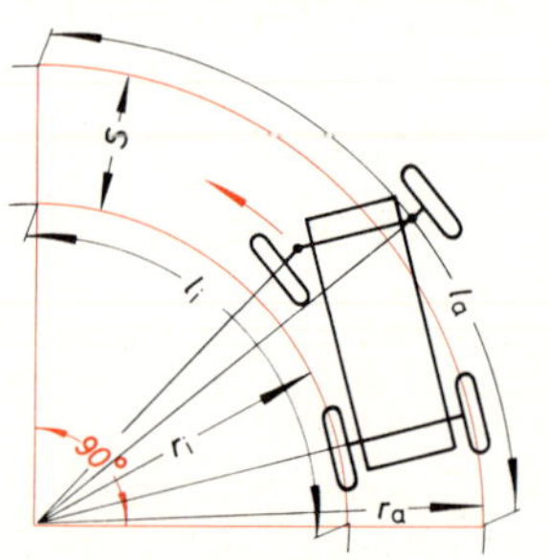

31.9 Ein Pkw befährt eine 90°-Kurve mit einem Innenradius von 8 m. Die Spurweite des Fahrzeugs beträgt 1,35 m. Berechne
a) den Radius des Außenradweges,
b) den Innenradweg,
c) den Außenradweg,
d) den Unterschied zwischen Außen- und Innenradweg!

31.10 Stelle die Formeln für die Berechnung des Außenradweges und des Innenradweges nach dem Winkel δ des durchfahrenen Bogens um!

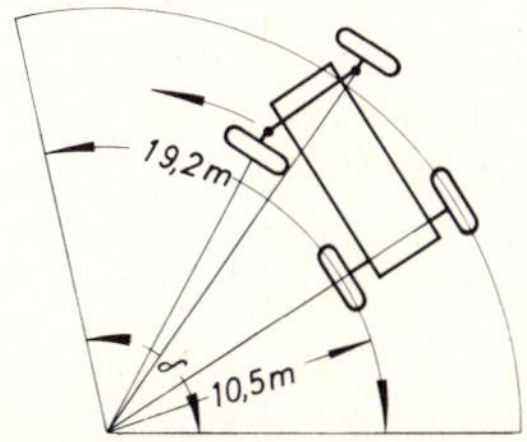

31.11 Ein Lkw durchfährt mit dem hinteren Innenrad einen Innenradius von 10,5 m. Dabei legt dieses Hinterrad einen Weg von 19,2 m zurück.

Wie groß ist der durchfahrene Bogen in Grad?

31.2 Lenkung

Spurdifferenzwinkel
Spur

Erklärung

1. Spurdifferenzwinkel

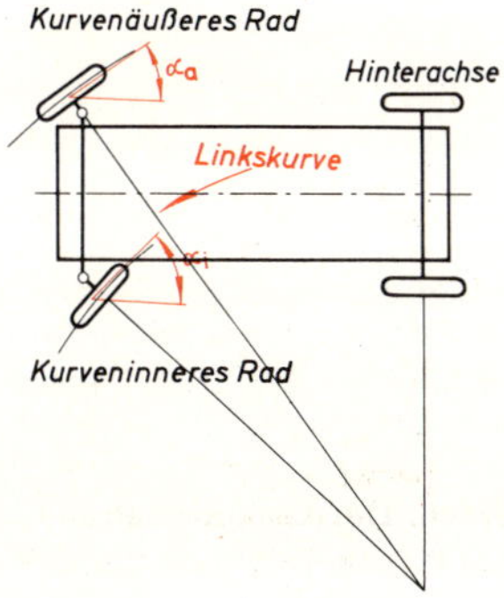

Bei Kurvenfahrt muß das kurveninnere Vorderrad stärker eingeschwenkt werden als das kurvenäußere Vorderrad.

Die Differenz zwischen den Schwenkwinkeln α_i und α_a der Vorderräder wird Spurdifferenzwinkel genannt.

Unterschiedliche Schwenkbewegung der Vorderräder

2. Spur

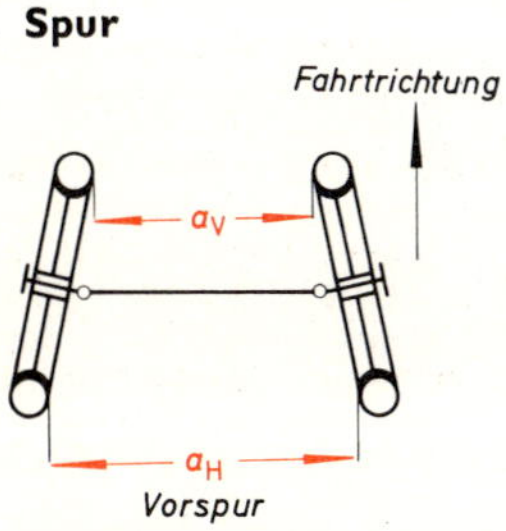

Die Vorderräder sind in Geradeausstellung nicht parallel, sondern meist nach innen eingeschlagen (bei einigen Fahrzeugen auch nach außen).

Diese Abweichung von der Parallelstellung der Vorderräder bezeichnet man als Spur. Durch die Spur werden das Lenkgestänge und die Reifen vorgespannt, und die Flatterneigung der Vorderräder wird herabgesetzt.

Bezeichnungen

α_i = Schwenkwinkel am kurveninneren Vorderrad [°]
α_a = Schwenkwinkel am kurvenäußeren Vorderrad [°]
γ = Spurdifferenzwinkel [°]
a_V = Abstand der Felgenränder vorn, in Radmittenhöhe gemessen [mm]
a_H = Abstand der Felgenränder hinten, in Radmittenhöhe gemessen [mm]
V_S = Spur [mm]

Formel mit Beispiel

1. Spurdifferenzwinkel

Spurdifferenzwinkel
= Schwenkwinkel am kurveninneren Rad
— Schwenkwinkel am kurvenäußeren Rad

$$\gamma = \alpha_i - \alpha_a \ [°]$$

Der Schwenkwinkel des kurvenäußeren Rades beträgt 16°. Der innere Schwenkwinkel ist 21° groß. Berechne den Spurdifferenzwinkel!

$\gamma = \alpha_i - \alpha_a$ [°]
$= 21° - 16° = \underline{5°}$

2. Spur

Ein Maß für die Vorspur ist die Differenz der beiden Abstände a_V und a_H zwischen den Felgenrändern.
Spur = Abstand hinten — Abstand vorn

$$V_S = a_H - a_V \text{ [mm]}$$

Wie groß ist die Spur, wenn $a_H = 1275$ mm und $a_V = 1277$ mm betragen?

$V_S = a_H - a_V$ [mm]
$V_S = 1275 - 1277$
$V_S = -2$ mm

Das Kfz hat eine negative Spur (vgl. Anmerkung 2).

Anmerkung

1. Die Spur wird häufig in Winkelgrad statt in mm angegeben.
2. Positive Spur: (+) 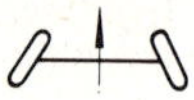 a_H ist größer als a_V

   Negative Spur: (—)  a_H ist kleiner als a_V

Aufgaben

1. Spurdifferenzwinkel

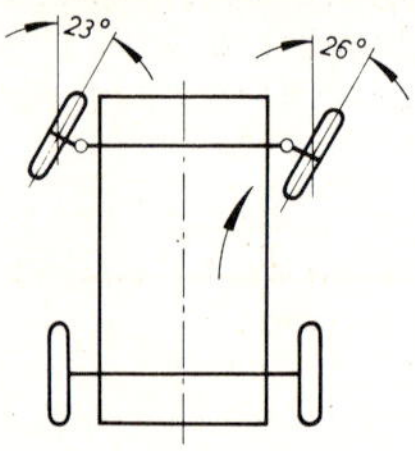

31.12 Berechne für das nebenstehend abgebildete Fahrzeug den Spurdifferenzwinkel!

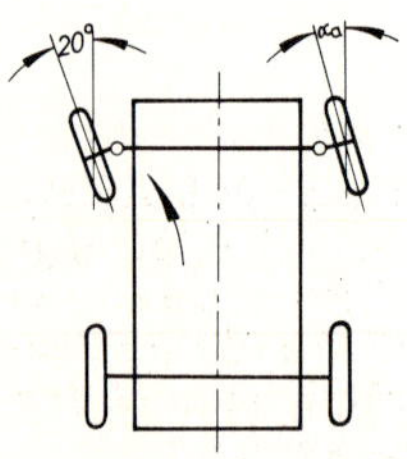

31.13 Die Vorderräder eines Kfz werden nach links eingeschlagen. Am linken Vorderrad wird ein Schwenkwinkel von 20° gemessen.

Wieviel Grad muß das rechte Vorderrad eingeschlagen sein, wenn der vorgeschriebene Spurdifferenzwinkel 4° 32′ beträgt?

31.14 Ein Lastkraftwagen fährt durch eine Linkskurve. Dabei ist das linke Vorderrad um 22° 14′ und das rechte Vorderrad um 17° 23′ eingeschwenkt worden.

Berechne den Spurdifferenzwinkel!

31.15 An einem Unfallfahrzeug wird bei Rechtseinschlag links 19° 4′ und rechts 20° 12′ an den Vorderrädern gemessen.

Der Hersteller schreibt einen Spurdifferenzwinkel von 4° vor. Prüfe nach, ob das Lenkgestänge durch den Unfall verbogen oder verstellt worden ist!

31.16 Bei der Vermessung der Vorderachse eines Personenkraftwagens werden folgende Werte gemessen:

a) Vorderradeinschlag nach links
   Schwenkwinkel links 20° 12′
   Schwenkwinkel rechts 17° 15′;

b) Vorderradeinschlag nach rechts
   Schwenkwinkel links 16° 4′
   Schwenkwinkel rechts 20° 8′

Berechne:

1. den Spurdifferenzwinkel für den Linkseinschlag,
2. den Spurdifferenzwinkel für den Rechtseinschlag,
3. den Unterschied zwischen beiden Spurdifferenzwinkeln!

2. Spur

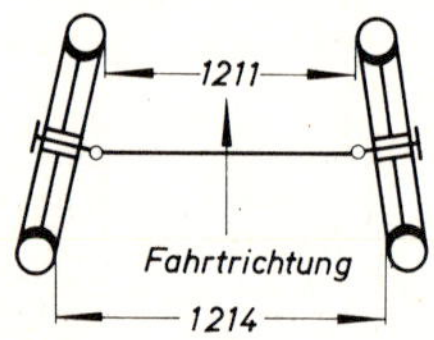

31.17 Berechne die Spur der nebenstehend abgebildeten Vorderachse!

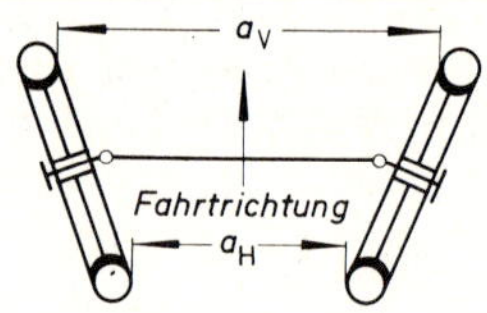

31.18 Wie groß ist die Spur eines Fahrzeugs mit Frontantrieb, bei dem die Felgenränder der Vorderräder vorne 1410 mm und hinten 1408 mm voneinander entfernt sind?

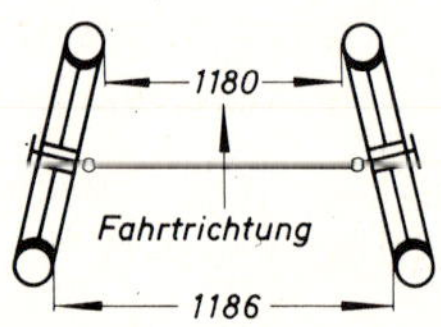

31.19 Auf den Vorderrädern eines Pkw verschleißen die Reifen ungewöhnlich stark einseitig. Deshalb wird die Spur vermessen.

Folgende Werte werden gemessen:

$a_V = 1180$ mm
$a_H = 1186$ mm

Die Spur soll nach Angaben des Herstellers 3 mm betragen. Berechne

a) die tatsächliche Spur,
b) die erforderlichen Werte für a_V und a_H für die richtig eingestellte Spur!

31.20 An der Vorderachse eines Omnibusses stehen die Vorderräder genau parallel zueinander, so daß die Abstände $a_V = a_H = 1750$ mm betragen.

Die Vorderachse muß jedoch eine Spur von 8 mm erhalten.

Auf welche Werte müssen a_H und a_V eingestellt werden?

31.21 Ergänze die fehlenden Werte!

Aufgabe	a)	b)	c)
Schwenkwinkel α	?	40°	30°
Drehwinkel am Lenkrad β	180°	?	720°
Lenkübersetzungsverhältnis i_L	15,5:1	32,8:1	?

31.3 Lenkung

Lenkgetriebe

Erklärung

Mit Hilfe der Lenkgetriebe wird die Drehbewegung am Lenkrad in eine langsame Schwenkbewegung des Lenkstockhebels untersetzt.

Grundsätzlich unterscheidet man drei verschiedene Arten von Lenkgetrieben:

1. Schraubenlenkgetriebe

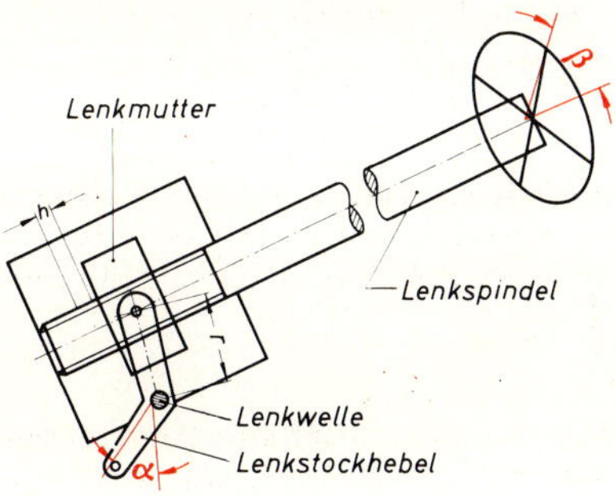

Bei diesem Lenkgetriebe wird durch die Drehbewegung des Lenkrades eine Lenkmutter auf dem mit Gewinde versehenen unteren Ende der Lenkspindel verschoben.

Diese Verschiebung der Lenkmutter wird durch einen zweiseitigen Hebel (= Lenkstockhebel) in eine Schwenkbewegung umgewandelt.

2. Schneckenlenkgetriebe

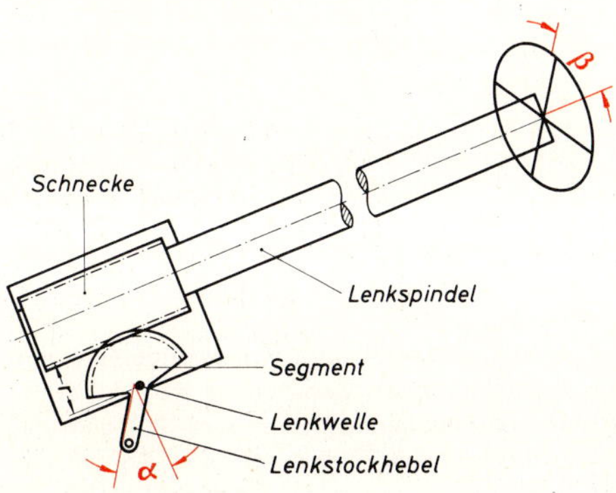

Ein Schneckengetriebe besteht aus einer Schnecke und einem Schneckenrad. Dreht sich eine 1gängige Schnecke einmal, so geht das Schneckenrad um einen Zahn weiter. Soll sich das Schneckenrad mit seinen z Zähnen um 360° drehen, so muß die 1gängige Schnecke z-mal gedreht werden.

Bei einer zweigängigen Schnecke wird bei einer Umdrehung der Schnecke das Schneckenrad um 2 Zähne weitergedreht, bei einer dreigängigen Schnecke um 3 Zähne usw.

Das Schneckenlenkgetriebe besteht aus der mit der Lenkspindel fest verbundenen Schnecke und aus einem auf der Lenkwelle gelagerten Segment (= Ausschnitt) eines Schneckenrades.

3. Zahnstangenlenkung

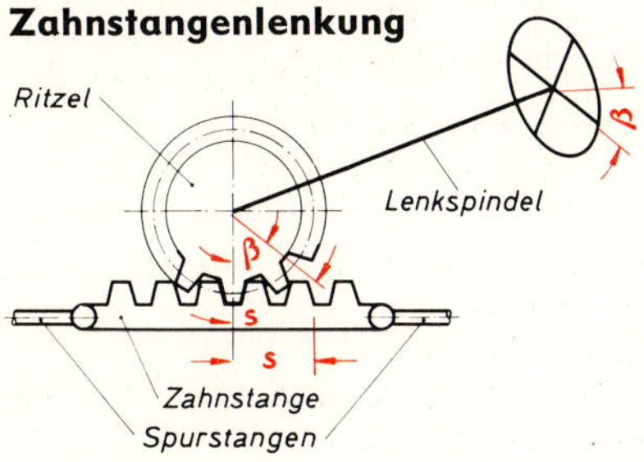

Bei der Zahnstangenlenkung greift ein vom Lenkrad gedrehtes Ritzel in eine Zahnstange ein.

Wird das Ritzel um eine bestimmte Zähnezahl gedreht, so wird die Zahnstange um dieselbe Zähnezahl verschoben.

Diese Verschiebung wird sofort auf die beiden Spurstangen übertragen.

Bezeichnungen

β = Drehwinkel am Lenkrad [°]
α = Schwenkwinkel am Lenkstockhebel [°]
h = Steigung der Lenkmutter [mm]
r = Halbmesser des Lenksegments oder des Hebels an der Lenkmutter [mm]
g = Gangzahl der Lenkschnecke
z = Zähnezahl des Schneckenrades (= Segment) oder des Ritzels (Zahnstangenlenkung)
s = Verschiebung der Zahnstange [mm]
t = Zahnteilung [mm]

Formel mit Beispiel

1. Schraubenlenkgetriebe

Bei der Schraubenlenkung kann der Schwenkwinkel am Lenkstockhebel angenähert mit nachstehender Formel berechnet werden:

$$\alpha \approx \frac{h \cdot \beta}{2\pi \cdot r} \quad [°]$$

Ein Pkw besitzt ein Schraubenlenkgetriebe mit folgenden Abmessungen:
$h = 12$ mm, $r = 40$ mm

Berechne für einen Lenkradeinschlag von 90° den Schwenkwinkel am Lenkstockhebel!

$$\alpha \approx \frac{h \cdot \beta}{2\pi \cdot r} \; [°] = \frac{12 \cdot 90}{2\pi \cdot 40} = \underline{\underline{4{,}3°}}$$

2. Schneckenlenkgetriebe

Eingängige Schnecke dreht sich um 360°
⟶ Schneckenrad dreht sich um $\frac{360°}{z}$

Mehrgängige Schnecke dreht sich um 360°
⟶ Schneckenrad dreht sich um $\frac{g \cdot 360°}{z}$

Mehrgängige Schnecke dreht sich um β
⟶ Schneckenrad dreht sich um $\frac{g \cdot \beta}{z}$

$$\alpha = \frac{g \cdot \beta}{z} \quad [°]$$

Ein Lkw ist mit einem Schneckenlenkgetriebe ausgerüstet, das aus einer zweigängigen Schnecke und einem Schneckenrad mit insgesamt 60 Zähnen besteht.

Wie groß ist der Schwenkwinkel am Lenkstockhebel, wenn das Lenkrad um 120° eingeschlagen wird?

$$\alpha = \frac{g \cdot \beta}{z} \quad [°]$$

$$= \frac{2 \cdot 120°}{60} = \underline{\underline{4°}}$$

3. Zahnstangenlenkung

Bei einer vollen Umdrehung ($\beta = 360°$) des Lenkrades wird die Zahnstange um den Umfang des Ritzels ($z \cdot t$) verschoben.

Dann gilt für einen beliebigen Winkel β:

$$s = z \cdot t \cdot \frac{\beta}{360°} \quad [\text{mm}]$$

Ein Sportwagen besitzt eine Zahnstangenlenkung, deren Ritzel bei einer Zahnteilung von 3,14 mm 16 Zähne hat. Das Lenkrad wird um 180° gedreht! Um wieviel mm wird dadurch die Zahnstange verschoben?

$$s = z \cdot t \cdot \frac{\beta}{360°} \quad [\text{mm}]$$

$$= 16 \cdot 3{,}14 \cdot \frac{180°}{360°} = \underline{\underline{25{,}12 \text{ mm}}}$$

Anmerkung

Das Schraubenlenkgetriebe wird auch in einer besonderen Bauart als Kugelumlauflenkung gebaut.

Die Schneckenlenkgetriebe besitzen oft anstelle des Schneckenradsegments eine Rolle (Schnecken-Rollen-Lenkung) oder nur einen Finger (Roß-Lenkung).

Aufgaben

31.22 Stelle die Formel für das Schraubenlenkgetriebe nach dem Drehwinkel am Lenkrad um!

31.23 Ein Pkw ist mit einem Schraubenlenkgetriebe ausgerüstet.

Das Lenkrad wird um 60° (40°) gedreht. Berechne den Schwenkwinkel am Lenkstockhebel!

Technische Daten des Lenkgetriebes:
$h = 9$ mm (10 mm); $r = 36$ mm (35 mm)

31.24 Bei einer Kugelumlauflenkung (eine Sonderform der Schraubenlenkgetriebe) wird der Lenkstockhebel mit einer Länge von $r = 45$ mm (50 mm) um 16° (22°) geschwenkt.

Die Steigung der Spindel beträgt 15 mm (18 mm). Um wieviel Grad muß das Lenkrad gedreht werden?

31.25 In einem Lieferwagen ist ein Schneckenlenkgetriebe eingebaut. Das Schneckenradsegment (Zähnezahl des vollen Schneckenrades $z = 20$) greift in eine eingängige Schnecke ein.

Berechne den Schwenkwinkel am Lenkstockhebel für eine Lenkraddrehung von 120° (104°)!

31.26 Stelle die Formel für die Berechnung des Schneckenlenkgetriebes so um, daß damit der Drehwinkel am Lenkrad berechnet werden kann!

31.27 In einem Lastkraftwagen ist ein Schneckenlenkgetriebe mit einer eingängigen Schnecke eingebaut. Der Lenkstockhebel und damit das Schneckenrad (mit 32 Zähnen) werden um 8° (14°) geschwenkt. Berechne die Drehung am Lenkrad!

31.28 Die Zahnstangenlenkung eines Rennwagens besteht aus einem Ritzel mit 19 (21) Zähnen. Die Zahnteilung von Ritzel und Zahnstange beträgt 4,71 mm (3,14 mm). Um wieviel Millimeter wird die Zahnstange verschoben, wenn die Lenkspindel um 55° (30°) gedreht wird?

31.29 Stelle die Formel für die Zahnstangenlenkung nach dem Drehwinkel am Lenkrad um!

31.30 In einem Pkw ist eine Zahnstangenlenkung mit einer Zahnteilung von 6,28 mm (4,71 mm) eingebaut. Das Ritzel hat insgesamt 18 (20) Zähne.

Um wieviel Grad muß das Lenkrad gedreht werden, damit die Zahnstange um 3,14 mm verschoben wird?

32.1 Bremsen

Bremsverzögerung, Bremszeit, Bremsweg, Anhalteweg

Erklärung

1. Bremsverzögerung, Bremszeit, Bremsweg

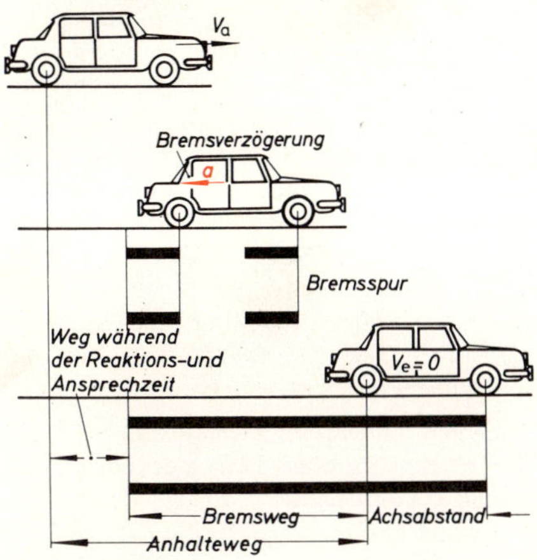

Bremsvorgang

Die Kraftfahrzeuge sind mit Bremsanlagen ausgerüstet, um sie verzögern zu können.

Bremsverzögerung: Die Bremsverzögerung a ist die Geschwindigkeitsabnahme in der Zeiteinheit (vgl. 20.3). Z. B. ein mit $90\frac{\text{km}}{\text{h}}\left(=25\frac{\text{m}}{\text{s}}\right)$ fahrendes Kraftfahrzeug kommt nach 10 Sekunden zum Stillstand. Seine Verzögerung beträgt $25:10 = 2{,}5\,\frac{\text{m}}{\text{s}^2}$.

Bremszeit: Für die Abbremsung wird eine gewisse Zeit (z. B. 10 s) benötigt. Diese Zeitspanne wird Bremszeit t genannt.

Bremsweg: Während der Bremszeit legt das Kraftfahrzeug noch einen bestimmten Weg zurück. Dieser Weg wird als Bremsweg s bezeichnet.

2. Anhalteweg

Das Kraftfahrzeug legt seit Erkennen einer Gefahr durch den Fahrer bis zum völligen Stillstand einen größeren Weg als den Bremsweg zurück, da

1. der Fahrer eine Reaktionszeit (Schrecksekunde) benötigt und
2. bis zum vollen Ansprechen der Bremsen eine Ansprechzeit verstreicht.

Während dieser Zeiten (Reaktions- und Ansprechzeit) fährt das Kfz mit unverminderter Geschwindigkeit weiter. Deshalb ist der gesamte **Anhalteweg** größer als der Bremsweg.

Bezeichnungen

s_{ges} = Anhalteweg [m]

s = Bremsweg [m]

s_1 = Weg, der während der Reaktionszeit und Ansprechzeit zurückgelegt wird [m]

a = Bremsverzögerung $\left[\frac{m}{s^2}\right]$

v_a = Anfangsgeschwindigkeit $\left[\frac{m}{s}\right]$

t = Bremszeit [s]

t_1 = Reaktions- und Ansprechzeit [s]

Beachte: Beschleunigung und Verzögerung sind rechnerisch gleich (siehe Abschnitt 20. 3).

Formel mit Beispiel

1. Bremsverzögerung, Bremszeit, Bremsweg

Nach 20.3 gilt:

(Formel 1) $v_a = t \cdot a$

(Formel 2) $s = \frac{v_a \cdot t}{2}$

Wird Formel 1 nach t umgestellt, so erhält man $t = \frac{v_a}{a}$. Dies wird dann in Formel 2 eingesetzt:

(Formel 3) $s = \frac{v_a \cdot t}{2} = \frac{v_a \cdot \frac{v_a}{a}}{2} = \frac{v_a^2}{2a}$

Also:

$$\text{Bremsweg} = \frac{\text{Quadrat der Anfangsgeschwindigkeit}}{2 \cdot \text{Bremsverzögerung}}$$

Mit Hilfe der drei Grundformeln lassen sich folgende Werte berechnen:

Bremsverzögerung: $a = \frac{v_a}{t} = \frac{v_a^2}{2 \cdot s} \left[\frac{m}{s^2}\right]$

Bremszeit: $t = \frac{v_a}{a} = \frac{2\,s}{v_a}$ [s]

Bremsweg: $s = \frac{v_a \cdot t}{2} = \frac{v_a^2}{2\,a}$ [m]

Anfangsgeschwindigkeit: $v_a = t \cdot a = \sqrt{2\,a \cdot s} \left[\frac{m}{s}\right]$

1. Berechne den Bremsweg eines mit 72 km/h fahrenden Pkw, der mit $a = 5 \frac{m}{s^2}$ verzögert wird!

$v_a = \frac{72}{3{,}6} = 20 \frac{m}{s}$

$s = \frac{v_a^2}{2\,a}$ [m]

$= \frac{20^2}{2 \cdot 5} = \underline{40 \text{ m}}$

2. Wie groß muß die Bremsverzögerung eines Lkw sein, der bei einer Geschwindigkeit von 80 km/h nur einen Bremsweg von 60 m zur Verfügung hat?

$v_a = \frac{80}{3{,}6} = 22{,}2 \frac{m}{s}$

$a = \frac{v_a^2}{2 \cdot s} \left[\frac{m}{s^2}\right]$

$a = \frac{22{,}2^2}{2 \cdot 60} = \underline{4{,}11 \frac{m}{s^2}}$

3. Berechne die Anfangsgeschwindigkeit eines mit $a = 4{,}5$ m/s² abgebremsten Pkw, der nach 50 m zum Stillstand gekommen ist!

$v_a = \sqrt{2\,a \cdot s} \left[\frac{m}{s}\right]$

$v_a = \sqrt{2 \cdot 4{,}5 \cdot 50} = 21{,}2 \frac{m}{s}$

$v_a = 21{,}2 \cdot 3{,}6 = \underline{76{,}3 \frac{km}{h}}$

2. Anhalteweg

Für den Anhalteweg ergibt sich folgende Formel:
Anhalteweg = Bremsweg + Anfangsgeschwindigkeit × Reaktions- und Ansprechzeit

$$s_{ges} = s + v_a \cdot t_1 \; [m]$$

Beachte: Geschwindigkeit immer in m/s einsetzen!

Die Reaktions- und Ansprechzeit bei einem Pkw beträgt 1,5 s.

Berechne den Anhalteweg!

Weitere Werte für die Rechnung: $v_a = 72$ km/h; $a = 5$ m/s²; $s = 40$ m

$$v_a = \frac{72}{3,6} = 20 \; \frac{m}{s}$$

$$s_{ges} = s + v_a \cdot t_1 \; [m]$$

$$s_{ges} = 40 + 20 \cdot 1,5 = \underline{70 \text{ m}}$$

Anmerkung

Die Straßenverkehrs-Zulassungsordnung schreibt für Kraftfahrzeuge Mindestwerte für die Bremsverzögerung vor, z. B. für Pkw und Lkw mindestens 2,5 m/s².

Aufgaben

32.1 Stelle die erste Grundformel ($v_a = t \cdot a$) nach der Bremsverzögerung um!

32.2 Mit Hilfe der Formel $s = \frac{v_a^2}{2a}$ soll die Anfangsgeschwindigkeit berechnet werden. Wie muß dann die Formel lauten?

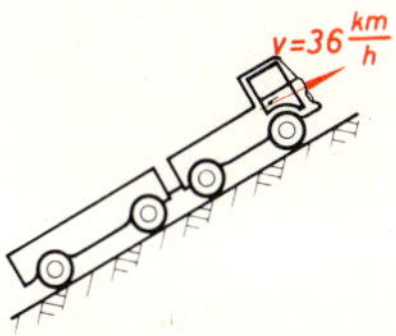

32.3 Ein Lastzug befährt eine Steigung mit einer Geschwindigkeit von 36 (50; 75) km/h.
Wie groß ist seine Geschwindigkeit in m/s?

32.4 Ein Pkw kann höchstens mit einer Bremsverzögerung von 6,5 (7) m/s² abgebremst werden.
Berechne für eine Anfangsgeschwindigkeit von 90 (108) km/h den Bremsweg!

32.5 Ein Pkw fährt mit 108 (96) km/h über die Autobahn. Vor einem Hindernis muß das Fahrzeug in 5 (4) Sekunden abgebremst werden.
Wie groß ist die dabei auftretende Bremsverzögerung?

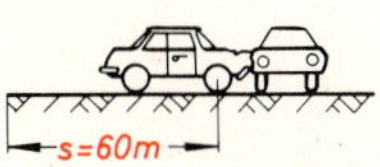

32.6 Nach einem Unfall wird ein Bremsweg von 60 (40) m nachgemessen. Das Unfallfahrzeug kann — wie ein späterer Bremsversuch ergibt — mit 5,8 (4,9) m/s² verzögert werden.
Der Fahrer will jedoch nicht schneller als 50 km/h gefahren sein.
Überprüfe, ob die Aussage des Fahrers stimmt!

32.7 Bei einer Vollbremsung wird ein Pkw aus einer Geschwindigkeit von 96 km/h auf einer Strecke von 98 (84) m bis zum Stillstand abgebremst.
Wird dabei die gesetzlich vorgeschriebene Bremsverzögerung (mindestens 2,5 m/s²) erreicht?

32.8 In wieviel Sekunden kommt ein mit 80 (90) km/h fahrender Lkw zum Stillstand, wenn er mit 4,5 (5,1) m/s² verzögert wird?

32.9 Der Bremsweg eines Pkw beträgt 60 (50) m. Die Anfangsgeschwindigkeit wird mit 72 (60) km/h ermittelt.
Berechne die Bremszeit!

32.10 Ein Lkw wurde in 6 (4) Sekunden abgebremst. Wie hoch war seine Anfangsgeschwindigkeit in km/h, wenn die Bremsverzögerung 4 (5) m/s² betrug?

32.11 Wie schnell darf ein Pkw in der Nacht über die Autobahn fahren, wenn seine Scheinwerfer 150 m weit reichen und das Fahrzeug vor einem Hindernis noch sicher abgebremst werden kann (Bremsverzögerung: 2,5 m/s² nach StVZO)?

32.12 Berechne die Strecke, die ein mit 140 km/h fahrendes Fahrzeug in 2,0 (4,5) Sekunden zurücklegt!

32.13 50 m vor einem Pkw stellt sich plötzlich der Anhänger eines Lastzuges quer.
Rechne nach, ob der Pkw noch rechtzeitig zum Stehen kommt, wenn er mit 50 km/h gefahren wird, die Reaktions- und Ansprechzeit 1,2 s und die Bremsverzögerung 4,5 m/s² betragen!

32.14 Berechne den Anhalteweg eines Motorrades, das aus einer Geschwindigkeit von 86,5 (102,5) km/h mit 3,5 m/s² verzögert wird!
Die Reaktions- und Ansprechzeit erreicht eine Zeitdauer von 2 (2,5) Sekunden.

32.15 Ein Fahrzeug legt einen Anhalteweg von 105 m zurück. Der reine Bremsweg beträgt bei einer Anfangsgeschwindigkeit von 90 (108)km/h 70 m.
Wie groß ist die Reaktions- und Ansprechzeit?

Erklärung

1. Leitungsdruck

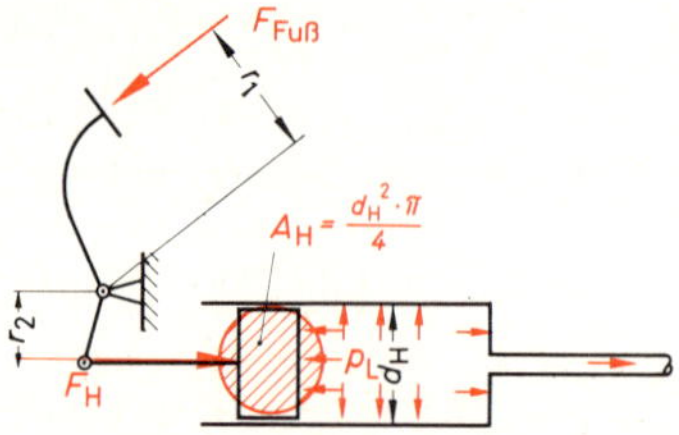

Erzeugen des Leitungsdrucks im Hauptbremszylinder

Der Mensch kann höchstens eine Fußkraft von 750 N (75 daN) aufbringen. Für die ausreichende Verzögerung eines Pkw ist jedoch fast die 10fache Kraft erforderlich.

Deshalb muß die Fußkraft verstärkt werden durch:

1. Hebelübersetzung
2. Hydraulische Übersetzung
3. Hilfskraft (z. B. Preßluft)
4. Selbstverstärkung bei Trommelbremsen

Am häufigsten werden hydraulische Bremsanlagen in die Kraftfahrzeuge (Pkw) eingebaut. Hierbei wird die Fußkraft $F_{Fuß}$ durch die Hebelwirkung des Bremspedalgestänges verstärkt. Auf den Hauptbremszylinder wirkt die verstärkte Kraft F_H. Diese Kraft erzeugt im Hauptbremszylinder den Leitungsdruck p_L.

2. Spannkraft

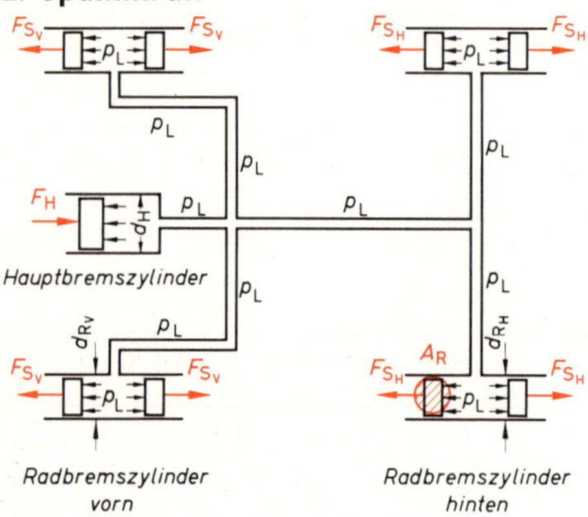

Druckfortpflanzung in der hydraulischen Bremsanlage

Der Druck in Flüssigkeiten pflanzt sich nach allen Seiten hin gleichmäßig fort (vgl. Pascalsches Gesetz Abschnitt 17.1).

Deshalb wirkt der Leitungsdruck p_L auch auf die Kolben der Radbremszylinder und erzeugt dort die Spannkräfte F_{S_V} bzw. F_{S_H}.

Durch diese Spannkräfte werden die Bremsbacken an die Bremstrommeln gepreßt (bzw. bei Scheibenbremsen die Bremsklötze an die Bremsscheibe).

Bezeichnungen

$F_{Fuß}$ = Fußkraft [daN]
F_H = Kraft auf den Kolben des Hauptbremszylinders [daN]
r_1 = Hebelarm 1 des Bremspedalgestänges [cm]
r_2 = Hebelarm 2 des Bremspedalgestänges [cm]
A_H = Fläche des Hauptbremszylinders [cm²]
A_R = Fläche des Radbremszylinders [cm²]
p_L = Leitungsdruck [daN/cm² ≙ bar]
F_{SV} = Spannkraft des vorderen Radbremszylinders [daN]
F_{SH} = Spannkraft des hinteren Radbremszylinders [daN]
d_H = Durchmesser des Hauptbremszylinders [cm]
d_{RV} = Durchmesser des vorderen Radbremszylinders [cm]
d_{RH} = Durchmesser des hinteren Radbremszylinders [cm]

Beachte: Die Kraft wird in daN eingesetzt, da 1 daN/cm² 1 bar entspricht!

Formel mit Beispiel

1. Leitungsdruck

Es gilt nach Abschnitt 13.1:

Kraft F_1 × Hebelarm 1 = Kraft F_2 × Hebelarm 2

Demnach berechnet man die Kraft auf den Hauptbremszylinder wie folgt:

Kraft auf Hauptbremszylinder

$$= \frac{\text{Fußkraft} \times \text{Hebelarm 1}}{\text{Hebelarm 2}}$$

$$F_H = \frac{F_{Fuß} \cdot r_1}{r_2} \text{ [daN]}$$

Den Leitungsdruck in der hydraulischen Bremsanlage erhält man mit Hilfe der Formel (vgl. 17.1):

$$\text{Flüssigkeitsdruck} = \frac{\text{Kraft auf Hauptbremszylinder}}{\text{Fläche des Hauptbremszylinders}}$$

$$p_L = \frac{F_H}{A_H} = \frac{F_H}{\frac{d_H^2 \cdot \pi}{4}} \left[\frac{\text{daN}}{\text{cm}^2} \text{ oder } \frac{\text{bar}}{\text{Überdr.}}\right]$$

Ein Bremspedal wird mit einer Kraft von 40 daN niedergetreten.

Berechne

a) die Kraft auf den Hauptbremszylinder,

b) den Leitungsdruck!

Weitere für die Berechnung erforderliche Werte: $r_1 = 30$ cm; $r_2 = 6$ cm; $d_H = 3{,}2$ cm

a) $$F_H = \frac{F_{Fuß} \cdot r_1}{r_2} \text{ [daN]} = \frac{40 \cdot 30}{6} = \underline{200 \text{ daN}}$$

b) $$p_L = \frac{F_H}{\frac{d_H^2 \cdot \pi}{4}} \left[\frac{\text{daN}}{\text{cm}^2}\right] = \frac{200}{\frac{3{,}2^2 \cdot \pi}{4}} = \underline{24{,}9 \frac{\text{daN}}{\text{cm}^2}}$$

2. Spannkraft

Die Spannkraft wird ebenfalls mit Hilfe der Formel

$\text{Flüssigkeitsdruck} = \frac{\text{Kraft}}{\text{Fläche}}$ berechnet.

Für die vorderen Radbremszylinder gilt:

Spannkraft eines vorderen Bremszylinders
= Leitungsdruck × Fläche eines vorderen Bremszylinders

$$F_{SV} = p_L \cdot A_{RV} = p_L \cdot \frac{d_{RV}^2 \cdot \pi}{4} \text{ [daN]}$$

Entsprechend lautet die Formel für die Spannkraft eines hinteren Radbremszylinders:

$$F_{SH} = p_L \cdot A_{RH} = p_L \cdot \frac{d_{RH}^2 \cdot \pi}{4} \text{ [daN]}$$

Wie groß sind die Spannkräfte in den vorderen und hinteren Bremsen?

Folgende Werte sind gegeben:

$d_{RV} = 3{,}8$ cm; $d_{RH} = 2{,}7$ cm; $p_L = 24{,}9$ bar Überdruck
(vgl. vorstehende Aufgabe)

a) $$F_{SV} = p_L \cdot \frac{d_{RV}^2 \cdot \pi}{4} \text{ [daN]} = 24{,}9 \cdot \frac{3{,}8^2 \cdot \pi}{4} = \underline{282{,}4 \text{ daN}}$$

b) $$F_{SH} = p_L \cdot \frac{d_{RH}^2 \cdot \pi}{4} = \underline{142{,}6 \text{ daN}}$$

Anmerkung

Die tatsächliche Spannkraft ist etwa 10% kleiner als die errechnete, da im Bremspedalgestänge und an den Kolbenabdichtungen Reibung auftritt.

Aufgaben

32.16 Stelle die Formel für die Berechnung der Kraft auf den Hauptbremszylinder nach der Fußkraft um!

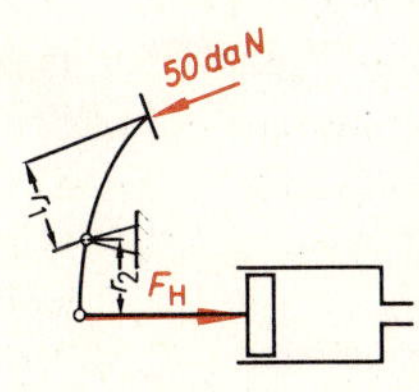

32.17 Eine Bremsanlage wird mit einer Fußkraft von 50 daN betätigt.
Berechne die Kraft F_H auf den Hauptbremszylinder!
($r_1 = 210$ mm; $r_2 = 70$ mm)

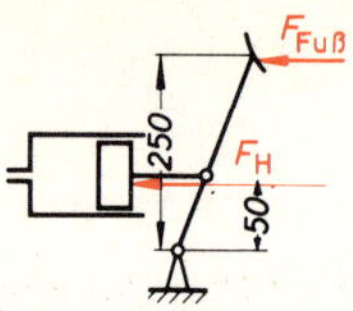

32.18 Wie groß muß die Fußkraft auf das Bremspedal sein, wenn auf den Hauptbremszylinder eine Kraft von 180 daN wirkt?

32.19 Berechne den Leitungsdruck in einer hydraulischen Bremsanlage, auf deren Hauptbremszylinder eine Kraft von 320 daN wirkt!
Der Durchmesser des Hauptbremszylinders beträgt 44,5 mm.

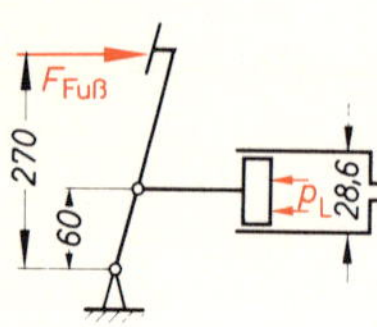

32.20 Eine Bremsanlage wird mit einer Fußkraft von 60 daN betätigt. Der Hauptbremszylinder besitzt einen Durchmesser von 28,6 mm. Berechne den Leitungsdruck!

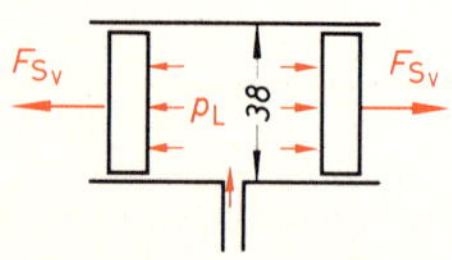

32.21 In einer hydraulischen Bremsanlage herrscht ein Leitungsdruck von $p_L = 32$ bar Überdruck.

Wie groß ist dann die Spannkraft F_{S_V} eines vorderen Radbremszylinders, der einen Durchmesser von 3,8 cm hat?

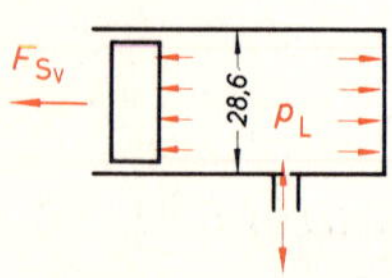

32.22 Die Spannkraft an einem Radbremszylinder mit einem Durchmesser von 28,6 mm erreicht einen Wert von 240 daN.

Berechne den Leitungsdruck!

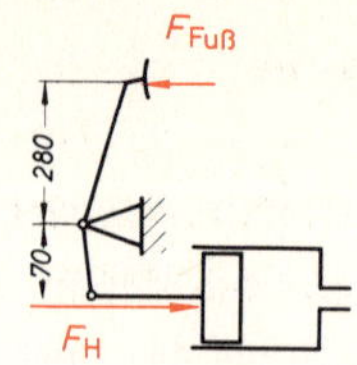

32.23 Für die Berechnung einer hydraulischen Bremsanlage sind folgende Werte gegeben:

Fußkraft $F_{Fuß} = 45$ daN

Ø des Hauptbremszylinders $d_H = 28{,}6$ mm
Ø des vorderen Radbremszylinders $d_{RV} = 31{,}8$ mm
Ø des hinteren Radbremszylinders $d_{RH} = 25{,}4$ mm
(Abmessungen des Pedalgestänges vgl. Abb.)

Berechne

a) die Kraft auf den Hauptbremszylinder,
b) den Leitungsdruck,
c) die Spannkräfte der vorderen und der hinteren Radbremszylinder!

32.24 Um einen Pkw noch frühzeitig vor einem Hindernis zum Stehen bringen zu können, müssen an den Vorderradbremsen Spannkräfte von je 280 daN wirken.

Rechne nach, wie groß dabei die Fußkraft sein muß!

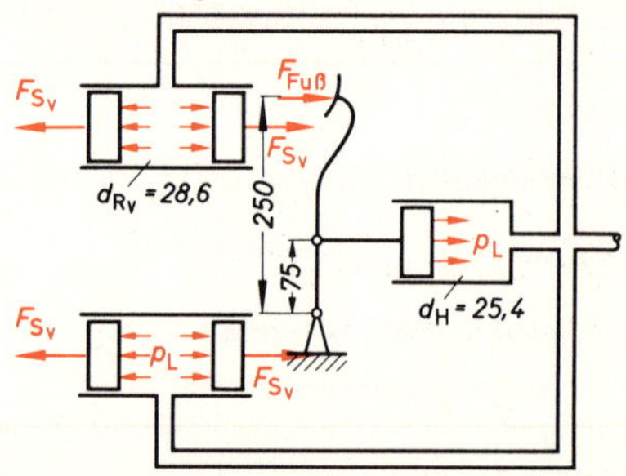

32.25 Auf einen Hauptbremszylinder mit einem Durchmesser von 31,8 mm wirkt eine Kraft von 250 daN.
Berechne den dabei auftretenden Leitungsdruck!

32.3 Bremsen

Bremstrommel-Umfangskraft

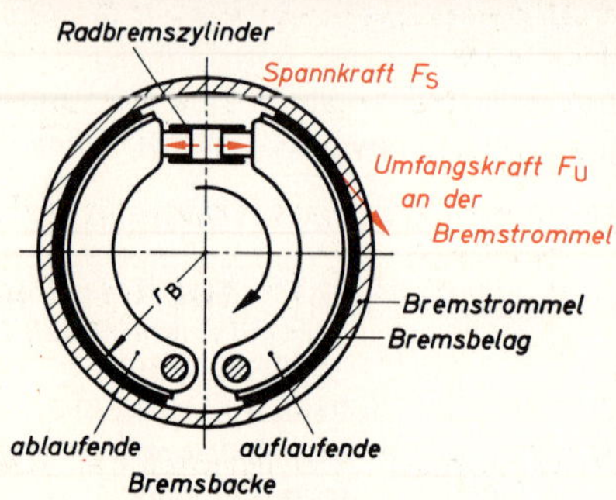

Aufbau einer Simplexbremse

Erklärung

Die Simplexbremse besteht aus einem Radbremszylinder mit zwei Kolben und aus zwei drehbar gelagerten Bremsbacken. Wird die Bremse betätigt, so werden beide Kolben des Radbremszylinders mit der Spannkraft jeweils gegen eine Bremsbacke gedrückt.
Dadurch wird der Bremsbelag gegen die sich drehende Bremstrommel gepreßt. Es entsteht dabei eine Reibungskraft (vgl. auch 23.1) am Umfang der Bremstrommel.
Diese Reibungskraft wird Bremstrommel-Umfangskraft genannt.

Diese Umfangskraft hängt ab von

1. der Spannkraft,
2. der Reibpaarung Bremsbelag/Bremstrommel,
3. der Bremsenbauart (Trommelbremsen: Simplex-, Duplex- und Servobremsen; Scheibenbremsen).

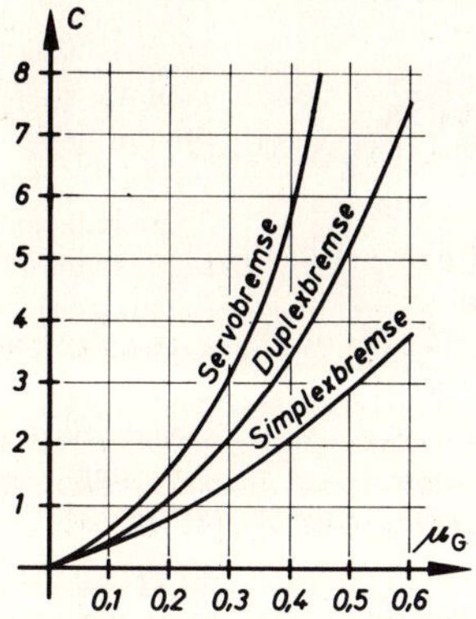

Diagramm für Bremsenkennwerte

Die Reibpaarung (= Reibungszahl bei Gleitreibung) und die Bauart der Bremsen werden durch den sogenannten Bremsenkennwert C berücksichtigt.

Dieser Bremsenkennwert kann mittels komplizierter Formeln berechnet oder einem Diagramm entnommen werden.

Bezeichnungen

F_S = Spannkraft [daN]

C = Bremsenkennwert [—]

F_U = Bremstrommel-Umfangskraft [daN]

μ_G = Reibungszahl bei Gleitreibung [—]

Formel mit Beispiel

Die Bremstrommel-Umfangskraft wird mit Hilfe des Bremsenkennwertes C berechnet.

Es gilt

$$\text{Bremsenkennwert} = \frac{\text{Umfangskraft}}{\text{Spannkraft}}$$

oder

Umfangskraft = Bremsenkennwert × Spannkraft

$$F_U = C \cdot F_S \text{ [daN]}$$

Ermittle die Bremstrommel-Umfangskraft für

a) eine Duplex-Vorderradbremse,
b) eine Simplex-Hinterradbremse!

Angaben für die Berechnung:

$\mu_G = 0{,}35$; $F_{S_V} = 282{,}4$ daN; $F_{S_H} = 142{,}7$ daN

a) Vorderradbremse

$C_V \approx 2{,}7$ (aus Diagramm für $\mu_G = 0{,}35$ und Duplex-Bremse)

$F_{U_V} = C_V \cdot F_{S_V}$ [daN] $= 2{,}7 \cdot 282{,}4 \approx \underline{762{,}5 \text{ daN}}$

b) Hinterradbremse

$C_H \approx 1{,}7$ (aus Diagramm für $\mu_G = 0{,}35$ und Simplex-Bremse)

$F_{U_H} = C_H \cdot F_{S_H}$ [daN] $= 1{,}7 \cdot 142{,}7 \approx \underline{242{,}5 \text{ daN}}$

Anmerkung

Die Reibpaarungen Bremsbelag/Bremstrommel müssen an einer Achse dieselbe Reibungszahl haben. Schon geringfügige Abweichungen ergeben große unterschiedliche Bremsenkennwerte und damit verschiedene Bremskräfte an den Rädern einer Achse. Folge: Das Kraftfahrzeug zieht beim Bremsen schief.

Aufgaben

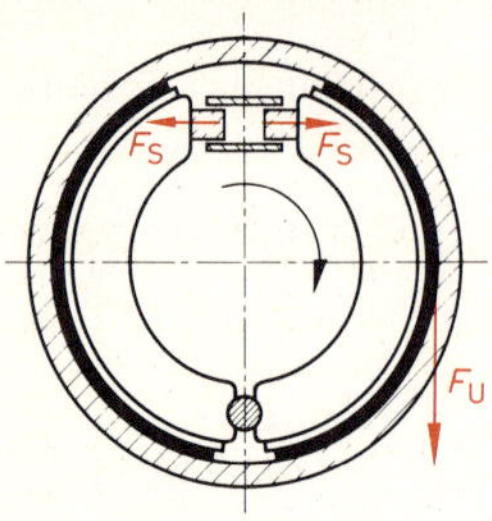

Simplexbremse

32.26 Berechne die Bremstrommel-Umfangskraft für eine Simplex-Bremse, bei der die Bremsbacken mit einer Spannkraft von 150 daN an die Bremstrommel gepreßt werden! Der Bremsenkennwert beträgt $C = 2{,}1$.

32.27 Ermittle die Bremsenkennwerte für Simplex-, Duplex- und Servobremsen aus dem Diagramm
a) für eine Reibungszahl von $\mu_G = 0{,}3$,
b) für eine Reibungszahl von $\mu_G = 0{,}4$!

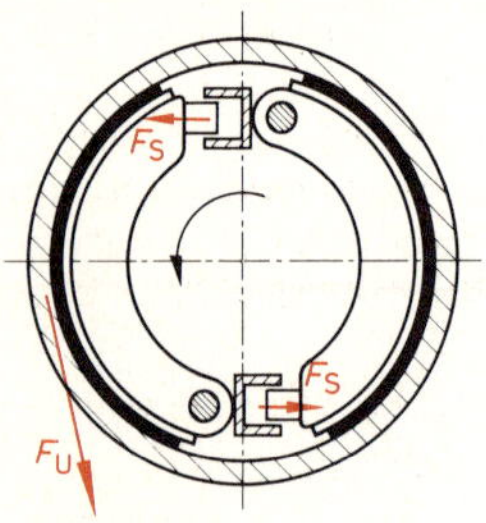

Duplexbremse

32.28 Bei der nebenstehend abgebildeten Duplexbremse werden die Bremsbacken mit einer Spannkraft von 220 daN gegen die Bremstrommel gedrückt.
Dadurch entsteht eine Bremstrommel-Umfangskraft von 462 daN.

Wie groß ist
a) der Bremsenkennwert,
b) die dazugehörige Reibungszahl (aus Diagramm)?

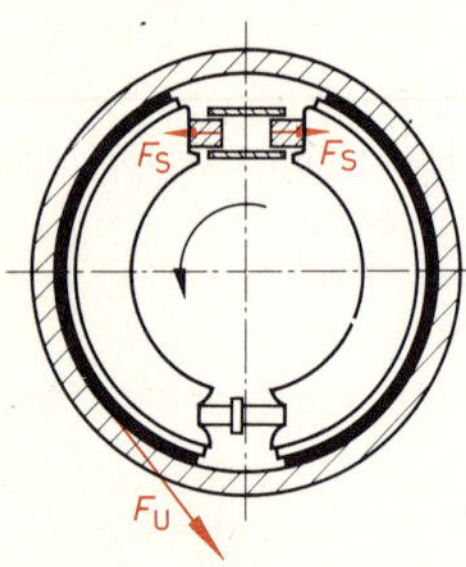

Servobremse

32.29 An der Vorderachse eines Pkw werden die verschmierten Bremsbeläge der linken Servobremse ausgetauscht. Die Bremsbeläge auf der rechten Vorderseite mit einer Reibungszahl von $\mu_G = 0{,}35$ werden nicht ausgewechselt.
Die Reibungszahl der neuen Bremsbeläge beträgt jedoch $\mu_G = 0{,}4$.
Berechne
a) für die linke und die rechte Vorderradbremse jeweils die Bremstrommel-Umfangskraft bei einer Spannkraft von 220 daN,
b) den Unterschied zwischen den beiden errechneten Bremstrommel-Umfangskräften!

32.30 Die Spannkraft der Trommelbremsen soll jeweils 120 daN betragen. Die Trommelbremsen sind mit dem gleichen Bremsbelag ausgerüstet, der eine Reibungszahl von $\mu_G = 0{,}36$ ergibt.

Berechne die Bremstrommel-Umfangskraft für
a) Simplex-Bremse,
b) Duplex-Bremse,
c) Servo-Bremse!

32.31 Wie groß ist die Bremstrommel-Umfangskraft einer Simplexbremse bei einer Reibungszahl von $\mu_G = 0{,}45$, wenn die Spannkraft
a) 125 daN, b) 180 daN, c) 220 daN beträgt?

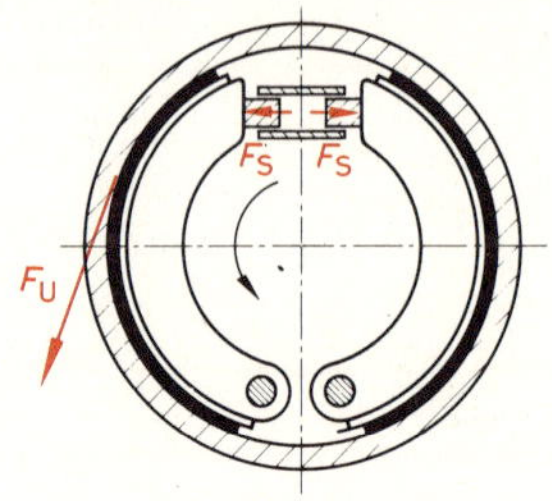

Simplexbremse

32.32 Wie groß muß die Spannkraft für die nebenstehend abgebildete Trommelbremse sein, wenn bei einer Reibungszahl von $\mu_G = 0{,}35$ eine Bremstrommel-Umfangskraft von 340 daN erzeugt wird?

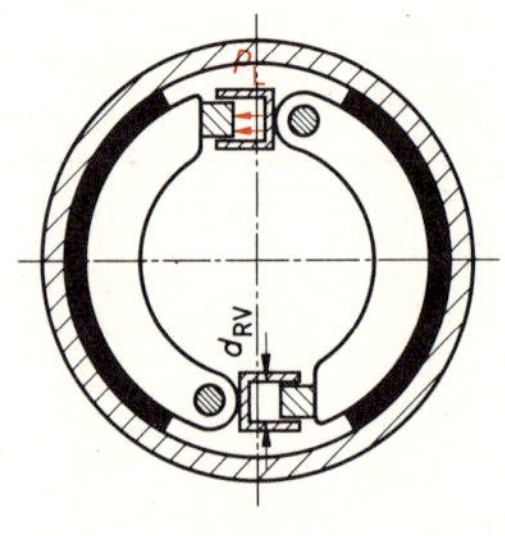

Duplex-Bremse

32.33 Berechne die Bremstrommel-Umfangskraft für eine Vorderradbremse mit folgenden Werten:
Leitungsdruck $p_L = 25{,}5$ bar Überdruck, Durchmesser des Radbremszylinders $d_{RV} = 22{,}2$ mm, Reibungszahl $\mu_G = 0{,}45$

32.34 Berechne für eine Bremsanlage
a) den Leitungsdruck,
b) die Spannkräfte,
c) die Bremstrommel-Umfangskräfte!

Das Bremspedal wird mit einer Fußkraft von 40 daN niedergetreten.

Technische Daten der hydraulischen Bremsanlage:

$r_1 = 300$ mm $r_2 = 75$ mm
$d_H = 25{,}4$ mm $d_{RV} = 28{,}6$ mm
$d_{RH} = 22{,}2$ mm $\mu_G = 0{,}35$

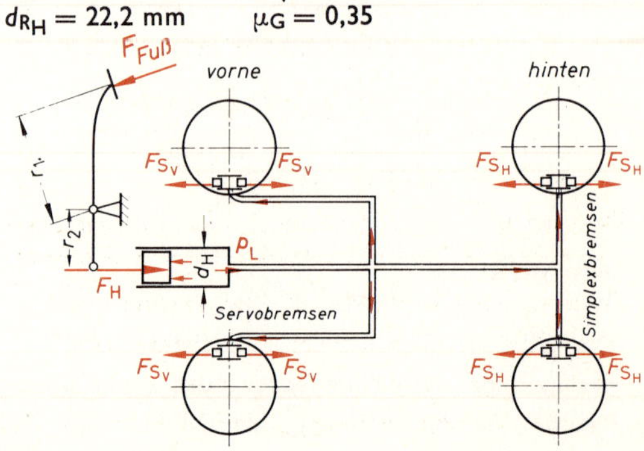

Erklärung

1. Scheibenbremse

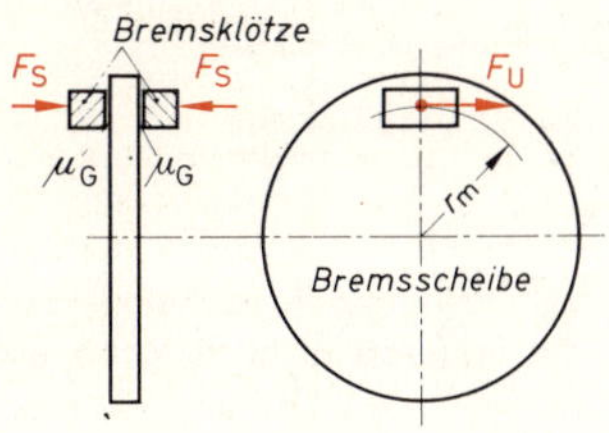

Kräfte an der Scheibenbremse

In den modernen Personenkraftwagen werden in steigendem Maße statt Trommelbremsen Scheibenbremsen eingebaut. (Vorteile: stets gleichmäßige Bremswirkung, keine Sperrblockierung möglich.)

Beim Betätigen der Bremsanlage werden die beiden Bremsklötze jeweils mit der Spannkraft F_S gegen die Bremsscheibe gepreßt.

Dabei entsteht eine Umfangskraft F_U (= Reibungskraft) am Hebelarm r_m.

2. Bremskraft an einem Rad

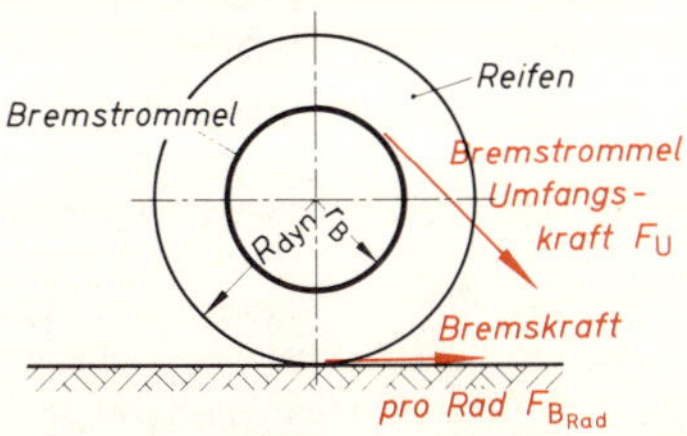

Bremskraft an einem Rad

Die Bremstrommel-Umfangskraft F_U wirkt am Bremstrommelhalbmesser r_B (bei der Scheibenbremse wirkt die Umfangskraft F_U am mittleren Hebelarm r_m) und erzeugt damit eine Bremsdrehwirkung (= Bremsdrehmoment, vgl. auch 13.1 und 19.4). Diesem Bremsdrehmoment wirkt die am Reifenhalbmesser R_{dyn} angreifende Bremskraft $F_{B_{Rad}}$ pro Rad entgegen.

Die gesamte Bremskraft F_B erhält man, indem alle vier Bremskräfte pro Rad addiert werden.

Bezeichnungen

F_U = Umfangskraft [daN]
F_S = Spannkraft [daN]
μ_G = Reibungszahl bei Gleitreibung [—]
r_m = mittlerer Hebelarm der Scheibenbremse [m]
r_B = Bremstrommelhalbmesser [m]
R_{dyn} = dynamischer Radhalbmesser [m]
F_B = Bremskraft [daN]
$F_{B_{Rad}}$ = Bremskraft pro Rad [daN]

Formel mit Beispiel

1. Scheibenbremse

Nach Abschnitt 23.1 gilt

Gleitreibung = Reibungszahl × Normalkraft

Da die Scheibenbremse 2 Reibpaare besitzt, lautet die entsprechend abgewandelte Formel:

Umfangskraft = 2 × Reibungskraft × Spannkraft

$$F_U = 2 \cdot \mu_G \cdot F_S \text{ [daN]}$$

Berechne für eine Scheibenbremse die Umfangskraft F_U!

Werte für die Berechnung:

$\mu_G = 0{,}3$; $F_S = 300$ daN

$F_U = 2 \cdot \mu_G \cdot F_S$ [daN]

$= 2 \cdot 0{,}3 \cdot 300 = \underline{180 \text{ daN}}$

2. Bremskraft an einem Rad

An einem abgebremsten Rad treten folgende Momente auf (siehe Abb.: Bremskraft an einem Rad):

Bremstrommel-Umfangskraft × Bremstrommelhalbmesser = Bremskraft pro Rad × dynamischer Radhalbmesser

$$F_U \cdot r_B = F_{B_{Rad}} \cdot R_{dyn}$$

Berechne für die Werte der Beispielaufgabe aus Abschnitt 32.3 (Seite 195) die Bremskräfte pro Rad und für das gesamte Fahrzeug!

Gegeben:

$r_B = 0{,}125$ m $R_{dyn} = 0{,}3$ m

$F_{U_V} = 762{,}5$ daN $F_{U_H} = 242{,}5$ daN

$$F_{B\,Rad} = \frac{F_U \cdot r_B}{R_{dyn}} \text{ [daN]}$$

Für Scheibenbremsen gilt:

$$F_{B\,Rad} = \frac{F_U \cdot r_m}{R_{dyn}} \text{ [daN]}$$

Vorderradbremse:

$$F_{B\,Rad} = \frac{F_{UV} \cdot r_B}{R_{dyn}} = \frac{762{,}5 \cdot 0{,}125}{0{,}3} \approx \underline{317{,}7 \text{ daN}}$$

Hinterradbremse:

$$F_{B\,Rad} = \frac{F_{UH} \cdot r_B}{R_{dyn}} = \frac{242{,}5 \cdot 0{,}125}{0{,}3} \approx \underline{101 \text{ daN}}$$

Für 2 Vorder- und 2 Hinterradbremsen:

$$F_B = 2 \cdot 317{,}7 + 2 \cdot 101 = \underline{837{,}4 \text{ daN}}$$

Anmerkung

Bei der Scheibenbremse tritt nicht wie bei der Trommelbremse eine Selbstverstärkung auf. Deshalb ist schon bei einem mittleren Pkw ein Bremskraftverstärker erforderlich, damit die Fußkraft nicht zu groß wird.

Aufgaben

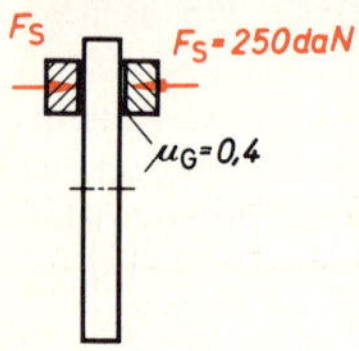

32.35 Wie groß ist die Umfangskraft F_U an der nebenstehend abgebildeten Scheibenbremse ($\mu_G = 0{,}4$)?

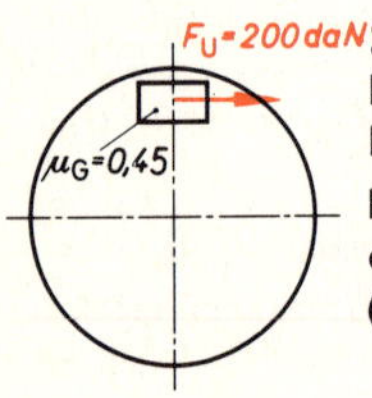

32.36 Am Umfang einer Scheibenbremse wird eine Umfangskraft von 200 daN erzeugt.

Berechne die Spannkraft, die dazu erforderlich ist ($\mu_G = 0{,}45$)!

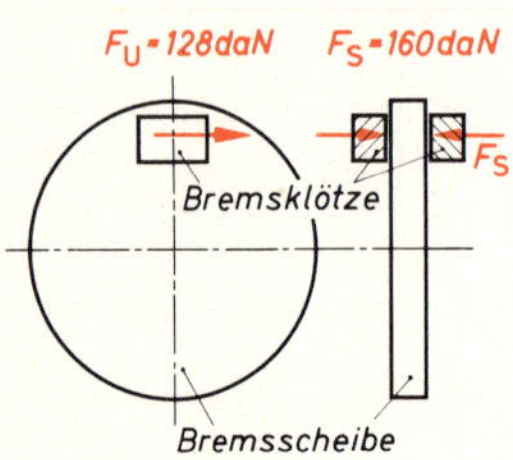

32.37 Berechne die Reibungszahl μ_G zwischen Bremsscheibe und Bremsklötzen!

Entnimm der nebenstehenden Abb. die Werte für die Berechnung!

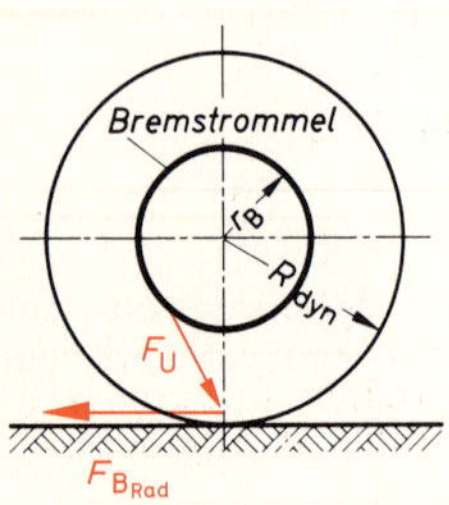

32.38 Die Bremstrommel-Umfangskraft F_U von 520 daN wirkt an dem Bremstrommelhalbmesser $r_B = 0{,}14$ m.

Berechne die Bremskraft, die an einem Vorderrad mit dem dynamischen Radhalbmesser $R_{dyn} = 0{,}31$ m wirkt!

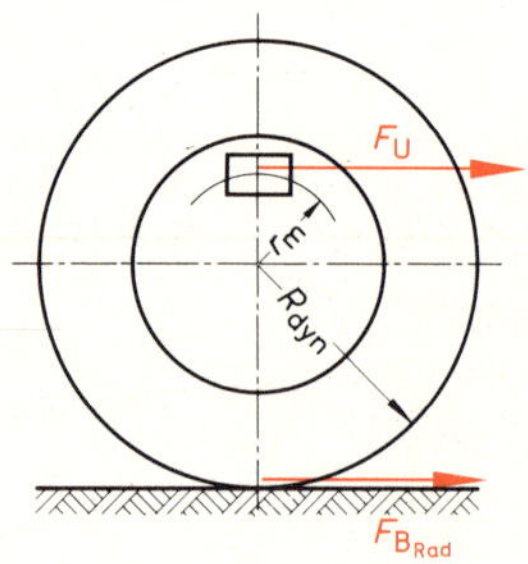

32.39 Die Vorderräder eines Pkw werden von Scheibenbremsen gebremst, bei denen Umfangskräfte von je 300 daN 180 mm vom Drehpunkt angreifen.

Berechne die Bremskraft an einem Rad! (Das Rad hat einen dynamischen Radhalbmesser von 0,32 m.)

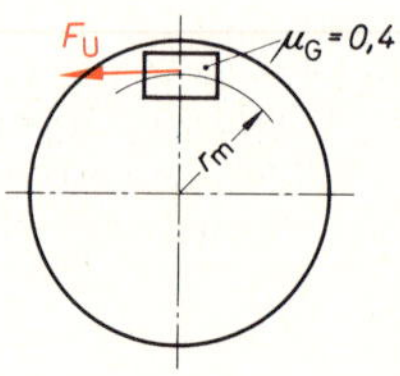

32.40 Auf eine Scheibenbremse wirkt eine Spannkraft von 260 daN 160 mm von der Drehachse entfernt. Berechne

a) die Umfangskraft,

b) die Bremskraft pro Rad, wenn der dynamische Radhalbmesser $R_{dyn} = 0{,}296$ m beträgt!

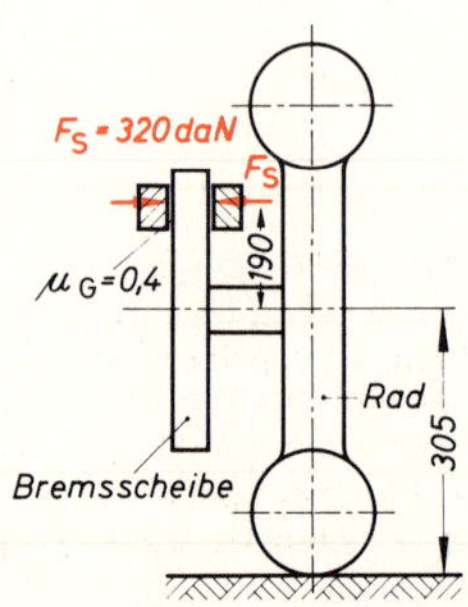

32.41 Berechne

a) die Umfangskraft an der Bremsscheibe,

b) die Bremskraft an dem nebenstehend abgebildeten Rad!

(Entnimm die Rechenwerte der Abbildung!)

32.42 Ein Pkw besitzt an den Vorderrädern Scheibenbremsen mit einer Reibungszahl von $\mu_G = 0{,}4$ und an den Hinterrädern Simplex-Bremsen mit einer Reibungszahl von $\mu_G = 0{,}3$.

Berechne

a) die Umfangskraft an einer Scheibenbremse (Spannkraft $F_{SV} = 3000$ N),

b) die Bremstrommel-Umfangskraft an einer Trommelbremse (Spannkraft $F_{SH} = 900$ N).

32.43 Berechne für die Vorderräder und die Hinterräder die Bremskräfte pro Rad und die gesamte Bremskraft!

Technische Daten der Vorderradbremsen:
Duplex-Bremse

$r_B = 170$ mm $R_{dyn} = 300$ mm
$\mu_G = 0{,}3$ $F_{S_V} = 2500$ N

Technische Daten der Hinterradbremsen:
Simplex-Bremse

$r_B = 170$ mm $R_{dyn} = 300$ mm
$\mu_G = 0{,}3$ $F_{S_H} = 200$ daN

33.1 Fahrmechanik — Antriebskraft

Erklärung

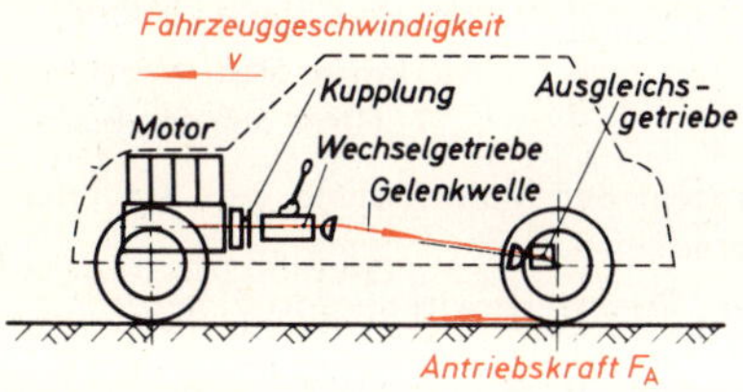

Kraftfluß im Triebwerk eines Kfz

Die effektive Motorleistung P_e wird durch das Triebwerk von der Schwungscheibe des Motors bis zu den Antriebsrädern weitergeleitet. Die Leistung des Motors „fließt" durch die Kupplung, das Wechselgetriebe, die Gelenkwelle (falls vorhanden), das Ausgleichgetriebe zu den Antriebsrädern. In den einzelnen Baugruppen (z. B. Wechselgetriebe) treten Verluste auf.

Die Gesamtverluste im Triebwerk, um die die Leistung an den beiden Antriebsrädern herabgesetzt wird, werden durch den Triebwerkswirkungsgrad berücksichtigt.

Die Leistung läßt sich — nach der Gleichung „Leistung = Kraft × Geschwindigkeit" (vgl. 24.1) — in eine Kraft und eine Geschwindigkeit zerlegen. Demnach wird die an den beiden Antriebsrädern noch wirksame Leistung durch die Antriebskraft F_A und die Fahrzeuggeschwindigkeit v bestimmt. Die Antriebskraft wird von den Antriebsrädern auf die Straßenoberfläche übertragen und treibt das Fahrzeug vorwärts.

Bezeichnungen

P_e = effektive Motorleistung [kW]

F_A = Antriebskraft [N]

v_F = Fahrzeuggeschwindigkeit $\left[\frac{km}{h}\right]$

η_{Tr} = Triebwerkswirkungsgrad [—]

Formel mit Beispiel

Die an den Antriebsrädern wirksame Leistung beträgt statt P_e nur noch $P_e \cdot \eta_{Tr}$.

Wird die Leistung in kW und die Fahrzeuggeschwindigkeit in km/h eingesetzt, so müssen Umrechnungen mit 1000 und 3,6 durchgeführt werden.

Ein Pkw-Motor gibt bei einer Fahrzeuggeschwindigkeit von 135 km/h im 4. Gang eine effektive Motorleistung von 50 kW ab.

Der Triebwerkswirkungsgrad beträgt dabei 0,9.

Es gilt:

Leistung an den Antriebsrädern = Antriebskraft × Fahrzeuggeschwindigkeit

$$P_e \cdot \eta_{Tr} = \frac{F_A \cdot v_F}{1000 \cdot 3{,}6}$$

Wird die vorstehende Gleichung nach der Antriebskraft F_A umgestellt, so ergibt sich

$$F_A = \frac{P_e \cdot \eta_{Tr} \cdot 3600}{v_F} \; [N]$$

Berechne die Antriebskraft!

$$F_A = \frac{P_e \cdot \eta_{Tr} \cdot 3600}{v_F} \; [N]$$

$$= \frac{50\,kW \cdot 0{,}9 \cdot 3600}{135\,km/h}$$

$$F_A = \underline{1200\,N}$$

Beachte: Die Antriebskraft verteilt sich auf alle Antriebsräder!

Anmerkung

Der Triebwerkswirkungsgrad η_{Tr} beträgt im oberen Gang 0,85 bis 0,9 und in den unteren Gängen 0,8 bis 0,85.

Aufgaben

33.1 Stelle die Formel für die Berechnung der Antriebskraft

a) nach der Leistung,

b) nach der Geschwindigkeit,

c) nach dem Triebwerkswirkungsgrad um!

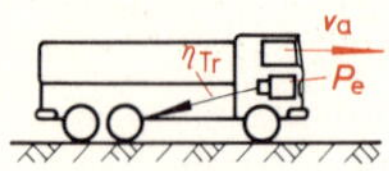

33.2 Ein Lastwagen befährt die Autobahn mit einer Geschwindigkeit von 80 km/h. Hierbei gibt der Dieselmotor seine Höchstleistung von 180 kW ab.

Mit welcher Kraft wird der Lkw vorwärtsgetrieben, wenn das gesamte Triebwerk einen Wirkungsgrad von 88% besitzt?

33.3 Ein Formel-1-Rennwagen entwickelt bei einer Geschwindigkeit von 316 km/h eine Leistung von 350 kW. Berechne die Antriebskraft (Triebwerkswirkungsgrad $\eta_{Tr} = 0{,}96$)!

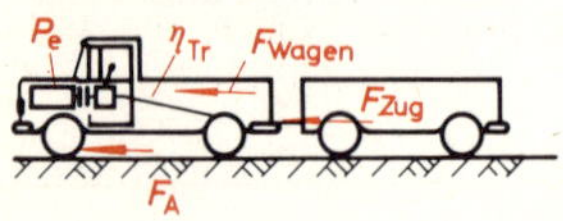

33.4 Der Zugwagen eines Lastwagenzuges gibt bei einer Fahrgeschwindigkeit von 90 km/h eine Leistung von 250 kW an die Motorkupplung ab. Auf dem Wege von dieser Kupplung bis zu den Antriebsrädern geht von der effektiven Leistung 5% verloren.

Berechne

a) die Antriebskraft,

b) den Anteil der Antriebskraft, der auf den Zugwagen entfällt!

(Von der Anhängerkupplung wird eine Kraft von $F_{Zug} = 3400$ N weitergegeben.)

33.5 Ein Personenkraftwagen wird mit einer Kraft von 1170 N angetrieben. Dabei leistet der Motor 65 kW. Der Triebwerkswirkungsgrad beträgt 90%. Mit welcher Geschwindigkeit fährt der Pkw?

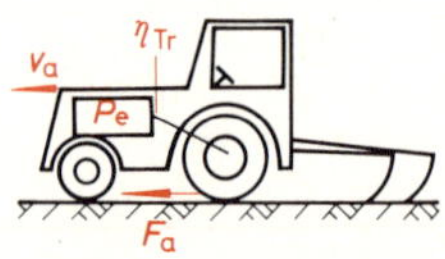

33.6 Ein Ackerschlepper mit einer Leistung von 30 kW bringt bei einer Geschwindigkeit von 5 km/h eine Kraft von 19 800 N auf den Boden.

Wieviel Prozent der Motorleistung geht im Triebwerk verloren?

(Zuerst den Triebwerkswirkungsgrad berechnen.)

33.7 Wie groß ist der Triebwerkswirkungsgrad eines Lastwagens, der bei einer Geschwindigkeit von 90 km/h eine Leistung von 117 kW abgibt und mit einer Kraft von 4320 N angetrieben wird?

33.8 Ein Pkw wird bei einer Geschwindigkeit von 120 km/h mit einer Antriebskraft von 950 N fortbewegt.

Welche Leistung gibt der Motor ab, wenn der Triebwerkswirkungsgrad 88% beträgt?

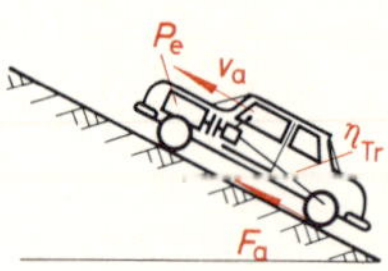

33.9 Ein Pkw mit einer Motorleistung von 30 kW befährt mit einer Geschwindigkeit von 60 km/h eine Steigung von 12%.

Berechne die Kraft an den Antriebsrädern ($\eta_{Tr} = 0{,}9$)!

33.10 Berechne die Zugkraft (hier mit der Antriebskraft gleichgesetzt) eines Sattelschleppers mit einer Motorleistung von 250 kW und einen Triebwerkswirkungsgrad von $\eta_{Tr} = 0{,}89$ für folgende Geschwindigkeiten:

a) 10 km/h,

b) 30 km/h,

c) 95 km/h (Höchstgeschwindigkeit)!

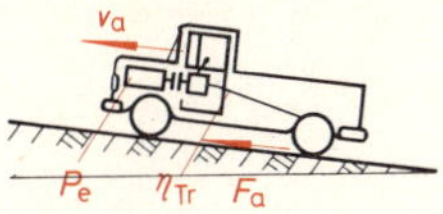

33.11 Mit welcher Geschwindigkeit kann ein Lastkraftwagen eine Steigung von 8% befahren, wenn dazu eine Antriebskraft von 27 000 N erforderlich ist?

Der Motor gibt eine Leistung von 165 kW ab. Der Triebwerkwirkungsgrad beträgt 0,88.

33.12 Ergänze die fehlenden Werte in nachstehender Tabelle!

Aufgabe	a)	b)	c)	d)
F_A [N]	1200	24000	?	750
P_e [kW]	60	?	125	?
v_F [km/h]	?	30	180	72
η [%]	0,92	0,89	0,90	0,85

33.2 Fahrmechanik

Rollwiderstand

Erklärung

Die Antriebskraft an den Rädern wird von den Fahrwiderständen aufgebraucht. Zu den Fahrwiderständen gehören:

1. Rollwiderstand, 2. Luftwiderstand und 3. Steigungswiderstand.

1. Rollreibung

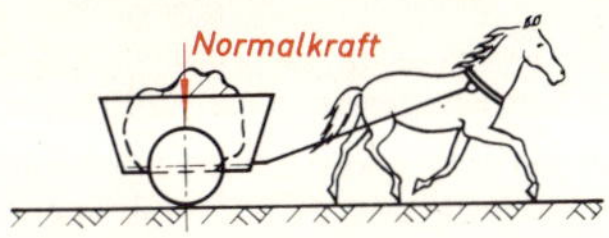

Die Erfindung des Rades ermöglicht es, Transporte bequemer und leichter durchzuführen als mit einer „Schleife", bei der Gleitreibung auftritt. Beim Rad macht sich jedoch ein Rollreibungswiderstand bemerkbar, da das Rad in den Untergrund einsinkt.

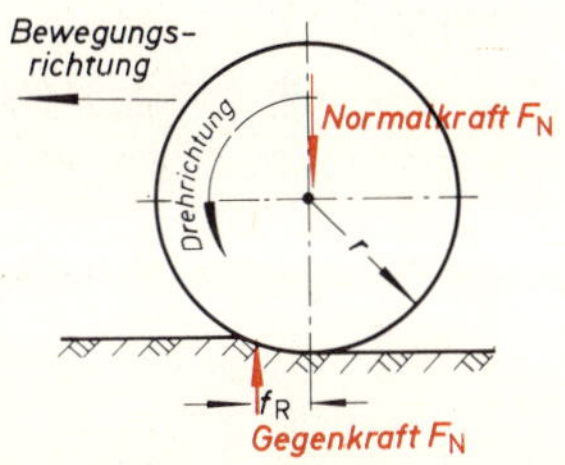

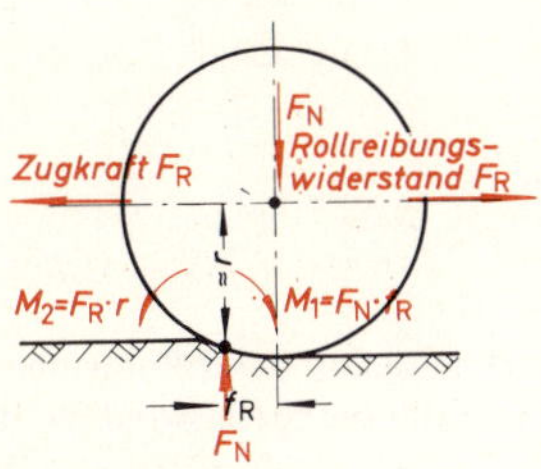

Das Rad drückt mit der Normalkraft auf die Unterlage. Diese wirkt mit einer Gegenkraft, die genauso groß ist wie die Normalkraft, auf das Rad zurück. Die Gegenkraft wirkt um die Strecke f_R versetzt vor dem Radmittelpunkt.

Hierdurch wird eine Drehwirkung hervorgerufen, die der Drehrichtung des Rades entgegenwirkt. Diese als Rollreibung bezeichnete Erscheinung wird durch die Zugkraft, die an einem Hebelarm von etwa der Größe des Radhalbmessers angreift, ausgeglichen.

Der Rollwiderstand hängt demnach ab

1. vom Radius des Rades,
2. vom Werkstoff des Rades und der Unterlage,
3. von der Normalkraft, mit der das Rad auf die Unterlage drückt.

2. Rollwiderstand

Beim Abrollen von gummibereiften Rädern auf der Fahrbahn entstehen außer der eigentlichen Rollreibung (Verformung des Untergrundes) weitere Widerstände. Hierzu zählen die Verluste durch das Walken des Reifengummis, die Saugwirkung des Reifens am Boden und die Reibung im Radlager. Diese einzelnen Einflüsse werden durch den Rollwiderstandsbeiwert berücksichtigt.

Der Rollwiderstandsbeiwert ist abhängig von

1. der Reifenbauart und -größe,
2. dem Reifenluftdruck,
3. der Profiltiefe des Reifens,
4. der Fahrbahnoberfläche und
5. der Fahrzeuggeschwindigkeit.

Bezeichnungen

F_N = Normalkraft des Kfz in der Ebene [N]
F_R = Rollreibungswiderstand [N]
f_R = Rollwiderstandszahl [cm]
f = Rollwiderstandsbeiwert [—]
r = Radius des Rades [cm]
F_{Roll} = Rollwiderstand [N]

Formel mit Beispiel

1. Rollreibung

Das durch das Einsinken des Rades in den Untergrund verursachte Gegendrehmoment $\overrightarrow{M_1} = F_N \cdot f_R$ muß durch ein genau so großes Drehmoment $\overleftarrow{M_2} = F_R \cdot r$ ausgeglichen werden.

$$\overrightarrow{M_1} = \overleftarrow{M_2}$$

$$F_N \cdot f_R = F_R \cdot r$$

$$F_R = \frac{F_N \cdot f_R}{r} \quad [N]$$

Wie groß ist der Rollreibungswiderstand für ein mit 5000 N belastetes Rad, wenn es einen Durchmesser von 0,5 m besitzt?

Die Rollwiderstandszahl beträgt $f_R = 0{,}2$ cm.

$$F_R = \frac{F_N \cdot f_R}{r} \quad [N]$$

$$= \frac{5000\ N \cdot 0{,}2\ cm}{25\ cm} = \underline{40\ N}$$

2. Rollwiderstand

Der Wert $\frac{f_R}{r}$ kann in der Formel für die Rollreibung durch die Konstante f^* ersetzt werden:

$$F_R = \frac{f_R}{r} \cdot F_N = f^* \cdot F_N$$

Beim Rollwiderstand kommen zur Rollreibung noch weitere Verluste. Der Rollwiderstandsbeiwert f ist demnach größer als die Konstante $f^* = \frac{f_R}{r}$.

Für den Rollwiderstand gilt die Beziehung:
Rollwiderstand = Rollwiderstandsbeiwert × Gewichtskraft des Kfz

$$F_{Roll} = f \cdot F_N \quad [N]$$

Beachte: $F_N = G \cdot g$ [N]

Ein Pkw mit einem Gesamtgewicht von 1200 kg rollt über eine Betonstraße mit einer Geschwindigkeit von 135 km/h.
Der Rollwiderstandsbeiwert beträgt $f = 0{,}02$.
Berechne den Rollwiderstand!

$F_N = G \cdot g \qquad F_N = 1200\ kg \cdot 9{,}81\ m/s^2 = 11772\ N$

$F_{Roll} = f \cdot F_N$ [N]
$= 0{,}02 \cdot 11772\ N$
$= \underline{235{,}4\ N}$

Anmerkung

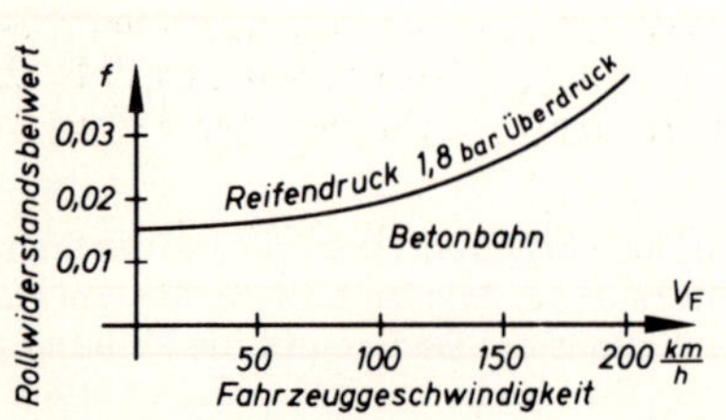

1. Die Rollwiderstandsbeiwerte und damit der Rollwiderstand steigen mit zunehmender Fahrzeuggeschwindigkeit an.

2. Durchschnittliche Rollwiderstandsbeiwerte *f* für:

Schotter ohne Teerung	0,02 ...0,04	Beton	0,015...0,025
Steinpflaster	0,015...0,03	Asphalt	0,01 ...0,02
Erdwege	0,05 ...0,3	Sand	0,05 ...0,3

Aufgaben

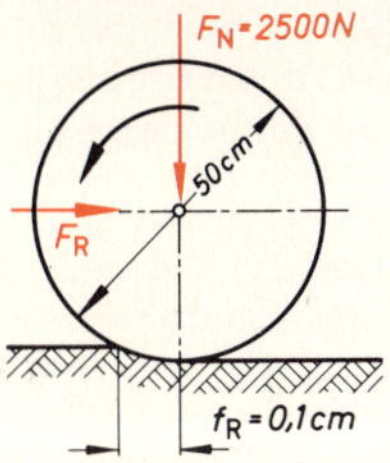

33.13 Berechne für das nebenstehend abgebildete Rad den Rollreibungswiderstand! (Rechenwerte der Abb. entnehmen!)

33.14 Wie groß ist der Rollreibungswiderstand eines mit 1500 N belasteten Rades?
Dieses Rad besitzt einen Halbmesser von 260 mm und eine Rollwiderstandszahl von 0,15 cm.

33.15 Stelle die Formel für die Berechnung des Rollwiderstands
a) nach der Normalkraft,
b) nach dem Rollwiderstandsbeiwert um!

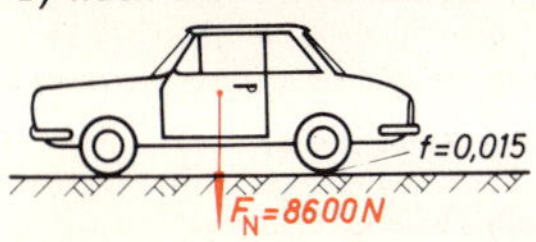

33.16 Ein Pkw befährt eine Asphaltstraße.
Berechne den Rollwiderstand, der dabei auftritt! (Rechenwerte der Abb. entnehmen!)

33.17 Ein 900 kg schwerer Sportwagen fährt mit einer Geschwindigkeit von 175 km/h über eine Betonstraße.

Berechne den dabei auftretenden Rollwiderstand! (Den Rollwiderstandsbeiwert aus dem Diagramm unter Anmerkung 1 ablesen!)

33.18 Bei einem Auslaufversuch an einem Pkw mit einem Gesamtgewicht von 1160 kg wird ein Rollwiderstand von 290 N ermittelt.

Wie groß ist dann der Rollwiderstandsbeiwert?

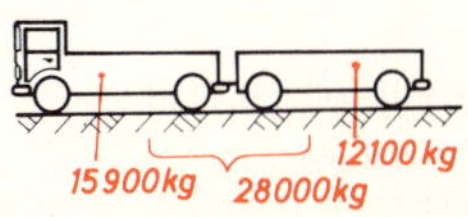

33.19 Ein Lastwagenzug wiegt mit einem Anhänger zusammen 28 t. Der Zugwagen besitzt ein Gesamtgewicht von 15 900 kg.

Berechne für einen Rollwiderstandsbeiwert von $f = 0{,}019$ den Rollwiderstand
a) des Zugwagens,
b) des Anhängers,
c) des gesamten Zuges!

33.3 Fahrmechanik — Luftwiderstand

Erklärung

Hält man die Hand aus dem Fenster eines fahrenden Fahrzeugs, so spürt man einen erheblichen Widerstand. Dieser Widerstand wird Luftwiderstand genannt.

Bei schnellfahrenden Fahrzeugen wird durch den auftretenden Luftwiderstand ein großer Teil der Antriebskraft aufgezehrt.

Der Luftwiderstand eines Fahrzeugs hängt von folgenden Größen ab:

1. Fahrzeuggeschwindigkeit

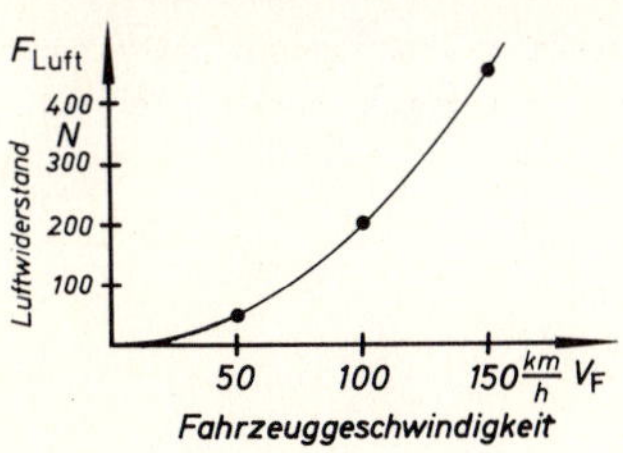

Der Luftwiderstand nimmt mit zunehmender Geschwindigkeit sehr rasch zu. Verdoppelt sich z. B. die Geschwindigkeit, so vervierfacht sich der Luftwiderstand.
Der Luftwiderstand steigt also mit dem Quadrat der Luftgeschwindigkeit an.

2. Fahrzeugform

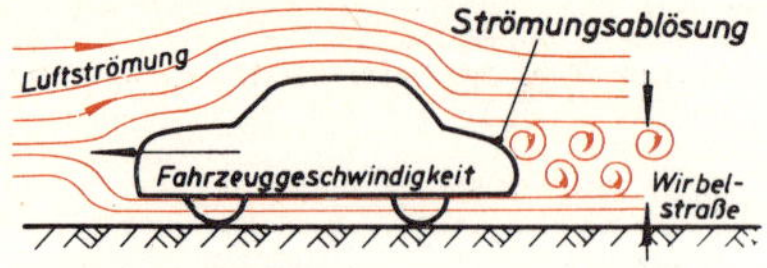

Strömungsablösung mit Wirbelbildung

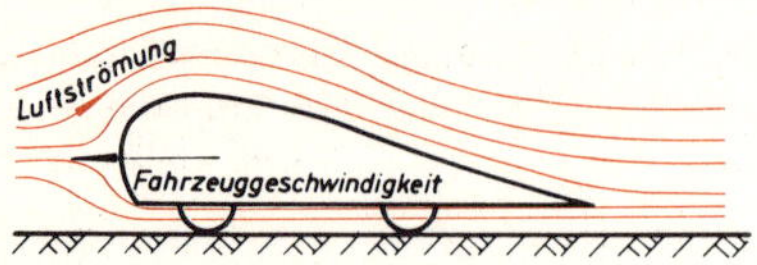

Günstigere Form ohne Strömungsablösung und Wirbelbildung

Bei einem fahrenden Fahrzeug strömt Luft von vorn nach hinten an dem Aufbau vorbei. Meist löst sich die Luftströmung am Heck des Fahrzeugs ab, und es entstehen Wirbel. Da das Fahrzeug weiterfährt, reiht sich Wirbel an Wirbel, und es bildet sich eine Wirbelstraße. Die Wirbel „fressen" einen Teil der Bewegungsenergie des Fahrzeugs auf; sie verursachen den Luftwiderstand. Je schmaler diese Wirbelstraße ist, um so geringer ist der Luftwiderstand. Durch die Form des Fahrzeugs kann die Größe der Wirbelstraße und damit der Luftwiderstand festgelegt werden.

Bei der Berechnung des Luftwiderstandes wird der Einfluß der Fahrzeugform durch den Luftwiderstandsbeiwert berücksichtigt.

3. Fahrzeugquerschnitt

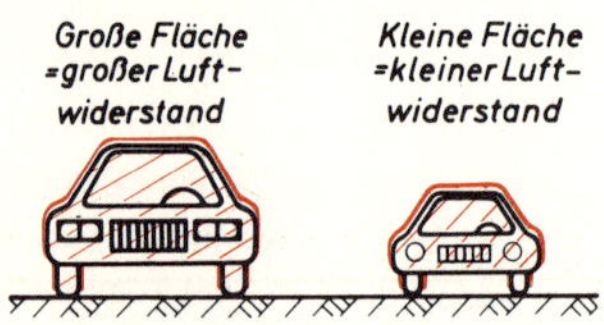

Querschnittsfläche von Fahrzeugen mit gleicher Form

Der Luftwiderstand nimmt mit zunehmender Querschnittsfläche des Fahrzeugs gleichmäßig zu. Deshalb läßt sich durch Verkleinerung der Fläche der Widerstand herabsetzen.

Bezeichnungen

F_{Luft} = Luftwiderstand [N]

A = Querschnittsfläche des Fahrzeuges [m²]

v_F = Fahrzeuggeschwindigkeit [km/h]

c_w = Luftwiderstandsbeiwert [—]

Formel mit Beispiel

Der Luftwiderstand hängt ab von:

Fahrzeugform Geschwindigkeit

Querschnitt

$$F_{Luft} = 0{,}048 \cdot c_w \cdot A \cdot v_F^2 \ [N]$$

Beachte:

1. Die Konstante 0,0048 berücksichtigt die Luftdichte bei normalem Luftdruck.

2. Bei Gegenwind muß die Windgeschwindigkeit zu der Fahrzeuggeschwindigkeit hinzugezählt werden, bei Rückenwind jedoch abgezogen werden.

Ein Pkw fährt mit einer Geschwindigkeit von 100 km/h.

Weitere Werte:

$c_w = 0{,}38$ $A = 1{,}9 \text{ m}^2$

Berechne den Luftwiderstand!

$F_{Luft} = 0{,}048 \cdot c_w \cdot A \cdot v_F^2$ [N]

$= 0{,}048 \cdot 0{,}38 \cdot 1{,}9 \cdot 100^2$

$= \underline{346{,}6 \text{ N}}$

Anmerkung

Die verschiedenen Aufbauformen haben folgende Luftwiderstandsbeiwerte c_w:

Lastkraftwagen	0,8 ...1	VW-Käfer	0,43
Personenwagen	0,35 ...0,8	Opel Admiral	0,48
Stromlinienform	0,15...0,2		

Aufgaben

33.20 Stelle die Formel für die Berechnung des Luftwiderstands so um, daß mit ihr

a) der Luftwiderstandsbeiwert,

b) die Fahrzeuggeschwindigkeit berechnet werden kann!

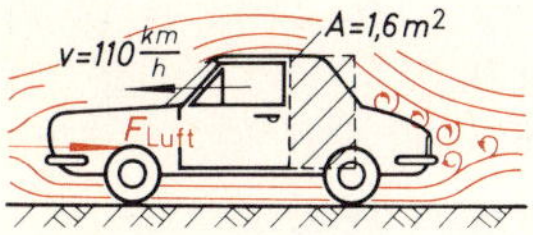

33.21 Berechne den Luftwiderstand für den nebenstehend abgebildeten Pkw mit einem Luftwiderstandsbeiwert $c_w = 0{,}43$!

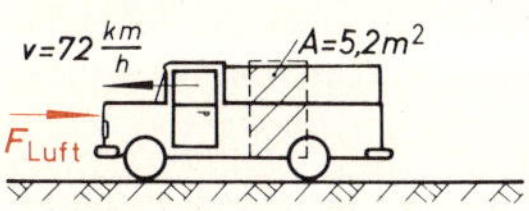

33.22 Ein Lastkraftwagen befährt mit einer Geschwindigkeit von 72 km/h eine Schnellstraße.
Der Luftwiderstandsbeiwert beträgt 0,9.

Berechne den dabei auftretenden Luftwiderstand!

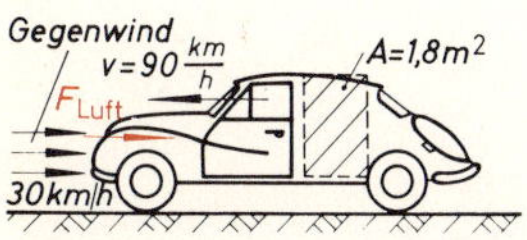

33.23 Ein Pkw mit einer Querschnittsfläche von 1,8 m² und einem Luftwiderstandsbeiwert von $c_w = 0{,}48$ hat Gegenwind. Die Windgeschwindigkeit beträgt 30 km/h.

Berechne

a) den Luftwiderstand ohne Gegenwind,

b) den Luftwiderstand mit Gegenwind!

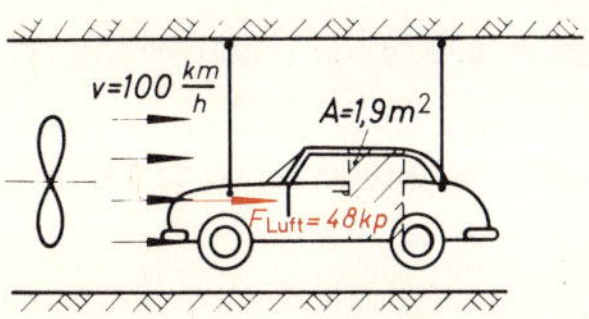

23.24 Ein in einem Windkanal frei aufgehängtes Kfz wird mit Hilfe eines starken Windgebläses mit einem Luftstrahl von 100 km/h angeblasen. Dabei wird ein Luftwiderstand von 480 N gemessen.

Berechne den Luftwiderstandsbeiwert!

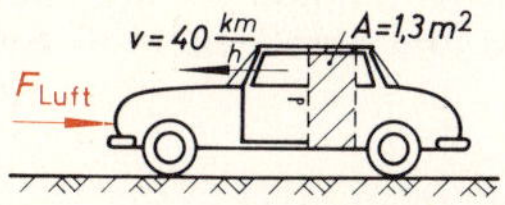

33.25 Bei einem Ausrollversuch wird für eine mittlere Geschwindigkeit von $v = 40$ km/h ein Luftwiderstand von 50 N gemessen.

Wie groß ist der Luftwiderstandsbeiwert des Fahrzeugs?

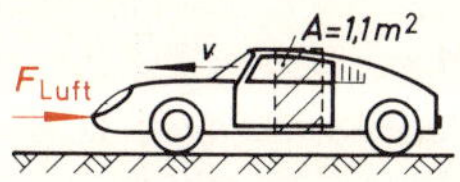

33.26 Auf einen Sportwagen mit einem Luftwiderstandsbeiwert von 0,31 wirkt ein Luftwiderstand von 900 N.

Mit welcher Geschwindigkeit fährt er?

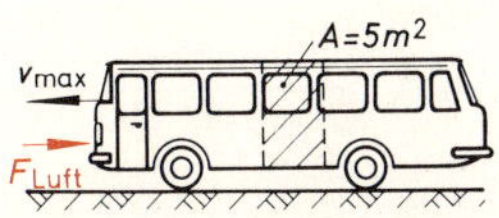

33.27 Ein Omnibus, der bei seiner Höchstgeschwindigkeit v_{max} einen Luftwiderstand von 2100 N überwinden muß, besitzt einen Luftwiderstandsbeiwert von $c_w = 0{,}75$.

Berechne die Höchstgeschwindigkeit des Omnibusses!

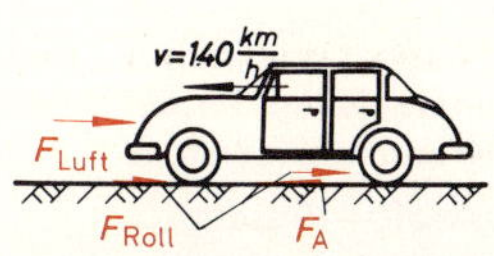

33.28 Ein Pkw wird mit einer Antriebskraft von 1200 N vorwärtsgetrieben.

Ein Teil der Antriebskraft ist notwendig, um die Rollreibung von 350 N zu überwinden. Der andere Teil der Antriebskraft ist erforderlich, um den Luftwiderstand des mit 140 km/h fahrenden Fahrzeugs zu überwinden.

Wie groß ist die Querschnittsfläche des Kfz, wenn der Luftwiderstandsbeiwert 0,45 beträgt?

33.4 Fahrmechanik

Steigungswiderstand
Überschußkraft

Erklärung

1. Steigungswiderstand

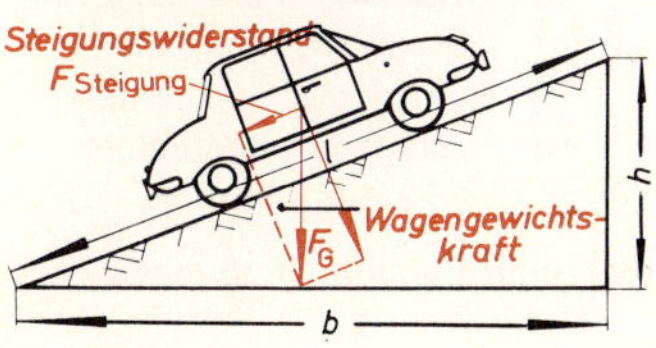

Beim Befahren einer Steigung wird das Gewicht des Wagens ständig hochgehoben. Von der Antriebskraft braucht jedoch nicht das gesamte Wagengewicht überwunden zu werden, sondern nur die Kraft in Richtung der geneigten Fahrbahn (vgl. 13.3 — Hangabtriebskraft). Diese Kraft wird Steigungswiderstand genannt.

2. Überschußkraft

Die Antriebskraft muß die Fahrwiderstände (Roll-, Luft- und Steigungswiderstände) überwinden.

Die Summe aller Fahrwiderstände ist der Gesamtwiderstand.

Ist die Antriebskraft größer als dieser Gesamtwiderstand, so steht noch eine Überschußkraft zur Verfügung. Diese Überschußkraft vermag das Fahrzeug zu beschleunigen.

Mit zunehmender Geschwindigkeit nimmt besonders der Luftwiderstand stark zu; die Überschußkraft wird kleiner und damit auch die Beschleunigung.

Bezeichnungen

$F_{Steigung}$ = Steigungswiderstand [N]
l = Länge der Fahrstrecke [m]
h = Höhenunterschied der Fahrstrecke [m]
G = Fahrzeuggewicht [kg]
$F_{Überschuß}$ = Überschußkraft [N]
F_G = Fahrzeuggewichtskraft [N]
F_A = Antriebskraft [N]

Formel mit Beispiel

1. Steigungswiderstand

Für die schiefe Ebene gilt die Formel (vgl. 13.3):

$$\text{Hangabtriebskraft} = \text{Gewichtskraft} \cdot \frac{\text{Lastweg}}{\text{Kraftweg}}$$

Für den Steigungswiderstand lautet die Formel dann entsprechend:

$$\text{Steigungswiderstand} = \text{Fahrzeuggewichtskraft} \cdot \frac{\text{Höhenunterschied}}{\text{Länge der Strecke}}$$

$$F_{Steigung} = F_G \cdot \frac{h}{l}\,[\mathrm{N}]$$

Beachte: $F_G = G \cdot g$ [N]

Ein Pkw mit einem Gesamtgewicht von 760 kg befährt eine Steigung, die auf einer Länge von 100 m 5 m ansteigt.

Berechne den Steigungswiderstand!

$$F_G = G \cdot g\,[\mathrm{N}] = 760 \cdot 9{,}81 = 7456\ \mathrm{N}$$

$$F_{Steigung} = F_G \cdot \frac{h}{l}\,[\mathrm{N}] = 7456\ \mathrm{N} \cdot \frac{5\ \mathrm{m}}{100\ \mathrm{m}} = \underline{372{,}8\ \mathrm{N}}$$

2. Überschußkraft

Die Überschußkraft berechnet sich aus der Differenz zwischen Antriebskraft und Gesamtwiderstand:

Überschußkraft = Antriebskraft — Gesamtwiderstand

$$F_{Überschuß} = F_A - (F_{Roll} + F_{Luft} + F_{Steigung})\,[\mathrm{N}]$$

Berechne die Kraft, mit der ein Pkw in der Ebene bei v_F = 100 km/h beschleunigt wird!

Folgende Kräfte sind bekannt:

F_A = 900 N F_{Luft} = 400 N F_{Roll} = 350 N

$$F_{Überschuß} = F_A - (F_{Roll} + F_{Luft})\,[\mathrm{N}] = 900\ \mathrm{N} - (400\ \mathrm{N} + 350\ \mathrm{N}) = \underline{150\ \mathrm{N}}$$

Anmerkung

1. Die Steigungen der Straßen werden stets in Prozent angegeben:

$$\text{Steigung } St = \frac{h}{b} \cdot 100\%$$

Für Steigungen bis zu 10% gilt $\frac{h}{l} \approx \frac{h}{b}$. Danach ergibt sich für den Steigungswiderstand $F_{Steigung} \approx \frac{F_G \cdot St}{100\%}$ [N]

2. Bei der Höchstgeschwindigkeit in der Ebene ist die Überschußkraft gleich Null.
3. Die Hangabtriebskraft addiert sich bei der Abwärtsfahrt zur Antriebskraft hinzu.

Aufgaben

1. Steigungswiderstand

33.29 Stelle die Formel für die Berechnung des Steigungswiderstandes nach dem Fahrzeuggewicht um!

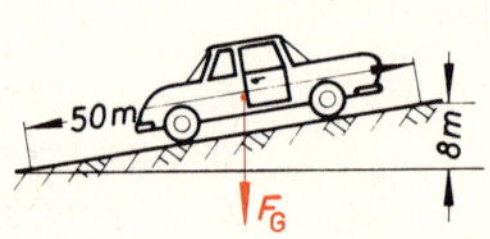

33.30 Ein 960 kg schwerer Personenkraftwagen fährt nebenstehend abgebildete Steigung hinauf.

Berechne den dabei auftretenden Steigungswiderstand!

33.31 Ein Lastkraftwagen mit einem Gesamtgewicht von 18 000 kg befährt eine 20 m lange Brückenrampe, die um 2,5 m ansteigt.

Wie groß ist der Steigungswiderstand?

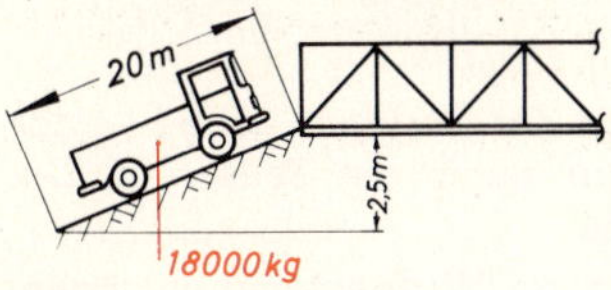

33.32 Ein VW mit einer Zuladung von 190 kg befährt eine Steigung von $St = 8\,\%$.

Berechne mit der angenäherten Formel den Steigungswiderstand!

(Gewicht des Fahrzeugs der Tabelle über Kraftfahrzeugdaten entnehmen!)

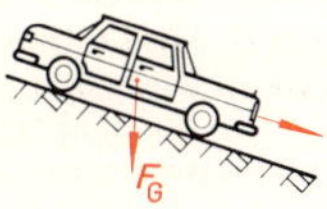

33.33 Ein Mercedes-Benz-Pkw mit Ottomotor rollt ein Gefälle von 7% hinab.

Wie groß ist der Gewinn an Antriebskraft, wenn zu dem Leergewicht des Wagens noch 273 kg zugeladen werden? (Leergewicht der Tabelle entnehmen!)

33.34 Ein 360 kg schweres Motorrad befährt eine 9 %ige Steigung.

Berechne den Steigungswiderstand!

2. Überschußkraft

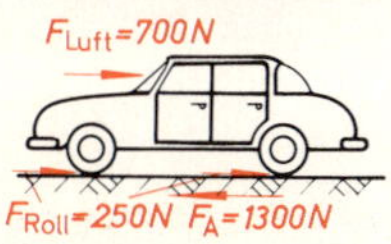

33.35 Berechne die Überschußkraft für das nebenstehend abgebildete Kraftfahrzeug!

(Entnimm die zur Berechnung erforderlichen Werte der Abbildung!)

33.36 Ein 950 kg schwerer Personenkraftwagen wird durch eine Antriebskraft von 1250 N vorwärtsgetrieben. Hiervon gehen 625 N durch den Luftwiderstand und 325 N durch den Rollwiderstand verloren.

Berechne

a) die Überschußkraft,

b) die Steigung *St*, die der Pkw damit noch überwinden kann!

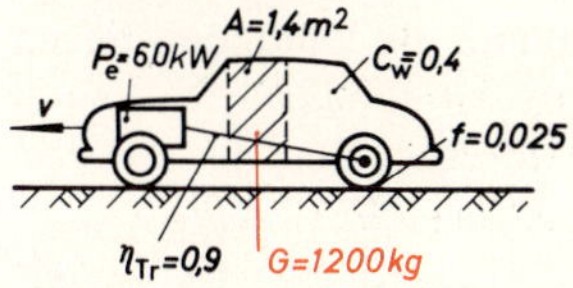

33.37 Ein Pkw, der mit einer Geschwindigkeit von 120 km/h über eine ebene Autobahn fährt, gibt eine Leistung von 60 kW an die Kupplung ab.

Berechne

a) die Antriebskraft,

b) den Luftwiderstand,

c) den Rollwiderstand,

d) die Überschußkraft!

(Rechenwerte der Abb. entnehmen!)

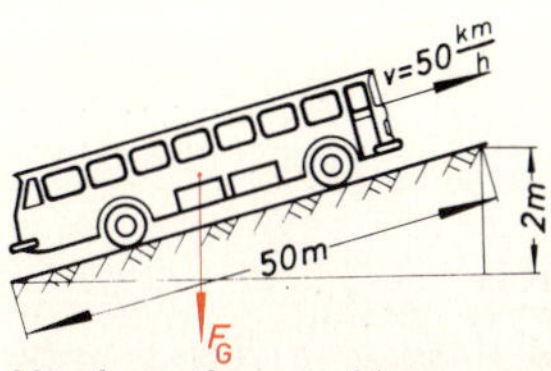

33.38 Ein 12 000 kg schwerer Omnibus befährt mit einer Geschwindigkeit von 50 km/h nebenstehend abgebildete Steigung.

Hierbei gibt sein Motor eine Leistung von 170 kW mit einem Wirkungsgrad von 88% über das Triebwerk an die Hinterräder ab.

Wieviel Kraft bleibt zur Beschleunigung übrig, wenn der Rollwiderstandsbeiwert 0,022 beträgt und der Luftwiderstandsbeiwert bei einer Querschnittsfläche von 4,7 m² mit 0,8 ermittelt wurde?

34.1 Kraftfahrzeugelektrik

Elektrische Grundgrößen
Ohmsches Gesetz

Erklärung

1. Elektrische Grundgrößen

Sehr viele Störungen im Kraftfahrzeug treten an seiner elektrischen Anlage auf. Zu dieser Anlage gehören:

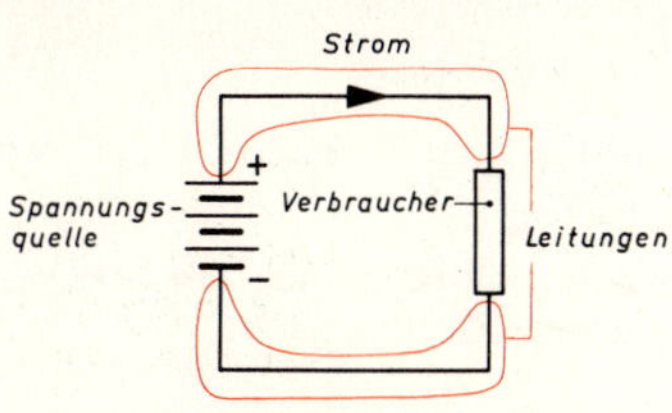

Elektrischer Stromkreis

Zündung,
Stromerzeugung (Lichtmaschine, Regler),
Stromspeicherung (Batterie),
Anlasser,
Beleuchtung,
Signalanlage (Blinker, Hupe),
Stromverteilung (Leitungen),
Funkentstörung und andere Verbraucher,
Scheibenwischer.

Die Grundgrößen der Elektrotechnik sind Spannung, Stromstärke und Widerstand.

Diese drei Größen kennzeichnen die Eigenschaft eines Stromkreises. Dieser besteht aus einer Spannungsquelle, den Leitungen und dem Verbraucher (z. B. Glühlampe oder Anlasser).

Die in einem Stromkreis auftretenden Größen sind:

1. In der Spannungsquelle wird die **Spannung** erzeugt.
2. Die Spannung treibt im geschlossenen Stromkreis einen Strom von der positiven Seite (+) der Spannungsquelle durch die Leitungen und den Verbraucher zur negativen Seite (—). Die Stärke des elektrischen Stromes wird als **Stromstärke** bezeichnet.
3. Der Verbraucher und die Leitungen setzen dem Fließen des Stromes **Widerstand** entgegen.

2. Ohmsches Gesetz

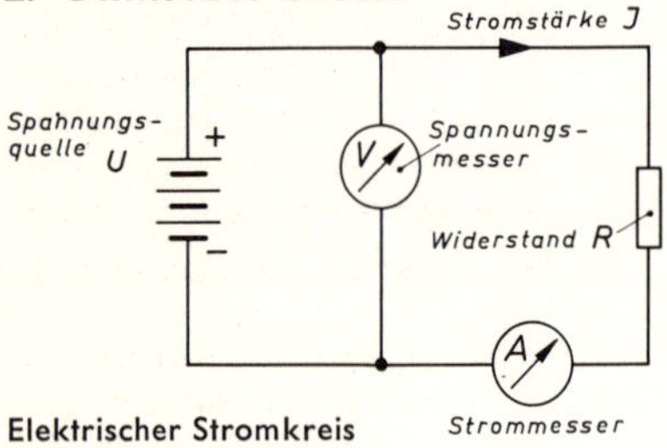

Elektrischer Stromkreis

Der deutsche Physiker Ohm erkannte als erster, daß die drei Grundgrößen des elektrischen Stromkreises miteinander in einer Wechselbeziehung stehen.

Sind in einem Stromkreis zwei Größen (z. B. Widerstand und Spannung) bekannt, so kann die dritte fehlende Größe (z. B. Stromstärke) berechnet werden.

Bezeichnungen

U = Spannung in Volt [V]

I = Stromstärke in Ampere [A]

R = Widerstand in Ohm [Ω]

Formel mit Beispiel

Wenn die Spannung gesucht ist, lautet das Ohmsche Gesetz:

Spannung = Stromstärke · Widerstand

$$U = I \cdot R \quad [\mathrm{V}]$$

Sollen der Widerstand oder die Stromstärke berechnet werden, wird die Formel entsprechend umgestellt:

$$\text{Widerstand} = \frac{\text{Spannung}}{\text{Stromstärke}}$$

$$R = \frac{U}{I} \quad [\Omega]$$

oder

$$\text{Stromstärke} = \frac{\text{Spannung}}{\text{Widerstand}}$$

$$I = \frac{U}{R} \quad [\mathrm{A}]$$

1. Eine Glühkerze hat einen Widerstand von 0,05 Ω. Die Stromstärke darf beim Vorglühen 30 A nicht überschreiten. Wie groß darf die angelegte Spannung sein?

$$U = I \cdot R \quad [\mathrm{V}]$$
$$= 30\,\mathrm{A} \cdot 0{,}05\,\Omega = \underline{1{,}5\,\mathrm{V}}$$

2. Berechne den Widerstand einer Schlußleuchte, die an eine 6-V-Anlage (Batterie) angeschlossen ist! Durch den Stromkreis fließt ein Strom von 1,2 A.

$$R = \frac{U}{I} \quad [\Omega]$$
$$= \frac{6\,\mathrm{V}}{1{,}2\,\mathrm{A}} = \underline{5\,\Omega}$$

3. Wie groß ist die Stromstärke, die durch einen Zigarettenanzünder fließt? Die Batteriespannung beträgt 12 V und der Widerstand des Anzünders 1,2 Ω.

$$I = \frac{U}{R} \quad [\mathrm{A}]$$
$$= \frac{12\,\mathrm{V}}{1{,}2\,\Omega} = \underline{10\,\mathrm{A}}$$

Anmerkung

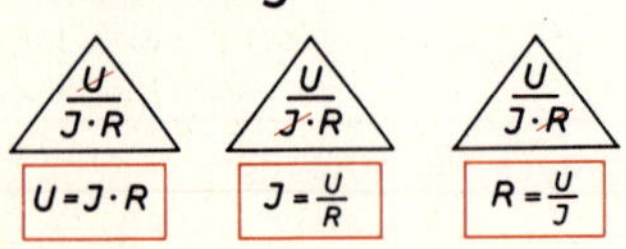

Das Ohmsche Gesetz kann man sich mit Hilfe eines Dreiecks merken. Der Merksatz für die darin enthaltenen Größen heißt:

Unter **I**hrer **R**egierung

Die Größe, die berechnet werden soll, wird ausgestrichen!

Aufgaben

34.1 Glühlampen, welche für eine Spannung von 12 V gebaut sind, brennen nicht hell genug. Mit einem Spannungsmeßgerät wird eine Spannung von 10,8 V gemessen, an der die Glühlampen anliegen. Um wieviel ist die Spannung zu niedrig?

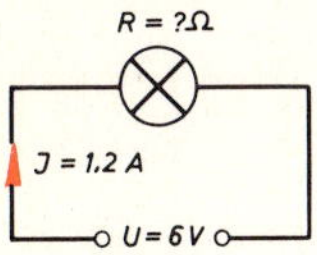

34.2 Berechne den Widerstand einer 6-V-Glühlampe, die eine Stromstärke von 1,2 A aufnimmt!

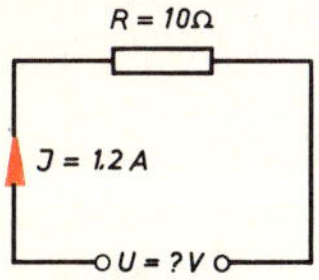

34.3 Berechne die Spannung an einem Widerstand von 10 Ω, durch den ein Strom von 1,2 A fließt!

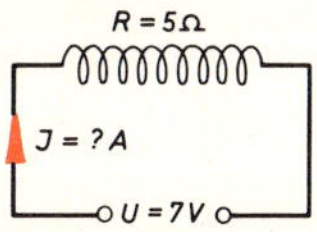

34.4 Der Widerstand des Erregerstromkreises von einer Lichtmaschine beträgt 5 Ω. Die Lichtmaschine erzeugt eine Spannung von 7 V.
Wie groß ist die Stromstärke im Erregerstromkreis?

34.5 Ein elektrischer Heizofen besitzt einen Widerstand von 50 Ω und wird an eine Spannung von 220 V angeschlossen.
Welche Stromstärke fließt durch die Heizwicklung?

34.6 Ein Scheibenwischermotor für eine Spannung von 6 V nimmt eine Stromstärke von 3,5 A auf.
Wie groß ist der Widerstand des Scheibenwischermotors?

34.7 Ein Anlasser nimmt eine Stromstärke von 200 A auf. Sein Widerstand beträgt 0,12 Ω.
Berechne die Höhe der elektrischen Spannung in der elektrischen Anlage des Kraftfahrzeugs!

34.8 Die Glühlampe in einem Fernscheinwerfer ist an eine Batterie mit einer Spannung von 12 V angeschlossen.
Wie groß ist der Widerstand des Glühfadens in der Glühlampe, wenn durch diesen ein Strom von 3,75 A fließt?

34.9 Ein Heizlüftergebläse für eine Anschlußspannung von 6 V besitzt einen Widerstand von 2 Ω. Berechne die aufgenommene Stromstärke!

34.10 Die Glühlampe einer Nummernschildleuchte besitzt einen Widerstand von 2,4 Ω und ist an eine 6-V-Anlage angeschlossen. Welche Stromstärke fließt durch die Zuleitungskabel?

34.11 Eine Widerstandswicklung hat einen Widerstand von 16 Ω.
Welche Spannung darf höchstens an diese Wicklung angelegt werden, wenn die zulässige Stromstärke 0,75 A nicht übersteigen darf?

34.12 Eine Glühkerze hat einen Widerstand von 0,06 Ω und liegt an einer Spannung von 2 V an. Berechne die Stromstärke, die durch diese Glühkerze fließt!

34.13 Welche Spannung darf an den Glühfaden einer Lampe mit einem Widerstand von 30 Ω gelegt werden, damit ein Strom von 0,4 A durch den Faden geht?

34.14 Versehentlich wird ein 6-V-Akkumulator mit einem starken Kupferdraht kurzgeschlossen. Wie groß ist der Kurzschlußstrom, wenn der Akku einen Innenwiderstand von 0,03 Ω besitzt?

34.15 Durch einen Vorwiderstand von 0,12 Ω fließt eine Stromstärke von 25 A.
Wieviel Spannung fällt an diesem Widerstand ab?

34.2 Kraftfahrzeugelektrik

Elektrische Leistung, Elektrische Arbeit, Batteriekapazität

Erklärung

1. Elektrische Leistung

Beim Austausch von Glühlampen muß außer auf die „Voltzahl" (Spannung) auch auf die „Wattzahl" geachtet werden.

10 Watt

45 Watt

Eine 45-Watt-Lampe leuchtet kräftiger als etwa eine 10-Watt-Lampe; sie leistet mehr.
Das „Watt' ist in der Elektrotechnik die Maßeinheit für die elektrische Leistung.

Die elektrische Leistung wird durch die Spannung und die Stromstärke bestimmt.

2. Elektrische Arbeit

Die Elektrizitätswerke rechnen die abgenommene Energiemenge (elektrische Arbeit) mit ihren Kunden nach Kilowattstunden (Kurzzeichen kWh) ab.

Arbeit und Leistung sind durch die Zeit miteinander verknüpft (vgl. Abschnitt 24.1):

$$\text{Leistung} = \frac{\text{Arbeit}}{\text{Zeit}} \text{ oder Arbeit} = \text{Leistung} \times \text{Zeit}$$

Daher gilt: Elektrische Arbeit = Elektrische Leistung × Zeit

Die elektrische Arbeit hängt demnach von der Leistung der eingeschalteten Verbraucher und deren Einschaltdauer (Zeit) ab.

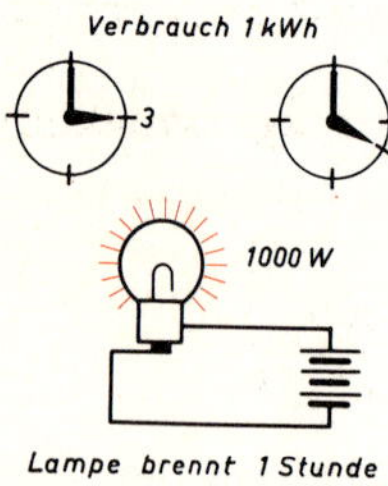

Eine 1000-Watt-Lampe (1 kW) verbraucht in:

1 Stunde 1 Kilowatt × 1 Stunde = 1 Kilowattstunde
2 Stunden 1 Kilowatt × 2 Stunden = 2 Kilowattstunden usw.

Eine 10-Watt-Lampe kann jedoch 100 Stunden brennen, ehe sie 1 Kilowattstunde (10 Watt × 100 Stunden) verbraucht hat.

3. Batteriekapazität

In der Batterie des Kraftfahrzeuges wird elektrische Arbeit gespeichert. Diese gespeicherte Arbeit (Energie) steht z. B. dem Anlasser zur Verfügung, wenn die Lichtmaschine noch nicht arbeitet. Bei mehrmaligen vergeblichen Startversuchen kann die gespeicherte elektrische Energie verbraucht sein.

Bezeichnungen

Bei größeren elektrischen Leistungen wird als Maßeinheit das Kilowatt (Kurzzeichen kW) gewählt, das 1000 Watt entspricht (1 kW = 1000 W, wie 1 kg = 1000 g).

P = elektrische Leistung [W oder kW]
U = Spannung [V]
I = Stromstärke [A]

W = elektrische Arbeit in Wattstunden [Wh] oder Kilowattstunden [kWh]
t = Einschaltdauer in Stunden [h].

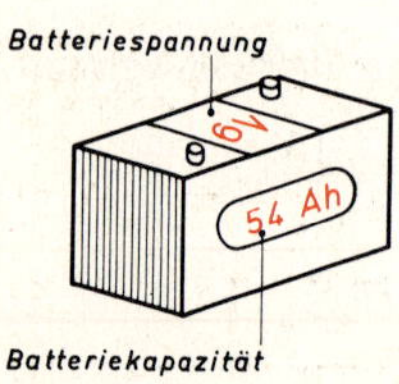

Die exakte Maßeinheit für die Batteriekapazität ist die Wattstunde. Die Hersteller geben jedoch statt dessen die Batteriekapazität in Amperestunden an.

Q = Batteriekapazität in Amperestunden (Ah)

Formel mit Beispiel

1. Elektrische Leistung

Elektrische Leistung = Spannung × Stromstärke
[Watt = Volt × Ampere]

$P = U \cdot I$ [W]

Eine Lichtmaschine liefert eine Klemmspannung von 7,5 V bei einer Stromabgabe von 20 A.

Welche elektrische Leistung gibt diese Lichtmaschine ab?

$P = U \cdot I$ [W]
$= 7{,}5\ \text{V} \cdot 20\ \text{A} = \underline{150\ \text{W}}$

2. Elektrische Arbeit

Arbeit = Leistung × Zeit
[Wattstunde = Watt × Stunde]

$W = P \cdot t$ [Wh]

Wenn die Leistung P durch die Spannung U und die Stromstärke I ersetzt wird ($P = U \cdot I$), gilt:

$W = U \cdot I \cdot t$ [Wh]

Bei einem parkenden Kfz bleibt 5 Stunden lang versehentlich das Autoradio eingeschaltet, das 6 A aufnimmt.
Wieviel elektrische Arbeit wird der 6-V-Batterie entnommen?

1. Rechenweg
$P = U \cdot I$ [W] $= 6\ \text{V} \cdot 6\ \text{A} = 36\ \text{W}$
$W = P \cdot t$ [Wh] $= 36\ \text{W} \cdot 5\ \text{h} = \underline{180\ \text{Wh}}$

2. Rechenweg
$W = U \cdot I \cdot t$ [Wh] $= 6\ \text{V} \cdot 6\ \text{A} \cdot 5\ \text{h} = \underline{180\ \text{Wh}}$

3. Batteriekapazität

Die elektrische Arbeit [Wh] und die von den Herstellern angegebene Batteriekapazität [Ah] hängt folgendermaßen zusammen:

Batteriekapazität = Stromstärke × Entladezeit (oder Ladezeit)

$Q = I \cdot t$ [Ah]

Ersetzt man in der Formel für die elektrische Arbeit $I \cdot t$ durch Q, so gilt $W = U \cdot \underbrace{I \cdot t}_{Q}$

Gespeicherte elektrische Arbeit
= Batteriespannung × Batteriekapazität

$W = U \cdot Q$ [Wh]

Die Batteriekapazität des geparkten Kfz beträgt 54 Ah.

a) Wieviel Stunden kann das Autoradio (6 V, 6 A) spielen, bis die Batterie entladen ist?

b) Wieviel elektrische Energie steckt in der 100%ig geladenen Batterie?

a) $Q = I \cdot t$ [Ah]

$$t = \frac{Q}{I}$$

$$= \frac{54\ \text{Ah}}{6\ \text{A}} = \underline{9\ \text{h}}$$

b) $W = U \cdot Q$ [Wh]
$= 6\ \text{V} \cdot 54\ \text{Ah}$
$= \underline{324\ \text{Wh}}$

Anmerkung

1. Umrechnung alter Leistungseinheiten in SI-Einheit:
1 PS ≙ 0,736 kW = 736 W und 1 kW ≙ 1,36 PS.

2. Die angegebene Batteriekapazität [Ah] kann nur bei mindestens 20stündiger Entladezeit voll ausgenutzt werden. Bei schneller Entladung kann der geladenen Batterie bedeutend weniger elektrische Energie entnommen werden.

Entladezeit	Batteriekapazität
20 h	100%
10 h	89%
5 h	67%

Aufgaben

1. Elektrische Leistung

34.16 Stelle die Formel für die Berechnung der elektrischen Leistung

a) nach der Spannung *U*,

b) nach der Stromstärke *I* um!

34.17 Berechne die elektrische Leistung eines Scheibenwischermotors, der bei einer Spannung von 6 V eine Stromstärke von 3,5 A aufnimmt!

34.18 Die Biluxlampe für den Scheinwerfer nimmt bei einer Spannung von 12 V folgende Leistungen auf:

a) 40 W bei Abblendlicht,

b) 45 W bei Fernlicht.

Wie groß ist die Stromstärke im Scheinwerferkabel

a) bei Abblendlicht,

b) bei Fernlicht?

34.19 Eine Blinkleuchte mit einer Leistungsaufnahme von 18 W nimmt eine Stromstärke von 1,5 A auf.

Berechne die Höhe der Spannung in der elektrischen Anlage des Kraftfahrzeuges!

34.20 An eine 12-V-Batterie sind folgende Verbraucher angeschlossen (parallel geschaltet):

2 Biluxlampen mit je 3,75 A

2 Standlichter mit je 0,33 A

2 Schlußleuchten mit je 0,83 A

1 Zündanlage mit 4 A

Berechne die Leistungsabgabe der Batterie!

34.21 Auf dem Anlasser eines Pkw ist die Leistung noch mit 0,9 PS angegeben!

Welcher Leistung in W und kW entspricht dies?

34.22 Eine Glühkerze mit einem Widerstand von 0,05 Ω liegt an einer Spannung von 1,5 V.

Berechne

a) die Stromstärke,

b) die Leistungsaufnahme der Glühkerze!

2. Elektrische Arbeit

34.23 Verwandle in Kilowattstunden: 100 Wh, 6500 Wh, 850 Wh.

34.24 Das Elektrizitätswerk berechnet für 1 kWh 0,12 DM. Wieviel muß ein Abnehmer bezahlen, der 50,5 kWh (3500 Wh, 14 kWh) verbraucht hat?

34.25 Eine 60-Watt-Lampe wird 30 Tage an jedem Tag 4 Stunden eingeschaltet. Berechne die elektrische Arbeit!

34.26 Eine vollgeladene 6-V-Batterie enthält eine elektrische Energie von insgesamt 396 Wh. Daraus werden 2 Biluxlampen mit je 3,75 A, 2 Schlußleuchten mit je 0,83 A und 2 Standleuchten mit je 0,33 A Stromaufnahme versorgt.

Wieviel Stunden reicht die gespeicherte Energie der Batterie aus?

3. Batteriekapazität

34.27 Vom Hersteller wird die Batteriekapazität mit 38 Ah bei einer Batteriespannung von 12 V angegeben.

Wieviel elektrische Energie enthält die vollgeladene Batterie?

34.28 Eine 6-V-Batterie mit einer Kapazität von 77 Ah wird 100%ig geladen. Berechne

a) wieviel elektrische Energie die aufgeladene Batterie enthält,

b) wieviel elektrische Energie höchstens der Batterie in 10 h (5 h) entnommen werden kann (vgl. Anmerkung 2)!

34.29 An eine aufgeladene 12-V-Batterie mit einer Kapazität von 54 Ah werden Verbraucher angeschlossen. Nach 5 Stunden ist die Batterie leer.

Welche Stromstärke wurde im Durchschnitt während dieses Zeitraumes entnommen?

34.30 Eine 6-V-Batterie mit einer Kapazität von 84 Ah soll in 20 Stunden aufgeladen werden. Auf welchen Ladestrom muß das Ladegerät eingestellt werden?

Erklärung

1. Reihenschaltung von Widerständen

In den Stromkreis (vgl. Bild in 34.1) ist nur ein Widerstand (Verbraucher) eingebaut. In einen Stromkreis können jedoch mehrere Einzelwiderstände eingebaut werden. Sind diese Widerstände hintereinander geschaltet, so wird diese Schaltung **Reihenschaltung** genannt.

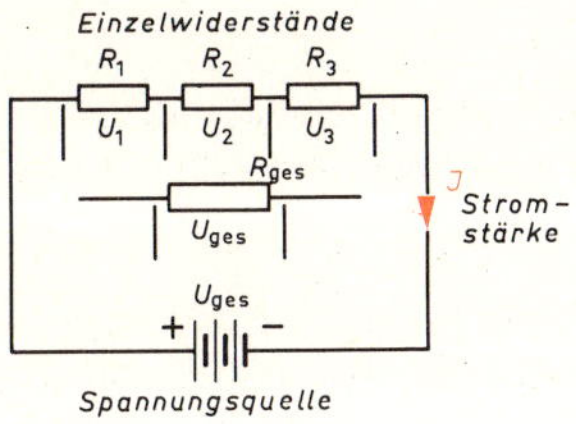

Reihenschaltung

Hierbei müssen alle wandernden Elektronen durch alle Einzelwiderstände (R_1, R_2, R_3...) von der Spannungsquelle hindurchgedrückt werden.

Deshalb fließt durch jeden der Einzelwiderstände dieselbe Stromstärke.

Die Einzelwiderstände können rechnerisch zu einem sogenannten Gesamtwiderstand (R_{ges}) zusammengefaßt werden. Dieser „gedachte" Gesamtwiderstand steht im Stromkreis an Stelle aller Einzelwiderstände.

2. Parallelschaltung

Eine andere Möglichkeit der Schaltung von Widerständen ist die **Parallelschaltung**, bei der alle Widerstände direkt an den Klemmen der Spannungsquelle liegen.

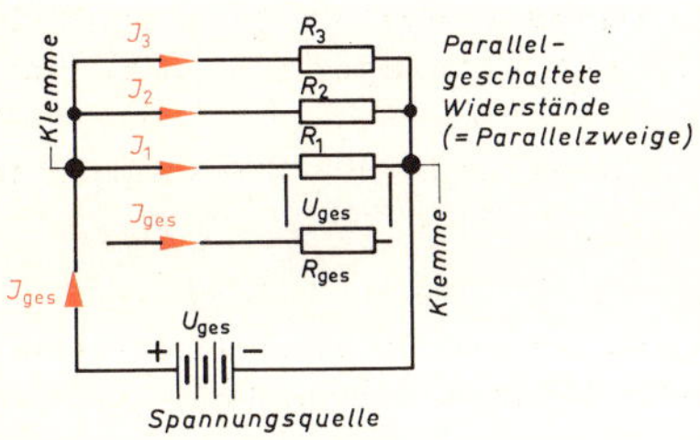

Parallelschaltung

Deshalb sind alle Verbraucher (Widerstände) derselben Spannung ausgesetzt.

Bei der Parallelschaltung fließt jedoch durch jeden Einzelwiderstand nur ein Teil der Gesamtstromstärke, da die Elektronen durch alle Parallelzweige fließen können.

Auch bei der Parallelschaltung können die Einzelwiderstände durch einen Gesamtwiderstand ersetzt werden. Dieser Gesamtwiderstand ist stets kleiner als der geringste Einzelwiderstand, da die Elektronen sich den Weg des geringsten Widerstandes suchen.

Bezeichnungen

R_{ges} = Gesamtwiderstand in Ohm [Ω]

R_1, R_2, R_3, ... = Einzelwiderstand 1, 2, 3, ... in Ohm [Ω]

I_{ges} = Gesamtstromstärke in Ampere [A]

I_1, I_2, I_3, ... = Teilstromstärke 1, 2, 3, ... in Ampere [A]

U_{ges} = Gesamtspannung in Volt [V]

U_1, U_2, U_3, ... = Teilspannung 1, 2, 3, ... in Volt [V]

Formel mit Beispiel

1. Reihenschaltung

Der Gesamtwiderstand der Reihenschaltung ist gleich der Summe der Einzelwiderstände:

Gesamtwiderstand = Summe der Einzelwiderstände

$$R_{ges} = R_1 + R_2 + R_3 + \ldots \ [\Omega]$$

Es wurde festgestellt, daß durch alle Widerstände dieselbe Stromstärke I fließt. Wird die Formel für den Gesamtwiderstand mit der Gesamtstromstärke I multipliziert, so ergibt dies bei Berücksichtigung des Ohmschen Gesetzes:

$$\underbrace{I \cdot R_{ges}} = \underbrace{I \cdot R_1} + \underbrace{I \cdot R_2} + \underbrace{I \cdot R_3} + \ldots$$

$$U_{ges} = U_1 + U_2 + U_3 + \ldots \ [V]$$

Die Gesamtspannung ist also die Summe der an den Einzelwiderständen abfallenden Teilspannungen.

Bei einem Dieselmotor sind 4 Glühkerzen mit je einem Widerstand von $R_1 = 0{,}028\ \Omega$ und einem Vorwiderstand mit einem Widerstand von $R_2 = 0{,}128\ \Omega$ in Reihe geschaltet.

a) Berechne den Gesamtwiderstand!

b) Wie hoch muß die Batteriespannung sein, wenn die Stromstärke 50 A betragen muß?

a) $R_{ges} = 4\,R_1 + R_2\ [\Omega]$

$= 4 \cdot 0{,}028 + 0{,}128 = \underline{0{,}240\ \Omega}$

b) **1. Rechenweg**

$U_{ges} = 4\,U_1 + U_2\ [V]$

$U_1 = I \cdot R_1\ [V]$

$U_2 = I \cdot R_2\ [V]$

$U_1 = 50 \cdot 0{,}028 = 1{,}4\ V$

$U_2 = 50 \cdot 0{,}128 = 6{,}4\ V$

$U_{ges} = 4 \cdot 1{,}4 + 6{,}4 = 12\ V$

2. Rechenweg

$U_{ges} = I \cdot R_{ges}\ [V] = 50 \cdot 0{,}24 = \underline{12\ V}$

2. Parallelschaltung

Für die Parallelschaltung gilt:
Gesamtstromstärke = Summe der Teilstromstärken

$$I_{ges} = I_1 + I_2 + I_3 + \ldots \ [A]$$

Diese Formel kann durch die Gesamtspannung geteilt werden, da alle Einzelwiderstände an derselben Spannung U anliegen:

$$\frac{I_{ges}}{U} = \frac{I_1}{U} + \frac{I_2}{U} + \frac{I_3}{U} + \ldots$$

$$\frac{1}{R_{ges}} = \frac{1}{R_1} + \frac{1}{R_2} + \frac{1}{R_3} + \ldots \ \left[\frac{1}{\Omega}\right]$$

Mit der vorstehenden Formel kann der Gesamtwiderstand mehrerer parallel geschalteter Widerstände berechnet werden.

An einer 6-V-Batterie sind 2 Widerstände von 2 Ω und 4 Ω parallel geschaltet.

a) Berechne den Gesamtwiderstand!

b) Berechne den Gesamtstrom und die Einzelströme!

a) $\frac{1}{R_{ges}} = \frac{1}{R_1} + \frac{1}{R_2}\ \left[\frac{1}{\Omega}\right]$

$= \frac{1}{2\,\Omega} + \frac{1}{4\,\Omega} = \frac{2}{2 \cdot 2\,\Omega} + \frac{1}{4\,\Omega} = \frac{3}{4}\ \left[\frac{1}{\Omega}\right]$

$R_{ges} = \underline{\frac{4}{3}\ \Omega}$

b) $I_1 = \frac{U}{R_1}\ [A] = \frac{6\ V}{2\,\Omega} = \underline{3\ A}$

$I_2 = \frac{U}{R_2}\ [A] = \frac{6\ V}{4\,\Omega} = \underline{1{,}5\ A}$

1. Rechenweg

$I_{ges} = I_1 + I_2\ [A] = 3\ A + 1{,}5\ A = \underline{4{,}5\ A}$

2. Rechenweg (evtl. als Kontrolle)

$I_{ges} = \frac{U}{R_{ges}}\ [A] = \frac{6 \cdot 3}{4} = \underline{4{,}5\ A}$

Anmerkung

Die Parallelschaltung ist die häufigste Schaltung im Kraftfahrzeug. Hierbei liegen alle Verbraucher an der vollen Batteriespannung. Die Reihenschaltung wird meist nur bei Glühkerzen-Anlagen (Diesel) angewendet.

Aufgaben

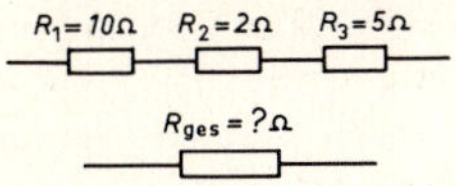

34.31 Berechne den Gesamtwiderstand der drei in Reihe geschalteten Widerstände!

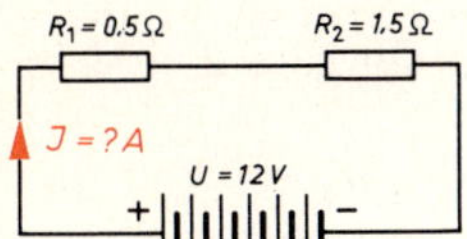

34.32 Zwei Widerstände ($R_1 = 0{,}5\ \Omega$; $R_2 = 1{,}5\ \Omega$) sind an eine Batterie von 12 V Spannung in Reihe geschaltet.

Berechne

a) den Gesamtwiderstand, b) die Stromstärke,

c) die Teilspannungen an den beiden Widerständen!

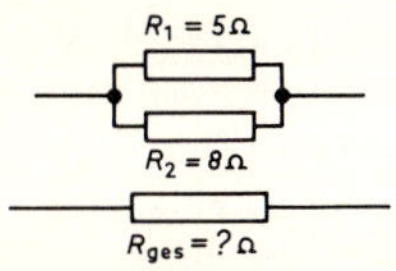

34.33 Zwei Widerstände von 5 Ω und 8 Ω werden parallel geschaltet.

Wie groß ist der Gesamtwiderstand?

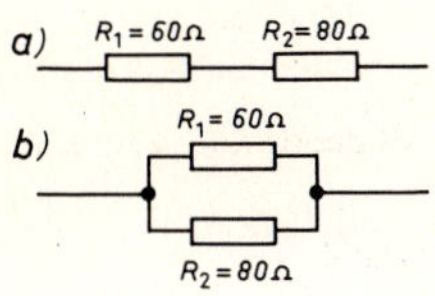

34.34 Zwei Widerstände von 60 Ω und 80 Ω werden

a) in Reihe,

b) parallel geschaltet.

Berechne für beide Fälle den Gesamtwiderstand!

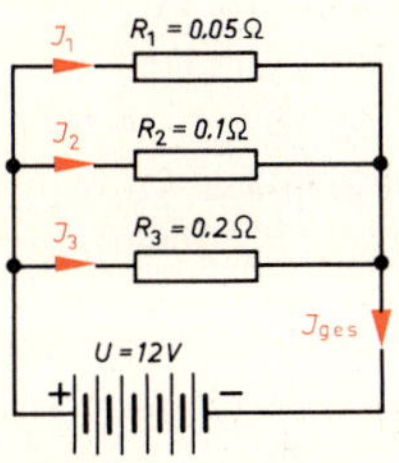

34.35 3 Verbraucher (Widerstände R_1, R_2 und R_3) sind parallel zu einer 12-V-Batterie geschaltet.

Berechne

a) den Gesamtwiderstand,

b) die Gesamtstromstärke,

c) die Teilstromstärken!

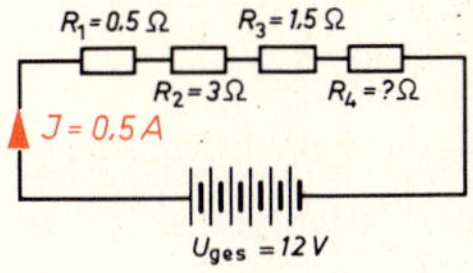

34.36 Durch 4 hintereinander geschaltete Widerstände fließt ein Strom von 0,5 A. Berechne aufgrund der in der nebenstehenden Abb. gegebenen Werte

a) den Widerstand R_4, b) die Teilspannungen an den Widerständen R_1 bis R_4!

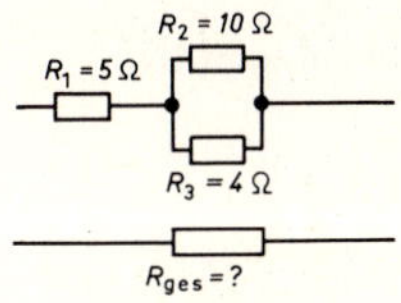

34.37 Berechne den Gesamtwiderstand der Widerstände $R_1 \ldots R_3$!

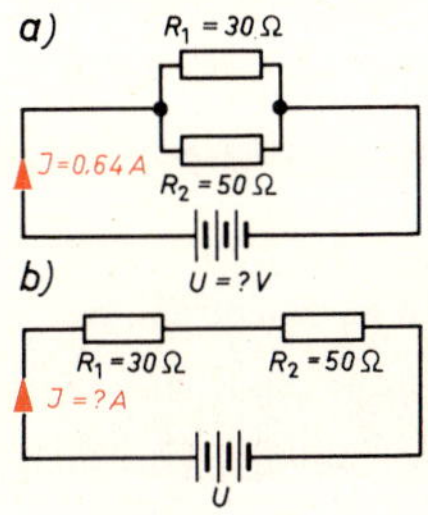

34.38 Zwei Widerstände von 30 Ω und 50 Ω werden zu einer Spannungsquelle parallel geschaltet. Dabei fließt eine Stromstärke von 0,64 A. Berechne

a) die Spannung der Batterie,

b) die Stromstärke, wenn die zwei Widerstände an dieselbe Batterie in Reihe geschaltet werden!

34.39 Drei Widerstände von 10 Ω, 20 Ω und 40 Ω werden parallel geschaltet. Der Gesamtstrom beträgt 8 Ampere.

Wie hoch ist die Stromstärke, wenn die drei Widerstände hintereinander an dieselbe Spannung angeschlossen werden?

1. Wiederholungsarbeit

1. Ein Dieselmotor wiegt 780 kg, seine Leistung beträgt 120 kW. Berechne das Leistungsgewicht des Motors!

2. Ein Motor hat eine effektive Leistung von 50 kW bei einem Drehmoment von 125 Nm. Wie groß ist die Motordrehzahl?

3. $\varepsilon_{alt} = 5{,}6:1$; $\varepsilon_{neu} = 6:1$; Hubs = 100 mm. Bestimme die Abfräsung des Zylinderkopfes!

4. a) Wieviel l Öl sind in einem Kanister, dessen Endflächen Trapeze sind. ($l_1 = 30$ cm, $l_2 = 10$ cm, $b = 25$ cm, $h = 45$ cm).
b) Bestimme das Gewicht des Öls, wenn $\varrho = 0{,}8$ kg/dm³ ist!

5. 5 gleiche Wagen verbrauchen in 4 Tagen 230 l Diesel. Wieviel l brauchen 3 Wagen in 7 Tagen?

2. Wiederholungsarbeit

1. Der Verkaufspreis eines Reifens beträgt 108,-- DM. Wie hoch ist der Rechnungsbetrag bei einem Rabatt von 15 %?

2. Berechne die Länge von 28 kg Flachstahl 12×40 (Dichte $\rho = 7{,}85$ kg/dm³)!

3. Ein Pkw muß aus einer Geschwindigkeit von $108 \frac{km}{h}$ abgebremst werden.

a) Wie groß ist die mittlere Bremsverzögerung bei einer Bremszeit von 7 s?

b) Wieviel m legt der Pkw vom Erkennen der Gefahr bis zum Stillstand zurück, wenn die Reaktions- und Ansprechzeit insgesamt 1 Sekunde beträgt?

4. Die Riemenscheibe auf der Kurbelwelle hat einen Durchmesser von 140 mm, die auf der Lichtmaschine 70 mm und die auf der Wasserpumpenwelle 85 mm. Die Kurbelwelle dreht sich mit 4200 1/min und treibt mit einem Keilriemen Lichtmaschine und Wasserpumpe an.

Berechne
a) die Drehzahl der Wasserpumpe und
b) das Übersetzungsverhältnis Kurbelwelle zur Lichtmaschine!

5. Ein Motor leistet bei 5200 1/min 40 kW. Sein Höchstdrehmoment von 82 Nm erreicht er bei 1800 1/min.

Berechne
a) das Drehmoment bei 5200 1/min und
b) die effektive Motorleistung bei 1800 1/min!

3. Wiederholungsarbeit

1. In den Tarifverhandlungen wurde vereinbart, daß der Stundenlohn von DM 7,60 um 8 % erhöht wird und zusätzlich ein Zuschlag von 0,45 DM pro Stunde zu zahlen ist.

a) Berechne die Höhe des neuen Stundenlohnes!

b) Wieviel % beträgt die Gesamtlohnerhöhung?

2. Ein 55-l-Tank ist zur Hälfte gefüllt. Welche Dichte hat der Kraftstoff, wenn die Füllung eine Masse von 20,3 kg hat?

3. Ein Motor hat je Zylinder einen Hubraum von 320 cm³ und einen Verdichtungsraum von 36 cm³. Berechne das Verdichtungsverhältnis!

4. Wie lang ist der reine Bremsweg eines Kfz, das aus einer Geschwindigkeit von $72 \frac{km}{h}$ mit einer Bremsverzögerung von 5,8 m/s² bis zum Stillstand abgebremst wird?

5. Eine Glühkerze für einen Dieselmotor hat eine Betriebsspannung von 1,7 V und eine Stromaufnahme von 38 A. Berechne den Widerstand der Glühkerze!

4. Wiederholungsarbeit

1. Ein Graugußkolben von 860 g wird durch einen 480 g schweren Kolben aus Leichtmetall ersetzt. Wieviel Prozent beträgt die Gewichtsersparnis?

2. Ein Kasten aus Stahlblech mit einem Fassungsvermögen von 52 dm^3 hat eine Grundfläche von 500 mm × 450 mm.
Berechne die Höhe des Kastens!

3. Bei welcher Drehzahl erreicht ein Motor mit 75 mm Hub eine mittlere Kolbengeschwindigkeit von 12,5 m/s?

4. Auf einer Riemenscheibe mit 160 mm Durchmesser befindet sich 8° vor oT eine Markierung zur Zündeinstellung. Es soll eine zweite Markierung 12° vor oT angebracht werden.
Berechne das Bogenmaß zwischen den beiden Markierungen!

5. Ein Motor hat ein Drehmoment von 130 Nm, das Getriebe hat ein Übersetzungsverhältnis von 1,8 : 1, das Antriebsritzel im Ausgleichsgetriebe hat 12 Zähne und das Tellerrad 48 Zähne.
Wie groß ist das Drehmoment an den Antriebsrädern?

5. Wiederholungsarbeit

1. 7 Liter Kühlflüssigkeit enthalten 35 % Frostschutzmittel.
Wieviel Liter Frostschutz sind das?

2. Ein Ölfangblech ist 0,8 m^2 groß. Nach dem Ölablaß steht das Öl genau 7 mm hoch in dem Blech. Wieviel Liter Öl wurden abgelassen?

3. Von einem Motor sind folgende Daten bekannt: Hub $s = 75$ mm; Motordrehzahl $n = 3800$ 1/min.
Berechne die mittlere Kolbengeschwindigkeit!

4. Wie groß ist die Stromaufnahme einer Nebelschlußleuchte 6 V 35 W in Ampere?

5. Berechne die reine Bremszeit eines Pkw, der aus 90 km/h mit einer mittleren Bremsverzögerung von 5 m/s^2 bis zum Stillstand abgebremst wird!

6. Wiederholungsarbeit

1. Ein Monteur hat einen Bruttowochenlohn von 185,— DM. Für Sozialversicherung werden 18% und für Steuern 14% einbehalten.
Berechne den Nettolohn!

2. Der Tank eines Kleinwagens ist zylindrisch und hat folgende Abmessungen: Lichter Durchmesser 352 mm; lichte Länge 858 mm.
Er ist mit Vergaserkraftstoff gefüllt.
(Dichte $\rho = 0{,}77/\text{kgdm}^3$)

a) Wieviel Liter faßt der Tank?

b) Wieviel kg wiegt die Füllung?

3. Berechne die Innenleistung eines Sechszylinder-Viertaktmotors mit 78 mm Bohrung und 80 mm Hub, der bei 4100 1/min einen mittleren Arbeitsdruck von 7,2 bar Überdruck hat!

4. Eine Lichtmaschine hat eine Riemenscheibe mit 140 mm Durchmesser, die Riemenscheibe auf der Kurbelwelle hat 200 mm Durchmesser und die Kurbelwelle macht 4800 1/min.
Wie groß ist die Drehzahl der Lichtmaschine?

5. Eine Kurbelwelle macht 4600 1/min. Das Getriebe hat eine Übersetzung von 3,2 : 1. Das Kegelrad im Ausgleichsgetriebe hat 9 Zähne, das Tellerrad 67 Zähne.

a) Berechne das Gesamtübersetzungsverhältnis!

b) Wie groß ist die Drehzahl der Antriebsräder?

7. Wiederholungsarbeit

1. Die Leistung eines 1,6-l-Motors wird von 67 kW auf 75 kW gesteigert. Berechne die Leistungssteigerung in Prozent!

2. Ein zylindrischer Behälter mit 2,5 dm^3 Volumen hat einen Durchmesser von 140 mm. Wie hoch ist der Behälter?

3. Berechne die Drehzahl eines Motors, der bei einem Drehmoment von 120 Nm eine Leistung von 36 kW hat!

4. Berechne den Außendurchmesser eines Reifens, der bei 80 1/min eine Umfangsgeschwindigkeit von 146,8 m/min hat!

5. Wie groß ist der reine Bremsweg eines Kfz, das aus 144 km/h mit einer mittleren Bremsverzögerung von 6,5 m/s^2 bis zum Stillstand abgebremst wird?

8. Wiederholungsarbeit

1. Bei einem Tachometer beträgt die Fehlanzeige +6%. Wie groß ist die tatsächliche Geschwindigkeit, wenn die Anzeige 160 km/h beträgt?

2. Ein Benzinfaß hat einen Innendurchmesser von 600 mm und eine Innenhöhe von 840 mm. Das leere Faß hat ein Gewicht von 62,8 kg. Die Dichte des Kraftstoffes beträgt 0,74 kg/dm³.

a) Berechne das Volumen des Fasses in dm³!

b) Wie groß ist das Gesamtgewicht, wenn das Faß voll mit Benzin gefüllt ist?

3. Welche Drehzahl muß ein Anlasserritzel mit 8 Zähnen haben, wenn der Zahnkranz auf der Schwungscheibe 92 Zähne hat und 140 1/min machen soll?

4. Berechne das Verdichtungsverhältnis eines Motors mit 82 mm Bohrung und 84 mm Hub! Der Verdichtungsraum beträgt 62 cm³.

5. Ein Fahrzeug fährt 2 Minuten mit 90 km/h und wird innerhalb von 5 Sekunden bis zum Stillstand abgebremst. Berechne den Gesamtweg des Fahrzeugs!

9. Wiederholungsarbeit

1. Ein Kunde kauft 4 Gürtelreifen. Ein Reifen kostet einschließlich Montage 96,50 DM. Diagonalreifen gleicher Größe kosten pro Stück 72,80 DM mit Montage:
Das Auswuchten eines Rades kostet 4,50 DM.

Berechne

a) den Gesamtpreis der Gürtelreifen mit Auswuchten,

b) den Gesamtpreis der Diagonalreifen mit Auswuchten und

c) den Mehrpreis der Gürtelreifen gegenüber den Diagonalreifen in Prozent!

2. Wie groß ist die Fläche eines Kupplungsbelages mit 340 mm Außendurchmesser und 195 mm Innendurchmesser in cm²?

3. Ein Dieselmotor hat folgende Daten: Bohrung 115 mm; Hub 140 mm, Zylinderzahl $i = 6$.

Berechne den Hubraum V_H in cm³ und l!

4. Ein Fahrzeug, dessen Fernlicht mit 2 Fernleuchten 45 W 12 V ausgerüstet ist, wird auf H4 55 W 12 V umgestellt. Um wieviel Ampere steigt der Strom?

5. Das Anlasser-Ritzel eines Ottomotors greift mit seinen Zähnen ($z_1 = 13$) in den Anlasserzahnkranz des Schwungrades ein ($z_2 = 96$). Das Schwungrad muß mindestens für den Startvorgang 75 1/min drehen. Wie hoch muß dann die Anlasserdrehzahl sein?

10. Wiederholungsarbeit

1. Die Hinterachswellen eines Pkw drehen sich mit $n_A = 50$ 1/min bei einer Achsübersetzung von $i_A = 4{,}2 : 1$.

Berechne die Drehzahl n_K des Kegelrades!

2. Ein Pkw hat ein Gewicht von 1300 kg, der Rollwiderstandsbeiwert ist $f = 0{,}03$.

Berechne den Rollwiderstand!

3. Die mittlere Kolbengeschwindigkeit eines Motors beträgt 13,4 m/s, der Hub 120 mm.

Berechne die Motordrehzahl!

4. Ein Kfz legt eine Strecke von 478,8 km in 7 Stunden und 36 Minuten zurück.

Berechne die Durchschnittsgeschwindigkeit!

11. Wiederholungsarbeit

1. Ein Motor hat eine Drehzahl von 2100 1/min bei einem Drehmoment von 90 Nm.

Berechne die effektive Leistung!

2. Die Hauptwelle eines Getriebes dreht sich mit 950 1/min bei einer Motordrehzahl von 3860 1/min.

Berechne das Übersetzungsverhältnis!

3. Ein Rundstahl ($d = 40$ mm) wird mit 8000 daN auf Zug belastet. Berechne die Zugspannung!

4. Ein Zahnrad mit 35 Zähnen hat Modul 2.

Berechne die Teilung und den Teilkreisdurchmesser!

5. Gegeben sind $V_H = 1200$ cm³, $\varepsilon = 7 : 1$ und $i = 4$.

Berechne V_c pro Zylinder in Liter!

12. Wiederholungsarbeit

1. Die massive Gelenkwelle eines Kfz hat einen ø von 38 mm und eine Länge von 2000 mm. Wie schwer ist die Gelenkwelle, wenn $\varrho = 7{,}8\ kg/dm^3$ beträgt?

2. Eine Einscheibentrockenkupplung hat folgende techn. Daten: $\mu_K = 0{,}40$; ø der Kupplungsscheibe $d_1 = 150$ mm und $d_2 = 220$ mm; 9 Kupplungsfedern haben eine Federkraft von je 900 N. Berechne das Kupplungsdrehmoment!

3. Der Bremsweg eines Pkw beträgt 60 m. Wie groß ist die Bremszeit, wenn die Anfangsgeschwindigkeit 108 km/h war?

4. Ein Kfz-Motor hat folgende techn. Daten: $D =$ 78 mm; $i = 6$; $s = 76$ mm; $n = 4000$ 1/min; $p_m =$ 9,5 bar Überdruck; Viertakter. Berechne P_{iIV}!

5. Ein Sechszylinder-Viertaktmotor hat einen Zylinderhubraum von 480 cm^3 und bei 3200 1/min einen Füllungsgrad von 0,72. Berechne die in der Minute angesaugte Gasmenge!

13. Wiederholungsarbeit

1. Ein Pkw wird mit 13,5% Verlust für 8650,— DM verkauft. Wie hoch ist der ursprüngliche Verkaufspreis?

2. Ein Rad hat eine Unwucht von 25 g. Wie groß ist der Rauminhalt des Ausgleichgewichtes (Dichte $\varrho =$ 11,3 g/cm^3)?

3. Ein Fahrzeug hat folgende technischen Daten: Übersetzung im Wechselgetriebe 1,87 : 1; Übersetzung im Ausgleichgetriebe 4,08 : 1; dynamischer Radhalbmesser 306 mm. Berechne die Fahrzeuggeschwindigkeit bei einer Motordrehzahl von 4200 1/min!

4. Ein Pkw hat eine Geschwindigkeit von 70 km/h. Die mittlere Verzögerung beträgt 6,5 m/s^2. Wie groß ist die Bremszeit in Sekunden?

5. Berechne die Stromaufnahme einer 12 V 54 W Halogenlampe!

14. Wiederholungsarbeit

1. Ein Gebrauchtwagen wird für 6000,— DM angeboten. Bei einem Ratenkauf über 24 Monate beträgt die monatliche Rate 270,— DM. Wieviel % ist der Ratenkauf teurer?

2. Ein stehendes Faß mit einem Innen-ø von 70 cm enthält 180 l Kraftstoff. Wie hoch ist der Kraftstoffstand in cm?

3. Ein Kolben eines Hauptbremszylinders hat einen Durchmesser von 22,2 mm. Er wird mit einer Kraft von 120 daN betätigt. Berechne den Druck in den Bremsleitungen!

4. Ein Viertaktmotor hat einen Hubraum von 2,48 l. Der mittlere Arbeitsdruck beträgt 8,4 bar Überdruck bei einer Motordrehzahl von 5200 1/min. Berechne die indizierte Leistung!

5. Die Spannung an einer Glühkerze beträgt 1,7 V. Die Heizleistung ist 80 W. Wie groß ist die Stromstärke und der Widerstand der Glühkerze?

15. Wiederholungsarbeit

1. Eine Schraube M 12×1 hat eine Zugfestigkeit von 950 daN/cm^2. Sie liegt damit 180 daN/cm^2 höher als die gleiche Schraube mit Normalgewinde. Berechne die Festigkeitssteigerung in %!

2. Der Riemenscheiben-ø am Motor beträgt 190 mm, der Kompressorriemenscheiben-ø ist 125 mm. Berechne die Kompressordrehzahl und das Übersetzungsverhältnis, wenn die Motordrehzahl 2200 1/min ist!

3. Ein Kfz-Motor hat einen Hub von 80 mm und eine mittlere Kolbengeschwindigkeit von 12,5 m/s. Wie groß ist die Motordrehzahl?

4. Ein Kolbenbolzen hat folgende Abmessungen: Außen-ø 28 mm; Innen-ø 20 mm; Länge 120 mm. Berechne das Gewicht bei einer Dichte von 7,85 g/cm^3!

5. Ein Fahrzeugmotor hat folgende Steuerzeiten: $EV_ö$ 15° vor oT; EV_s 50° nach uT. Berechne den Ventilöffnungswinkel!

Tabelle für Kraftfahrzeugdaten

Hersteller / Typ	Audi-NSU Audi 80 L	BMW 520	Daimler-Benz 240 D	Daimler-Benz 280 E	Ford Granada	Opel Ascona 1.6 S	VW Golf
	PERSONENKRAFTWAGEN						
Motordaten:	4-T.-Otto	4-T.-Otto	4-T.-Dies.	4-T.-Otto	4-T.-Otto	4-T.-Otto	4-T.-Otto
Nutzleistung P_e kW	40,4	84,6	47,8	130	55,2	55,2	36,8
bei Motordrehzahl n 1/min	5500	5800	4200	6000	5000	5000	6000
Höchstes Drehmoment M_{dM} mN	94	165	137	234	128	115	77
bei Motordrehzahl n 1/min	2500	3700	2400	4500	2500	3800	3000
Zylinderzahl i	4	4	4	6	4	4	4
Bohrung D mm	75	89	91	86	90	85	69,5
Hub s mm	73,4	80	92,4	78,8	66,8	69,8	72
Gesamthubraum V_H cm³	1296	1990	2404	2746	1680	1584	1093
Verdichtungsverhältnis ε	8,5:1	9,0:1	21:1	8,7:1	8,75:1	8,8:1	8,0:1
Fahrzeugdaten:							
Höchstgeschwindigkeit v_{max} km/h	151	173	138	200	148	160	146
Kraftstoffverbr. k_n l/100 km	8,7	10,7	9,5	12,5	9,9	9,6	8,9
Leergewicht G_{leer} kg	1260	1230	1385	1540	1190	1000	800
Nutzlast G_{Nutz} kg	395	470	520	440	420	420	380
Reifen	155 SR 13	175 SR 14	175 SR 14	195/70 HR 14	175 SR 14	165 SR 13	155 SR 13
dynamischer Radhalbmesser R_{dyn} mm	279	306	306	306	306	287	279
Getriebeübersetzungen i_I/i_{II} . . . $i_{höchster\ Gang}$	3,454/ 2,055/ 1,33/ 0,909	3,764/ 2,021/ 1,32/1,0	3,9/2,3/ 1,41/1,0	3,9/2,3/ 1,41/1,0	3,65/ 1,97/ 1,37/1,0	3,428/ 2,156/ 1,366/1,0	3,45 2,05 1,35 0,96
$i_{Rückwärtsgang}$	3,166	4,096	3,66	3,66	3,66	3,317	3,39
Achsübersetzung i_A	4,11	4,11	3,69	3,54	4,11	3,67	4,57

Hersteller / Typ	Büssing Burglöwe U	Rheinstahl Henschel F 122 L	Klöckner-Humboldt-Deutz Magirus Saturn TE	MAN 13 230 F	BMW R 90/6	Kreidler Florett RS
	LASTKRAFTWAGEN				**MOTORRÄDER**	
Motordaten:	4-T.-Diesel	4-T.-Diesel	4-T.-Diesel	4-T.-Diesel	4-T.-Otto	2-T.-Otto
Nutzleistung P_e kW	92,6	117,8	173	169	44,2	4,6
bei Motordrehzahl n 1/min	2800	2600	2300	2200	6500	8500
Höchstes Drehmoment M_{dM} mN	373	471	845	805	—	—
bei Motordrehzahl n 1/min	1400	1400	1300	1400	—	—
Zylinderzahl i	6	6	10	6	2	1
Bohrung D mm	100	115	120	123	90	40
Hub s mm	125	125	140	150	70,6	39,7
Gesamthubraum V_H cm³	5890	7788	15 833	10 689	898	49
Verdichtungsverhältnis ε	21:1	16,5:1	19:1	17:1	9:1	11,3:1
Fahrzeugdaten:						
Höchstgeschwindigkeit v_{max} km/h	80	86	79,5	88	188	85
Kraftstoffverbrauch k_n l/100 km	18,0	22,0	29,0	28,0	5,0	2,4
Leergewicht G_{leer} kg	4300	5225	9000	7680	210	83
Nutzlast G_{Nutz} kg	6200	6775	13 000	11 320	160	162
Reifen	8,25-20 Sup.	9,00-20 PR12	10,00-20 Gürtel	12,00-20 ver	3,25 S 19 (v) 4,00 S 18 (h)	$2\frac{3}{4}$-17
dynamischer Radhalbmesser R_{dyn} mm	484	510	525	560	318/322	280
Getriebeübersetzungen i_I/i_{II} . . . $i_{höchster\ Gang}$	8,02/4,68/ 2,74/1,61/ 1,0	9,35/5,47/ 3,74/2,42/ 1,59/1,0	6,9/4,04/ 2,45/1,51/ 1,0/0,68	9,0/7,52/ 5,18/4,33/ 3,14/2,62 2,08/1,735/ 1,44/1,2/ 1,0/0,84	4,4/2,86/ 2,07/1,67/ 1,5	3,54/2,1/ 1,57/1,27/ 1,11 Übersetzg. Mot.-Getr.: 3,95
$i_{Rückwärtsgang}$	7,2	7,92	6,44	8,45/7,05	—	—
Achsübersetzung i_A	5,13	5,57	8,17	6,26	3,09	2,54

Sachwörterverzeichnis